Frege: Aufsätze zur Logik und Sprachphilosophie

Klassiker Auslegen

Herausgegeben von
Otfried Höffe

Band 76

Frege: Aufsätze zur Logik und Sprachphilosophie

Herausgegeben von
Christoph Demmerling, Wolfgang Kienzler
und Tabea Rohr

DE GRUYTER

ISBN 978-3-11-068111-6
e-ISBN (PDF) 978-3-11-068118-5
e-ISBN (EPUB) 978-3-11-068119-2
ISSN 2192-4554

Library of Congress Control Number: 2023939785

Bibliografische Information der Deutschen Nationalbibliothek
Die Deutsche Nationalbibliothek verzeichnet diese Publikation in der Deutschen Nationalbibliografie; detaillierte bibliografische Daten sind im Internet über http://dnb.dnb.de abrufbar.

© 2023 Walter de Gruyter GmbH, Berlin/Boston
Einbandabbildung: Gottlob Frege/Foto c. 1920 © akg-images
Satz: Integra Software Services Pvt. Ltd.
Druck und Bindung: CPI books GmbH, Leck

www.degruyter.com

Inhaltsverzeichnis

Zur Zitierweise —— VII

Christoph Demmerling, Wolfgang Kienzler, Tabea Rohr
1 **Einleitung** —— 1

Tabea Rohr
2 **Die Weiterentwicklung der Begriffsschrift in *Funktion und Begriff*** —— 17

Katharina Felka
3 **Sind Zahlen schon deshalb Gegenstände, weil Frege zwei Hände hat?** —— 43

Andreas Schmidt
4 **Über Sinn und Bedeutung: Eigennamen** —— 67

Thomas Ricketts
5 **Quantification, Sentences, and Truth-Values** —— 85

Wolfgang Künne
6 **Systematisch induzierte Verschiebungen der Bedeutung** —— 107

Gottfried Gabriel
7 **Freges Analyse dichterischer Rede** —— 135

Mark Textor
8 **Fregean Sense: A Guided Tour from the 1890s to the 2000s** —— 149

Wolfgang Kienzler
9 **Freges Anliegen und Strategie in *Über Begriff und Gegenstand*** —— 171

Andreas Kemmerling
10 **Freges Paradox – und andere Schwierigkeiten mit seiner Begriffslehre** —— 199

Elias Zimmermann
11 Worüber man nicht sprechen kann – Das Frege-Paradox als Herausforderung für Freges Begriffslehre —— 223

Todor Polimenov
12 Begriffe und Gegenstände in der Logik: Semantische und ontologische Unterscheidungen —— 241

Christoph Demmerling
13 Zeichen und Bezeichnetes – die konsequente Verwendung von Anführungszeichen und die Begründung der Semantik —— 269

Auswahlbibliographie —— 293

Hinweise zu den Autorinnen und Autoren —— 305

Namensregister —— 307

Sachregister —— 311

Zur Zitierweise

Es wird grundsätzlich die Originalpaginierung angegeben (ggf. zusätzlich die Seite in KS); diese ist in fast allen Ausgaben und Übersetzungen mit angegeben.

Die Werke Freges und Wittgensteins *Tractatus* werden nach den folgenden Ausgaben zitiert:

ASB	Ausführungen über Sinn und Bedeutung. In: NL, 128–136.
BG	Über Begriff und Gegenstand. In: Vierteljahrsschrift für wissenschaftliche Philosophie 16 (1892), 192–295.
BRL	Booles rechnende Logik und die Begriffsschrift. In: NL, 9–52.
BS	Begriffsschrift, eine der arithmetischen nachgebildete Formelsprache des reinen Denkens, Halle 1879.
FB	Function und Begriff, Jena 1891.
GED	Der Gedanke. Eine logische Untersuchung. In: Beiträge zur Philosophie des deutschen Idealismus, 1 (1918), 58–77.
GG I	Grundgesetze der Arithmetik. Begriffsschriftlich abgeleitet, 1. Band, Jena 1893.
GG II	Grundgesetze der Arithmetik. Begriffsschriftlich abgeleitet, 2. Band, Jena 1903.
GGF	Logische Untersuchungen. Dritter Teil: Gedankengefüge. In: Beiträge zur Philosophie des deutschen Idealismus, 3 (1923), 36–51.
GL	Die Grundlagen der Arithmetik. Eine logisch mathematische Untersuchung über den Begriff der Zahl, Breslau 1884.
KS	Kleine Schriften. Herausgegeben von Ignacio Angelelli, Hildesheim und Darmstadt 1967, 2. A. 1990.
NL	Nachgelassene Schriften. Herausgegeben von Hans Hermes, Friedrich Kambartel und Friedrich Kaulbach, Hamburg 1969, erw. A. 1983.
PW	Posthumous Writings. Übersetzung von NL von Peter Long und Roger White, Oxford 1979.
SB	Über Sinn und Bedeutung. In: Zeitschrift für Philosophie und philosophische Kritik 100 (1892), 25–50.
VER	Die Verneinung. Eine logische Untersuchung. In: Beiträge zur Philosophie des deutschen Idealismus. 1 (3/4) (1919), 143–157.
VOR	Vorlesungen über Begriffsschrift. Herausgegeben von Gottfried Gabriel. In: History and Philosophy of Logic 17 (1996), 1–48.
WB	Wissenschaftlicher Briefwechsel. Herausgegeben von Gottfried Gabriel, Hans Hermes, Friedrich Kambartel, Christian Thiel und Albert Veraart, Hamburg 1976.
WBB	Über die wissenschaftliche Berechtigung einer Begriffsschrift. In: Zeitschrift für Philosophie und philosophische Kritik 81 (1882), 48–56.
WIF	Was ist eine Funktion? In: Festschrift Ludwig Boltzmann, Leipzig 1904, 656–666.
ZBS	Über den Zweck der Begriffsschrift. In: Jenaische Zeitschrift für Naturwissenschaften 16 (1883), Suppl., 1–10.
LPA	Wittgenstein, Ludwig: Logisch-Philosophische Abhandlung, erstmals erschienen 1921, Frankfurt am Main 2003.

Christoph Demmerling, Wolfgang Kienzler, Tabea Rohr
1 Einleitung

1.1 Zur Biographie

Gottlob Frege wurde 1848 in Wismar geboren. Er studierte von 1869–1871 in Jena Mathematik, Physik und Chemie, promovierte 1873 in Göttingen und habilitierte sich in Jena 1874, beides mit Arbeiten zur Mathematik. Von 1874 bis 1918 lehrte Frege Mathematik in Jena; ab 1879 als Honorarprofessor und seit 1896 als außerordentlicher Professor (die Stelle wurde aus Mitteln der Zeiss-Stiftung finanziert). 1918 kehrte Frege nach Mecklenburg zurück, wo er 1925 in Bad Kleinen starb.

Freges wissenschaftliche Interessen richteten sich vor allem auf Fragen der Grundlagen der Arithmetik. Hier vertrat er bereits 1874 in seinen Thesen zur Habilitation die Auffassung, dass der Begriff der Zahl nicht grundlegend sei, sondern definiert werden könne. In seinem ersten Buch, der *Begriffsschrift* (1879), legte Frege für sein Projekt eine Version der Logik vor, mit deren Hilfe er die Arithmetik rein logisch ableiten wollte. Die *Begriffsschrift* stellt die Logik auf eine vollkommen neue Grundlage: Sie enthält ein präzise ausgearbeitetes System der Aussagen- und Prädikatenlogik, das sich nach 1910 vor allem über die Rezeption durch Russell und Whitehead als Standardversion der modernen Logik überhaupt etablierte.

In seinem zweiten Buch, *Die Grundlagen der Arithmetik* (1884), gab Frege, verbunden mit der Kritik alternativer Deutungen, eine philosophische Begründung seiner Auffassungen zur Natur der Arithmetik, sowie eine Skizze seines geplanten formalen Beweisgangs zur Ableitung der arithmetischen Grundgesetze aus den Grundgesetzen der Logik.

Im Zuge der formalen Ausarbeitung seines Beweisganges überarbeitete Frege einige Aspekte seines logischen Systems: Er präzisierte die Unterscheidung zwischen Zeichen und Bezeichnetem, führte die funktionale Analyse konsequenter durch, er deutete Begriffe als Wahrheitsfunktionen, führte Wahrheitswerte und Wertverläufe, sowie im Zusammenhang damit seine Unterscheidung zwischen Sinn und Bedeutung ein. Diese Neuerungen erläuterte Frege in seiner separat herausgegebenen Schrift *Funktion und Begriff* (1891), sowie in *Über Sinn und Bedeutung* (1892). In *Über Begriff und Gegenstand* (1892) verdeutlichte Frege einige zentrale Grundunterscheidungen gegenüber vorgebrachten Einwänden.

Der erste Band von Freges Hauptwerk, *Grundgesetze der Arithmetik*, erschien 1893. Darin stellt er sein logisches System ausführlich vor und beginnt danach mit den rein formal, d. h. ohne jede Verwendung von Wörtern, notierten Beweisen, die jeweils in eigenen Paragraphen vorab erläutert werden. Auf dieses Buch gab es, wie schon auf die früheren Schriften, kaum eine nennenswerte Reaktion, und so erschien der zweite Band erst 1903.

In der Zwischenzeit setzte sich Frege in Rezensionen und kleineren Schriften mit verschiedenen alternativen Konzeptionen auseinander: 1894 veröffentlichte er eine scharfe Abrechnung mit einer psychologischen Begründungsweise der Arithmetik, wie sie Husserl in seiner ersten Schrift versucht hatte. 1895 analysierte Frege die boolesche Konzeption von Logik, die Schröder in Vorlesungen über die Algebra der Logik ausgearbeitet hatte. 1896 und 1897 erschienen zwei Arbeiten, in denen Frege seine Begriffsschrift mit der Formelnotation Peanos verglich; Peano hatte als erster ausländischer Wissenschaftler eingehender auf Freges Arbeiten reagiert. 1899 veröffentliche Frege separat *Über die Zahlen des Herrn H. Schubert*, eine polemische Abrechnung mit einem besonders misslungenen Versuch der Begründung der Arithmetik, der gerade in der umfassenden *Enzyklopädie der mathematischen Wissenschaften* erschienen war: Als Grundfehler benennt Frege sarkastisch ein „Prinzip der Nichtunterscheidung des Verschiedenen", das vor allem darin bestehe, „dass zwischen dem Zeichen und dem Bezeichneten nicht zu unterscheiden ist" (Frege 1899, 17).

Im Juni 1902, kurz vor Abschluss des zweiten Bandes der *Grundgesetze der Arithmetik*, erhielt Frege einen Brief von Russell, der ihm mitteilte, dass aus seiner Art der Definition der Zahlen durch Klassen von Klassen ein Widerspruch ableitbar sei. Frege trat mit Russell in einen Briefwechsel und versuchte in einem Nachwort das Problem zu lösen, was ihm jedoch nicht gelang. Er gab danach die Weiterarbeit an seinem Lebenswerk auf.

In den Jahren 1903 und 1906 publizierte Frege eine Reihe von Artikeln, die sich kritisch mit Hilberts Begründung der Geometrie auseinandersetzten. In den gleichen Zeitraum fällt eine zuletzt polemisch geführte Kontroverse mit Freges Jenaer Kollegen Thomae über die Möglichkeit einer rein formalen Deutung der Arithmetik. In seinen letzten Lebensjahren veröffentlichte Frege die *Logischen Untersuchungen* (1918–1923), eine Reihe von drei Aufsätzen, *Der Gedanke*, *Die Verneinung* und *Gedankengefüge* (ein vierter Teil, *Logische Allgemeinheit*, blieb Fragment), in denen er die Grundelemente der Logik in philosophischer Reflexion analysierte und artikulierte.

Die Resonanz auf Freges Schriften war zu Lebzeiten gering, lediglich seine Kritik des Psychologismus in der Logik wurde durch die Vermittlung Husserls relativ einflussreich. Auch der wissenschaftliche Austausch blieb spärlich: Briefwechsel, die jedoch meist von kurzer Dauer waren, gab es mit Husserl, Peano, Hilbert und Russell sowie mit Wittgenstein. Von Freges Studierenden ist lediglich Rudolf Carnap hervorzuheben, dessen Mitschriften von 1910–1914 als *Vorlesungen über Begriffsschrift* publiziert sind. Besonders folgenreich waren die Gespräche mit Wittgenstein, der Frege wiederholt aufsuchte (1911–1914), und im Vorwort seiner

Logisch-Philosophischen Abhandlung (1922) als wesentliche Anregung „die großartigen Werke Freges" hervorhob.

Freges Nachlass wurde seit 1936 unter der Leitung von Wilhelm Scholz (Universität Münster) gesammelt und für eine Veröffentlichung vorbereitet. Die Originale wurden 1945 durch Kriegseinwirkung fast vollständig zerstört. Der größte Teil von Freges Nachlass erschien auf der Basis von Abschriften und Fotokopien in zwei Bänden 1969 und 1976. Frege blieb lange ein Unbekannter, dessen Arbeiten lediglich von einem kleinen Kreis von Spezialisten wahrgenommen wurden. Seit etwa den 1930er Jahren zaghaft, mehr und mehr dann seit etwa der Mitte des 20. Jahrhunderts wurde er zu einem berühmten Philosophen und gilt heute als eine der maßgeblichen Personen für die Entwicklung der analytischen Philosophie.

Wirkungsgeschichtlich kommt den in diesem Band behandelten Aufsätzen, *Funktion und Begriff* (1891), *Über Sinn und Bedeutung* (1892) und *Über Begriff und Gegenstand* (1892), die nie als Hauptwerke intendiert waren, eine außerordentlich große Bedeutung zu. Sie gehören zu den meistgelesenen Schriften Freges und auch in der akademischen Lehre nehmen sie inzwischen einen festen Platz ein. Die meisten Studentinnen und Studenten des Faches Philosophie dürften ihre erste Bekanntschaft mit Frege einem zum ersten Mal 1962 von Günther Patzig herausgegebenen Band mit dem Titel *Funktion, Begriff, Bedeutung* verdanken, der neben zwei weiteren Aufsätzen die genannten Schriften enthält. Die angeführten Aufsätze erfuhren zunächst nur durch Russell (*On Denoting*, 1905) und durch Wittgenstein eine gewisse Resonanz, aber eine ernsthafte und andauernde Diskussion entwickelte sich erst nach 1940 im Rahmen der Entwicklung der analytischen Philosophie, vor allem durch Anregungen von Alonzo Church sowie Carnaps Buch *Meaning and Necessity* (1946). Die erste umfassende Würdigung Freges als Philosoph legte Michael Dummett mit *Frege. Philosophy of Language* (1973) vor. Um sein logizistisches Programm durchführen zu können, musste sich Frege mit der Bedeutung von Ausdrücken beschäftigen und auf diese Weise wurde er zu einem wichtigen Impulsgeber für die philosophische Semantik und Sprachphilosophie, ohne dies je beabsichtigt zu haben. Die sprachphilosophischen Beiträge Freges sind als Resultat seiner Überlegungen zu Zahlen und zur Bedeutung von Zahlzeichen und Zahlaussagen anzusehen.

1.2 Die Entstehung der Aufsätze

Die drei Aufsätze erschienen rasch nacheinander 1891 und 1892. Aus Freges Sicht lag ihre Aufgabe darin, einige zentrale Erörterungen vorzutragen, die zum Umkreis bzw. Hintergrund der Beweisführungen in den *Grundgesetzen der Arithmetik* gehören, und „die vielleicht manchen als nicht unmittelbar zur Sache gehörig missfallen würden, von anderen hingegen vermisst werden könnten" (FB, Vorwort).[1] Systematisch bildet unter den drei Aufsätzen aus Freges Sicht *Funktion und Begriff* das Kernstück, in dem die verbesserte Version der Begriffsschrift vorgestellt wird. In *Über Sinn und Bedeutung* greift Frege hieraus einen speziellen Aspekt auf und erläutert diesen, wobei er ausführlich auf Fragen der indirekten Rede und der Nebensatzbedeutung eingeht, die für die *Grundgesetze* kaum relevant sind. *Über Begriff und Gegenstand* erklärt auf nicht-formale Weise einen zentralen Unterschied, der Freges Logikauffassung zugrunde liegt.

Die drei Aufsätze stehen in engen Beziehungen zu Freges übrigen Schriften. FB und SB enthalten die konsequente Durchführung der funktionalen Auffassung der Logik mit der Einführung von Wahrheitswerten und Wertverläufen (Klassen) sowie die daran anschließenden Unterscheidungen zwischen dem Satzzeichen, dem Gedanken als dem Sinn eines Satzes und dem Wahrheitswert als der Bedeutung eines Satzes. BG dagegen erläutert die Grundunterscheidung zwischen Begriff und Gegenstand, die in Form der Unterscheidung zwischen Funktion und Argument bereits in der BS angelegt war.

In den *Grundlagen* (1884) hatte Frege sein Projekt ausführlich vorgestellt und im Vorwort mit drei Prinzipien seine Hauptgesichtspunkte formuliert: 1) das Logische ist vom Psychologischen (also die Begriffe von den Vorstellungen) scharf zu trennen, 2) die Bedeutung von Zeichen kann nur im Zusammenhang eines ganzen Satzes festgelegt werden, und 3) zwischen Begriff und Gegenstand ist zu unterscheiden. Die Reaktionen auf Freges Arbeiten waren lange Zeit sehr spärlich, er selbst spricht von einem entmutigenden „Mangel an Aufnahme" (GG I, XI).

In den Jahren 1886 und 1887 erschienen zwei Publikationen, die beide gegen diese drei Prinzipien verstoßen und auf die Frege in einem längeren Textentwurf reagiert (NL, 81–127). Der erste des Entwurfs behandelt Otto Biermanns, *Theorie der analytischen Funktionen* (1887). Biermann erwähnt Frege nicht einmal und gibt in § 1 eine Definition des Begriffs der Zahl, in der sämtliche Unterscheidungen Freges missachtet werden. In seiner Polemik dagegen gelangt Frege zu dem Ergebnis, dass es „zweckmäßiger" gewesen wäre, „den § 1 ungeschrieben zu lassen"

---

[1] Vgl. die Verweise in GG I auf FB (GGI, X; 5, Anm.; 36, Anm.) SB (GGI, IX, Anm.; 7, Anm.) und BG (GG I, 3, Anm., 5, Anm.).

(NL 91, Anm.). Der zweite, ernsthaftere Teil behandelt einige Einwände Benno Kerrys aus einer Artikelreihe (1886 und 1887). Diesen Text publizierte Frege in umgearbeiteter Form als *Begriff und Gegenstand*.

In der Zeit zwischen 1887 und 1890 entwickelte Frege seine veränderte Konzeption der Begriffsschrift, die er im Januar 1891 in *Funktion und Begriff* in Jena vorstellte. In einer nachgelassenen Notiz von 1889 erscheinen erstmals die Ausdrücke „Wahrheitswert" und „Wertverlauf", sowie: „Seelisches Bild eines beurteilbaren Inhalts ist Gedanke. Klasse der wahren Gedanken, Klasse der falschen Gedanken" (vgl. Scholz-Listen, Nr. 90 in Veraart 1976 und Kienzler 2009, 293). Die Unterscheidung zwischen Sinn und Bedeutung ist hier noch nicht getroffen, wohl aber vorbereitet: Innerhalb des „beurteilbaren Inhalts" unterscheidet Frege den Gedanken als die inhaltliche Komponente bzw. das „seelische Bild" von der Klasse der wahren bzw. falschen Gedanken, die als unabhängig von der jeweiligen inhaltlichen Komponente gefasst wird. Der Schritt vom noch psychologisch gefassten seelischen Bild zur kognitiv verstandenen „Gegebenheitsweise" fehlt jedoch noch.

Aus dem Juni 1890 ist ein Brief erhalten, in dem Richard Falckenberg, der Herausgeber der *Zeitschrift für Philosophie und philosophische Kritik* (ZPPK), Frege zusichert: „Die Logische Abhandlung über Sinn und Bedeutung nehme ich, wenn sie nicht gar zu umfangreich ausfällt, gern und mit Freuden an" (WB, 48). Zu diesem Zeitpunkt hatte Frege die Unterscheidung demnach bereits formuliert und offenbar bereits einen Text dazu mindestens teilweise niedergeschrieben. Zeitgleich erschien Ernst Schröders *Algebra der Logik* (1890), um deren Rezension Frege sich bemühte. Darin spricht Schröder von „einsinnigen" und „mehrsinnigen" sowie von „eindeutigen", „mehrdeutigen", „undeutigen" und „vieldeutigen" Namen; zusätzlich nennt er, bezogen auf Namen von Begriffen, „jedes Individuum der Gattung eine von seinen Bedeutungen" (Schröder 1890, 48 und 69; vgl. ASB, 135). Es liegt somit nahe, dass Frege durch Schröders Vorschläge im Sommer 1890 dazu angeregt wurde, die Wörter „Sinn" und „Bedeutung" in seine eigene Terminologie einzuführen. Ein Beispiel in *Sinn und Bedeutung*, in dem August Bebels Äußerung über die Rückgabe von Elsass-Lothringen vorkommt, wurde vermutlich durch die Reichstagsdebatte vom 25. Juni 1890 angeregt (vgl. Sundholm 2001). In jedem Fall war der Aufsatz bereits fertig gestellt und zur Publikation angenommen, bevor Frege *Funktion und Begriff*, worin er erneut das Beispiel mit dem Morgenstern und dem Abendstern verwendet, im April/Mai 1891 veröffentlichte (FB, 14, Anm.).

In *Sinn und Bedeutung* verweist Frege zweimal auf die weiterführende Frage: „Was ich einen Gegenstand nenne, kann genauer nur im Zusammenhange mit Begriff und Beziehung erörtert werden. Das will ich einem anderen Aufsatz vorbehalten." (SB, 34, vgl. 27) Diese Bemerkung scheint auf BG zu verweisen (vgl. Patzig 1962, 41, 49); gemeint ist an dieser Stelle allerdings zunächst der erst aus dem Nachlass veröffentlichte Text *Ausführungen über Sinn und Bedeutung*, der sich schon im ersten Satz auf

SB bezieht und fortfährt: „Derselbe Unterschied kann auch bei Begriffswörtern gemacht werden" (ASB, 128).[2] Die erste thematische Klärung dazu findet sich in FB, 18; aber schließlich kam nur BG zur Publikation.

Im Mai 1891 erhielt Frege von Husserl dessen *Philosophie der Arithmetik* sowie die Rezension zu Schröders *Algebra der Logik*. In seinem Antwortbrief vom 24.5.1891 (dem er ein Exemplar von FB beifügte) zeichnet Frege ein Schema zur Veranschaulichung der Unterschiede von Zeichen, Sinn und Bedeutung für „Satz", „Eigenname" und „Begriffswort". Frege hebt darin besonders hervor, dass die Bedeutung eines Begriffsworts von den Gegenständen, die unter den Begriff fallen, unterschieden werden muss (WB, 96).[3] Vermutlich schrieb Frege bald danach[4] den Entwurf (ASB), in dem er den Unterschied zwischen Sinn und Bedeutung für Begriffswörter erklärt, und auch auf die Schwierigkeiten im Umgang mit Ausdrücken wie „der Begriff gleichseitiges Dreieck" hinweist, die er als Gegenstandsnamen auffasst (ASB, 130). Er gibt dort auch ein Kennzeichen „für Leser, die vor der Begriffsschrift nicht erschrecken": Für einen Begriff gilt, dass „seine Bezeichnung mindestens eine leere Stelle enthält zur Aufnahme des Namens eines Gegenstandes" (ASB, 131). Frege schlägt überdies eine Notation für die Beziehung zwischen Begriffen vor, „die der Gleichheit bei Gegenständen entspricht" (ASB, 132), und grenzt diese Beziehung gegen drei inhaltlich gleichwertige, aber logisch verschiedene Formulierungen ab: 1) die Allgemeinheit der Gleichheit der Funktionswerte, 2) die Gleichheit der Begriffsumfänge, und 3) die sprachliche Formulierung „Der Begriff F ist derselbe wie der Begriff X" (die eine Gleichheit zwischen den Gegenständen mit den Namen „der Begriff F'" und „der Begriff X" ausdrückt).[5] Dazu merkt er an, dass wir dabei „im Wesentlichen denselben Gedanken" ausdrücken.[6] Der Text geht abschließend auf die

---

[2] Der Brief von Falckenberg erwähnt den „ersten Teil der Abhandlung"; dies verweist darauf, dass Frege schon 1890 einen zweiten Teil geplant und angekündigt hatte, der offenbar in der gleichen Zeitschrift erscheinen sollte. ASB ist der nicht fertiggestellte Entwurf zu diesem zweiten Teil.

[3] Freges ausführliche und stellenweise polemische Rezension von Husserls Buch, die insbesondere die psychologistische Tendenz hervorhebt, erschien erst 1894.

[4] Der Entwurf nennt Husserls Texte, die Frege im Mai 1891 erhielt.

[5] Freges Einwände gegen die drei Vorschläge: 1) ist in erster Linie eine Allgemeinheit und keine Gleichheit, 2) ist zwar eine Gleichheit, aber nicht von Begriffen, sondern von Begriffsumfängen, und in 3) zwingt uns die Sprache dazu, die Gleichheit von Gegenständen zu behaupten, wo wir von Begriffen sprechen wollen.

[6] Diese Möglichkeit beruht darauf, dass für Frege Gedanken logisch unstrukturierte Gesamtheiten sind, die wir erst im Nachhinein logisch gliedern. Die Problematik liegt deshalb für Frege nicht auf der Ebene der Gedanken, sondern allein darin, dass uns keine adäquate logische Gliederung gelingt, welche wir sprachlich ausdrücken könnten.

Mängel bezüglich dieser Unterscheidungen bei Husserl und Schröder ein. Der Sinn von Begriffswörtern wird nicht erklärt, wohl aber der Umstand, dass ihre Bedeutung nicht aus den Gegenständen besteht, die unter einen Begriff fallen (ASB, 135).

Dieser Entwurf blieb unvollendet liegen; möglicherweise lag dies daran, dass die darin vorkommenden symbolischen Notationsteile, die zwar sämtlich nur linear und nicht zweidimensional sind, für die in Fraktur gesetzte Zeitschrift ein Hindernis darstellten. Denkbar ist auch, dass Frege letztendlich eine andere Möglichkeit attraktiver fand; nämlich die Überarbeitung und Neufassung der Antwort auf Kerry: Die inhaltlichen Überschneidungen sind relativ groß, und *Begriff und Gegenstand* ist insgesamt weitaus konzentrierter und auf einen zentralen Punkt bezogen. Außerdem sind die Fragen nach dem Sinn und der Bedeutung von Begriffswörtern sowie danach, wann zwei Begriffswörter dasselbe bedeuten, für Frege (weniger zentral) als der Unterschied zwischen Begriff und Gegenstand.

Den Text zu Kerry bearbeitete Frege in einem ersten Schritt, indem er einen Absatz einfügte, der den terminologischen Wandel seit den *Grundlagen* anspricht (NL, 108; vgl. BG, 198), sowie fünf kürzere Fußnoten, die auf FB, SB und auf Schröders *Algebra der Logik* verweisen (NL, 98, 100, 108, 109, 118). Der Entwurf blieb dann jedoch in dieser halb bearbeiteten Form liegen, und Frege schrieb den Aufsatz noch einmal komplett neu, wenn auch unter Benutzung des alten Textes. Die Einleitung und der Schluss sind neu hinzugefügt, die Ausdrucksweise ist vielfach leicht verändert, die Terminologie stellenweise überarbeitet, der Morgenstern kommt als Beispiel vor, und eine lange Fußnote ist in veränderter und teilweise gekürzter Form in den Haupttext aufgenommen.

Die Publikationsorte der drei Aufsätze waren verstreut: *Funktion und Begriff* (und 1893 auch die *Grundgesetze*) ließ Frege 1891 als separate Publikation bei Pohle in Jena, einer Druckerei, die auf schwierigen Satz spezialisiert war, erscheinen; *Sinn und Bedeutung* erschien im folgenden Jahr in der ZPPK, in der Frege wiederholt veröffentlichte, und *Begriff und Gegenstand* erschien als Replik auf Kerry in der *Vierteljahrsschrift für wissenschaftliche Philosophie*. Frege veröffentlichte dann 1893 den ersten Band seiner *Grundgesetze*, wozu die Aufsätze Erläuterungen bieten sollten.

Im gleichen Zeitraum publizierte Frege noch einen Aufsatz *Über das Trägheitsgesetz*, der ein Thema aus der Physik behandelt, sowie eine Rezension zu Cantors Schriften zur Mengenlehre (1892). Zur Cantor-Rezension gibt es einen Entwurf, der insbesondere Versuche, Dingen „durch eine Definition eine Eigenschaft erteilen zu können", polemisch kritisiert (NL, 76–80, hier 78).

Ernst Schröder (1845–1902) wird in den drei Aufsätzen nur in einer einzigen Fußnote erwähnt (BG, 194). Er galt mit Frege als Hauptvertreter der mathematischen Logik in Deutschland und hatte schon 1880 die *Begriffsschrift* rezensiert, worauf Frege in mehreren Texten reagiert hatte (*Über den Zweck der Begriffsschrift*, *Booles rechnende Logik und die Begriffsschrift*). In den *Grundlagen* geht Frege an mehreren zentralen Stellen auf Schröder ein (GL, § 50, 51, 54). Freges Besprechung der *Algebra der Logik*, die er als geplant schon im Brief an Husserl erwähnt, erschien erst 1895. Der Kernpunkt der Rezension liegt darin, aufzuzeigen, dass Schröder zunächst einen „Gebietekalkül" einführt, der ganz auf der Beziehung von Teil und Ganzem beruht; und dass er diesen Kalkül dann auf unklare Weise in eine Logik umdeutet, in der der Unterschied von Element und Klasse bzw. von Gegenstand und Begriff neu hinzukommt. Bei Schröder führt dies zu einem Widerspruch zwischen den Bestimmungen für die Nullklasse (die in allen Klassen enthalten sein soll) und der Bestimmung für die Klasse, die nur die Allklasse enthält (und in der außer der Allklasse keine andere Klasse enthalten sein soll; in der aber nach der Bestimmung der Nullklasse diese ebenfalls enthalten sein sollte). Frege zeigt dann auf, wie bei konsequenter Beachtung des Unterschieds von Begriff und Gegenstand der Widerspruch leicht vermieden werden kann.[7] Auch Husserl hatte in seiner Rezension zu Schröder einen Lösungsvorschlag gemacht, den Frege aber als unzureichend kritisierte (vgl. Frege 1895, 440).

1.3 Der systematische Ausgangspunkt: Der Logizismus, Zahlen als Gegenstände und Identitäten

Den systematischen Ausgangspunkt für Freges philosophisches Projekt bildet die Ansicht, dass die Arithmetik ein Zweig der Logik ist, was man auch als „Logizismus" bezeichnen kann. Für Frege ergab sich diese Auffassung methodisch zwingend dadurch, dass, anders als im Fall der Geometrie, wo aufgrund des Bezugs auf die Anschauung zur euklidischen Geometrie alternative Formen denkbar und durchführbar sind, für die Arithmetik keine solchen Möglichkeiten bestehen. Die Gesetze der Arithmetik sind daher von derselben Natur wie diejenigen der Logik: Sie können nicht sinnvoll verneint werden, denn dann würde „alles in Verwirrung" (GL, § 14; vgl. GG I, XVII) stürzen, nämlich das gesamte Denken – ähnlich wie bei der Verneinung eines logischen Gesetzes (dazu ausführlich Rohr 2020). Die Arithmetik beruht also auf reinem Denken, auf der Logik. Aus dieser Auffassung ergab sich für Frege die Forderung, für diese Einsicht auch einen Beweis zu führen, nämlich die Gesetze der Arithmetik aus denen der Logik durch logische Schlüsse abzu-

---

[7] Frege verweist in diesem Zusammenhang ausdrücklich auf FB und BG (Frege 1895, 455).

leiten. Zu diesem Zweck entwickelte er seine logische Notation, die Begriffsschrift. Diese Notation sollte den exakten Ausdruck sämtlicher Gehalte (*Lingua characteristica*) ermöglichen und zugleich ein Kalkül des logischen Schließens (*Calculus ratiocinator*) sein (BRL, 11).

Eine zentrale, noch ungelöste Schwierigkeit lag dabei darin, wie genau die Zahlen rein logisch dargestellt werden können. Frege hatte sich spätestens seit den *Grundlagen* darauf festgelegt, dass Zahlen Gegenstände sind. Dafür spricht die sprachliche, substantivische Ausdrucksweise „die Eins", „die Zwei"[8] ebenso wie die Möglichkeit, dass Zahlen als Argumente in Funktionen erster Stufe auftreten, insbesondere in Gleichungen, die man logisch als zweistellige Beziehungen auffassen kann. Außerdem ist die Frage, ob darunter etwas fallen kann, die für Begriffe charakteristisch ist, für Zahlen dagegen offenbar sinnlos. Eine dritte Möglichkeit schien Frege ausgeschlossen. Daher bemühte er sich darum, „logische Gegenstände" einzuführen. Es war ihm dabei wichtig, Zahlen nicht als ursprüngliche, nicht weiter definierbare Gegenstände einfach vorauszusetzen, sondern sie auf rein logische Gegenstände zurückzuführen.[9] Nach Auftreten des Widerspruchs formuliert er eine Frage, in der er das „Urproblem der Arithmetik" sieht: „Wie fassen wir logische Gegenstände, insbesondere die Zahlen? Wodurch sind wir berechtigt, die Zahlen als Gegenstände anzuerkennen?" (GG II, 265)

Zahlreiche Beispiele in den drei Aufsätzen behandeln Zahlen auf selbstverständliche Weise als Gegenstände.

Im Rahmen seiner funktionalen Auffassung kam Frege dazu, die Bedeutungen von Sätzen als Gegenstände, nämlich als Wahrheitswerte, das Wahre und das Falsche, aufzufassen. Es schien aber aussichtslos, Zahlen als Wahrheitswerte zu definieren. Darum versuchte Frege, Zahlen über Klassen, die man logisch als Begriffsumfänge auffassen kann, und die er als Wertverläufe einführte, zu definieren (obwohl ihm dies lange widerstrebte).[10] Seine Definition der Anzahl lautet dann: „Die Anzahl, welche dem Begriffe F zukommt, ist der Umfang des Begriffes ‚gleichzahlig mit dem Begriffe F'" (GL, § 68).

Auch die Möglichkeit, dasselbe auf verschiedene Weise darzustellen, beschäftigte Frege schon in der *Begriffsschrift*, denn „derselbe Inhalt kann auf verschiedene Weisen vollständig bestimmt werden" (BS, § 8). In den *Grundlagen* erörtert

---

8 Vgl. aber den Beitrag von Felka in diesem Band.
9 Im Fall der Geometrie ging Frege von Punkten, Geraden und Ebenen aus, die durch die Anschauung unmittelbar gegeben werden müssen, und die nicht weiter auf Logisches zurückgeführt werden können.
10 An Russell schreibt Frege 1902: „Ich habe mich lange dagegen gesträubt, die Wertverläufe und damit die Klassen anzuerkennen; aber ich habe keine andere Möglichkeit gesehen, die Arithmetik zu begründen" (WB, 223).

Frege als Beispiel für eine Gleichung: „Die Zahl der Jupitersmonde ist die vier". Dazu nennt er den Einwand gegen diese Gleichsetzung, dass „in dem Worte ‚vier' nichts von Jupiter oder von Mond enthalten ist". Freges Gegenargument lautet: „Auch in dem Namen ‚Columbus' liegt nichts von Entdecken oder von Amerika und dennoch wird derselbe Mann Columbus und der Entdecker Amerikas genannt" (GL, § 57).

1.4 Freges Beiträge zur Sprachphilosophie

Freges Bemühungen um die Logik und die Begründung der Arithmetik führten ihn an mehreren Stellen zu bedeutenden sprachphilosophischen Einsichten und Neuerungen:

Erstens ersetzt er in der Logik die traditionelle Zusammensetzung des Urteils aus Subjekt und Prädikat durch den Ausgang vom ganzen Urteil und die Analyse in Funktion und Argument. Er drückte dabei die Überzeugung aus, dass sich diese Ersetzung „auf die Dauer bewähren wird" (BS, VII). Die dadurch begründete funktionale Betrachtungsweise wurde für die gesamte logische Analyse der Sprache bahnbrechend; insbesondere kann dadurch der kategoriale ontologische wie auch semantische Unterschied zwischen Substanz und Akzidens schon in einfachen Prädikationen wie etwa in „Sokrates ist sterblich" erstmals logisch dargestellt werden.

Zweitens erweitert Frege die funktionale Analyse um Funktionen und Begriffe zweiter und höherer Stufe. Dadurch wurde erstmals eine formale Darstellung von höherstufigen Begriffen, wie etwa dem Begriff der Existenz, möglich. Frege selbst weist darauf hin, dass seine Analyse für eine Verdeutlichung von Kants Kritik des ontologischen Gottesbeweises nutzbar gemacht werden kann (Brief an Stumpf, 1882; WB, 165; FB, 27). Die Quantoren, die Frege in diesem Zusammenhang einführt, sind elementares Handwerkszeug jeder Analyse der Sprache geworden.

Drittens unterscheidet Frege erstmals ausdrücklich zwischen dem Gehalt von Aussagen und dem damit verbundenen Akt der Behauptung, für den er den „Urteilsstrich" als eigenes Zeichen einführt (BS, § 2). Frage, Wunsch und Befehl grenzt er als weitere Sprechakte von der Behauptung ab; ohne hier eigene Zeichen einzuführen.

Mit dieser Neuerung gab Frege eine wichtige Anregung zur Entwicklung der Theorie der Sprechakte: Ihr Begründer, John L. Austin, war zugleich der Übersetzer von Freges *Grundlagen der Arithmetik* ins Englische (1950).

Viertens machte Frege mit seinem Kontextprinzip für die Bedeutung sprachlicher Ausdrücke Epoche: Erst im Satzzusammenhang und „nicht in ihrer Vereinzelung" kann die wirkliche Bedeutung von Wörtern, und allgemeiner von sprachlichen Zeichen genau festgestellt werden (GL, X). Dieses Prinzip ergänzte Frege später um ein Prinzip der Kompositionalität für sprachliche Bedeutung (GGF, 36). Die daran anschließenden Diskussionen über das genaue Verhältnis und die Reichweite beider Prinzipien sind bis heute nicht abgeschlossen.

Fünftens unterscheidet Frege erstmals konsequent zwischen sprachlichen Zeichen und dem von diesen Zeichen jeweils Bezeichneten. Typographisch zeigt sich dies in der häufigen Verwendung von Anführungszeichen. Dies führte ihn zu Entwürfen einer Systematik der Zeichen, die er im Rahmen seiner funktionalen Auffassung der Sprache entwickelte. Hervorzuheben ist die Unterscheidung zwischen Zeichen, die einen bestimmten Gegenstand bezeichnen (also mit konstanter Bedeutung) und Zeichen, die (als Gegenstandsvariablen) Gegenstände nur unbestimmt andeuten, durch welche Allgemeinheit ausgedrückt wird (BS, § 1). Dazu gehört auch die Frage danach, ob es Zeichen gibt (etwa für Begriffe), die nur im Zusammenhang eine Bedeutung haben. Bereits die grundsätzliche Forderung, diesen Unterschied von Zeichen und Bezeichnetem strikt zu beachten, ist für semantische Untersuchungen elementar.

Sechstens entwickelt Frege im Rahmen seiner Systematik aller möglichen Zeichen die Unterscheidung zwischen dem Sinn und der Bedeutung von Zeichen. Damit fordert er für sämtliche bedeutungstragenden Zeichen die dreifache Unterscheidung zwischen dem Zeichen selbst, dem Sinn des Zeichens und der Bedeutung des Zeichens. Diese Neuerung hat bis heute immer wieder fruchtbare Vorschläge und Diskussionen ausgelöst – der Aufsatz *Über Sinn und Bedeutung* ist Freges berühmtester und meist diskutierter Text geworden.

Siebtens gibt Frege eine Konzeption der Eigennamen, die zwischen der sprachlichen und der logischen Form unterscheidet: Jedes Zeichen, das für genau einen Gegenstand (oder eine Person) steht, oder stehen soll, gilt als Eigenname – unabhängig von der sprachlichen Gestalt: „der Lehrer Platons" ist für ihn ebenso ein Eigenname wie etwa „Sokrates". Dagegen gilt ihm „Odysseus" als Scheineigenname, weil die Existenz einer solchen Person zweifelhaft ist.

Achtens legt Frege einerseits eine logische Notation und Analyse vor, die anschaulich zwischen dem Ausdruck von Inhalten und Gedanken gegenüber der Bezeichnung von Gegenständen unterscheidet: Ganze Sätze haben auf ganz andere Art und Weise Bedeutung als einzelne Namen, die Gegenstände bezeichnen. Im Rahmen seiner funktionalen Systematik gleicht Frege dann jedoch die Bezeichnungsweise für Sätze und für Eigennamen aneinander an, indem er Sätze als Namen von „Wahrheitswerten" auffasst und somit beide Bezeichnungsweisen als Namen deutet.

Neuntens kann man Freges eigene logische Notation als eine formale Sprache verwenden, um durch Unterschiede und Analogien zur gewöhnlichen Wortsprache die Einsicht in die Struktur der Sprache zu schärfen.

Zehntens untersucht Frege ergänzend auch die Formen direkter und indirekter Rede, und er macht einen Vorschlag, wie man fiktionale Rede über Erfundenes nicht als Falschbehauptung über Nichtexistierendes, sondern als Rede mit Gedanken und Sinn, aber ohne Bedeutung und Wahrheitsanspruch deuten kann.

Frege wollte durch seine Begriffsschrift, die ganz auf die Verwendung der Sprache verzichtet, zunächst dabei helfen, die „Herrschaft des Wortes über den menschlichen Geist zu brechen" (BS, VI) – dieser Versuch führte ihn zwar nicht zu einer erfolgreichen Begründung der Arithmetik; dafür aber zur Begründung der modernen Philosophie der Sprache.

1.5 Zu den Beiträgen

Die Beiträge dieses Bandes führen in Freges Fragestellungen der drei Aufsätze ein; sie stellen aber auch neuere Diskussionen vor, die im Anschluss an Freges Vorschläge entwickelt wurden.

Der Beitrag von Tabea Rohr bietet einen Kommentar zu *Funktion und Begriff*. In diesem Zuge wird Freges logisches System sowohl in der ursprünglichen Fassung der *Begriffsschrift* als auch in der Weiterentwicklung, die Frege in *Funktion und Begriff* vorstellt, einschließlich der Ergänzungen in den *Grundgesetzen* erklärt. Freges eigene Präsentation in *Funktion und Begriff* argumentiert für eine konsequent funktionale Auffassung sämtlicher Zeichen, in der alle Zeichen bedeutungstragend und in diesem Sinn inhaltlich aufzufassen sind.

Katharina Felka setzt sich in ihrem Aufsatz mit einem zentralen Argument Freges bei der Begründung der Arithmetik auseinander: Ist die Behauptung korrekt, dass die grundsätzliche Umformungsmöglichkeit von der adjektivischen Form „Frege hat zwei Hände" in „Die Zahl von Freges Händen ist die Zwei" nachweist, dass Zahlzeichen für Gegenstände stehen? Mit linguistischen Mitteln zeigt der Beitrag auf, dass hier berechtigte Zweifel bestehen.

Andreas Schmidt erläutert Freges Unterscheidung zwischen Sinn und Bedeutung für Eigennamen und weist auf den argumentativen Hintergrund und die Abgrenzung zum Aspekt der subjektiven Färbung sowie auf einige Schwierigkeiten im Einzelnen hin. Erklärt werden auch alternative Vorschläge: Die Analyse Russells, die auf Sinn ganz verzichtet; Kripkes kausale Namenstheorie, die nur mit Taufakten auskommen will; und die Vorschläge von Evans, wonach der Sinn in einer Ansammlung kausal vermittelter Information besteht.

Thomas Ricketts zeichnet den Weg nach, auf dem Frege zu seiner intuitiv wenig plausiblen Auffassung gelangt, dass die Bedeutung eines Satzes in seinem Wahrheitswert besteht. Dabei ergibt sich, dass diese Deutung innerhalb von Freges eigener Systematik sehr gut begründet ist und eng mit dem Kontextprinzip und der Unterscheidung zwischen Begriff und Gegenstand zusammenhängt.

Wolfgang Künne untersucht Freges Deutung der Einbettungen sprachlicher Ausdrücke in sprachliche Kontexte: Dies betrifft die direkte Rede, in der die Worte für sich selbst stehen, aber auch als Namen von sich selbst aufgefasst werden können; vor allem aber Formen der indirekten Rede, in denen nach Frege der indirekt übermittelte Gedanke die Bedeutung ausmacht. Man kann aber danach fragen, was es mit indirekter Rede über die Sprecherin selbst auf sich hat; und ob es überzeugt, wenn Frege das Wort „wahr" in Sätzen wie „p ist wahr" als überflüssig erklärt und ihm jede Bedeutung abspricht.

Gottfried Gabriel zeigt, wie man Freges Überlegungen zu Sinn und Bedeutung verwenden kann, um fiktionale Rede so zu rekonstruieren, dass Fiktion nicht (wie bei Russell) mit einer Falschaussage gleichgesetzt wird. Namen, die in Fiktionen vorkommen, sind daher auch keineswegs als Bezeichnungen für fiktive Entitäten zu verstehen. Gegen Freges rein emotive Auffassung des Werts der Literatur skizziert Gabriel einen Gegenvorschlag, der den Begriff der Erkenntnis nicht auf propositionale Wahrheit beschränkt.

Mark Textor bietet einen Überblick über die wichtigsten Stationen der Diskussion darüber, wie man den Sinn von Eigennamen und Kennzeichnungen begrifflich exakt fassen kann: Schon Russell versuchte eine eigene Gegentheorie in *On Denoting* (1905); Church fasste den Sinn sprachlich und nicht kognitiv, wie Frege es meist vorschlug; Dummett schlug vor, den Sinn nicht dadurch zu erklären, was er an sich ist, sondern dadurch, wie er erfasst wird; schließlich diskutieren Dummett, Evans und McDowell darüber, ob Sinn ohne Bedeutung überhaupt möglich ist, da der Sinn ja die Gegebenheitsweise eines Gegenstandes sein sollte.

Die Thematik von Begriff und Gegenstand wird in diesem Band gleich von mehreren Beiträgen behandelt; dabei zeigt sich die Möglichkeit und Fruchtbarkeit ganz unterschiedlicher Ansätze. Wolfgang Kienzler bietet einen kommentierenden Durchgang durch *Begriff und Gegenstand*, der die Einbettung der sonst meist isoliert diskutierten Äußerungen Freges über sein Kennzeichen für Eigennamen und Begriffsausdrücke nachzeichnet. Frege verwendet solche Ausdrücke wie „der Begriff Pferd" offensiv gegen die Kritik Kerrys, und verhält sich ihnen gegenüber keineswegs defensiv als sei er in Erklärungsnot. Dadurch versucht Frege, ein tieferes Verständnis für die Natur von Begriffen, aber auch von Sätzen, zu vermitteln.

Andreas Kemmerling geht den Schwierigkeiten nach, die sich ergeben, wenn man genauer anzugeben versucht, was Frege unter einem Begriff versteht; insbesondere dann, wenn man Freges Forderung ernst nimmt, dass Begriffswörter sowohl Bedeutung als auch Sinn haben müssen.

Elias Zimmermann stellt das Paradox um „der Begriff Pferd ist kein Begriff" vor und gibt einen Überblick über Lösungsvorschläge. Er prüft anschließend die Möglichkeiten, mit Freges eigenen Mitteln die (objektivierende) Rede über Begriffe möglich zu machen; zeigt aber auch eine Grenze auf, auf die man immer wieder stößt.

Todor Polimenov vergleicht Freges Konzeption von Begriffen und Gegenständen, Prädikaten und Eigennamen mit den Deutungen der traditionellen Logik. Er zeigt insbesondere auf, wie sich die gesamte Logik von Grund auf verändert, wenn man das Fallen eines Gegenstandes unter einen Begriff als das logische Grundphänomen ansieht: Die traditionell als einfach angesehenen Urteile werden als logisch komplex erkennbar. Die wahre logische Komplexität dagegen geht in der traditionellen Deutung weitgehend verloren.

Christoph Demmerling beschäftigt sich mit der Verwendung von Anführungszeichen bei Frege. Er setzt sich eingehend mit Freges Verständnis von Zeichen auseinander und macht deutlich, dass Anführungszeichen ein Mittel darstellen, um auf systematische Weise zwischen der Rede über Gegenstände oder Sachverhalte im weitesten Sinne und der Rede über Zeichen zu unterscheiden. Sie schieben einen Riegel vor die Verwechslung von Zeichen und Bezeichnetem und ihre Verwendung markiert einen wichtigen Schritt im Rahmen der Entwicklung einer Semantik.

Bei den Beiträgen dieses Bandes handelt es sich bis auf den Beitrag von Thomas Ricketts um Erstveröffentlichungen. Die Herausgeber danken Helen Akin für ihre sorgfältige Redaktion der Beiträge. Unser Dank gilt auch dem Herausgeber der Reihe, Otfried Höffe, dem der Vorschlag einen Band zu Frege in die Reihe *Klassiker Auslegen* aufzunehmen, sofort eingeleuchtet hat. Den Autorinnen und Autoren des Bandes danken wir dafür, dass sie unsere Vorschläge bereitwillig aufgenommen haben – und nicht zuletzt für ihre Geduld.

Literatur

Kienzler, Wolfgang (2009): Begriff und Gegenstand. Eine historische und systematische Studie zur Entwicklung von Freges Denken, Frankfurt am Main.
Patzig, Günther (Hg.) (1962): Frege: Funktion, Begriff, Bedeutung, Göttingen.
Rohr, Tabea (2020): Freges Begriff der Logik, Paderborn.

Schröder, Ernst (1890): Vorlesungen über die Algebra der Logik, Bd. 1, Leipzig.
Sundholm, Göran (2001): Frege, August Bebel and the Return of Alsace-Lorraine. The dating of the distinction between Sinn and Bedeutung. In: History and Philosophy of Logic 22, 57–73.
Veraart, Albert (1976): Geschichte des wissenschaftlichen Nachlasses Gottlob Freges und seiner Edition. Mit einem Katalog des ursprünglichen Bestandes der nachgelassenen Schriften Freges. In: Schirn (Hg.), Studien zu Frege 1, 49–106.

Tabea Rohr
2 Die Weiterentwicklung der Begriffsschrift in *Funktion und Begriff*

Funktion und Begriff ist ein Vortrag, den Frege 1891 in der Jenaischen Gesellschaft für Medicin und Naturwissenschaften gehalten hat. Im selben Jahr erschien das Vortragsmanuskript als eigenständiges Heft im Jenaer Verlag Hermann Pohle. Das erklärte Ziel von *Funktion und Begriff* ist es, die „Begriffsschrift" „von einer anderen Seite her [zu] beleuchten und einige Ergänzungen und neue Fassungen" mitzuteilen (FB, 1).

Die Begriffsschrift ist Freges logisches Zeichensystem, das er erstmalig 1879 in seiner Monographie *Begriffsschrift. Eine der Arithmetik nachgebildeten Formelsprache des reinen Denkens* vorstellt. Im Folgenden wird mit „*Begriffsschrift*" (kursiv) auf dieses Buch und mit „Begriffsschrift" (nicht kursiv) auf das gleichnamige Zeichensystem verwiesen.

Worum es sich bei den erwähnten „Ergänzungen" und „neuen Fassungen" handelt, ist leicht ersichtlich. Es genügt, die Erläuterungen zur Begriffsschrift in diesem Text mit der ursprünglichen Version von 1879 zu vergleichen. Ein solcher Vergleich wird in diesem Kapitel vorgenommen. Dafür wird in Abschnitt 2.2 die ursprüngliche Version der Begriffsschrift vorgestellt und in Abschnitt 2.4 gezeigt, wie Frege sie in *Funktion und Begriff* konsequent weiterentwickelt.

Weniger offensichtlich ist, was Frege hier mit der „anderen Seite" meint, von der aus er die Begriffsschrift beleuchten möchte. Es gibt jedoch einen wichtigen Unterschied zu allen früheren Darstellungen: Frege führt hier erstmals sein funktionales Verständnis von Begriffen konsequent durch. Dieses bildet den Ausgangspunkt von Freges Sprachphilosophie, wie er sie erstmals in *Über Sinn und Bedeutung* darlegt. Zugleich ermöglicht ihm das funktionale Begriffsverständnis ein begrifflich-funktionales Verständnis von logischen Zeichen. Abschnitt 2.1 und 2.3 beschäftigen sich mit zwei wichtigen Meilensteinen der Entwicklung dieses Verständnisses: mit der schon in der *Begriffsschrift* von 1879 entwickelten Auffassung der Funktions-Arguments-Unterscheidung als Grundunterscheidung der Logik und mit der in den *Grundlagen* von 1884 eingeführten Unterscheidung zwischen Begriff und Gegenstand.

Die begriffliche Auffassung logischer Zeichen ist zentral für Freges Grundlegungsprojekt, das er schon in der *Begriffsschrift* von 1879 formuliert: zu zeigen, dass die Arithmetik ein Teil der Logik ist. Auf dieses Grundlegungsprojekt weist Frege bereits in seinem kurzem Vorwort zu *Funktion und Begriff* hin: „Es ist meine Absicht, in nächster Zeit, wie ich schon früher angedeutet habe, darzulegen, wie ich die grundlegenden Definitionen der Arithmetik in meiner Begriffsschrift ausdrücke, und wie ich daraus Beweise allein mit meinen Zeichen führe." (FB, Vorwort)

Im Hauptteil des Textes erwähnt er sein Grundlegungsprojekt noch ein weiteres Mal, um die Einführung seiner logischen Zeichensprache zu motivieren. Hier heißt es: „Es scheint jetzt die Meinung immer mehr Anhänger zu gewinnen, dass die Arithmetik weiterentwickelte Logik ist, dass eine strengere Begründung der arithmetischen Gesetze auf rein logische und nur auf solche zurückführt. Auch ich bin dieser Meinung und gründe darauf die Forderung, dass die arithmetische Zeichensprache zu einer logischen erweitert werden muss." (FB, 15)

Freges Grundlegungsprogramm besteht also aus zwei Teilen: Erstens muss gezeigt werden, dass es keine genuin arithmetischen Schlüsse gibt, sondern dass arithmetische auf logische zurückgeführt werden können. Um dies nachzuweisen, versucht Frege schon 1879 in der *Begriffsschrift* zu zeigen, dass die mathematische Induktion auf logische Schlüsse zurückgeführt werden kann. Zweitens muss gezeigt werden, dass alle arithmetischen Funktionen aus rein logischen Funktionen gebildet werden können. Begriffe werden dabei als eine besondere Sorte von Funktionen definiert.

Gerade für den zweiten Teil von Freges Grundlegungsprogramm ist das funktionale Begriffsverständnis und das begrifflich-funktionale Verständnis von logischen Zeichen, das Frege in *Funktion und Begriff* entwickelt, zentral. Es wird in Abschnitt 2.2 herausgearbeitet, dass Frege vor der Entwicklung seiner konsequent begrifflich-funktionalen Auffassung logischer Zeichen Probleme hat, die Bildung von komplexen logischen Zeichen zu erklären, und schließlich in Abschnitt 2.6 gezeigt, wie im Vergleich dazu die Bildung von komplexen logischen Ausdrücken in den *Grundgesetzen* aufgrund des begrifflich-funktionalen Verständnisses logischer Zeichen nach klaren Regeln nachvollzogen werden kann.[1]

---

[1] Dieses Kapitel kann als erläuternder Kommentar parallel zu *Funktion und Begriff* gelesen werden. Hierbei bietet sich folgende Einteilung an: Abschnitt 2.1 kann als Kommentar zu den Seiten 1 bis 7 von FB gelesen werden. Anschließend bieten Abschnitt 2.2 und 2.3 Hintergrundinformation über Freges frühere Arbeiten zur Logik und dienen damit der Vorbereitung der Lektüre der Seiten 8 bis 28. Abschnitt 2.4 kann als Kommentar dieser Seiten gelesen werden. Abschnitt 2.5 bietet Hintergrundinformation darüber, wie Frege die auf den vorherigen Seiten erläuterte Logik später noch weiterentwickelt, und hilft, die drei letzten Seiten von FB (29–31) einzuordnen, die diese Weiterentwicklung schon konzeptuell vorbereiten. Abschnitt 2.6 kann nach Abschluss der Lektüre von *Funktion und Begriff* gelesen werden und soll dazu dienen, den technischen Fortschritt in der Logik, der in FB erreicht wurde, besser zu würdigen.

2.1 Die Unterscheidung zwischen Funktion und Argument

Bevor Frege in *Funktion und Begriff* auf die erwähnten Neuerungen eingeht, stellt er zunächst seine logische Grundunterscheidung zwischen Funktion und Argument vor, die bereits in der *Begriffsschrift* von 1879 zu finden ist. In *Funktion und Begriff* geht Frege „von dem aus, was in der Mathematik Funktion genannt wird" (FB, 1). Er beginnt seinen Vortrag mit Funktionsbeispielen, die dem mathematischem Publikum wohl vertraut sind, und entwickelt von dort aus seine funktionale Deutung logischer Zeichen. Logische Grundbegriffe, wie etwa der Begriff der Verneinung, werden somit erst ziemlich weit am Ende des Textes eingeführt. Die Darstellungsweise unterscheidet sich damit sowohl von derjenigen in der *Begriffsschrift* von 1879 als auch von derjenigen im ersten Band der *Grundgesetze der Arithmetik* von 1893, in der Frege seine neue Fassung der Begriffsschrift zur Anwendung bringt. Frege hat für seine Darstellungsweise in seinem Vortrag rein publikumsspezifische, didaktische Gründe. In seinem Grundlegungsprogramm wird die Logik aus der Arithmetik abgeleitet, nicht umgekehrt. Der Begriff der Funktion ist für Frege ein logischer und damit nicht auf den Bereich der Mathematik beschränkt. Die mathematischen Beispiele erleichtern es aber dem – aus Mathematikern bestehenden – Publikum, Freges neuen Funktionsbegriff zu verstehen.

Frege grenzt zunächst seine eigene Definition von „Funktion" und „Argument" von der zu seiner Zeit gebräuchlichen Auffassung ab, nach der eine Funktion ein „Rechenausdruck" ist, „der x enthält, eine Formel, die den Buchstaben x einschließt". Er kritisiert an dieser Auffassung, dass dabei „Form und Inhalt, Zeichen und Bezeichnetes nicht unterschieden werden" (FB, 2). Ein Rechen*ausdruck* bzw. eine Formel ist ja ein Zeichen. Wenn jedoch die Mathematik bloß von inhaltsleeren Zeichen handeln würde,[2] so wären $2 \cdot 2^3 + 2$ und 18 nicht identisch, denn es handelt sich dabei ja um verschiedene Zeichen.

Wenn aber die Identität in einer mathematischen Gleichung nicht von den Zeichen ausgesagt wird, wovon denn dann? Freges Antwort auf diese Frage lautet: von den jeweiligen Bedeutungen der Zeichen. In einer Gleichung wie bei-

---

[2] Die Identifikation der Zeichen mit ihrer Bedeutung wird zu Freges Zeit von Formalisten wie Thomae und Hankel verteidigt. Frege argumentiert wiederholt gegen diese Theorie, etwa in den *Grundlagen* (§§ 92–99) und in seinem Vortrag *Über formale Theorien der Arithmetik* (KS, 103–111), auf den er an dieser Stelle auch verweist. Lawrence (2021) argumentiert, dass insbesondere Freges Kritik an dem Formalisten Hankel unfair ist, da Hankels Position weniger radikal und naiv ist, als Frege suggeriert.

spielsweise $2 \cdot 2^3 + 2 = 18$ wird ausgedrückt, „dass die Bedeutung der rechtsstehenden Zeichenverbindung dieselbe sei wie die der linksstehenden" (FB, 3).

Die Bedeutung eines Zahlzeichens ist laut Frege eine Zahl. Mehrere Zeichen können dieselbe Zahl bedeuten. Es gibt zwar beispielsweise nur *eine* Zahl 18, aber mehrere Zeichen, deren Bedeutung die Zahl 18 ist, etwa „18" und „$2 \cdot 2^3 + 2$". Aus diesem Grund ist es möglich, dass eine mathematische Gleichung erkenntniserweiternd ist. Denn es ist zwar trivial, dass das Zeichen „18" dieselbe Bedeutung hat wie das Zeichen „18". Es ist hingegen eine mathematische Erkenntnis, dass beispielsweise „$2 \cdot 2^3 + 2$" dieselbe Zahl bedeutet wie „18".[3]

Nun gibt es in der Arithmetik neben Zahlen auch noch Funktionen. Auf die Frage nach der Bedeutung von Funktionsausdrücken gibt Frege zunächst nur eine negative Antwort: Eine Funktion sei nicht die Bedeutung eines Rechenausdrucks, wie etwa „$2 \cdot 1^3 + 1$", der aus „$2 \cdot x^3 + x$" hervorgeht, wenn man „x" durch „1" ersetzt. Wenn eine Funktion einen Rechenausdruck bedeuten würde, so wäre eine Funktion nämlich mit einer Zahl identisch (FB, 5). Der in einem Funktionsausdruck enthaltene Buchstabe (meistens „x") bezeichnet aber keine konkrete Zahl, sondern deutet eine Zahl nur „unbestimmt an" (FB, 6). An die Stelle eines solchen unbestimmt andeutenden Buchstabens kann eine Zahl eingesetzt werden. Sie ist dann das Argument der Funktion (FB, 6). So kann etwa 1 als Argument in die durch „x" angedeutete Argumentstelle im Ausdruck „$2 \cdot x^3 + x$" eingesetzt werden. Man erhält dann „$2 \cdot 1^3 + 1$". Dieser Ausdruck enthält keinen unbestimmt andeutenden Buchstaben mehr und bezeichnet die Zahl 3.

Die Zahl selbst ist „völlig in sich abgeschlossen". Die Funktion für sich allein ist hingegen „unvollständig, ergänzungsbedürftig oder ungesättigt". Sie bildet erst mit dem Argument zusammen ein vollständiges Ganzes (FB, 6). Damit spielt Frege auf die Unterscheidung zwischen Gegenstand und Funktion an, die er bereits in den *Grundlagen der Arithmetik* angedeutet hat und in *Funktion und Begriff* genauer ausarbeitet.[4]

Freges Beispiele in *Funktion und Begriff* stammen an dieser Stelle zwar allesamt aus dem Bereich der Mathematik. Frege überträgt die Unterscheidung zwischen Funktion und Argument jedoch grundsätzlich auch auf Sätze der Alltagssprache. In der *Begriffsschrift* führt er die Unterscheidung zwischen Funktion und Argument zunächst am Beispiel des Satzes „Wasserstoffgas ist leichter als Kohlensäuregas" ein (BS, § 9). Hier könne man den Ausdruck „Wasserstoffgas" als veränderlich denken. Dann bezeichnet „Wasserstoffgas" das Argument und „ist leichter als Kohlensäure-

---

3 In seinem wenig später erschienenen Aufsatz *Über Sinn und Bedeutung* geht Frege auf die Problematik der sprachphilosophischen Einordnung von Gleichungen noch genauer ein.
4 Mehr zu der Unterscheidung von Gegenständen auf der einen sowie Begriffen und Funktionen auf der anderen Seite findet sich in Abschnitt 2.3.

gas" die Funktion. Man kann aber auch Kohlensäuregas als veränderlich denken, dann bleibt der Funktionsname „ist schwerer als Wasserstoffgas" übrig.[5] Ein ähnliches alltagssprachliches Beispiel findet sich auch an späterer Stelle von *Funktion und Begriff* („Caesar eroberte Gallien"; FB, 17). Die Unterscheidung zwischen Funktion und Argument wird bei Frege also von einer rein mathematischen Unterscheidung zu einer Grundunterscheidung in der Logik erhoben und im Zuge dessen auch auf das Gebiet der natürlichen Sprache übertragen.[6]

Im Anschluss an diese Erläuterungen zu Funktionen und Argumenten führt Frege ab Seite 9 sukzessiv mehrere logische Zeichen ein. Diese logischen Zeichen waren entweder in der Begriffsschrift von 1879 noch nicht vorhanden oder wurden anders aufgefasst. Sie sind also die von Frege angekündigten „Neuerungen und Ergänzungen". Um nachzuvollziehen, worin diese Neuerungen und Ergänzungen genau bestehen, muss man zunächst einen Blick auf die Begriffsschrift von 1879 werfen und auf die ersten konzeptionellen Änderungen, die Frege daran anschließend 1884 in den *Grundlagen der Arithmetik* vorgenommen hat.

2.2 Die Begriffsschrift von 1879

Frege führt in der *Begriffsschrift* in Analogie zur Arithmetik („allgemeinen Größenlehre") eine Einteilung in zwei verschiedene Arten von Zeichen ein, und zwar „in solche, unter denen man sich Verschiedenes vorstellen kann, und in solche, die einen ganz bestimmten Sinn haben" (BS, § 1). Für die erste Sorte von Zeichen verwendet man Buchstaben. Diese Buchstaben „sollen hauptsächlich zum Ausdruck der Allgemeinheit dienen". Auch dies kennt man bereits aus der Arithmetik, wo man etwa durch

$$(a+b)c = ac + bc$$

---

[5] Man könnte den funktionalen Charakter stärker betonen, wenn man die Argumentstelle auch in diesen alltagssprachlichen Beispielen kennzeichnen würde, indem man etwa schreibt „*x* ist leichter als Kohlensäuregas" und „*x* ist schwerer als Wasserstoffgas".

[6] Diese Unterscheidung ist ein zentrales Merkmal von Freges Logik, denn sie ist nicht in früheren Logiktraditionen zu finden. In der traditionellen Syllogistik, einer Logiktradition, die auf Aristoteles' Organon zurückgeht, werden alle Sätze so aufgefasst, dass ein Prädikat von einem Subjekt ausgesagt wird. Der Satz „Sokrates ist ein Mensch" hat dieselbe syllogistische Form wie der Satz „Alle Menschen sind sterblich". Für Frege hingegen ist im ersten Satz „Sokrates" das Argument der Funktion „ist ein Mensch". Im zweiten Satz wird hingegen ausgesagt, dass für alle Argumente, für die „ist Mensch" wahr ist, auch „ist sterblich" wahr ist. Die beiden Sätze haben somit für Frege völlig verschiedene logische Strukturen.

die Allgemeinheit des Distributivgesetzes ausdrückt. „a", „b" und „c" sind hier unbestimmt, gehören also zur ersten Sorte von Zeichen. „+", „=" und die Klammern sind hingegen bestimmt und gehören somit zur zweiten Sorte von Zeichen.

Für das „Gebiet des reinen Denkens", wie Frege die Logik auch nennt,[7] führt Frege in der *Begriffsschrift* sechs eigene Zeichen mit bestimmter Bedeutung ein:

(1.) Der „Inhaltsstrich" ist ein langer waagerechter Strich, der jedem Begriffsschriftausdruck vorangeht, um auszudrücken, dass das, was darauf folgt, einen „beurteilbaren Inhalt" hat:

$$\text{———} A$$

Ein beurteilbarer Inhalt ist etwas, was wahr oder falsch sein kann. „Haus" hat somit keinen beurteilbaren Inhalt, wohl aber der Ausdruck „das Haus des Priamus war aus Holz" (BS, § 2).[8]

(2.) Der „Urteilsstrich", ein kurzer senkrechter Strich vor dem Inhaltsstrich, drückt aus, dass der darauffolgende Inhalt bejaht wird:

$$\vdash A$$

Während der beurteilbare Inhalt nur mit dem Inhaltsstrich verbunden eine bloße „Vorstellungsverbindung" (BS, § 2) ausdrückt, wird durch den zusätzlich hinzugefügten Urteilsstrich das Urteil ausgedrückt, dass der auf ihn folgende beurteilbare Inhalt wahr ist.

(3.) Der „Verneinungsstrich" ist ein kleiner senkrechter Strich am Inhaltsstrich und besagt, dass der darauffolgende Inhalt verneint wird (BS, § 7):[9]

$$\text{—}\top\text{—} A$$

Sei *A* der beurteilbare Inhalt „Das Haus des Priamus war aus Holz", dann drückt die obige Formel den beurteilbaren Inhalt aus „Das Haus des Priamus war *nicht* aus Holz".

---

7 Daher trägt die *Begriffsschrift* auch den Untertitel „einer der Arithmetik nachgebildeten Formelsprache des reinen Denkens". Die Begriffsschrift ist der Arithmetik insofern „nachgebildet", als darin zwischen Zeichen mit bestimmter und unbestimmter Bedeutung unterschieden wird. Sie ist eine „Formelsprache des reinen Denkens", da sie sich auf das „Gebiet des reinen Denkens" bezieht.

8 „A" ist hier übrigens der große griechische Buchstabe Alpha. Frege verwendet im ersten Teil seines Buches große griechische Buchstaben, da er hier die Begriffsschrift nur erläutert. Im zweiten und dritten Teil seines Buches, wo er die Begriffsschrift zum Ausdruck von Inhalten verwendet, nutzt er kleine lateinische Buchstaben „a", „b", „c" usw.

9 Der Teil des Inhaltsstrichs vor dem Verneinungsstrich drückt aus, dass jede Verneinung eines beurteilbaren Inhaltes wiederum ein beurteilbarer Inhalt ist.

(4.) Der „Bedingungsstrich" verbindet zwei Inhalte, hier A und B, und sagt aus, dass der Fall, dass B bejaht und A verneint wird, nicht stattfinde (BS, § 5):

$$\begin{array}{c} \quad\quad A \\ \quad\quad B \end{array}$$

B ist also eine hinreichende Bedingung für A.[10] Es muss dabei kein kausaler Zusammenhang zwischen A und B bestehen. Frege bringt selbst das Beispiel an, „A" bedeute $3 \cdot 7 = 21$ und „B" bedeute, dass die Sonne scheint.[11] Wenn A wahr ist, kann der gesamte Ausdruck somit nicht falsch werden und muss daher bejaht werden, und zwar ganz unabhängig davon, ob die Sonne tatsächlich scheint oder nicht.

(5.) Die Höhlung ist das Zeichen, mit dem bei Frege Allgemeinheit ausgedrückt wird. Der Ausdruck

$$\vdash\!\!\stackrel{\mathfrak{a}}{\smile}\!\!\Phi(\mathfrak{a})$$

bedeutet, dass „jene Function" [die hier durch „Φ" bezeichnet wird – TR] eine Tatsache [und damit zu bejahen – TR] sein möge, was man auch als ihr Argument [hier mit $\mathfrak{a}$ angedeutet – TR] ansehen möge" (BS, § 11). Beispielsweise besagt der folgende Ausdruck, dass jede Quadratzahl größer oder gleich null ist:

$$\vdash\!\!\stackrel{\mathfrak{a}}{\smile}\!\!\mathfrak{a}^2 \geq 0$$

In der Höhlung kann aber auch ein Funktionsbuchstabe stehen:

$$\vdash\!\!\stackrel{\mathfrak{F}}{\smile}\!\!\mathfrak{F}(c)$$

Dieser Ausdruck bedeutet analog, dass wir einen wahren Ausdruck erhalten, unabhängig davon, welche bestimmte Funktion wir an die Stelle von $\mathfrak{F}$ setzen. Frege führt diesen Fall jedoch nicht gesondert ein, sondern erwähnt nur kurz, dass „an die Stelle desselben [eines Funktionszeichens wie „Φ" – TR] in dem Sinne, der eben festgesetzt ist [der Allgemeinheitsbezeichnung – TR] ein deutscher Buchstabe [wie hier $\mathfrak{F}$ – TR] treten" kann (BS, § 11). Die Allgemeinheit von ungesättigten Ausdrücken wird in der Begriffsschrift somit nicht als grundverschieden von der Allgemeinheit gesättigter Ausdrücke aufgefasst. Wir werden später sehen, dass sich das in *Funktion und Begriff* ändert.

(6.) Die Inhaltsgleichheit wird durch drei parallele Striche ausgedrückt und besagt, dass das linksstehende Zeichen (hier „A") und das rechtsstehende Zeichen (hier „B") „denselben begrifflichen Inhalt" haben (BS, § 8).

---

[10] „Β" ist hier der große griechische Buchstabe Beta.
[11] Frege schreibt eigentlich, dass „⊢——— A bedeute: $3 \cdot 7 = 21$". Damit will er vermutlich betonen, dass „$3 \cdot 7 = 21$" eine wahre Aussage ist. Allerdings ist dies etwas irreführend, da die genannte Bedeutung schon dem „A" selbst zukommt, außerdem werden „A" und „B" durch den Bedingungsstrich verknüpft, nicht „⊢——— A" und „B".

$$A \equiv B$$

Es gibt in der *Begriffsschrift* also sechs Grundzeichen (Inhaltsstrich, Urteilsstrich, Verneinungsstrich, Bedingungsstrich, Höhlung, Inhaltsgleichheit). In § 5 erklärt Frege an einem Beispiel, wie aus diesen sechs Grundzeichen neue Begriffsschriftausdrücke gebildet werden können:

> Hiernach ist leicht zu erkennen, dass
>
>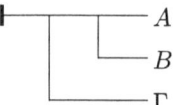
>
> den Fall leugnet, wo A verneint, B und Γ bejaht würden. Man muss dies aus
>
> 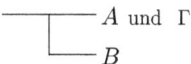 und Γ
>
> ebenso zusammengesetzt denken, wie
>
> [12]
>
> aus A und B.

Die Redeweise „ebenso zusammengesetzt denken wie" ist etwas vage. Frege erklärt hier die Bildung eines komplexen Begriffsschriftausdrucks durch eine Analogie, aber erklärt nicht, worin diese Analogie genau besteht.

Es fehlen in der *Begriffsschrift* grundsätzlich genaue Regeln, die angeben, durch welche Ausdrücke die griechischen Buchstaben ersetzt werden dürfen. So schreibt Frege zwar zur Verwendungsweise der großen griechischen Buchstaben – wie hier A, B und Γ – in der *Begriffsschrift* (erste Fußnote, S. 2):

> Ich bediene mich der großen griechischen Buchstaben als Abkürzungen, denen der Leser einen passenden Sinn unterlegen möge, wenn ich sie nicht besonders erkläre.

Frege unterscheidet hier aber nicht explizit zwischen Funktionen, Ausdrücken mit einem begrifflichen Inhalt (also Sätzen wie „das Haus des Priamus war aus Holz") und gesättigten Ausdrücken, die keinen begrifflichen Inhalte haben (wie

---

[12] Es ist nicht ganz konsequent von Frege, dass er zwar vor den diskutierten Satz einen Urteilsstrich setzt, aber nicht vor diesen, dazu in Analogie gesetzten. Die Analogie ist dadurch nicht so stark, wie sie sein könnte. Außerdem müsste Frege vor „A", „B" und „Γ" eigentlich noch Inhaltsstriche setzen. Vermutlich handelt es sich hierbei um ein Versehen Freges.

2 Die Weiterentwicklung der Begriffsschrift in *Funktion und Begriff*

etwa „Haus"). Anscheinend meint Frege mit „passend", dass es sich dabei um begriffliche Inhalte handelt. Frege hätte dies an dieser Stelle präzisieren können.

Es gibt allerdings Unterscheidungen, die für eine präzise Formulierung der Substitutionsregeln notwendig wären, die Frege mit seinem Vokabular von 1879 noch gar nicht formulieren kann.

So kann zwar in dem Allgemeinheitsausdruck

$$\vdash\!\!-\!\!\stackrel{\mathfrak{a}}{\smile}\!\!-\Phi(\mathfrak{a})$$

für „Φ" der Funktionsausdruck x = x eingesetzt werden. Daraus würde folgende Formel hervorgehen, die besagt, dass alle Gegenstände einander gleich sind:

$$\vdash\!\!-\!\!\stackrel{\mathfrak{a}}{\smile}\!\!-\mathfrak{a}=\mathfrak{a}$$

Wir können aber für „Φ" beispielsweise nicht die Funktion

$$\begin{array}{c} \rule{1cm}{0.4pt} \rule[0.5ex]{0.4pt}{1ex}\!\!-\Phi(c) \\ \rule[0.5ex]{0.4pt}{1ex}\!\!-\Phi(d) \end{array}$$

einsetzen, die man sprachlich wiedergeben könnte als „Φ ist eine Eigenschaft, die wenn sie d zukommt auch c zukommt".[13] Um von dieser Funktion die Allgemeinheit auszudrücken, müsste man sie stattdessen in

$$\vdash\!\!-\!\!\stackrel{\mathfrak{F}}{\smile}\!\!-\mathfrak{F}(c)$$

einsetzen.[14] Eine eindeutige Substitutionsregel könnte Frege mit dem Vokabular der *Begriffsschrift* allerdings noch gar nicht formulieren, da die Unterscheidung, die hier zum Tragen kommt (nämlich die zwischen Funktionen unterschiedlicher Stufen), erst in den *Grundlagen der Arithmetik* in aller Deutlichkeit entwickelt und in *Funktion und Begriff* weiter verallgemeinert wird. Dazu braucht Frege neben der Unterscheidung zwischen Funktion und Argument nämlich zunächst noch die Unterscheidung zwischen Begriff und Gegenstand, um schließlich den Unterschied zwischen Begriffen 1. und 2. Stufe zu erklären.

---

13 Frege weist in den *Grundlagen* in Anschluss an Leibniz darauf hin, dass zwei Gegenstände genau dann identisch sind, wenn sie die gleichen Eigenschaften haben (GL, § 65). Dieses Leibniz-Prinzip schlägt sich auch im Grundgesetz III nieder (GG I, § 20, § 47).
14 Das zieht die Frage nach sich, an welche Stelle sie eingesetzt wird. Tatsächlich hat Frege 1879 noch kein Zeichen, um die Argumentstelle für eine Funktion innerhalb des Allgemeinheitsausdrucks anzudeuten. In Abschnitt 2.5 wird gezeigt, wie Frege dieses Problem in den *Grundgesetzen* behebt.

2.3 Begriff und Gegenstand

Freges Vortrag hat den Titel *Funktion und Begriff*. Während jedoch Funktionen schon in der ursprünglichen Fassung der Begriffsschrift von 1879 eine zentrale Rolle spielen, wird der Ausdruck „Begriff" erst später eingeführt, genauer gesagt in den *Grundlagen der Arithmetik* von 1884. Im Vorwort dieses Buches zählt Frege drei „Grundsätze" auf. Der dritte davon lautet: „Der Unterschied zwischen Begriff und Gegenstand ist im Auge zu behalten." (GL, X)

Eine Definition von „Begriff" und „Gegenstand" gibt Frege hier nicht, sondern setzt voraus, dass der Leser weiß, was damit gemeint ist. Ein Gegenstand wird an anderer Stelle auch als „Ding" bezeichnet (GL, I). Begriffe sind hingegen keine Einzeldinge, sondern Eigenschaften von Einzeldingen. Als Beispiele für solche Eigenschaften nennt Frege unter anderem Farben (GL, § 22).

Auch in späteren Schriften gibt Frege keine Definition des Ausdrucks „Gegenstand" an. In *Funktion und Begriff* schreibt Frege, dass eine „schulgemäße" Definition auch nicht möglich sei, „weil wir hier etwas haben, was wegen seiner Einfachheit eine logische Zerlegung nicht zulässt". Deswegen könne er nur darauf „hindeuten", und zwar mit der Aussage „Gegenstand ist alles, was nicht Funktion ist" (FB, 18).[15] Wobei Frege zu diesem Zeitpunkt Begriffe als eine spezielle Form von Funktionen definiert.

In den *Grundlagen* spricht Frege auch in Zusammenhang mit seiner Logik von „Begriffen". Er nennt die Existenz eine „Eigenschaft" eines Begriffs (GL, § 53), die Gleichheit eine „Beziehung"[16] (GL, § 65) und die Ungleichheit mit sich selbst einen „Begriff" (GL, § 74). Über den „Begriff im Allgemeinen" und den „Beziehungsbegriff" sagt er, sie gehören zur „reinen Logik" (GL, § 70).

Hier entwickelt Frege also zum ersten Mal eine begriffliche Auffassung einiger seiner logischen Zeichen. Es gibt damit bei Frege keine disjunkte Einteilung in Begriffsnamen auf der einen und diese Begriffe verknüpfende logische Zeichen auf der anderen Seite mehr. Die verknüpfenden logischen Zeichen sind nämlich selbst Namen von Begriffen. Bei Frege gibt es somit logische Begriffe. Mit diesen

---

[15] Frege drückt den Gedanken, dass logisch Einfaches nicht definiert werden könne, auch an zahlreichen anderen Stellen aus. Schon in der *Begriffsschrift* führt Frege seine Grundzeichen unter der Überschrift „Erklärung der Bezeichnungen" ein und versucht nicht, diese zu definieren. In *Über Begriff und Gegenstand* von 1892 schreibt er zu der Frage, ob der Begriff des Begriffs definiert werden könne: „Eine Definition zur Einführung eines Namens für logisch Einfaches ist nicht möglich. Es bleibt dann nichts anderes übrig, als den Leser oder Hörer durch Winke anzuleiten, unter dem Worte das Gemeinte zu verstehen." (BG, 193) In *Über die Grundlagen der Geometrie* von 1903 schreibt er, dass die Ausdrücke „gesättigt" und „ungesättigt" im Zusammenhang mit der Unterscheidung von Begriff und Gegenstand „nur dazu dienen, auf das Gemeinte hinzuweisen" (KS, 269 f.).
[16] In moderner Terminologie würde man „Relation" sagen.

2 Die Weiterentwicklung der Begriffsschrift in *Funktion und Begriff* — 27

logischen Begriffen drückt Frege Inhalte aus, die rein logischer Natur sind.[17] Schließlich will er zeigen, dass die Arithmetik ein Teil der Logik ist, und lehnt gleichzeitig die Idee einer formalen Theorie der Arithmetik ab, nach der die Zeichen der Arithmetik inhaltsleer sind. Deshalb müssen für Frege arithmetische Sätze einen logischen Inhalt ausdrücken.

Unter den in den *Grundlagen der Arithmetik* eingeführten logischen Begriffen eignet sich der Begriff der Existenz besonders gut, um herauszuarbeiten, warum es neben der Unterscheidung zwischen Funktion und Argument noch der Unterscheidung zwischen Begriffen und Gegenständen bedarf. Gleichzeitig ist die Existenz ein philosophisch besonders interessantes Beispiel, da Frege seine Analyse des Begriffs der Existenz nutzt, um den ontologischen Gottesbeweis zu kritisieren.

Der Begriff der Existenz selbst wird auf folgende Weise notiert (FB, 26):

$$\neg \overset{\mathfrak{a}}{\smile} \neg f(\mathfrak{a})$$

Hier fällt zunächst auf, dass Frege kein einfaches Zeichen für die Existenz besitzt, sondern dass dieses aus dem Zeichen zum Ausdruck der Allgemeinheit (der Höhlung) und zwei Verneinungsstrichen zusammengesetzt wird. Die Argumentstelle ist hier durch „f" angedeutet, denn man erhält einen beliebigen Existenzsatz, wenn man für „f" einen bestimmten Ausdruck einsetzt. In *Funktion und Begriff* führt Frege die Existenz zunächst am Beispiel des Satzes „es gibt mindestens eine positive Zahl" ein (FB, 25).

$$\neg \overset{\mathfrak{a}}{\smile} \neg \mathfrak{a} \geq 0$$

Für „f" wurde hier der Begriff „positive Zahl", in Zeichen „$x \geq 0$", eingesetzt. Die mit dieser Formel ausgedrückte Aussage ist wahr, denn es gibt Zahlen, die unter den Begriff „positive Zahl" fallen, beispielsweise die Zahl 2.

Existenz drückt also keine Eigenschaft eines Gegenstandes, sondern eine Eigenschaft eines Begriffs aus. In dieser Hinsicht ist der Begriff der Existenz auch verschieden von Begriffen wie „rot", „Mensch" oder „positive Zahl", unter die Gegenstände fallen. Eigenschaften von Begriffen, wie etwa die Existenz, nennt Frege „Begriffe 2. Stufe", später auch allgemeiner „Funktionen 2. Stufe".[18]

---

17 Die Klassifizierung als logischer Inhalt ist bei Frege primär erkenntnistheoretisch zu verstehen. Um einen Satz, der einen logischen Inhalt ausdrückt, als wahr zu erkennen, ist man nicht auf Anschauung oder Erfahrung angewiesen. Diese Auffassung zieht sich durch Freges gesamtes Werk und ist schon im Vorwort der *Begriffsschrift* angedeutet (BS, IX f.).
18 In *Funktion und Begriff* entwickelt Frege, wie schon erwähnt, ein funktionales Begriffsverständnis. Das heißt, er fasst Begriffe als eine bestimmte Sorte von Funktionen auf. Eine genaue Definition wird im nächsten Abschnitt zusammen mit der für die Definition nötigen Konzeption von Wahrheitswerten als Werten von Funktionen eingeführt.

Die Unterscheidung zwischen Begriffen unterschiedlicher Stufe ermöglicht es Frege auch zu zeigen, dass der ontologische Gottesbeweis nicht funktioniert, da er eben diesen kategorialen Unterschied missachtet (GL, § 53). Der ontologische Gottesbeweis beruht auf der Annahme, dass Gott definiert werden kann als das vollkommenste aller Wesen. Zu den Eigenschaften, die diese Vollkommenheit ausmachen, würden – so die Annahme – neben der Allwissenheit und der Allmächtigkeit auch die Existenz gehören. Somit wäre die Vorstellung eines Gottes, der nicht existiert, selbstwidersprüchlich.[19] Nun hat Freges Analyse aber deutlich gemacht, dass die Existenz ein Begriff zweiter Stufe ist, also eine Eigenschaft eines Begriffs ist und nicht die Eigenschaft eines Gegenstandes. Folglich ist Existenz keine Eigenschaft Gottes, wie etwa Allmächtigkeit und Allwissenheit.[20]

Da Funktionen selbst Argumente von höherstufigen Funktionen sein können, schließen Funktionsein und Argumentsein einander nicht aus. In dem Satz „Es gibt Primzahlen" ist beispielsweise „Primzahl" das *Argument* der Funktion 2. Stufe „Existenz". In „2 ist eine Primzahl" ist „Primzahl" eine *Funktion*, in die das Argument „2" eingesetzt wurde. Die Unterscheidung zwischen Funktion und Argument ist somit relativ. Man kann sogar ein und denselben Satz auf unterschiedliche Weise zerlegen, so dass derselbe Ausdruck einmal als Argument und einmal als Funktion erscheint. Beispielsweise kann man den Satz „2 ist eine Primzahl" alternativ auch so zerlegen, dass „Primzahl" das Argument der Funktion 2. Stufe „Eigenschaft von 2" ist.[21]

Anders steht es um die Unterscheidung zwischen Begriffen und Gegenständen. Begriffe sind ergänzungsbedürftig, ungesättigt, Gegenstände nicht. Gegenstände und Begriffe sind somit einander entgegengesetzt. Was ein Gegenstand ist, kann kein Begriff sein und umgekehrt. Die Unterscheidung zwischen Gegenständen und Begriffen ist also absolut. In den *Grundlagen der Arithmetik* geht Frege der Frage nach, ob Zahlen Begriffe oder Gegenstände sind, und kommt zu der Einschätzung, dass Zahlen Gegenstände seien, weil sie „selbstständig" sind und man sie mit dem bestimmten Artikel gebrauchen kann, etwa „die Zahl 1" (§ 57). Da Zahlen Gegenstände sind, sind sie keine Begriffe. „Primzahl" hingegen ist ein

---

[19] Der Gottesbeweis findet sich etwa bei Anselm von Canterbury im *Proslogion* (Kapitel 2) und bei Descartes in den *Meditationes de Prima Philosophia* (5. Meditation).
[20] Rami (2018) vertritt hingegen die These, dass Frege zwischen einem Begriff der Existenz erster und zweiter Stufe unterscheidet.
[21] Wenn wir nämlich den Satz „2 ist eine Primzahl" darstellen mit $P(2)$, so kann dieser Ausdruck logisch zerlegt werden in die Funktion erster Stufe $P(\xi)$ und das Argument 2, das an die durch „ξ" angedeutete Argumentstelle eingesetzt wird, oder in die Funktion zweiter Stufe $\Phi(2)$ und das Argument $P(\xi)$, das an die durch „Φ" angedeutete Argumentstelle eingesetzt wird. Im ersten Fall ist $P(\xi)$ Funktion, im zweiten Argument.

Begriff und *kein* Gegenstand, auch wenn, wie wir oben gesehen haben, „Primzahl" Argument einer Funktion zweiter Stufe sein kann.[22]

Erst durch diese zusätzliche absolute Unterscheidung ist es möglich, Funktionen unterschiedlicher Stufe klar zu unterscheiden. Eine Funktion erster Stufe ist eine Funktion, deren Argumente Gegenstände sind. Eine Funktion zweiter Stufe ist eine Funktion, deren Argumente keine Gegenstände, sondern Funktionen erster Stufe sind.[23] Diese Unterscheidung zwischen Funktionen unterschiedlicher Stufe ermöglicht es, Unklarheiten zu vermeiden, die uns noch in der *Begriffsschrift* begegnet sind. Dort hat Frege noch ein Problem, Allgemeinheit bzw. allgemeine Ausdrücke der Form $\Phi(A)$ zu erklären, da er noch nicht explizit zwischen verschiedenen Stufen unterscheidet. Im Zusammenhang mit der Einführung des Zeichens für die Allgemeinheit erklärt Frege etwa, dass „ein als Funktionszeichen gebrauchter Buchstabe Φ in $\Phi(A)$ selbst als Argument einer Funktion angesehen werden kann." (§ 11) Hier wird das Wort „Funktion" zweifach gebraucht. Mit der Unterscheidung zwischen verschiedenen Stufen kann man jedoch sagen: Das „Funktionszeichen" deutet eine Funktion erster Stufe an und ist Argument einer Funktion zweiter Stufe. Wir werden in Abschnitt 2.6 sehen, wie diese konsequente Einteilung in Funktionen unterschiedlicher Stufe es Frege ermöglicht, klare Regeln für die Bildung von komplexen Begriffen aus den Grundbegriffen zu formulieren.

---

22 Die strikte Unterscheidung zwischen ergänzungsbedürftigen und nicht ergänzungsbedürftigen Ausdrücken, findet man nicht in anderen Logiktraditionen, mit denen sich Frege auseinandersetzt. Die syllogistische Unterscheidung zwischen Subjekt und Prädikat ist nicht absolut, sondern nur relativ. Im Satz „Sokrates ist ein Mensch" ist „Sokrates" das Subjekt (und „Mensch" das Prädikat), im Satz „Menschen sind sterblich" ist „Mensch" hingegen das Subjekt (und „sterblich" das Prädikat). Somit sind „Mensch" und „Sokrates" in der Syllogistik nicht wesentlich verschieden – beide können als Subjekt dienen. Für Frege hingegen ist Ersteres ein „ergänzungsbedürftiger Ausdruck", also ein „Begriff", und Letzteres ein „vollständiges Ganzes", also ein Gegenstand. Auch in der Algebra der Logik, einer Logiktradition des 19. Jahrhunderts, die auf George Boole zurückgeht und ebenfalls stark von der Mathematik beeinflusst ist, findet man keine klare Trennung zwischen ergänzungsbedürftigen und nicht ergänzungsbedürftigen Ausdrücken. Es gibt bei Schröder, einem Logiker aus der Algebra der Logik, zwar sogenannte „Relative" und „Elemente". Diese haben auf den ersten Blick Ähnlichkeiten mit Begriffen und Gegenständen bei Frege. Allerdings ist diese Unterscheidung bei Schröder nicht absolut. Elemente können auch als Relative definiert werden. Mehr dazu in Rohr (2021).
23 Es sei an dieser Stelle noch einmal daran erinnert, dass Frege Begriffe in *Funktion und Begriff* als eine besondere Sorte von Funktionen definiert

2.4 Die neue Fassung der Begriffsschrift von 1891

Die Unterscheidungen zwischen Begriff und Gegenstand sowie zwischen Funktion und Argument werden in *Funktion und Begriff* insofern zusammengeführt, als Begriffe selbst als eine besondere Sorte von Funktionen definiert werden, nämlich als Funktionen, deren Werte Wahrheitswerte sind. Diese Definition stellt einen wichtigen Meilenstein in Freges Entwicklung dar. In den *Grundlagen der Arithmetik* fehlen ihm dazu nämlich noch entscheidende Ideen, die er in *Funktion und Begriff* erstmals vorstellt: (1.) „Wahr" und „falsch" sind Gegenstände (sogenannte „Wahrheitswerte"). (2.) Sätze bedeuten Wahrheitswerte. In *Funktion und Begriff* werden diese Ideen im Zuge der Einführung von logischen Funktionen motiviert.

Die erste logische Funktion, die Frege in *Funktion und Begriff* vorstellt, ist der Wertverlauf. Diese Funktion kommt in der *Begriffsschrift* von 1879 noch nicht vor. Tatsächlich führt Frege sie an dieser Stelle zum ersten Mal ein.[24] Sie gehört also zu den eingangs angekündigten „Ergänzungen" der Begriffsschrift.

Die Wertverlaufsfunktion ist, ebenso wie die Existenz und die Allgemeinheit, eine Funktion zweiter Stufe, denn an die Argumentstelle muss eine Funktion 1. Stufe eingesetzt werden. Frege notiert die Wertverlaufsfunktion in *Funktion und Begriff* (12) wie folgt:

$$\dot{\varepsilon} f(\varepsilon)$$

„f" soll hier „unbestimmt gelassen" sein[25] und deutet somit die Argumentstelle an.

Der Wertverlauf der Funktion $x^2 - 4x$ ist also beispielsweise $\dot{\varepsilon}(\varepsilon^2 - 4\varepsilon)$. Statt „$\varepsilon$" könnte hier aber auch jedes andere griechische Vokalzeichen verwendet werden (FB, 10).

---

24 Die Wertverlaufsfunktion geht jedoch zurück auf die Rede vom „Umfang" eines Begriffs in § 68 der *Grundlagen der Arithmetik*. Sowohl die Einführung der Begriffsumfänge als auch später der Werteverläufe sind dadurch motiviert, dass Frege logische Gegenstände braucht, um diese schließlich mit Zahlen zu identifizieren. Siehe dazu auch Kienzler (2009), Kapitel 5.2.4.

25 In den *Grundgesetzen* unterscheidet Frege konsequent zwischen Funktionsnamen und Zeichen, die Funktionen lediglich unbestimmt andeuten. Die kleinen lateinischen Buchstaben „f", „g" usw. sind den Funktionsnamen vorbehalten. Zum Andeuten von Argumentstellen, in die Funktionen eingesetzt werden können, greift Frege auf die großen griechische Buchstaben Φ, Ψ usw. zurück. Aus diesem Grund notiert er die Wertverlaufsfunktion in den *Grundgesetzen* wie folgt (GG I, § 9):

$$\dot{\varepsilon}\, \Phi(\varepsilon)$$

Dass es sich bei der Wertverlaufsfunktion um eine Funktion handelt, macht Frege in § 31 der *Grundgesetze* explizit.

2 Die Weiterentwicklung der Begriffsschrift in *Funktion und Begriff*

Aus rein logischer Perspektive ist die Wertverlaufsfunktion recht kompliziert. In den *Grundgesetzen* gehört sie zu den letzten Funktionen, die Frege einführt.[26] Es hat jedoch einen guten Grund, warum Frege im vorliegenden Text ausgerechnet diese logische Funktion an den Anfang seiner Darstellung stellt: Der Text ist, wie schon eingangs ausgeführt, an ein eher allgemeines mathematisches Publikum gerichtet. Wir haben gesehen, dass Frege in seinem Text von dem ausgeht, „was in der Mathematik Funktion genannt wird". Um den Wertverlauf für ein mathematisches Publikum zu motivieren, kann Frege auf eine „Methode der analytischen Geometrie" verweisen, um „die Werte einer Funktion für verschiedene Argumente anschaulich zu machen" (FB, 8). Der Wert einer Funktion ist das, was man erhält, wenn man an die Argumentstelle der Funktion ein Argument einsetzt. Die Funktion $f(x) = x^2 - 4x$ hat für das Argument 1 beispielsweise den Wert -3. Die erwähnte „Methode" ist die Visualisierung dessen, was man heute als „Graph" einer Funktion bezeichnet. Ein Graph ist die Menge aller Paare $(x, f(x))$, also der Argumente und ihrer Werte. Einen Graph kann man durch eine gezeichnete Kurve in einem Koordinatensystem visualisieren.

Die beiden Funktionen

$$f(x) = x^2 - 4x$$

und

$$g(x) = x(x-4)$$

haben, wie Frege bemerkt, für dieselben Argumente denselben Wert und beschreiben daher dieselbe Kurve (FB, 9). Dies kann Frege nun so formulieren, dass ihm zufolge beide Funktionen denselben Wertverlauf haben. Dies ist wichtig für Frege, denn er kann streng genommen nicht davon sprechen, dass die zwei Funktionen identisch, oder auch nicht identisch sind. Schließlich ist die Identität, wie er im nächsten Teil seines Vortrags darlegt, nach seiner Auffassung eine Beziehung zwischen Gegenständen. (Sie ist also eine Funktion erster Stufe.) Funktionen sind aber gerade keine Gegenstände und somit können Funktionen nicht durch die Identität in Beziehung gesetzt werden.

Frege weist in seinem Text deshalb auch darauf hin, dass in

$$x^2 - 4x = x(x-4)$$

---

[26] In § 10 des ersten Bandes der *Grundgesetze* zeigt Frege, wie bestimmt werden kann, ob ein Gegenstand ein Wertverlauf ist oder nicht. Dazu muss er festsetzen, welche Wertverläufe mit bereits eingeführten Gegenständen identisch sind. Anders als in *Funktion und Begriff* führt Frege vor den Wertverläufen sogenannte Wahrheitswerte ein (mehr dazu weiter unten). Frege muss also festsetzen, wann ein gegebener Wertverlauf mit einem Wahrheitswert identisch ist. In *Funktion und Begriff* kann er diese Frage an dieser Stelle noch gar nicht formulieren

nicht Funktionen, sondern Funktionswerte einander gleichgesetzt werden (FB, 9). Um Freges Punkt hier zu verstehen, muss man sich klar machen, dass

$$x^2 - 4x = x^2$$

auch eine sinnvolle mathematische Gleichung ist. Sie ist allerdings nur dann wahr, wenn man für „x" die Zahl 0 einsetzt. Die obige Gleichung gilt hingegen für alle Zahlen, die man für „x" einsetzt. Machen wir diese Allgemeinheitsforderung explizit, so haben wir aber noch immer keine Identität der Funktionen, sondern die Allgemeinheit einer Identität der Werte dieser Funktionen:

$$\vdash\!\!\!\!\!\stackrel{\mathfrak{a}}{\smile}\!\!\!\!\!- f(\mathfrak{a}) = g(\mathfrak{a})$$

Von Wertverläufen selbst kann man jedoch sagen, dass sie identisch sind, denn Wertverläufe sind, Frege zufolge, ebenso wie Zahlen, Gegenstände. Wenn man die Wertverläufe von $f(x)$ und $g(x)$ gleichsetzt, so erhält man etwa die Identitätsaussage:

$$\dot{\varepsilon}(\varepsilon^2 - 4\varepsilon) = \dot{\alpha}(\alpha \cdot (\alpha - 4))$$

Frege setzt voraus, dass $\vdash\!\!\stackrel{\mathfrak{a}}{\smile}\!\!- f(\mathfrak{a}) = g(\mathfrak{a})$ genau dann wahr ist, wenn $\dot{\varepsilon}(\varepsilon^2 - 4\varepsilon) = \dot{\alpha}(\alpha \cdot (\alpha - 4))$ wahr ist. Er schreibt:

> Dass es nun möglich ist, die Allgemeinheit einer Gleichung zwischen Funktionswerten als eine Gleichung aufzufassen, nämlich als eine Gleichung zwischen Wertverläufen, ist, wie mir scheint, nicht zu beweisen, sondern muss als logisches Grundgesetz angesehen werden. (FB, 10)

In den *Grundgesetzen* nimmt er dieses Gesetz auch tatsächlich auf. Es findet sich in ähnlicher Form auch bei anderen Logikern seiner Zeit, z. B. bei Dedekind in *Was sind und was sollen die Zahlen?* Man bezeichnet es heute allgemein als „Komprehensionsaxiom".[27] Wie sich später herausgestellt hat, können durch dieses Axiom bei Frege und seinen Zeitgenossen Widersprüche abgeleitet werden.[28] Es wird heute in den etablierten Axiomensystemen nicht mehr verwendet.

Das nächste logische Zeichen, das Frege in *Funktion und Begriff* als Name einer Funktion einführt, ist das Identitätszeichen (FB, 13). Frege verwendet das Identitätszeichen bereits vorher. Es ist ja auch bereits in der Mathematik geläufig, insbeson-

---

[27] Frege hat das Wort „Axiom" für unbeweisbare Sätze reserviert, die auf Anschauung beruhen. In der Logik spricht er deswegen nicht von „Axiomen", sondern von „Grundgesetzen". Diese sprachliche Unterscheidung hat sich aber nicht durchgesetzt.
[28] Das wohl prominenteste Beispiel ist die sogenannte Russell-Antinomie, die besagt, dass die Menge aller Mengen, die sich nicht selbst enthalten, sich selbst enthält und sich nicht selbst enthält.

dere zum Ausdruck von Gleichungen. Hier wird es aber von Frege als Name einer logischen *Funktion* eingeführt. Das Identitätszeichen kommt nicht unter den ursprünglichen logischen Zeichen der Begriffsschrift von 1879 vor. Es ersetzt die Inhaltsgleichheit, die in der Begriffsschrift von 1879 mit dem Zeichen „≡" ausgedrückt wurde. Anders als die Inhaltsgleichheit ist die Identität keine Beziehung zwischen Namen, sondern zwischen Gegenständen (SB, 1). Die Gegenstände, zwischen denen die Identitätsbeziehung besteht, sind die jeweiligen Bedeutungen der Zeichen.

Es erscheint auf dem ersten Blick merkwürdig, dass Frege etwas so einfaches wie die Identität erst nach der Wertverlaufsfunktion einführt. Dies hat jedoch einen guten Grund. Die Werte der Wertverlaufsfunktion sind, wie der Name schon sagt, Wertverläufe. Wie wir oben bereits gesehen haben, hat die Funktion $\dot{\varepsilon}\,\Phi(\varepsilon)$ für das Argument $x^2 - 4x$ den Wertverlauf $\dot{\varepsilon}(\varepsilon^2 - 4\varepsilon)$ als ihren Wert. Um zu erklären, was Wertverläufe sind, kann Frege in diesem Vortrag immerhin auf eine Methode der analytischen Geometrie verweisen.

Die Identitätsfunktion hingegen hat laut Frege einen der beiden Wahrheitswerte – das Wahre und das Falsche – als ihren Wert. Der Wert der Funktion $x^2 = 1$ ist beispielsweise für das Argument -1 das Wahre, für das Argument 0 das Falsche (FB, 13). Wahrheitswerte sind aber Gegenstände, die man normalerweise nicht in der Mathematik verwendet. Man redet nur davon, dass eine Aussage wahr oder falsch sei. Mit seinem funktionalen Verständnis von Identität entfernt sich Frege also noch weiter von der gewöhnlichen Mathematik seiner Zeit als mit der Rede von Wertverläufen.

Die Einführung von Wahrheitswerten als Gegenständen motiviert Freges Unterscheidung zwischen Sinn und Bedeutung. Frege spricht nämlich davon, dass Gleichungen einen Wahrheitswert „bedeuten". „2 + 3 = 5" bedeutet das Wahre und „2 + 3 = 4" bedeutet das Falsche. Somit haben völlig unterschiedliche Gleichungen dieselbe Bedeutung: „2 + 3 = 5" hat dieselbe Bedeutung wie jede andere wahre Gleichung, etwa „$1^5 - 1 = 0$". Es muss also etwas anderes geben, was die Gleichungen voneinander unterscheidet. Dies nennt Frege den „Sinn". Der Sinn einer Gleichung ist ein Gedanke (FB, 14).

Indem Frege die Gleichung als Ausdruck eines Gedankens, der wahr oder falsch ist, auffasst, vertritt er eine propositionale Auffassung von Gleichungen. Diese formuliert er in der Aussage: „Die sprachliche Form der Gleichung ist ein Behauptungssatz" (FB, 16). Frege deutet schon in *Funktion und Begriff* an, dass die Unterscheidung zwischen Sinn und Bedeutung auch für andere Behauptungssätze sinnvoll ist. Er verdeutlicht dies an den beiden Sätzen „der Abendstern ist ein Planet, dessen Umlaufzeit kleiner ist als die der Erde" und „der Morgenstern ist ein Planet, dessen Umlaufzeit kleiner ist als die der Erde", die denselben Wahrheitswert besitzen, da Abendstern und Morgenstern identisch sind, aber einen unterschiedlichen Gedanken ausdrücken würden. Frege nimmt das Beispiel von Abendstern und

Morgenstern in seinem wenig später erschienenen Aufsatz Über *Sinn und Bedeutung* wieder auf, der mit seinem Fokus auf alltagssprachliche Sätze wegweisend für die Entwicklung der Sprachphilosophie wurde.

Die Einführung des Wahrheitswertes erlaubt es Frege endlich zu definieren, was ein Begriff ist: „ein Begriff ist eine Funktion, deren Wert immer ein Wahrheitswert ist" (FB, 15).

Da Wahrheitswerte für Frege Gegenstände sind, können sie auch als Argumente in Funktionen erster Stufe auftreten. Dies ist von zentraler Bedeutung für die Neuerungen, die Frege an der Begriffsschrift vornimmt. Wir haben weiter oben gesehen, dass Frege bereits in den *Grundlagen* eine begriffliche Auffassung von Allgemeinheit und Identität entwickelt. Zu diesem Zeitpunkt ist ihm ein begriffliches Verständnis der Verneinung und der Bedingtheit noch nicht möglich. Denn um etwas als Begriff aufzufassen, muss man erklären können, welche Gegenstände unter diesen Begriff fallen. Verneinung und Bedingtheit verknüpfen Sätze miteinander. Erst in *Funktion und Begriff* entwickelt Frege aber die Idee, dass Sätze Wahrheitswerte bedeuten und dass Wahrheitswerte Gegenstände sind.

Darüber hinaus verlangt Frege, dass eine Funktion für jedes Argument einen Wert hat (FB, 20).[29] Aus diesem Grund muss Frege auch noch erklären, welchen Wert Verneinung und Bedingtheit haben, wenn die Argumente keine Wahrheitswerte sind. Dies gelingt Frege, indem er den Inhaltsstrich ebenfalls als Funktion auffasst. Der Wert dieser Funktion ist das Wahre, wenn das Argument das Wahre ist. Für alle anderen Argumente ist der Wert das Falsche. Da für Frege Funktionen total sind, ist hier mit „allen anderen" Argumenten nicht nur das Falsche, sondern es sind alle anderen Gegenstände überhaupt gemeint. Dies macht Frege selbst mit dem Beispiel

$$\text{———} 4$$

deutlich. Da die Zahl 4 nicht das Wahre ist, ist der Wert der Funktion ——— ξ für dieses Argument das Falsche.

Die Zahl 4 ist kein beurteilbarer Inhalt im Sinne der *Begriffsschrift* von 1879. Die Bezeichnung „Inhaltsstrich" ist somit nicht mehr angemessen, denn es muss auf diesen Strich kein beurteilbarer Inhalt (und auch kein Gedanke) mehr folgen. Konsequenterweise benennt Frege den Inhaltsstrich in „Waagerechten" um (FB, 21).

Der Waagerechte spielt nun auch eine zentrale Rolle für die funktionale Auffassung der Verneinung und der Bedingtheit. Schon in der Begriffsschrift von 1879 wird das Zeichen für die Verneinung als zusammengesetzt betrachtet aus (1.) einem Inhaltsstrich für den beurteilbaren Inhalt *A*, (2.) dem Verneinungsstrich selbst und (3.) dem Inhaltsstrich für die Verneinung des beurteilbaren Inhalts

---

29 Diese Eigenschaft von Funktionen nennt man in der Mathematik heutzutage auch „Totalität".

(BS, § 7). Für die funktionale Auffassung der Verneinung spielt (1.) eine besondere Rolle. Der Waagerechte an dieser Stelle sorgt nämlich dafür, dass als Argumente der Verneinung nur das Wahre und das Falsche vorkommen können, weil dies ja die einzigen Werte des Waagerechten sind. Analoges gilt für die Bedingtheit.

Da Verneinung und Bedingtheit als Funktionen verstanden werden, ist es auch nötig, ihre Leerstellen explizit kenntlich zu machen. Während Frege die Zeichen für die Bedingtheit und die Verneinung in der *Begriffsschrift* nur im Kontext von Sätzen verwendet, deutet er in *Funktion und Begriff* die Argumentstellen dieser Funktionen mit „*x*" und „*y*" an.

und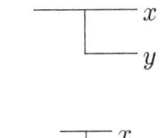

bezeichnen also tatsächlich den Begriff der Bedingtheit und den Begriff der Verneinung.

und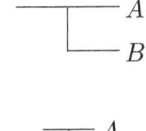

aus der *Begriffsschrift* von 1879 sind hingegen Sätze,[30] in denen das Zeichen für die Bedingtheit und das Zeichen für die Verneinung *vorkommen*.

2.5 Erweiterungen der Begriffsschrift nach *Funktion und Begriff*

In den *Grundgesetzen der Arithmetik* nimmt Frege noch weitere Neuerungen und Ergänzungen vor. Diese beruhen jedoch ihrerseits auf den Neuerungen und Ergänzungen in *Funktion und Begriff*.

---

[30] In der *Begriffsschrift* fordert Frege den Leser dazu auf, den großen griechischen Buchstaben wie „*A*" „einen passenden Sinn" zu unterlegen, wenn er sie nicht „besonders erklärt". Obwohl Frege die großen griechischen Buchstaben nur verwendet, wenn er seine Begriffsschrift erläutert, sind dies also keine reinen Platzhalter, die eine Argumentstelle andeuten, wie „*x*" und „*y*" in *Funktion und Begriff*.

Betrachten wir zunächst die Ergänzung. In *Funktion und Begriff* gibt es nur eine logische Funktion, die kein Begriff ist, deren Werte also nicht ausschließlichh Wahrheitswerte sind, nämlich die Wertverlaufsfunktion. In den *Grundgesetzen* führt Frege noch eine weitere solche Funktion ein. Diese wird in der Literatur häufig als „Kennzeichnungsfunktion" bezeichnet und wie folgt notiert:

$$\backslash \xi$$

Man erkennt schon an der Notation, dass es sich hierbei um eine Funktion erster Stufe handelt. Nach Freges Konvention in den *Grundgesetzen* deuten nämlich kleine griechische Buchstaben wie „ξ" eine Argumentstelle an, in die ein Gegenstand eingesetzt werden kann.[31] $\backslash \Delta$ hat als Wert den Gegenstand Γ, wenn „Δ" der Name des Werteverlaufs $\dot{\varepsilon}(\varepsilon = \Gamma)$ ist. Schauen wir uns zunächst genauer an, was diese Bedingung bedeutet. $\xi = \Gamma$ ist eine Funktion, die nur dann den Wert wahr hat, wenn für „ξ" der durch Γ bezeichnete Gegenstand eingesetzt wird, sonst den Wert falsch. Anders ausgedrückt: $\dot{\varepsilon}(\varepsilon = \Gamma)$ ist der Wertverlauf eines Begriffs, unter den nur ein Gegenstand fällt, nämlich der, den Frege hier mit Γ bezeichnet. $\backslash \Delta$ bildet einen derartigen Wertverlauf auf eben jenes Γ ab.

Betrachten wir dafür als Beispiel die Funktion „x ist eine gerade Primzahl". Der Wertverlauf dieser Funktion ist gleich dem Wertverlauf $\dot{\varepsilon}(\varepsilon = 2)$, denn es gibt nur eine gerade Primzahl, nämlich die Zwei. Das heißt, wenn man in die Funktion $\backslash \xi$ den Wertverlauf von „x ist eine gerade Primzahl" als Argument einsetzt, erhält man als Wert den Gegenstand 2.

Der Name „Kennzeichnungsfunktion" kommt daher, dass diesem komplizierten Funktionsausdruck Redeweisen wie „die gerade Primzahl" entsprechen, die in Anschluss an Russell als „Kennzeichnungen" bezeichnet werden (siehe Russell 1905).

Da bei Frege Funktionen nur dann als wohldefiniert gelten, wenn für jedes Argument ein Wert festgelegt ist, muss noch geklärt werden, was der Wert von $\backslash \xi$ für das Argument Δ ist, falls Δ kein Wahrheitswert eines Begriffs ist, unter den nur ein Gegenstand fällt. Frege legt fest, dass in diesem Fall der Wert dieser Funktion Δ selbst ist (GG I, § 19). Das Argument wird also auf sich selbst abgebildet.

Neben dieser Ergänzung gibt es noch eine Neuerung: Es werden drei verschiedene Allgemeinheitsfunktionen eingeführt. In der Begriffsschrift von 1879 gab es nur ein Höhlungszeichen:

---

31 Nach seiner Konvention in *Funktion und Begriff* würde Frege „$\backslash x$" schreiben, da hier die lateinischen Buchstaben „x", „y", „z" als Platzhalter für die Argumentstellen von Funktionen erster Stufe verwendet werden.

2 Die Weiterentwicklung der Begriffsschrift in *Funktion und Begriff*

Hier wurden verschiedene Argumentzeichen eingesetzt. Wenn man jedoch die Allgemeinheit als Funktion auffasst und konsequent zwischen Gegenständen, Funktionen 1. Stufe und Funktionen 2. Stufe unterscheidet, so muss man je nach Argumentstelle verschiedene Allgemeinheitsfunktionen unterscheiden.

Wie wir gesehen haben, ist die in *Funktion und Begriff* erwähnte Allgemeinheitsfunktion ein Begriff zweiter Stufe. Denn an die Argumentstelle werden ja Begriffe erster Stufe eingesetzt. In den *Grundgesetzen* deutet Frege diese Argumentstelle durch einen großen griechischen Buchstaben, hier „Φ", an:

$$\vdash\!\!-\!\!\overset{\mathfrak{a}}{\smile}\!\!-\Phi(\mathfrak{a})$$

Wenn an die Argumentstelle jedoch ein Begriff zweiter Stufe eingesetzt werden muss, so handelt es sich bei der Allgemeinheit um einen Begriff dritter Stufe. Um die Argumentstelle für einen Begriff zweite Stufe kenntlich zu machen, führt Frege in den *Grundgesetzen* (§ 24) eine eigene Notationsweise ein. In

$$\vdash\!\!-\!\!\overset{\mathfrak{f}}{\smile}\!\!-\mu_\beta(\mathfrak{f}(\beta))$$

deutet „μ_β" die Leerstelle an, in die ein Begriff zweiter Stufe eingesetzt wird. „$\mathfrak{f}$" ist eine einstellige Funktion erster Stufe, die an der Argumentstelle von „μ_β" steht. „β" ist wiederum das Argument dieses Begriffs erster Stufe und ist somit ein Gegenstandsname.

Davon unterscheidet Frege außerdem den Fall, dass an der Argumentstelle ein Begriff zweiter Stufe eingesetzt werden muss, dessen Argument eine Funktion erster Stufe mit *zwei* Argumenten ist:

$$\vdash\!\!-\!\!\overset{\mathfrak{f}}{\smile}\!\!-\mu_{\beta\gamma}(\mathfrak{f}(\beta,\gamma))$$

Diese Allgemeinheitsfunktion ist ebenfalls ein Begriff dritter Stufe. An die Argumentstelle, die hier durch „$\mu_{\beta\gamma}$" angedeutet ist, können Begriffe zweiter Stufe eingesetzt werden. f ist nun eine *zweistellige* Funktion erster Stufe. Die Argumente dieser Funktion erster Stufe sind hier durch „β" und „γ" bezeichnet (GG I, § 24).

Frege nimmt die Unterscheidung zwischen den beiden Arten von Funktionen zweiter Stufe schon in *Funktion und Begriff* vor und begründet diese damit, dass eine Funktion mit einem Argument von einer Funktion mit zwei Argumenten „wesentlich verschieden" ist und daher „nicht an eben der Stelle als Argument auftreten kann, wo die andere es kann." (FB, 29)

Freges Beispiel für einen Begriff zweiter Stufe mit einer zweistelligen Funktion erster Stufe als Argument ist (FB, 29):³²

$$\vdash_{\mathfrak{e}}\ \ _{\mathfrak{d}}\ \ _{\mathfrak{a}}\ \begin{array}{l}\mathfrak{d}=\mathfrak{a}\\ f(\mathfrak{e},\mathfrak{a})\\ f(\mathfrak{e},\mathfrak{d})\end{array}$$

Der Buchstabe f deutet hier die Argumentstelle an.³³ Diese Funktion ware also ein mögliches Argument für die Funktion

$$\vdash_{\mathfrak{f}}\ \mu_{\beta\gamma}(\mathfrak{f}(\beta,\gamma))$$

Durch Einsetzen erhält man daraus:

$$\vdash_{\mathfrak{f}}\ _{\mathfrak{e}}\ _{\mathfrak{d}}\ _{\mathfrak{a}}\ \begin{array}{l}\mathfrak{d}=\mathfrak{a}\\ \mathfrak{f}(\mathfrak{e},\mathfrak{a})\\ \mathfrak{f}(\mathfrak{e},\mathfrak{d})\end{array}$$

Umgekehrt kann man eine einstellige Funktion mit einem Argument, für die Frege in *Funktion und Begriff* das Beispiel $F(f(1))$ anführt, *nicht* an die durch $\mu_{\beta\gamma}$ angedeutet Argumentstelle in

$$\vdash_{\mathfrak{f}}\ \mu_{\beta\gamma}(\mathfrak{f}(\beta,\gamma))$$

einsetzen, da f die falsche Stelligkeit hat.

Die Neuerungen in den *Grundgesetzen* sind somit eine konsequente Fortführung der Neuerungen in *Funktion und Begriff*.

Die sechs Grundzeichen der *Begriffsschrift* sind in den *Grundgesetzen* auf zehn Zeichen angewachsen. Da der Urteilsstrich kein Funktionszeichen ist, gibt es also insgesamt neun Grundzeichen, aus denen neue Funktionsnamen gebildet werden können.

---

32 Die in diesem Beispiel ausgedrückte Eigenschaft wird in der modernen Mathematik auch als Rechtseindeutigkeit bezeichnet.
33 In den *Grundgesetzen* würde Frege hier wieder statt „f" den griechischen Buchstaben „Φ" verwenden.

2.6 Bildung von Funktionsnamen

An dieser Stelle lohnt es sich, noch einmal zu rekapitulieren, wie Frege seine Ziele im Vorwort beschrieb:

> Es ist meine Absicht, in nächster Zeit, wie ich schon früher angedeutet habe, darzulegen, wie ich die grundlegenden Definitionen der Arithmetik in meiner Begriffsschrift ausdrücke, und wie ich daraus Beweise allein mit meinen Zeichen führe. (FB, Vorwort)

Es wurde schon zu Beginn dieses Kapitels erläutert, dass Freges Grundlegungsprojekt nach dieser Beschreibung aus zwei Teilen besteht: Erstens will Frege die arithmetischen Grundgesetze aus den logischen ableiten. Zweitens will er die Funktionen der Arithmetik auf logische Funktionen zurückzuführen. In diesem Abschnitt wollen wir einen genaueren Blick auf den zweiten Teil des Grundlegungsprojekts werfen.

Um die logische Natur der Arithmetik zu beweisen, bedarf es einer Möglichkeit, um aus den Zeichen der neun Grundfunktionen der Begriffsschrift von 1893 beliebig viele neue Funktionsnamen zu bilden. Dafür nutzt Frege im Wesentlichen zwei Methoden: Das *Einsetzen* von passenden Argumenten in die Argumentstellen gegebener Funktionen und das *Ersetzbar-Denken* von Gegenstands- bzw. Funktionsnamen in komplexe Funktionsnamen. In der späten Begriffsschrift ist, anders als in der Begriffsschrift von 1879, klar definiert, was ein passendes Argument ist. Ein Argument muss zunächst der richtigen Kategorie angehören, also ein Gegenstand sein, wenn es das Argument einer Funktion erster Stufe ist bzw. selbst eine Funktion sein, wenn es an die Argumentstelle einer Funktion höherer Stufe eingesetzt werden soll. Argumente von Funktionen höherer Stufe müssen außerdem die richtige Stufe und die richtige Anzahl von Argumentstellen haben. Diese neue Sorgfalt wurde im letzten Abschnitt bereits am Beispiel der Unterscheidung verschiedener Allgemeinheitsfunktionen illustriert.

Frege erklärt nun auch die Bildung von

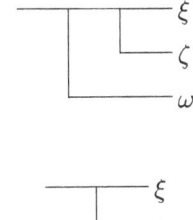

aus

in den *Grundgesetzen* (§ 12) anders als in der *Begriffsschrift*:

"In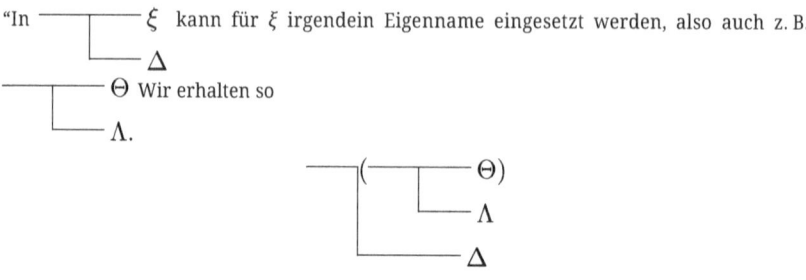

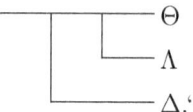

wo wir nun die Waagerechten verschmelzen können:

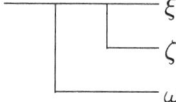"

Im Unterschied zur *Begriffsschrift* unterscheidet Frege hier klar zwischen Eigennamen und Buchstaben, die lediglich die Argumentstelle andeuten, an die ein Eigenname eingesetzt werden kann. Zugleich werden die andeutenden Buchstaben genutzt, um die Stufe und Stelligkeit der Funktion klar zum Ausdruck zu bringen. Dadurch kann Frege die Bildung des unteren Ausdrucks wirklich erklären und muss nicht auf eine bloße Analogie verweisen.

Wenn wir die Bildung des dreistelligen Begriffs

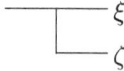

aus dem zweistelligen Grundbegriff

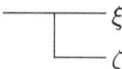

erklären wollen, müssen wir außerdem noch zwei weitere Schritte ergänzen. Dabei kommt nun auch die Begriffsbildung durch Ersetzbar-Denken zum Tragen. Um die entsprechenden Schritte gemäß den Regeln der *Grundgesetze* erweitert, würde die Bildung wie folgt aussehen: Aus erhält man durch Einsetzen eines Eigennamens, hier bezeichnet durch Δ,[34]

Wir können durch Einsetzen von Eigennamen an beide Argumentstellen

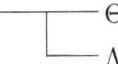

erhalten. Dies ist ein Gegenstandsname, den man in die durch „ξ" angedeutete Leerstelle von

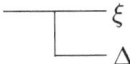

einsetzen kann, und man erhält (nach Verschmelzung der Waagerechten)[35]

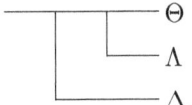

Denkt man nun sukzessive alle drei Eigennamen ersetzbar, so erhält man schließlich den gewünschten dreistelligen Begriff:

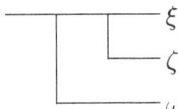

---

34 Frege diskutiert die Berechtigung der Verwendung von Gegenstandsnamen, deren Bedeutung nicht angegeben wird, nicht näher. Damit man nicht auch noch eine Menge von solchen Gegenstandsnamen voraussetzen muss, kann man diese aus Urzeichen bilden. In diesen aussagenlogischen Beispielen sind die Gegenstände gewöhnlich das Wahre oder das Falsche. Man könnte also einen wahren oder falschen Satz aus Begriffsschriftzeichen bilden. Thiel (1975, 145) gibt als Beispiel

$\overset{\mathfrak{a}}{\smile}\!\!-\mathfrak{a} = \mathfrak{a}$

an. Im Sinne der *Grundgesetze* ist dies eine Bezeichnung für das Wahre.

35 Die Verschmelzung der Waagerechten bedeutet, dass zwei direkt aufeinanderfolgende Waagerechte zu einem zusammengeführt werden. Dies ist immer möglich, da ——— Δ dieselbe Bedeutung hat, wie ——— (——— Δ). Ist Δ das Wahre, so bedeuten beide Ausdrücke das Wahre, sonst das Falsche.

2.7 Zusammenfassung

Zusammenfassend lässt sich festhalten, dass Frege in *Funktion und Begriff* mehrere zentrale Änderungen an der Begriffsschrift vornimmt, die durchweg der konsequent funktionalen Deutung logischer Zeichen dienen. Eine solche Deutung wird durch vier aufeinanderfolgende Schritte ermöglicht, nämlich (1.) die Einführung von Wahrheitswerten als Gegenständen, (2.) die Idee, dass Wahrheitswerte die Bedeutung von Sätzen sind, (3.) die propositionale Auffassung von Gleichungen und (4.) die Definition von Begriffen als Funktionen, deren Werte Wahrheitswerte sind.

Erst die funktionale Deutung logischer Zeichen zusammen mit der Unterscheidung zwischen Begriff und Gegenstand (die Frege schon in den *Grundlagen* vornimmt) macht es möglich, klare Regeln für die Begriffsbildung zu formulieren. Auf diese Weise wird es möglich, das Grundlegungsprogramm der Arithmetik besser durchzuführen, das nach Freges Auffassung auch eine logische Definition mathematischer Zeichen umfasst.

Literatur

Canterbury, Anselm (2005): Proslogion/Anrede (Lateinisch/Deutsch). Übersetzung, Anmerkungen und Nachwort von Robert Theis, Stuttgart.
Dedekind, Richard (1888): Was sind und was sollen die Zahlen? Wiesbaden.
Descartes, René (2016): Meditationes de prima philosophia/Meditationen über die Erste Philosophie (Lateinisch/Deutsch). Herausgegeben und übersetzt von Gerhart Schmidt, Stuttgart.
Kienzler, Wolfgang (2009): Begriff und Gegenstand. Eine historische und systematische Studie zur Entwicklung von Gottlob Freges Denken, Frankfurt am Main.
Lawrence, Richard (2021): Frege, Hankel, and Formalism in the Foundations. In: Journal for the History of Analytic Philosophy 9 (11), 4–27.
Rami, Dolf (2018): Existenz und Anzahl. Eine kritische Untersuchung von Freges Konzeption der Existenz, Paderborn.
Rohr, Tabea (2021): Logical Concepts vs. Logical Operations. Two Traditions of Logic Re-revisited. In: Journal for the History of Analytical Philosophy 9 (11), 56–74.
Russell, Bertrand (1905): On Denoting. In: Mind 14 (4), 479–493.
Thiel, Christian (1975): Zur Inkonsistenz der Fregeschen Mengenlehre. In: Frege und die moderne Grundlagenforschung, Meisenheim am Glan.

Katharina Felka
3 Sind Zahlen schon deshalb Gegenstände, weil Frege zwei Hände hat?

In den *Grundlagen der Arithmetik* argumentiert Frege für die These, dass Zahlen Gegenstände sind. Sein Argument hierfür stützt sich auf eine Beobachtung über unseren allgemeinen Sprachgebrauch. So beobachtet Frege, dass wir in alltäglichen Kontexten wahre Aussagen treffen, die umformbar sind in Aussagen, in denen Zahlwörter enthalten sind, die als singuläre Terme fungieren. Ein singulärer Term ist ein Ausdruck, der – sofern er in einer wahren Aussage auftritt – genau einen Gegenstand bezeichnet. Also, so Freges Überlegung, bezeichnen die Zahlwörter jeweils genau einen Gegenstand. Hieraus ergibt sich mit Hilfe nur weniger Zusatzannahmen, dass Zahlen Gegenstände sind.

Betrachten wir, um Freges Überlegung zu illustrieren, folgende Aussage, die wohl kaum jemand bestreiten wird:

1   Frege hat zwei Hände.

Wir können Aussage (1) nun umformen in Aussage (2):

2   Die Zahl von Freges Händen ist zwei.

Aussage (2) scheint nichts anderes zu besagen als Aussage (1). Wenn Aussage (1) wahr ist, dann ist demnach auch Aussage (2) wahr. Doch – wie später erläutert werden wird – das Zahlwort „zwei" fungiert in Aussage (1) als ein Determinativ, während es in Aussage (2) als ein singulärer Term fungiert. Folglich bezeichnet das in (2) enthaltene Zahlwort „zwei" genau einen Gegenstand. Da zudem gilt, dass wenn das Zahlwort „zwei" etwas bezeichnet, es eine Zahl bezeichnet, ergibt sich, dass mindestens eine Zahl ein Gegenstand ist.

In Folge von Frege wurde Zahlaussagen der Form „Die Zahl der *F*s ist *n*", bei denen „*n*" für ein Zahlwort steht, ein besonderer Status in der Diskussion um den ontologischen Status von Gegenständen zugeschrieben. Denn anhand solcher Zahlaussagen scheint sich zeigen zu lassen, dass uns bereits *unser allgemeiner Sprachgebrauch* darauf festlegt, dass Zahlen Gegenstände sind.[1] In diesem Aufsatz soll untersucht werden, ob Zahlaussagen der genannten Form tatsächlich die

---

1 Siehe hierzu z. B. Thomasson 2015.

Funktion erfüllen können, die ihnen in Folge von Frege zugeschrieben wurde.[2] Ich werde dafür argumentieren, dass dem nicht so ist. Wie oben bereits ersichtlich wurde, basiert das fregesche Argument auf der Prämisse, dass das Zahlwort „*n*" in „Die Zahl der *F*s ist *n*" als ein singulärer Term fungiert. Doch – so werde ich argumentieren – das Zahlwort fungiert nicht als ein singulärer Term, sondern vielmehr als ein Determinativ. Somit basiert das fregesche Argument auf einer verfehlten Prämisse und muss daher zurückgewiesen werden.

Um dies zu zeigen, werde ich wie folgt verfahren. In Abschnitt 3.1 werde ich zunächst eine Rekonstruktion des fregeschen Arguments geben. Wir werden sehen, dass dieses Argument auf zwei entscheidenden Prämissen basiert, *Freges Bikonditional* und *Identität*. Während Kritiker des fregeschen Arguments sich meist gegen *Freges Bikonditional* wenden, werde ich mich in Abschnitt 3.2 kritisch mit *Identität* auseinandersetzen. Der Prämisse der Identität zufolge handelt es sich bei Zahlaussagen der Form „Die Zahl der *F*s ist *n*" um Identitätsaussagen. Ausgehend von einer Überlegung Thomas Hofwebers werde ich dafür argumentieren, dass diese Analyse verfehlt ist. In Abschnitt 3.3 und 3.4 werde ich mich schließlich der Frage zuwenden, was die korrekte Analyse der Zahlaussagen ist. Ich werde dafür argumentieren, dass die Zahlaussagen als versteckte Frage-Antwort-Paare zu analysieren sind und dass diese Analyse aufdeckt, dass das in ihnen enthaltene Zahlwort als ein Determinativ fungiert.[3]

3.1 Zahlen als Gegenstände – ein fregesches Argument

In den *Grundlagen der Arithmetik* schreibt Frege folgendes:

> Ich habe schon oben darauf aufmerksam gemacht, dass man ‚die 1' sagt und durch den bestimmten Artikel 1 als Gegenstand hinstellt. Diese Selbständigkeit zeigt sich überall in der Arithmetik, z. B. in der Gleichung 1 + 1 = 2. Da es uns hier darauf ankommt, den Zahlbegriff so zu fassen, wie er für die Wissenschaft brauchbar ist, so darf es uns nicht stören, dass im Sprachgebrauche des Lebens die Zahl auch attributiv erscheint. Dies lässt sich immer vermeiden. Z. B. kann man den Satz ‚Jupiter hat vier Monde' umsetzen in ‚die Zahl der Jupitersmonde ist vier'. Hier darf das ‚ist' nicht als blosse Copula betrachtet werden, wie in dem Satze ‚der Himmel ist blau'. Das zeigt sich darin, dass man sagen kann: ‚die Zahl der Jupitersmonde ist die vier' oder ‚ist die Zahl 4'. Hier hat ‚ist' den Sinn von ‚ist gleich', ‚ist dasselbe wie'. Wir

---

2 Wenn ich im Folgenden unqualifiziert von *Zahlaussagen* spreche, so meine ich stets Zahlaussagen der genannten Form.
3 Die folgende Argumentation ist in Felka 2016 (und teils auch in Felka 2014) in ausführlicherer Form zu finden.

haben also eine Gleichung, die behauptet, dass der Ausdruck ‚die Zahl der Jupitersmonde' denselben Gegenstand bezeichne wie das Wort ‚vier'. (GL, § 57)

In diesem Zitat macht Frege auf zweierlei aufmerksam. Zum einen weist er darauf hin, dass sich eine Aussage wie

1   Frege hat zwei Hände.

umformen lässt in die Aussage

2   Die Zahl von Freges Händen ist zwei.[4]

Wenn zwei Aussagen im fregeschen Sinne „umformbar" sind, dann gilt zumindest einmal, dass sie dieselben Wahrheitsbedingungen haben. In Anlehnung an Hofweber (2007) werde ich diese Prämisse im Folgenden als *Freges Bikonditional* bezeichnen:

Freges Bikonditional: Die Aussage „Frege hat zwei Hände" ist genau dann wahr, wenn die Aussage „Die Zahl von Freges Händen ist zwei" wahr ist.

Zum anderen weist Frege darauf hin, dass in den beiden Aussagen das Zahlwort „zwei" eine unterschiedliche semantische Funktion hat. Frege zufolge fungiert in der Aussage „Frege hat zwei Hände" das Zahlwort attributiv, d. h. in ähnlicher Weise wie das Adjektiv „blau" in „Der Himmel ist blau". Heutzutage würde man sagen, dass das Zahlwort „zwei" als ein Determinativ fungiert, also als ein Ausdruck, der die Funktion hat, einer Eigenschaft eine Eigenschaft zuzuschreiben – im konkreten Fall schreibt der Ausdruck der Eigenschaft, eine Fregehand zu sein, die Eigenschaft zu, zwei Instanzen zu haben.[5] In der Aussage „Die Zahl von Freges Händen ist zwei" fungiert das Zahlwort hingegen nicht als ein Determinativ. Frege zufolge handelt es sich bei dieser Aussage um eine Identitätsaussage, in der das Zahlwort als ein singulärer Term auftritt. Diese zweite Prämisse Freges werde ich im Folgenden als *Identität* bezeichnen:

Identität: Bei der Aussage „Die Zahl von Freges Händen ist zwei" handelt es sich um eine Identitätsaussage, in der „zwei" als ein singulärer Term auftritt.

---

[4] Zu Freges Zeiten war noch nicht bekannt, dass Jupiter tatsächlich weit mehr als vier Monde hat. Ich habe daher Freges Beispielsatz „Jupiter hat vier Monde" durch den wahren Satz „Frege hat zwei Hände" ersetzt.
[5] Siehe z. B. Barwise / Cooper 1981.

Ausgehend von diesen beiden Prämissen lässt sich folgendes Argument dafür geben, dass das Zahlwort „zwei" einen Gegenstand bezeichnet:

(P1) Die Aussage „Frege hat zwei Hände" ist wahr.
(P2) *Freges Bikonditional*: Die Aussage „Frege hat zwei Hände" ist genau dann wahr, wenn die Aussage „Die Zahl von Freges Händen ist zwei" wahr ist.
(K1) Die Aussage „Die Zahl von Freges Händen ist zwei" ist wahr.
(P3) *Identität*: Bei der Aussage „Die Zahl von Freges Händen ist zwei" handelt es sich um eine Identitätsaussage, in der „zwei" als ein singulärer Term auftritt.
(P4) Aussagen, die singuläre Terme enthalten, sind nur wahr, wenn die darin enthaltenen singulären Terme genau einen Gegenstand bezeichnen.
(K2) Das Zahlwort „zwei" bezeichnet genau einen Gegenstand.

Nehmen wir noch folgende einleuchtende Zusatzannahme hinzu:

(P5) Wenn das Zahlwort „zwei" etwas bezeichnet, dann ist es eine Zahl,

so ergibt sich aus (K2) sofort, dass mindestens eine Zahl ein Gegenstand ist.

Analoge Argumente lassen sich mit Bezug auf andere Zahlen geben. Daher, so die Schlussfolgerung, gilt allgemein, dass Zahlen Gegenstände sind.

Obige Rekonstruktion macht deutlich, weshalb Zahlaussagen wie „Die Zahl von Freges Händen ist zwei" eine zentrale Rolle in der Diskussion um den ontologischen Status von Zahlen spielen. Wenn wir akzeptieren, dass die Zahlaussage wahr ist – so scheint Freges Überlegung zu zeigen – dann müssen wir auch akzeptieren, dass das darin enthaltene Zahlwort einen Gegenstand bezeichnet und damit, dass Zahlen Gegenstände sind. Mehr noch: Wir scheinen nicht umhin zu kommen, zu akzeptieren, dass die Zahlaussage wahr ist, denn die Aussage scheint unter denselben Bedingungen wahr zu sein wie die offenkundig wahre Aussage „Frege hat zwei Hände".

Betrachten wir Freges Argument daher genauer. Das Argument ist schlüssig, will man seine Konklusion bestreiten, so muss man also eine der Prämissen zurückweisen. (P1) anzugreifen wäre keine vielversprechende Strategie, denn selbst wenn „Frege hat zwei Hände" nicht wahr ist, wird man eine wahre Aussage finden, die sich für ein analoges Argument heranziehen lässt (z. B. „Deutschland hat sechzehn Bundesländer", „Die Cheops-Pyramide hat vier Seiten" oder „Berlin hat drei Opernhäuser"). (P5) ist schwer bestreitbar, denn was sollte ein Zahlwort bezeichnen, wenn nicht eine Zahl? (P4) ist sicherlich kontroverser, wird aber zumindest für extensionale Kontexte weitgehend akzeptiert. Somit scheinen sich insbesondere die beiden fregeschen Prämissen (P2) und (P3) für eine genauere Untersuchung anzubieten, d. h. *Freges Bikonditional* und *Identität*:

Freges Bikonditional: Die Aussage „Frege hat zwei Hände" ist genau dann wahr, wenn die Aussage „Die Zahl von Freges Händen ist zwei" wahr ist.

Identität: Bei der Aussage „Die Zahl von Freges Händen ist zwei" handelt es sich um eine Identitätsaussage, in der „zwei" als ein singulärer Term auftritt.

Kritiker des fregeschen Arguments wenden sich zumeist gegen *Freges Bikonditional*.[6] Ihnen zufolge tragen Zahlaussagen der Form „Die Zahl der Fs ist n" die falsche Existenzpräsupposition, dass es eine Zahl gibt. Daher sind die Aussagen nicht wahr, obgleich die ihnen korrespondierenden Aussagen wahr sind. Für Anhänger dieser Position ergibt sich die Herausforderung zu erklären, weshalb es so *offensichtlich* erscheint, dass wenn „Frege hat zwei Hände" wahr ist, auch „Die Zahl von Freges Händen ist zwei" wahr ist. Um dies zu erklären, weisen sie meist darauf hin, dass wir gewöhnlich nicht am Wahrheitswert *von Sätzen* interessiert sind, sondern vielmehr am Wahrheitswert *vom behaupteten Gehalt von Sätzen*. Diese können sich voneinander unterscheiden. So ist etwa der Satz „Das Schnitzel ist ohne zu zahlen gegangen" falsch, denn Schnitzel können nicht gehen. Doch mit Äußerungen des Satzes wird gewöhnlich lediglich behauptet, dass *die Person*, die das Schnitzel gegessen hat, ohne zu zahlen gegangen ist. Und dieser Gehalt kann wahr sein, obgleich der Satz selbst, mit dessen Äußerung er transportiert wird, nicht wahr ist. Kritiker von Freges Bikonditional sagen Ähnliches über den Satz „Die Zahl von Freges Händen ist zwei": Der Satz selbst ist nicht wahr, da er fälschlicherweise präsupponiert, dass es eine Zahl gibt. Doch mit Äußerungen des Satzes wird lediglich behauptet, dass Frege zwei Hände hat. Und dieser Gehalt ist genau dann wahr, wenn „Frege hat zwei Hände" wahr ist. Freges Bikonditional erscheint uns folglich deshalb korrekt, weil wir es nicht unterscheiden von folgendem, durchaus korrekten, Bikonditional:

Freges Bikonditional*: Die Aussage „Frege hat zwei Hände" ist genau dann wahr, wenn der behauptete Gehalt der Aussage „Die Zahl von Freges Händen ist zwei" wahr ist.

Obgleich diese Argumentationsstrategie sicherlich vielversprechend ist, werde ich mich in diesem Rahmen nicht weiter mit ihr auseinandersetzen.[7] Vielmehr werde ich dafür argumentieren, dass die zweite fregesche Prämisse – *Identität* – falsch ist.

---

6 Siehe z. B. Yablo 2001, 2006, 2009 und Eklund 2005.
7 Siehe Felka 2016, Kapitel 4 und 5 sowie Felka 2015 für eine ausführliche Besprechung.

3.2 *Identität* – eine korrekte Analyse von Anzahlaussagen?

In diesem Abschnitt werde ich dafür argumentieren, dass es sich – entgegen Freges Auffassung aus den *Grundlagen* – bei Zahlaussagen der Form „Die Zahl der Fs ist n" nicht um Identitätsaussagen handelt. Das Argument, das ich hierfür geben werde, verläuft wie folgt:

(P1) Zahlaussagen der Form „Die Zahl der Fs ist n" sind spezifizierende Aussagen.
(P2) Spezifizierende Aussagen sind keine Identitätsaussagen.
(K) Zahlaussagen der Form „Die Zahl der Fs ist n" sind keine Identitätsaussagen.

Betrachten wir die beiden Prämissen des Arguments genauer.

3.2.1 Zahlaussagen der Form „Die Zahl der Fs sind n" sind spezifizierende Aussagen

Die erste Prämisse des obigen Arguments stützt sich auf eine Beobachtung, die auf Thomas Hofweber zurückgeht. Hofweber (2007) stellt heraus, dass es sich bei Zahlaussagen um sogenannte *Fokuskonstruktionen* handelt. Betrachten wir zunächst, (i) was Fokuskonstruktionen sind und weshalb es sich bei Zahlaussagen um Fokuskonstruktionen handelt, und schließlich, (ii) weshalb die Beobachtung, dass Zahlaussagen Fokuskonstruktionen sind, dafür spricht, dass es sich bei ihnen um spezifizierende Aussagen handelt.

Re (i): Manche der Informationen, die mit einer Äußerung vermittelt werden, sind im jeweiligen Äußerungskontext bereits bekannt, andere hingegen neu und damit besonders wichtig. Nehmen wir etwa die Äußerung „Paul trat leise ein". In einem Äußerungskontext, in dem bereits bekannt ist, dass jemand leise eintrat, nicht aber, wer das war, ist die mit dem Ausdruck „Paul" vermittelte Information besonders wichtig; in einem Äußerungskontext hingegen, in dem bereits bekannt ist, dass Paul eintrat, nicht aber, auf welche Weise, ist die mit dem Ausdruck „leise" vermittelte Information besonders wichtig. Der *Fokus* einer Äußerung ist diejenige Information, die im jeweiligen Äußerungskontext besonders wichtig ist.

Es gibt unterschiedliche Weisen, zu markieren, was der Fokus einer Äußerung ist. Eine paradigmatische Weise ist *Betonung*, hier markiert durch Großbuchstaben:

3   PAUL trat leise ein.
4   Paul trat LEISE ein.

Bei der ersten Äußerung wird durch Betonung die Information, die mit „Paul" vermittelt wird, als besonders wichtig markiert; bei der zweiten Äußerung die Information, die mit „leise" vermittelt wird. Ebenso kann der Fokus durch die *syntaktische Struktur* markiert werden. Betrachten wir die folgenden Äußerungen:

5   Paul trat leise ein.
6   Es war Paul, der leise eintrat.
7   Es war leise, wie Paul eintrat.

Die syntaktische Struktur von (5) lässt offen, worauf der Fokus liegt – je nach Betonung, kann entweder die mit „Paul" oder die mit „leise" vermittelte Information als besonders wichtig markiert werden. Anders verhält es sich mit (6) und (7): Die syntaktische Struktur von (6) legt fest, dass der Fokus auf „Paul" liegt; die syntaktische Struktur von (7) hingegen, dass der Fokus auf „leise" liegt. Konstruktionen, die aufgrund ihrer syntaktischen Struktur festlegen, worauf ihr Fokus liegt, werden als *Fokuskonstruktionen* bezeichnet.

Weist eine Äußerung einen Fokus auf, so hat dies Einfluss darauf, auf welche Fragen die Äußerung eine angemessene bzw. unangemessene Antwort sein kann. Generell gilt, dass eine Äußerung nur dann eine angemessene Antwort auf eine Frage ist, wenn ihr Fokus auf derjenigen Information liegt, die mit der Frage angefordert wird. Diese enge Beziehung zwischen Fokus und Fragen erlaubt es uns, Evidenz dafür zu gewinnen, ob in einer Äußerung ein Fokus vorliegt. Betrachten wir z. B. die beiden folgenden Fragen:

8   Wie ist Paul eingetreten?
9   Wer ist leise eingetreten?

Wie ausgeführt, hat (5) keine festgelegte Informationsstruktur – je nach Betonung kann der Fokus entweder auf „Paul" oder auf „leise" liegen. Daher kann (5) sowohl eine angemessene Antwort auf Frage (8) als auch auf Frage (9) sein. Anders verhält es sich mit den Äußerungen (6) und (7). Eine Äußerung von (7) ist nur eine angemessene Antwort auf Frage (8), nicht aber auf Frage (9), während eine Äußerung von (6) nur eine angemessene Antwort auf Frage (9) ist, nicht aber auf Frage (8). Dies ist darauf zurückzuführen, dass die beiden Äußerungen eine festgelegte Informationsstruktur haben: Die syntaktische Struktur von (7) legt fest, dass der Fokus auf „leise" liegt. Daher ist (7) eine angemessene Antwort auf Frage (8), die nach dieser Information fragt, nicht aber auf Frage (9), die nicht nach dieser Information fragt. Im Gegensatz hierzu legt die syntaktische Struktur von (6) fest, dass der Fokus auf „Paul" liegt. Daher ist (6) eine angemessene Antwort auf Frage (9), die nach dieser Information fragt, nicht aber auf Frage (8), die nicht nach dieser Information fragt.

Wie Thomas Hofweber herausgestellt hat, handelt es sich bei Zahlaussagen der Form „Die Zahl der *F*s ist *n*" ebenfalls um Fokuskonstruktionen, und zwar um solche, die die Information, die mit dem Zahlwort vermittelt wird, als besonders wichtig markieren. Dies wird ersichtlich, wenn wir das Frage-Antwort-Verhalten der Zahlaussagen untersuchen. Betrachten wir die beiden folgenden Fragen:

10 Wer hat zwei Hände?
11 Was ist die Zahl von Freges Händen?

Eine Äußerung von

1 Frege hat zwei Hände.

ist – bei entsprechender Betonung – sowohl eine angemessene Antwort auf Frage (10) als auch auf Frage (11). (1) hat somit keine festgelegte Informationsstruktur. Dies verhält sich anders mit

2 Die Zahl von Freges Händen ist zwei.

Eine Äußerung von (2) ist nur eine angemessene Antwort auf Frage (11), nicht aber auf Frage (10). Diese Beobachtung lässt sich erklären, wenn wir annehmen, dass die syntaktische Struktur von (2) festlegt, dass ein Fokus auf dem Zahlwort liegt: (2) ist eine angemessene Antwort auf Frage (11), da (11) nach der mit dem Zahlwort vermittelten Information fragt; (2) ist hingegen keine angemessene Antwort auf Frage (10), da (10) nicht nach dieser Information fragt.

Re (ii): Fokuseffekte auf dem postkopularischen Ausdruck sind ein Merkmal sogenannter *spezifizierender Aussagen*. Während Frege bereits zwischen Identitätsaussagen und Prädikationen unterschieden hat, werden in der gegenwärtigen linguistischen Literatur zumindest die folgenden drei Arten von Kopula-Aussagen voneinander unterschieden:[8]

I Identitätsaussagen
   i. Cicero ist Tullius.
   ii. Er ist Otto.

---

[8] Kopulasätze sind Sätze der Form „Präkopularischer Ausdruck IST postkopularischer Ausdruck". Aus Einheitlichkeitsgründen bezeichne ich auch den Verbindungsausdruck in Identitätssätzen als *Kopula* (entgegen der Terminologie, die Frege in obigem Zitat zugrunde legt). Die obige Klassifizierung von Kopulasätzen geht auf Higgins 1973 zurück. Higgins zufolge sind auch sogenannte *identifizierende Aussagen* Kopulasätze. Diese sind für die gegenwärtigen Zwecke allerdings nicht von Bedeutung.

II Prädikationen
  i. Otto Preminger ist der Regisseur von *Anatomy of a Murder*.[9]
  ii. Der Hut, den ich für Otto gekauft habe, ist groß.
  iii. Was ich für Otto gekauft habe, ist groß.
III Spezifizierende Aussagen
  i. Der Regisseur von *Anatomy of a Murder* ist Otto Preminger.
  ii. Die Person, die Paul getroffen hat, ist Otto Preminger.
  iii. Was Paul vergessen hat, ist seine Gitarre.

Die Klassifikation sagt noch nichts über die Semantik der Kopulasätze aus, d. h. sie lässt offen, ob sich Kopulasätze unterschiedlicher Klassen in ihrer semantischen Struktur voneinander unterscheiden. Es besteht allerdings weitgehend Einigkeit darüber, dass sich zumindest Identitätsaussagen und Prädikationen semantisch voneinander unterscheiden: Während bei Identitätsaussagen die Kopula von zwei singulären Termen flankiert ist, ist bei Prädikationen die Kopula von einem singulären und einem generellen Term flankiert. Die semantische Struktur spezifizierender Aussagen wird hingegen kontrovers diskutiert.

Die Klassifikation selbst basiert einerseits auf intuitiven Unterschieden bezüglich der Verwendung der jeweiligen Kopulasätze und andererseits auf diversen Charakteristika, die sich erst bei genauerer Untersuchung zeigen.[10] Ein entscheidendes Charakteristikum spezifizierender Aussagen besteht darin, dass sie einen Fokus auf dem postkopularischen Ausdruck aufweisen.[11] Betrachten wir z. B. folgende spezifizierende Aussage

12 Der Regisseur von *Anatomy of a Murder* ist Otto Preminger.

sowie die beiden folgenden Fragen:

13 Wer ist Otto Preminger?
14 Wer ist der *Regisseur von Anatomy of a Murder*?

---

9 In der linguistischen Literatur wird eine solche Aussage gewöhnlich als eine Prädikation betrachtet, mit der Otto Preminger die Eigenschaft zugeschrieben wird, einziger Regisseur von *Anatomy of a Murder* zu sein (siehe Fara 2001 für eine philosophische Verteidigung).
10 Siehe Mikkelsen 2011 für einen Überblick.
11 Siehe hierzu auch Heycock / Kroch 2002, Kapitel 5; Heycock 1994, Kapitel 1.1 und Mikkelsen 2012, Kapitel 2.1.

Während (12) eine angemessene Antwort auf Frage (14) ist, ist (12) keine angemessene Antwort auf Frage (13). Dies lässt sich erklären, wenn wir annehmen, dass ein Fokus auf dem postkopularischen Ausdruck liegt: Da (14) nach der Information fragt, die mit dem postkopularischen Ausdruck vermittelt wird, liegt der Fokus auf derjenigen Information, die mit der Frage angefordert wird; da (13) hingegen nach der Information fragt, die mit dem präkopularischen Ausdruck vermittelt wird, liegt der Fokus nicht auf derjenigen Information, die mit der Frage angefordert wird.

Sowohl Prädikationen als auch Identitätsaussagen weisen keine festgelegte Informationsstruktur auf, d. h. der Fokus kann – je nach Betonung – sowohl auf dem präkopularischen als auch auf dem postkopularischen Ausdruck liegen. Betrachten wir z. B. folgende Prädikation

15   Otto Preminger ist der Regisseur von *Anatomy of a Murder*.

Diese Prädikation ist (bei Betonung auf dem präkopularischen Ausdruck) eine angemessene Antwort auf die Frage

16   Wer ist der Regisseur von *Anatomy of a Murder*?

Das wäre jedoch nicht der Fall, wenn ein Fokus auf dem postkopularischen Ausdruck vorliegen würde, denn in diesem Fall würde der Fokus auf derjenigen Information liegen, die mit der Frage nicht angefordert wird. Eine analoge Beobachtung lässt sich über eine Identitätsaussage wie

17   Cicero ist Tullius.

machen. Diese Identitätsaussage ist (bei Betonung auf dem präkopularischen Ausdruck) eine angemessene Antwort auf die Frage

18   Wer ist Tullius?

Wiederum wäre das jedoch nicht der Fall, wenn ein Fokus auf dem postkopularischen Ausdruck vorliegen würde, denn in diesem Fall würde der Fokus auf derjenigen Information liegen, die mit der Frage nicht angefordert wird.

Folglich zeichnen sich spezifizierende Aussagen durch ihre festgelegte Informationsstruktur aus: Im Gegensatz zu Prädikationen und Identitätsaussagen weisen sie einen betonungsunabhängigen Fokus auf dem postkopularischen Ausdruck auf. Hofwebers Beobachtung, dass in Zahlaussagen der Form „Die Zahl der *F*s ist *n*" ein betonungsunabhängiger Fokus auf dem Zahlwort liegt, spricht somit dafür, dass es sich bei ihnen ebenfalls um spezifizierende Aussagen handelt.[12] Dies schließt freilich nicht aus, dass Zahlaussagen – semantisch betrachtet – Identitätsaussagen sind. Es könnte schließlich sein, dass spezifizierende Aussagen eine besondere Form von Identitätsaussagen sind, nämlich solche, die eine spezielle Informationsstruktur aufweisen. Im Folgenden wird sich jedoch zeigen, dass das Bindungsverhalten von Pronomen in spezifizierenden Aussagen dafür spricht, dass diese nicht dieselbe syntaktische und somit auch nicht dieselbe semantische Struktur wie Identitätsaussagen aufweisen.

3.2.2 Spezifizierende Aussagen sind keine Identitätsaussagen

Die zweite Prämisse des obigen Arguments stützt sich auf eine Beobachtung bezüglich des Bindungsverhaltens von Pronomen in spezifizierenden Aussagen. Betrachten wir z. B. die folgende spezifizierende Aussage, die das Pronomen „seine" enthält:[13]

19   Was John vergaß, ist seine Gitarre.

Das Pronomen „seine" scheint von dem Ausdruck „John" gebunden zu sein, d. h. der Ausdruck scheint festzulegen, worauf sich das Pronomen bezieht: auf John. Gemäß traditioneller Bindungstheorie gilt, dass ein Ausdruck ein Pronomen nur dann binden kann, wenn der Ausdruck das Pronomen c-kommandiert. Der Begriff des C-Kommandos ist wie folgt charakterisiert:

(C)   Eine Phrase α c-kommandiert eine Phrase β nur dann, wenn (i) der erste verzweigende Knoten, der α dominiert, auch β dominiert, und (ii) weder Phrase α noch Phrase β die jeweils andere dominiert.[14]

Hierbei gilt, dass ein Knoten genau die Knoten unter sich im Syntaxbaum dominiert. Betrachten wir zur Veranschaulichung zunächst die syntaktische Struktur des folgenden Satzes, der das nicht-kopularische Äquivalent von (19) ist:

---

12 In der linguistischen Literatur zitieren Higgins 1973, 199 und Romero 2005, 688 Zahlaussagen der Form „Die Zahl der Fs ist n" als Beispiele für spezifizierende Aussagen, begründen diese These aber nicht weiter. Moltmann 2013, 520 hingegen begründet diese These anhand des anaphorischen Verhaltens des präkopularischen Ausdrucks der Aussagen. Siehe Schwartzkopff 2015 für eine kritische Diskussion ihres Arguments.
13 Dass es sich hierbei um eine spezifizierende Aussage handelt, kann wiederum daran gesehen werden, dass die Aussage eine angemessene Antwort auf die Frage „Was vergaß John?" ist, nicht aber auf die Frage „Wer vergaß seine Gitarre?".
14 Siehe hierzu Reinhart 1976.

20 John vergaß seine Gitarre.

Die (vereinfachte) syntaktische Struktur des Satzes sieht wie folgt aus:

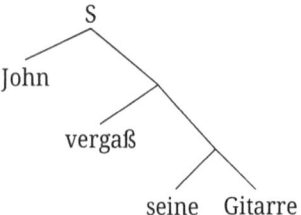

Wie an diesem Bild ersichtlich wird, dominiert der erste verzweigende Knoten, der den Ausdruck „John" dominiert – also S – auch den Ausdruck „seine". Die beiden Ausdrücke „John" und „seine" stehen also in der richtigen syntaktischen Beziehung, damit der Ausdruck „John" das Pronomen „seine" binden kann. Betrachten wir nun die korrespondierende spezifizierende Aussage (19). Sollte es sich bei (19) um eine Identitätsaussage handeln, so würde die syntaktische Struktur wie folgt aussehen:

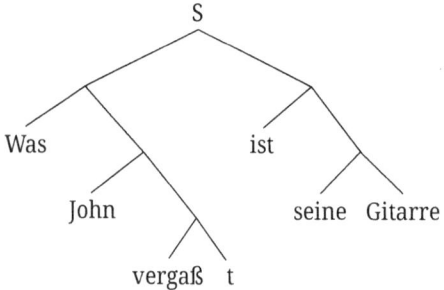

Wie hier ersichtlich wird, dominiert der erste Knoten, der „John" dominiert, nicht den Ausdruck „seine", d. h. die beiden Ausdrücke „John" und „seine" stehen nicht in der korrekten syntaktischen Beziehung, damit der Ausdruck „John" das Pronomen „seine" binden kann. Der Ausdruck „John" bindet das Pronomen „seine" aber. Daher, so die Schlussfolgerung, ist die obige Struktur nicht die tatsächliche syntaktische Struktur des Satzes. Es handelt sich bei (19) folglich nicht um eine Identitätsaussage.

Zunächst einmal hat dieses Ergebnis keine direkten Implikationen für die spezifizierenden Aussagen, die für uns von Interesse sind, d. h. für Zahlaussagen der Form „Die Zahl der Fs ist n". Schließlich enthalten solche Aussagen keine Pronomen und es lässt sich somit kein analoges Argument formen, um zu zeigen, dass es sich bei ihnen nicht um Identitätsaussagen handelt. Allerdings besteht in der linguistischen Literatur weitgehend Einigkeit darüber, dass wir eine einheitliche Analyse spezifizierender Aussagen geben sollten, unabhängig davon, ob sie

Pronomen enthalten oder nicht.[15] Daher spricht die Beobachtung, dass eine spezifizierende Aussage wie (19) keine Identitätsaussage ist, zugleich dafür, dass auch Zahlaussagen keine Identitätsaussagen sind.

3.3 Was ist die korrekte Analyse von Zahlaussagen der Form „Die Zahl der *F*s ist *n*"?

Wie im vorangegangenen Abschnitt argumentiert, sind Zahlaussagen der Form „Die Zahl der *F*s ist *n*" keine Identitätsaussagen. Damit basiert das fregesche Argument für die These, dass Zahlen Gegenstände sind, auf einer falschen Prämisse. Allerdings schließt dies nicht aus, dass das in den Aussagen enthaltene Zahlwort ein singulärer Term ist. Wir könnten daher versucht sein, ein leicht modifiziertes Argument für die These zu geben, dass Zahlen Gegenstände sind, das anstelle von *Identität* von *Singularität* Gebrauch macht:

> *Singularität*: In der Aussage „Die Zahl von Freges Händen ist zwei" tritt „zwei" als ein singulärer Term auf.

Um zu prüfen, ob *Singularität* korrekt ist, muss untersucht werden, was die korrekte Analyse der relevanten Zahlaussagen ist. Im Folgenden werde ich für eine sogenannte *Frage-Antwort-Analyse* spezifizierender Aussagen argumentieren. In Abschnitt 3.4 werde ich zunächst die Analyse vorstellen und in Abschnitt 3.5 ihre Vorteile darlegen. In Abschnitt 3.6 werde ich mich mit der Frage befassen, was die Analyse für die Frage impliziert, ob *Singularität* korrekt ist und das modifizierte Argument Bestand hat.

3.4 Versteckte Frage-Antwort-Paare

Gemäß der Frage-Antwort-Analyse haben spezifizierende Aussagen eine reichhaltigere syntaktische Struktur als ihre Oberflächenstruktur suggeriert: Sie „verstecken" Frage-Antwort-Paare.[16] So gilt z. B. für die spezifizierende Aussage

---

[15] Siehe Mikkelsen 2011, 1807.
[16] Eine Frage-Antwort-Analyse spezifizierender Aussagen findet sich z. B. in den Dikken et al. 2000 sowie Schlenker 2003.

19 Was John vergaß, ist seine Gitarre.

dass sie das folgende Frage-Antwort-Paar versteckt:

19* [Was John vergaß] ist [~~John vergaß~~ seine Gitarre.]

Dieser Analyse zufolge handelt es sich beim präkopularischen Ausdruck von (19) um eine indirekte Frage, deren direktes Pendant die Frage „Was vergaß John?" ist. Der postkopularische Ausdruck von (19*) ist hingegen das elliptische Überbleibsel der Antwort auf die Frage, nämlich von „John vergaß seine Gitarre".

Bei einer spezifizierenden Aussage wie (19), bei der der präkopularische Ausdruck mit einem Fragewort beginnt, deutet bereits die Oberflächenstruktur der Aussage das Vorliegen einer indirekten Frage an. Bei anderen spezifizierenden Aussagen erscheint die Frage lediglich in versteckter Form. Dies gilt z. B. für folgende spezifizierende Aussage:

21 Die Person, die John getroffen hat, ist Otto Preminger.

Einer möglichen Ausbuchstabierung der Frage-Antwort-Analyse zufolge fungiert der präkopularische Ausdruck von (21) lediglich *semantisch* als eine indirekte Frage; einer anderen möglichen Ausbuchstabierung zufolge fungiert er auch *syntaktisch* als eine indirekte Frage. Während er gemäß der ersten Ausbuchstabierung lediglich bedeutungsgleich mit einer Frage ist, ist er gemäß der zweiten Ausbuchstabierung das elliptische Überbleibsel einer indirekten Frage so wie der postkopularische Ausdruck das elliptische Überbleibsel einer Antwort auf eine Frage ist.[17] Die vollständige syntaktische Struktur von (21) ist demnach die folgende:

21* [~~Wer~~ die Person, die John getroffen hat, ~~ist~~] ist [~~John hat~~ Otto Preminger ~~getroffen~~.]

Im Folgenden werde ich von der Korrektheit der zweiten Ausbuchstabierung der Frage-Antwort-Analyse ausgehen.

---

[17] Die erste Ansicht wird z. B. von den Dikken et al. 2000 vertreten, die zweite Ansicht hingegen von Moltmann 2013.

3.5 Vorteile der Frage-Antwort-Analyse

Wie ausgeführt, weisen spezifizierende Aussagen Konnektivitätseffekte auf, d. h. ihre präkopularischen und postkopularischen Ausdrücke können auf bestimmte Weise miteinander verbunden sein. Betrachten wir nochmals den folgenden Satz:

19   Was John vergaß, ist seine Gitarre.

Das postkopularische Pronomen „seine" scheint von dem präkopularischen Ausdruck „John" gebunden zu sein. Wie oben ausgeführt, ist dies schwierig zu erklären, wenn wir annehmen, dass eine Aussage wie (19) eine Identitätsaussage ist, denn dann stünden die Ausdrücke nicht in der erforderlichen syntaktischen Beziehung zueinander. Gemäß der Frage-Antwort-Analyse ist (19) keine Identitätsaussage, sondern ein verstecktes Frage-Antwort-Paar:

19* [Was John vergaß] ist [~~John vergaß~~ seine Gitarre.]

Nach dieser Analyse ist der postkopularische Ausdruck „seine Gitarre" elliptisch für den nicht-kopularischen Satz „John vergaß seine Gitarre", also für Satz (20). Wie oben ausgeführt, stehen in (20) die beiden Ausdrücke „John" und „seine" in der korrekten syntaktischen Beziehung zueinander, damit „John" das Pronomen „seine" binden kann. Dies erlaubt es uns, zu erklären, wie auch das Pronomen in (19) gebunden sein kann: Es wird zwar nicht von „John" in „Was John vergaß ... " gebunden, denn *dieses* Vorkommnis von „John" c-kommandiert „seine" nicht. Aber es wird vom zweiten *bedeutungsgleichen* Vorkommnis von „John" gebunden, das „seine" c-kommandiert, und nur in der vollständigen syntaktischen Struktur von (19) erscheint. Die Frage-Antwort-Analyse liefert somit eine elegante Erklärung der beobachteten Konnektivitätseffekte.[18]

Die Frage-Antwort-Analyse kann auch die Fokuseffekte spezifizierender Aussagen erklären. Wie ausgeführt, stützt sich die These, dass z. B. in (19) ein Fokus auf dem post-kopularischen Ausdruck liegt, auf die Beobachtung, dass (19) eine angemessene Antwort auf Frage (22), nicht aber auf Frage (23) ist:

22   Was vergaß John?
23   Wer vergaß seine Gitarre?

---

[18] Siehe hierzu Schlenker 2003.

Gemäß der Frage-Antwort-Analyse ist das indirekte Pendant der Frage (22), nicht aber das indirekte Pendant der Frage (23), in der vollständigen syntaktischen Struktur von (19) enthalten. Dies kann erklären, weshalb (19) eine angemessene Antwort auf (22), nicht aber auf (23) ist: Wenn man mit (19) auf Frage (22) antwortet, dann wiederholt man die gestellte Frage und gibt eine Antwort auf die gestellte Frage. Hierbei handelt es sich um ein angemessenes konversationales Verhalten, das dem geäußerten Informationswunsch Genüge tut. Antwortet man hingegen mit (19) auf Frage (23), so formuliert man zunächst eine andere Frage als diejenige, die gestellt wurde, und gibt dann eine Antwort auf diese andere Frage. Hierbei handelt es sich nicht um ein angemessenes konversationales Verhalten. Folglich ist eine Äußerung von (19) als Antwort auf Frage (22) angemessen, nicht aber als Antwort auf Frage (23).

3.6 Implikationen für das modifizierte fregesche Argument

Gemäß der Frage-Antwort-Analyse ist der präkopularische Ausdruck einer spezifizierenden Aussage elliptisch für eine indirekte Frage und der postkopularische Ausdruck ist elliptisch für das nicht-kopularische Äquivalent der spezifizierenden Aussage. Eine Zahlaussage wie „Die Zahl von Freges Händen ist zwei" ist demnach wie folgt zu analysieren:

2*   [~~Was~~ die Zahl von Freges Händen ~~ist~~] ist [~~Frege hat~~ zwei ~~Hände.~~]

Betrachten wir nun, was diese Analyse für das modifizierte fregesche Argument impliziert, insbesondere für die beiden zugrunde liegenden fregeschen Prämissen:

> *Freges Bikonditional*: Die Aussage „Frege hat zwei Hände" ist genau dann wahr, wenn die Aussage „Die Zahl von Freges Händen ist zwei" wahr ist.
>
> *Singularität*: In der Aussage „Die Zahl von Freges Händen ist zwei" fungiert das Zahlwort „zwei" als ein singulärer Term.

Die Frage-Antwort-Analyse erlaubt es uns, *Freges Bikonditional* aufrechtzuerhalten. Der Analyse zufolge gilt:

> Die Aussage „Die Zahl von Freges Händen ist zwei" ist genau dann wahr, wenn „Frege hat zwei Hände" die vollständige und korrekte Antwort auf die Frage „Was ist die Zahl von Freges Händen?" gibt.

Wenn nun gilt, dass „Frege hat zwei Hände" wahr ist, dann gilt auch, dass „Frege hat zwei Hände" eine vollständige und wahre Antwort auf die Frage „Was ist die Zahl von Freges Händen?" gibt und folglich, dass die spezifizierende Aussage „Die Zahl von Freges Händen ist zwei" wahr ist. Ebenso gilt: Wenn die spezifizierende Aussage „Die Zahl von Freges Händen ist zwei" wahr ist und folglich „Frege hat zwei Hände" eine vollständige und wahre Antwort auf die Frage „Was ist die Zahl von Freges Händen?" gibt, dann ist auch „Frege hat zwei Hände" wahr.[19]

Anders verhält es sich hingegen mit *Singularität*. Gemäß der Frage-Antwort-Analyse ist der postkopularische Ausdruck „zwei" der spezifizierenden Aussage „Die Zahl von Freges Händen ist zwei" das elliptische Überbleibsel der nicht-kopularischen Aussage „Frege hat zwei Hände". Da in der Aussage „Frege hat zwei Hände" der Ausdruck als ein Determinativ fungiert, fungiert er auch in der Aussage „Die Zahl von Freges Händen ist zwei" als ein Determinativ. *Singularität* muss folglich zurückgewiesen werden.

Damit basiert auch das modifizierte fregesche Argument auf einer verfehlten Prämisse, nämlich einer verfehlten Prämisse über die semantische Funktion des Zahlwortes „zwei" in Zahlaussagen wie (2). Dieses hat nicht die semantische Funktion, einen Gegenstand zu bezeichnen, sondern vielmehr die, einer Eigenschaft eine Eigenschaft zuzuschreiben.[20]

3.7 Ein Einwand

Wie oben ausgeführt, deckt die Frage-Antwort-Analyse der Zahlaussage „Die Zahl von Freges Händen ist zwei" auf, dass das in ihr enthaltene Zahlwort „zwei" nicht als ein singulärer Term fungiert. Betrachten wir jedoch erneut die vorgeschlagene Analyse:

2*   [Was die Zahl von Freges Händen ist] ist [Frege hat zwei Hände.]

Wie hier ersichtlich wird, ist der präkopularische Ausdruck der Zahlaussage elliptisch für die Frage „was die Zahl von Freges Händen ist". Diese Frage enthält den Ausdruck „die Zahl von Freges Händen" und damit ebenfalls einen Ausdruck, der

---

[19] Siehe hierzu auch Brogaard 2007.
[20] Moltmann 2013 argumentiert ebenfalls ausgehend von einer Frage-Antwort-Analyse der Zahlaussagen gegen *Singularität*. Siehe Felka 2014 und Schwartzkopff 2015 für eine kritische Diskussion. Brogaard 2007 hingegen wendet sich gegen eine Zurückweisung von *Singularität* aufgrund einer Frage-Antwort-Analyse der Aussage. Siehe Felka 2016, Kapitel 9 für eine Replik auf ihre Argumente.

als ein singulärer Term zu fungieren scheint, und der – wenn er irgendetwas bezeichnet – eine Zahl bezeichnet. Daher – so mag eingewandt werden – können wir ein alternatives fregesches Argument entwickeln, das anstelle von *Singularität*

> *Singularität**: Die Aussage „Die Zahl von Freges Händen ist zwei" enthält den Ausdruck „die Zahl von Freges Händen", der als ein singulärer Term fungiert.

verwendet und anstelle von (P5):

(P5*) Wenn der Ausdruck „die Zahl von Freges Händen" etwas bezeichnet, dann ist es eine Zahl.

Das daraus resultierende Argument kann, so der Einwand, durchaus belegen, dass Zahlen Gegenstände sind.

Es gibt unterschiedliche Möglichkeiten, auf diesen Einwand zu reagieren. Eine Möglichkeit besteht darin, sich auf die von Moltmann (2013) vertretene Frage-Antwort-Analyse zu berufen. Moltmann vertritt ebenfalls die Ansicht, dass eine Zahlaussage wie „Die Zahl von Freges Händen ist zwei" eine Frage-Antwort-Struktur aufweist. Allerdings meint sie, dass der präkopularische Ausdruck der Aussage syntaktisch nicht als eine indirekte Frage fungiert, d. h. er nicht elliptisch für eine indirekte Frage ist. Vielmehr ist er lediglich *bedeutungsgleich* mit einer indirekten Frage, und zwar mit der Frage „wie viele Hände Frege hat". Da gemäß Moltmanns Analyse der präkopularische Ausdruck nicht elliptisch für eine Frage ist, die den Ausdruck „die Zahl von Freges Händen" enthält, erlaubt sie es, *Singularität** zurückweisen.

Allerdings ergibt sich für diese Argumentationsstrategie die Herausforderung, zu begründen, weshalb der präkopularische Ausdruck „die Zahl von Freges Händen" bedeutungsgleich mit der indirekten Frage „wie viele Hände Frege hat" sein sollte und nicht mit der indirekten Frage „was die Zahl von Freges Händen ist". Ohne weitere Begründung ist diese Annahme ebenso ungerechtfertigt wie die gelegentlich vorgebrachte Annahme, dass eine Zahlaussage wie „Die Zahl von Freges Händen ist zwei" dieselbe zugrundeliegende Struktur hat wie die korrespondierende Aussage „Frege hat zwei Hände", die keine Ausdrücke enthält, die die semantische Funktion haben, eine Zahl zu bezeichnen. Da es sich hierbei aber um eine Annahme über die sprachliche Struktur der Aussage handelt, muss sie anhand entsprechender linguistischer Evidenz *begründet* werden; liegt eine solche Begründung nicht vor, so muss sie als eine bloße *ad hoc*-Annahme zurückgewiesen werden.[21]

---

[21] Siehe hierzu auch Felka 2014.

Ein anderer Argumentationsansatz wird in Felka (2016) verwendet. Hier wird argumentiert, dass die Frage-Antwort-Analyse der Zahlaussage offenbart, dass – neben Prämisse (P3) – Prämisse (P4) des fregeschen Arguments nicht uneingeschränkt korrekt ist:

(P4) Aussagen, die singuläre Terme enthalten, sind nur wahr, wenn die darin enthaltenen singulären Terme Gegenstände bezeichnen.

Denn gemäß der Frage-Antwort-Analyse ist die Aussage „Die Zahl von Freges Händen ist zwei" genau dann wahr, wenn „Frege hat zwei Hände" eine wahre (und vollständige) Antwort auf die Frage „Was ist die Zahl von Freges Händen?" ist. Die Aussage „Frege hat zwei Hände" kann aber auch dann wahr sein, wenn es keine Zahlen gibt. Folglich kann die Frage „Was ist die Zahl von Freges Händen?" eine wahre Antwort haben, auch wenn es keine Zahlen gibt und der singuläre Term „die Zahl von Freges Händen" nichts bezeichnet.

Gegen diese Argumentationsstrategie mag eingewandt werden, dass die Frage „Was ist die Zahl von Freges Händen?" die Präsupposition trägt, dass es genau eine Zahl von Freges Händen gibt, und sie daher nur wahre bzw. falsche Antworten haben kann, wenn es genau eine Zahl von Freges Händen gibt. In diesem Fall könnte „Frege hat zwei Hände" zwar wahr sein, wenn es keine Zahlen gibt, nicht aber eine wahre *Antwort* auf die Frage „Was ist die Zahl von Freges Händen?" sein. Allerdings muss unterschieden werden zwischen semantischen und rein pragmatischen Präsuppositionen.[22] Für semantische Präsuppositionen einer Frage gilt, dass sie erfüllt sein müssen, damit die Frage beantwortbar ist; dies gilt aber nicht für rein pragmatische Präsuppositionen. So trägt etwa die Frage „Wer hat die Klausur bestanden?" die pragmatische Präsupposition, dass *jemand* die Klausur bestanden hat, d. h. Sprecherinnen, die diese Frage äußern, setzen dies gewöhnlich voraus. Dennoch ist „Niemand" eine *Antwort* auf die Frage (und nicht eine bloße Zurückweisung der Frage), die Frage kann also eine wahre Antwort haben, auch wenn die Sprechervoraussetzung nicht erfüllt ist. Die Präsupposition der Frage „Was ist die Zahl von Freges Händen?" ist im selben Sinn rein pragmatisch: Sprecherinnen, die diese Frage äußern, setzen voraus, dass es genau eine Zahl von Freges Händen gibt. Dennoch ist „Frege hat zwei Hände" eine Antwort auf die Frage, die Frage kann also eine wahre Antwort haben, auch wenn die Sprechervoraussetzung nicht erfüllt ist.

---

22 Siehe hierzu Groenendijk und Stokhof 1984, S. 30ff.

3.8 Alternative nicht-fregesche Analysen der Zahlaussagen

Thomas Hofweber (2007) hat ebenfalls gegen *Identität* argumentiert. Sein Argument stützt sich auf eine bestimmte Annahme darüber, wie der Fokus auf dem postkopularischen Ausdruck von Zahlaussagen zustande kommt. Hofweber zufolge ist das Verhältnis zwischen den beiden Aussagen

1 Frege hat zwei Hände.
2 Die Zahl von Freges Händen ist zwei.

von ähnlicher Beschaffenheit wie das Verhältnis zwischen den beiden Aussagen:

24 Paul sprach leise.
25 Leise sprach Paul.

Bei (24) und (25) haben wir es ebenfalls mit einem Aussagenpaar zu tun, das aus einer Aussage besteht, die keine festgelegte Informationsstruktur hat, und einer Aussage, die eine festgelegte Informationsstruktur hat: Während (24) keine feste Informationsstruktur hat, liegt bei (25) ein Fokus auf der mit „leise" vermittelten Information vor.[23] Dieser kommt dadurch zustande, dass der Ausdruck „leise" aus seiner kanonischen syntaktischen Position hinter dem Verb entfernt und in eine ungewöhnliche syntaktische Position – in Subjektposition – gebracht wird. Da der Ausdruck in einer ungewöhnlichen syntaktischen Position erscheint, erhält die durch den Ausdruck vermittelte Information besondere Aufmerksamkeit.

Hofweber zufolge kommt der Fokus in (2) auf analoge Weise zustande: Der Ausdruck „zwei" wird aus seiner kanonischen syntaktischen Position neben dem Nomen entfernt und in eine außergewöhnliche syntaktische Position gebracht. Dadurch erhält die durch den Ausdruck vermittelte Information besondere Aufmerksamkeit. Da aber der Ausdruck „zwei" lediglich verschoben wird, ändert er nicht seine semantische Funktion, sondern fungiert weiterhin als Determinativ – so wie auch der Ausdruck „leise" durch Verschiebung in Subjektposition nicht seine semantische Funktion verändert, sondern weiterhin als Adjektiv fungiert. Demnach handelt es sich bei der Zahlaussage auch nicht um eine Identitätsaussage. Hofweber äußert sich nicht explizit zur Frage, wie die Aussage stattdessen

---

[23] Dies wird daran ersichtlich, dass (24) sowohl eine angemessene Antwort auf „Wer sprach leise?" als auch auf „Wie sprach Paul?" ist, während (25) nur eine angemessene Antwort auf „Wie sprach Paul?" ist.

zu analysieren ist. Sollte die Analogie zu dem Satzpaar (24) und (25) aber korrekt sein, so sollten (1) und (2) – wie auch (24) und (25) – dieselbe semantische Struktur aufweisen und sich lediglich in ihrer syntaktischen Struktur unterscheiden.

Allerdings ist es zweifelhaft, ob das Verhältnis zwischen den Satzpaaren (1) und (2) tatsächlich von derselben Art ist wie das Verhältnis zwischen den Satzpaaren (24) und (25). Immerhin gibt es frappante Unterschiede zwischen den Satzpaaren: Während beim Übergang von (24) zu (25) lediglich ein Wort verschoben wird, wird beim Übergang von (1) zu (2) ein Kopulasatz gebildet sowie zusätzliches sprachliches Material eingeführt. Dies legt nahe, dass der Fokus auf ähnliche Weise zustande kommt wie bei den folgenden Satzpaaren, bei denen ebenfalls der jeweils zweite Satz eine Fokuskonstruktion ist, die entsteht, indem ein Kopulasatz gebildet und zusätzliches sprachliches Material eingeführt wird:

26 Paula liebt Tom.
27 Die Person, die Paula liebt, ist Tom.
28 Tom wurde in Berlin geboren.
29 Der Ort, an dem Tom geboren wurde, ist Berlin.
30 Wir vermissen vor allem eine gute Kinderbetreuung.
31 Die Sache, die wir vor allem vermissen, ist eine gute Kinderbetreuung.

Allerdings gilt etwa in Bezug auf das erste Satzpaar, dass es nicht aus Sätzen besteht, die dieselben Wahrheitsbedingungen haben: (26) kann auch dann wahr sein, wenn Tom ein Hund ist und Paula nichts anderes als diesen Hund liebt, während (27) nicht wahr sein kann, wenn Tom ein Hund ist und Paula nichts anderes als diesen Hund liebt.[24] Folglich können die beiden Sätze auch nicht dieselbe semantische Struktur haben. Da das Verhältnis zwischen den Sätzen des Satzpaares (26) und (27) und das Verhältnis zwischen den Sätzen des Satzpaares

1 Frege hat zwei Hände.
2 Die Zahl von Freges Händen ist zwei.

von derselben Art zu sein scheint, ist damit ebenfalls zweifelhaft, dass die Sätze (1) und (2) dieselbe semantische Struktur haben und der Fokus in (2) lediglich durch syntaktische Verschiebung zustande kommt. Die in diesem Aufsatz gege-

---

24 Siehe hierzu Brogaard 2006. Eine ausführliche Diskussion von Hofwebers Auffassung findet sich in Felka 2016.

bene Erklärung dafür, weshalb (2) einen Fokus aufweist, scheint der von Hofweber gegebenen somit vorzuziehen zu sein.

3.9 Ergebnis

Wie oben ausgeführt, wurden Zahlaussagen der Form „Die Zahl der *F*s ist *n*" im Anschluss an Frege verwendet, um zu zeigen, dass uns bereits unser allgemeiner Sprachgebrauch darauf festlegt, dass Zahlen Gegenstände sind. Denn – so das fregesche Argument – wir akzeptieren Aussagen wie „Frege hat zwei Hände", „Berlin hat drei Opernhäuser" oder „Deutschland hat sechzehn Bundesländer". Damit müssen wir aber auch die korrespondierenden Zahlaussagen akzeptieren und folglich, dass Zahlen Gegenstände sind. Allerdings, so wurde in diesem Aufsatz argumentiert, basiert das fregesche Argument auf einer verfehlten Prämisse: dass die relevanten Zahlaussagen Identitätsaussagen sind, in denen das Zahlwort „zwei" als ein singulärer Term fungiert. Genauere Untersuchung zeigt, dass es sich bei der Aussage vielmehr um ein Frage-Antwort-Paar handelt, in dem das Zahlwort als ein Determinativ fungiert. Das fregesche Argument muss somit zurückgewiesen werden.

Man mag versucht sein, andere Zahlaussagen heranzuziehen, um die fregesche These zu begründen, dass Zahlen Gegenstände sind. In obigem Zitat führt Frege auch die rein arithmetische Aussage „1 + 1 = 2" an. Da es sich bei dieser Aussage nicht um eine spezifizierende Aussage handelt, die einen Fokus auf dem postkopularischen Ausdruck aufweist, ist für sie eine Frage-Antwort-Analyse nicht einschlägig. Es mag für solche Aussagen daher plausibler sein, dass die in ihnen enthaltenen Zahlwörter als singuläre Terme fungieren. Zunächst einmal muss jedoch darauf hingewiesen werden, dass rein arithmetischen Aussagen keine ontologisch neutralen Aussagen korrespondieren, die wir in alltäglichen Kontexten verwenden und akzeptieren. Selbst wenn die in ihnen enthaltenen Zahlwörter als singuläre Terme fungieren sollten, sind solche Aussagen daher nicht geeignet, um zu zeigen, dass uns bereits unser *allgemeiner Sprachgebrauch* darauf festlegt, dass Zahlen Gegenstände sind. Des Weiteren mag argumentiert werden, dass das Resultat dieses Aufsatzes auch Implikationen für rein arithmetische Zahlaussagen hat. So nimmt etwa Crispin Wright an, dass Zahlwörter einheitlich fungieren:

> It is a manifest constraint on the acceptability of an account of the content of the statements of pure number theory that it makes their application to ordinary contingent contexts perspicuous; so occurrences of arithmetical vocabulary, whether in number-theoretic contexts or in ordinary contingent ones, must lend themselves to a uniform interpretation under such an account. (Wright 1983, 36)

Wright zufolge fungieren Zahlwörter in Aussagen der angewandten Arithmetik und in Aussagen der reinen Arithmetik in einheitlicher Weise. Falls er hiermit richtig liegen sollte, so würde das Ergebnis dieses Aufsatzes implizieren, dass auch Zahlwörter in rein arithmetischen Aussagen nicht als singuläre Terme, sondern als Determinative fungieren. So könnte etwa die Aussage „1 + 1 = 2" schlicht elliptisch sein für die Aussage „1 Ding + 1 Ding = 2 Dinge".[25] Ob Zahlwörter in rein arithmetischen Aussagen tatsächlich als Determinative und nicht als singuläre Terme fungieren, ist allerdings eine Frage, die im Rahmen dieses Aufsatzes nicht beantwortet werden kann. Wir müssen damit ebenfalls offenlassen, ob sich Freges These, dass Zahlen Gegenstände sind, auf andere Weise rechtfertigen lässt.

Literatur

Barwise, John / Cooper, Robin, (1981): Generalized Quantifiers and Natural Language, Linguistics and Philosophy 4, 159–219.
Brogaard, Berit (2007): Number Words and Ontological Commitment, Philosophical Quarterly 57, 1–20.
den Dikken, Marcel / Meinunger, André / Wilder, Chris, (2000): Pseudoclefts and Ellipsis, Studia Linguistica 54, 41–89.
Eklund, Matti (2005): Fiction, Indifference, and Ontology, Philosophy and Phenomenological Research 71, 557–579.
Fara, Delia G. (2001): Descriptions as Predicates, Philosophical Studies 102, 1–42.
Felka, Katharina (2016): Talking About Numbers. Easy Arguments for Mathematical Realism, Frankfurt am Main.
Felka, Katharina (2015): On the Presuppositons of Number Sentences, Synthese 192/5, 1393–1412.
Felka, Katharina (2014): Number Words and Reference to Numbers, Philosophical Studies 168 (1), 261–282.
Groenendijk, Jeroen / Stokhof, Martin (1984): Studies on the Semantics of Questions and the Pragmatics of Answers, PhD thesis University of Amsterdam.
Heycock, Caroline / Kroch, Anthony, (2002): Topic, Focus, and Syntactic Representations. In: Mikkelsen, Line / Potts, Christopher. (Hgg.): Proceedings of WCCFL 21, Somerville, MA, 101–125.
Heycock, Caroline (1994): The Internal Structure of Small Clauses. New Evidence from Inversion. In: Beckmann, Jill (Hg.): Proceedings of the North Eastern Linguistic Society (=NELS) 25, University of Pennsylvania, 223–238.
Higgins, Francis R. (1973): The Pseudo-Cleft Construction in English. Ph.D. thesis, Cambridge MA: Massachusetts Institute of Technology.
Hofweber, Thomas (2007): Innocent Statements and Their Metaphysically Loaded Counterparts, Philosophers' Imprint 7, 1–33.
Hofweber, Thomas (2005): Number Determiners, Numbers, and Arithmetic, Philosophical Review 114, 179–225.

---

25 Siehe Hofweber (2005) für eine Verteidigung dieser Auffassung.

Mikkelsen, Line (2012): Specification under Discussion. In Berson, Sarah (Hg.): Proceedings of BLS 34, Parasession on Information Structure, Berkeley: Berkeley Linguistics Society, 473–484.

Mikkelsen, Line (2011): Copular Clauses. In: Maienborn, Claudia / Heusinger, Klaus v. / Portner, Paul (Hgg.): Semantics: An International Handbook of Natural Language Meaning, Band 2, Berlin, 1805–1829.

Moltmann, Friederike (2013): Reference to Numbers in Natural Language, Philosophical Studies 162, 499–536.

Reinhart, Tanya M. (1976): The syntactic domain of anaphora, Ph.D. thesis, Cambridge, MA: Massachusetts Institute of Technology.

Romero, Maribel (2005): Concealed Questions and Specificational Subjects, Linguistics and Philosophy 28, 687–737.

Schlenker, Philippe (2003): Clausal Equations: A Note on the Connectivity Problem, Natural Language and Linguistic Theory 21, 157–214.

Schwartzkopff, Robert (2015): Number Sentences and Specificational Sentences. Reply to Moltmann, Philosophical Studies, 173 (8), 2173–2192.

Thomasson, Amie L. (2015): Ontology Made Easy, New York.

Wright, Crispin (1983): Frege's Conception of Numbers as Objects, Aberdeen.

Yablo, Stephen (2001): Go Figure. A Path Through Fictionalism, Midwest Studies in Philosophy 25, 72–102.

Yablo, Stephen (2006): Non-Catastrophic Presupposition Failure. In: Byrne, Alex / Thomson, Judith (Hgg.): Content and Modality. Themes From the Philosophy of Robert Stalnaker, Oxford, 164–190.

Yablo, Stephen (2009): Must Existence-Questions Have Answers? In: Chalmers, David / Manley, David / Wassermann, Ryan (Hgg.): Metametaphysics. New Essays on the Foundations of Ontology, Oxford, 507–525.

Andreas Schmidt
4 Über Sinn und Bedeutung: Eigennamen

Ist Ahab Ahab?
(Melville, *Moby Dick*, Kap. 132)

1892 veröffentlicht Frege seinen Aufsatz *Über Sinn und Bedeutung* in der *Zeitschrift für Philosophie und philosophische Kritik*. Frege führt hier – anders als in seiner *Begriffsschrift* (1879) – eine zweistufige Semantik ein, die neben den Bezugsgegenständen von Ausdrücken (ihren „Bedeutungen") auch den „Sinn" von Ausdrücken kennt. Der Text gliedert sich in zwei Hauptabschnitte. Zuerst werden die Kategorien „Sinn" und „Bedeutung" in Bezug auf Namen eingeführt (SB, 25–32), dann – wesentlich umfangreicher – in Bezug auf Behauptungssätze (SB, 32–50). Im Folgenden wird der Abschnitt über Sinn und Bedeutung von Namen besprochen, ergänzt um einen Exkurs zu Sinn und Bedeutung bei Begriffswörtern und einem kurzen Ausblick auf weitere Entwicklungen bei Russell, Kripke und Evans. Ich gliedere den behandelten Abschnitt von *Über Sinn und Bedeutung* in vier thematische Unterabschnitte, die im Wesentlichen dem Gang von Freges Aufsatz folgen.

4.1 Identitätssätze und der Sinn von Eigennamen

Im ersten Unterabschnitt wird ein Problem formuliert, zu dessen Lösung die semantische Kategorie „Sinn" eingeführt wird. Der Beginn des Aufsatzes macht den Eindruck, es gehe um eine ontologische Frage: Was ist das Wesen der Identität? Ist es eine Relation oder nicht? Doch wird diese Frage schnell in eine sprachphilosophische Frage transformiert: Wie sind Identitätssätze zu interpretieren? Und auch hier zeigt sich, dass Freges Interesse an den Identitätssätzen sich an einem sehr speziellen Sachverhalt entzündet. Frege unterscheidet nämlich Identitätssätze, die einen „Erkenntniswert" (SB, 25) haben von solchen, die keinen haben. Sätze der Form „a = a" – zum Beispiel „der Morgenstern ist identisch mit dem Morgenstern" – besitzen keinen Erkenntniswert, denn sie sind allein aufgrund der verwendeten Ausdrücke unmittelbar als wahr einsichtig. Sätze der Form „a = b" hingegen können einen Erkenntniswert haben. So ist der Satz „Der Morgenstern ist identisch mit dem Abendstern" informativ; seine Wahrheit versteht sich nicht von selbst und die Entdeckung, dass er wahr ist, war ein wichtiger Schritt in der Geschichte der Astronomie.¹ Frege stellt nun die Frage, wie dieser Unterschied beider Identitätssätze hinsichtlich ihres Erkenntniswertes zu erklären ist.

Nehmen wir an, in dem Identitätssatz „a = b" beziehen sich „a" und „b" auf denselben Gegenstand; nehmen wir also an, „a = b" sei wahr. Dann ist klar, dass in diesem Fall der Gegenstandsbezug der Ausdrücke „a" und „b" den Unterschied der Sätze „a = a" und „a = b" – also den Unterschied ihres Erkenntniswertes – *nicht* erklären kann; denn hinsichtlich ihres Gegenstandsbezuges unterscheiden sich beide Sätze der Voraussetzung nach nicht. Wir können diesen Punkt auch so formulieren: Wenn wir Identitätssätze der Form „a = b" so interpretieren, dass die Ausdrücke „a" und „b" nur ihren Gegenstandbezug ausdrücken und die ausgedrückte Identitätsbeziehung daher nur eine „Beziehung zwischen Gegenständen" ist, dann drückt „a = b" nichts anderes als „a = a" aus, nämlich, dass a bzw. b mit sich identisch ist.

Wenn sich die Sätze „a = a" und „a = b" aber nicht hinsichtlich ihres Gegenstandsbezugs unterscheiden, so unterscheiden sie sich doch hinsichtlich der graphischen (oder phonetischen) Gestalt der Zeichen, die in ihnen verwendet werden. Könnte also der Unterschied des Erkenntniswertes beider Sätze auf diese Weise erklärt werden? Könnten Identitätssätze interpretiert werden als metalinguistische Sätze der Form „‚a' und ‚b' beziehen sich auf dasselbe" bzw. „‚a' und ‚a' beziehen sich auf dasselbe"?² Frege glaubt, dass auch diese Erklärung ausgeschlossen werden muss. In diesem Fall hätten wir zwar einen Unterschied zwischen beiden Arten von Identitätssätzen dingfest gemacht, aber nicht denjenigen, den wir gesucht haben – keinen, der den unterschiedlichen *Erkenntniswert* der beiden Sätze betrifft. Denn, so Frege, die Beziehung zwischen Zeichen und Gegenstand ist ein willkürlich hergestellter linguistischer Sachverhalt, eine sprachliche Konvention; der Erkenntniswert von „a = b", den wir erklären wollen, betrifft aber keinen willkürlichen linguistischen Sachverhalt, keine sprachliche Konvention. Freilich könnte man auf den ersten Blick zögern, dieses Argument gelten zu lassen. Könnte nicht

---

1 Diogenes Laertios schreibt diese Entdeckung tentativ Parmenides oder Pythagoras zu: „[Parmenides] scheint zuerst die Identität des Abendsternes und des Morgensternes entdeckt zu haben, wie Favorin im fünften Buch seiner Denkwürdigkeiten sagt. Andere schreiben diese Entdeckung dem Pythagoras zu." (Diogenes Laertius 1998, Bd. II, 171) Tatsächlich war diese Identität in der mesopotamischen Astronomie wohl seit mindestens dem frühen dritten Jahrtausend v. Chr. bekannt (siehe Brown 2000, 67).

2 Frege gibt an, das sei seine Position in der *Begriffsschrift* von 1879 gewesen. Und in der Tat lesen wir dort: „Während sonst die Zeichen lediglich Vertreter ihres Inhaltes sind, so dass jede Verbindung, in welche sie treten, nur eine Beziehung ihrer Inhalte zum Ausdrucke bringt, kehren sie plötzlich ihr eigenes Selbst hervor, sobald sie durch das Zeichen der Inhaltsgleichheit verbunden werden; denn es wird dadurch der Umstand bezeichnet, dass zwei Namen denselben Inhalt haben" (BS, § 8, 13 f.).

der mesopotamische Astronom, der zum ersten Mal herausfindet, dass der Morgenstern identisch mit dem Abendstern ist, einem Kollegen seine Entdeckung mitteilen, indem er sagt: „Unglaublich – ich habe gerade herausgefunden, dass ‚Morgenstern' und ‚Abendstern' sich auf dasselbe beziehen"? Das könnte er in der Tat. Er könnte es, weil aus der neuen *astronomischen* Erkenntnis, dass der Morgenstern identisch ist mit dem Abendstern, der linguistische Sachverhalt, dass die Namen „Morgenstern" und „Abendstern" sich auf dasselbe beziehen, *folgt*. Aber die neue Erkenntnis *besteht* nicht in der Entdeckung eines *linguistischen*, sondern in der Entdeckung eines *astronomischen* Sachverhalts, der hier vorausgesetzt wird.

Frege schlägt nun vor, zur Erklärung des Unterschieds im Erkenntniswert von Identitätssätzen eine neue Größe neben dem Zeichen und dem bezeichneten Gegenstand einzuführen, die er „Sinn" nennt. Frege weist darauf hin, dass dem Unterschied des Zeichens in den angegebenen Beispielsätzen ein Unterschied in der „Art des Gegebenseins des Bezeichneten" (SB, 26) entspricht, und gibt ein mathematisches Beispiel: „Es seien a, b, c die Geraden, welche die Ecken eines Dreiecks mit den Mitten der Gegenseiten verbinden. Der Schnittpunkt von a und b ist dann derselbe wie der Schnittpunkt von b und c. Wir haben also verschiedene Bezeichnungen für denselben Punkt, und diese Namen (‚Schnittpunkt von a und b', ‚Schnittpunkt von b und c') deuten zugleich auf die Art des Gegebenseins, und daher ist in dem Satze eine wirkliche Erkenntnis enthalten." (SB, 26)

Oder um zu unserem ersten Beispiel zurückzukehren: Der Ausdruck „der Morgenstern" „deutet" auf eine Art des Gegebenseins eines Himmelskörpers, die darin besteht, der hellste Himmelskörper am Morgenhimmel zu sein; der Ausdruck „der Abendstern" hingegen auf eine Art des Gegebenseins eines Himmelskörpers, die darin besteht, der hellste Stern am Abendhimmel zu sein. Die „Art des Gegebenseins" ist also jeweils die Präsentation einer Eigenschaft eines Gegenstandes. Die Entdeckung besteht darin, dass beide Eigenschaften (die untereinander verschieden sind) Eigenschaften ein und desselben Himmelskörpers sind. Der Sinn freilich ist selbst nicht eine solche „Art des Gegebenseins"; der Sinn ist etwas, das dem Zeichen zukommt und die Art des Gegebenseins des Bezugsgegenstandes lediglich *enthält*. (Etwas später heißt es, dass der Sinn den Bezugsgegenstand „einseitig beleuchtet" [SB, 27]; das Licht [der Sinn] muss aber offenbar von der beleuchteten Seite des Gegenstandes [der Art des Gegebenseins] unterschieden werden.)

Nachdem Frege nun zu seiner Zufriedenheit die Unterscheidung zwischen informativen und nichtinformativen Identitätssätzen mit Mitteln des neu eingeführten Sinn-Begriffs erklären kann, *generalisiert* er den Begriff des Sinns, der nun zu einer allgemeinen semantischen Kategorie wird: „Es liegt nun nahe, mit einem Zeichen (Namen, Wortverbindung, Schriftzeichen) außer dem Bezeichneten [...] noch das verbunden zu denken, was ich den Sinn des Zeichens nennen möchte, worin die Art des Gegebenseins enthalten ist." (SB, 26)

4.2 Sinn und Bedeutung

Im zweiten Unterabschnitt werden einige weitere terminologische Festlegungen getroffen, der Begriff des Sinnes wird näher bestimmt und eine Komplikation diskutiert.

Zunächst zu den terminologischen Festlegungen: Die Zeichen links und rechts vom Identitätszeichen, von denen bisher die Rede war, werden von Frege als „Eigennamen" (SB, 27) bezeichnet. „Morgenstern" und „Abendstern", sowie „der Schnittpunkt von a und b" und „der Schnittpunkt von b und c" sind also gleichermaßen Eigennamen – Frege macht keine Unterscheidung zwischen Namen und dem, was seit Russell „Kennzeichnungen" (*definite descriptions*) genannt wird. Die Bezugsgegenstände der Eigennamen werden als deren „Bedeutungen" bezeichnet.[3]

Was die weitere Bestimmung des Begriffs des Sinns betrifft, so werden drei Aussagen getroffen. Erstens: Das Erfassen des Sinnes der Eigennamen ist eine Bedingung der hinreichenden Kenntnis einer Sprache: „Der Sinn eines Eigennamens wird von jedem erfaßt, der die Sprache oder das Ganze von Bezeichnungen hinreichend kennt, der er angehört" (SB, 27). Damit stellt Frege einen innigen Zusammenhang her zwischen dem Sinn und dem *Verstehen* der Sprache; der Sinn verbindet die Sprache mit dem Subjekt des Sprechens. Zweitens: In einer idealen Sprache hätte jedes Zeichen exakt einen Sinn (während umgekehrt ein und derselbe Sinn durch verschiedene Zeichen ausgedrückt werden kann – etwa im Fall von Übersetzungen in verschiedene Sprachen). In den „Volkssprachen" kommt es freilich vor, dass ein und dasselbe Zeichen verschiedene Sinne ausdrückt. Ein Beispiel liefert Frege in einer unmittelbar vorausgehenden Fußnote: „Bei einem eigentlichen Eigennamen wie ‚Aristoteles' können freilich die Meinungen über den Sinn auseinandergehen. Man könnte z. B. als solchen annehmen: der Schüler Platos und Lehrer Alexanders des Großen. Wer dies tut, wird mit dem Satze ‚Aristoteles war aus Stagira gebürtig' einen anderen Sinn verbinden als einer, der als Sinn dieses Namens annähme: der aus Stagira gebürtige Lehrer Alexanders des Großen. Solange nur die Bedeutung dieselbe bleibt, lassen sich diese Schwankungen des Sinnes ertragen, wiewohl auch sie in dem Lehrgebäude einer beweisenden Wissenschaft zu vermeiden sind und in einer vollkommenen Sprache nicht vorkommen dürfen." (SB, 27, Fn. 2)[4]

---

[3] Wolfgang Kienzler verweist auf eine ähnliche Terminologie in Ernst Schröders *Vorlesungen über die Algebra der Logik* (1890 ff.), die sich aus der Unterscheidung von Einsinnigkeit (bzw. Mehrsinnigkeit) und Eindeutigkeit (bzw. Mehrdeutigkeit) und weiterer kreativer Begriffsbildungen Schröders mit „-sinnig" und „-deutig" herleitet (Kienzler 2009, 323–337).
[4] In dieser Fußnote bezeichnet Frege, dem allgemeinem Sprachgebrauch folgend, Ausdrücke wie „Aristoteles" als „eigentliche[ ] Eigennamen". Ausdrücke wie „der Schüler Platos und Lehrer

Drittens: Der Sinn eines Ausdrucks legt eine bestimmte Bedeutung fest; während eine Bedeutung, wie wir gesehen haben, mit verschiedenen Sinnen verbunden sein kann. Das ist diejenige Funktion des Sinnes, die in der darauffolgenden Diskussion die meiste Aufmerksamkeit erregt hat. Wie ermöglichen es Namen den Sprachverwendern, unter allen Gegenständen einen und nur einen Gegenstand als Bedeutung des Namens herauszugreifen? Nach Frege geschieht das durch den Sinn des Namens.

Wenn Frege schreibt, der Sinn lege eine bestimmte Bedeutung fest, heißt das freilich nicht, dass diese Bedeutung auch existieren muss, wenn der Sinn existiert: „Die Worte ‚der von der Erde am weitesten entfernte Himmelskörper' haben einen Sinn; ob sie aber auch eine Bedeutung haben, ist sehr zweifelhaft. Der Ausdruck ‚die am wenigsten konvergente Reihe' hat einen Sinn; aber man beweist, daß er keine Bedeutung hat, da man zu jeder konvergenten Reihe eine weniger konvergente, aber immer noch konvergente finden kann. Dadurch also, daß man einen Sinn auffaßt, hat man noch nicht mit Sicherheit eine Bedeutung." (SB, 28)

Frege akzeptiert also, dass es leere Eigennamen mit Sinn gibt. Freilich: In wahrheitsfähigen Sätzen dürfen leere Namen nicht vorkommen (SB, 32f.), in wissenschaftlichen Sätzen sind sie daher tunlichst zu vermeiden. In der Dichtung ist uns die Wahrheit der Sätze und damit die Bedeutung der Namen jedoch „gleichgültig" (SB, 33) und leere Namen können problemlos verwendet werden.[5]

Die erwähnte Komplikation schließlich entsteht dadurch, dass wir zwar normalerweise *mit Hilfe* von Worten und deren Sinn von der Bedeutung der Zeichen (ihren Bezugsgegenständen) sprechen; wir können freilich auch *von* Worten und *vom* Sinn eines Wortes sprechen. Ersteres ist möglich durch Zitierung, d. h. die Verwendung von Anführungszeichen, in die man ein Wort einschließt, so dass man auf diese Weise z. B. wahrheitsgemäß sagen kann „‚London' hat sechs Buchstaben." Letzteres ist durch die Wendung „der Sinn des Ausdrucks ..." möglich – z. B. „Der Sinn des Ausdrucks ‚Aristoteles' ist es, der bekannteste Schüler Platons zu sein" –, sowie durch die Verwendung indirekter („ungerader") Rede, z. B. in „Lois Lane glaubt, Superman habe übermenschliche Kräfte". Im Fall indirekter Rede müssen wir unterscheiden: (a) Die gewöhnliche und die ungerade Bedeutung und (b) den gewöhnlichen und ungeraden Sinn. Die gerade Bedeutung von „Superman" ist Su-

---

Alexander des Großen" – also Kennzeichnungen – wären dann nur im uneigentlichen Sinn Eigennamen; doch ist diese (sprachliche) Unterscheidung für Frege logisch irrelevant. An späterer Stelle bezeichnet er sie als „zusammengesetzte[ ] Eigenname[n]" (SB, 40).

5 Gareth Evans weist darauf hin, dass die Existenz sinnvoller leerer Namen in einer gewissen Spannung steht zu Freges Aussage, der Sinn enthielte eine „Art des Gegebenseins des Bezeichneten": „It is really not clear how there can be a mode of presentation with some term when there is no object to be presented" (Evans 1982, 22).

perman. In „Lois Lane glaubt, Superman habe übermenschliche Kräfte" bezieht sich „Superman" aber nicht auf Superman, sondern auf den gewöhnlichen Sinn des Ausdrucks „Superman" – der gewöhnliche Sinn ist damit die „ungerade Bedeutung" des Ausdrucks in ungerader Rede. In ungerade Rede erhält der Ausdruck „Superman" zugleich einen neuen „ungeraden" Sinn. Worin dieser ungerade Sinn von „Superman" in ungerade Rede besteht, sagt uns Frege freilich nicht.

4.3 Sinn, Bedeutung und Vorstellung

Im *dritten* Unterabschnitt wird der Begriff des Sinns von dem der *Vorstellung* abgegrenzt. Die Vorstellungen, die wir mit den Zeichen verbinden – im Fall von Zeichen für sinnlich wahrnehmbare Gegenstände handelt es sich um aus „Sinneseindrücken" entstandene „innere[ ] Bild[er]" (SB, 29) –, sind, anders als Sinne, „subjektiv". Das heißt, sie sind relativ auf die Person, die diese Vorstellung hat, und zwar auf dreierlei Weise. Erstens *inhaltlich*: Es ist zumindest „wahrscheinlich" (SB, 29), dass verschiedene Personen mit denselben Namen sehr unterschiedliche Vorstellungen verbinden. Zweitens *ontologisch*: Vorstellungen sind nach Frege „Teil oder Modus der Einzelseele" (SB, 29). Modi sind aber existenziell abhängig von der Substanz, deren Modi sie sind – weder können sie ohne Träger überhaupt existieren, noch können sie von einer Substanz zur anderen übertragen werden.[6] Drittens *epistemisch*: Jede Person hat nur zu ihren eigenen Vorstellungen einen hinreichend unmittelbaren Zugang, um sie untereinander zu vergleichen; bei verschiedenen Personen ist „eine genaue Vergleichung [...] nicht möglich, weil wir diese Vorstellungen nicht in demselben Bewußtsein zusammen haben können" (SB, 30). Sinne hingegen sind objektiv; sie sind nicht in den genannten Weisen relativ. Was die erste Form der Relativität betrifft, so konzediert Frege zwar, dass mit ein und demselben Wort „der eine diesen, der andere jenen Sinn [...] verknüpfen" (SB, 29) kann. Entscheidend ist jedoch, dass die zweite Form der Relativität im Fall des Sinnes nicht vorliegt: Nichts hindert, „daß beide denselben Sinn auffassen" (SB, 29), nämlich *numerisch* denselben Sinn, was in Bezug auf Modi der „Einzelseelen" prinzipiell ausgeschlossen ist. Und tatsächlich *können* verschiedene Personen nicht nur dieselben Sinne auffassen, sie tun es auch häufig genug, „denn man wird wohl nicht leugnen können, daß die Menschheit einen gemeinsamen Schatz von Gedanken hat, den sie von einem Ge-

---

[6] So schreibt z. B. Leibniz in § 7 seiner *Monadologie* (1714): „Die Akzidentien können sich nicht von den Substanzen lösen noch außerhalb ihrer umherspazieren, wie es einst die species sensibiles der Scholastiker taten." (Leibniz 1996, 441). Ausführlicher äußert sich Frege zur Trägergebundenheit von Vorstellungen in *Der Gedanke* (1918–19).

schlechte auf das andere überträgt" (SB, 29). Wir können in Bezug auf die dritte Form der Relativität wohl hinzufügen (auch wenn Frege es nicht explizit erwähnt), dass im Fall der Sinne, wenn auch vielleicht keine „genaue Vergleichung" möglich ist, so doch mit hinreichender Sicherheit herausgefunden werden kann, *ob* mehrere Personen denselben Sinn erfassen. Da der Sinn dasjenige ist, was die Bedeutung eines Namens festlegt, muss nur untersucht werden, *wie* sie den Bezugsgegenstand aus der Menge aller Gegenstände herausgreifen. Der Sinn ist daher mitteilbar und verstehbar.[7]

Frege illustriert die Objektivität des Sinns durch den Vergleich mit einem Fernrohr, mit dem der Mond betrachtet wird. Dem Mond entspricht die Bedeutung des Zeichens, dem „reelle[n] Bild, welches vom Objektivglase im Innern des Fernrohrs entworfen wird," (SB, 30) entspricht der Sinn, dem Netzhautbild des Betrachters die Vorstellung. Mit dem „reellen Bild" ist das sogenannte *Zwischenbild* gemeint: In einem Linsenfernrohr sammelt die Objektivlinse die von einem Punkt eines Gegenstandes divergent ausgehenden Lichtstrahlen, so dass sie sich hinter der Linse in ihrem Bildpunkt wieder treffen. Bringt man an dieser Stelle einen Schirm an, liefert das an diesem Bildpunkt eintreffende Licht gemeinsam mit den Bildpunkten der benachbarten Gegenstandspunkte eine Abbildung des Gegenstandes. Bringt man keinen Schirm an, werden die Lichtstrahlen nicht abgefangen und laufen hinter dem Bildpunkt wieder auseinander, als ob sie ursprünglich von dieser Stelle aus ausgesandt worden wären. Dieser Bildpunkt ist also ein realer Punkt im Raum, der eine Lichtquelle darstellt, da von ihm Lichtstrahlen ausgehen, so wie sie auch vom ursprünglichen Gegenstandspunkt ausgingen. Ein Auge, das diese Lichtstrahlen auffängt (gemeinsam mit den Lichtstrahlen von benachbarten Gegenstandspunkten), nimmt ein Bild des Gegenstands wahr, so als ob der Gegenstand sich an dieser Stelle befände (nur auf dem Kopf stehend). Das Zwischenbild des Gegenstandes ist also eine Ansammlung von genau lokalisierbaren Punkten im Raum, von denen Licht-

---

[7] Das gilt allerdings nicht ausnahmslos. In *Der Gedanke* (1918–19) lesen wir: „Nun ist jeder sich selbst in einer besonderen und ursprünglichen Weise gegeben, wie er keinem anderen gegeben ist. Wenn nun Dr. Lauben denkt, daß er verwundet worden ist, wird er dabei wahrscheinlich diese ursprüngliche Weise, wie er sich selbst gegeben ist, zugrunde legen. Und den so bestimmten Gedanken kann nur Dr. Lauben selbst fassen. Nun aber wollte er anderen eine Mitteilung machen. Einen Gedanken, den nur er allein fassen kann, kann er anderen nicht mitteilen. Wenn er nun also sagt: ‚Ich bin verwundet worden', muß er das ‚ich' in einem Sinn gebrauchen, der auch anderen faßbar ist, etwa in dem Sinne von ‚derjenige, der in diesem Augenblick zu euch spricht', wobei er die sein Sprechen begleitenden Umstände dem Gedankenausdrucke dienstbar macht." (GED, 65) Wenn der Sinn von „ich" im Selbstgespräch etwas Privates ist, das anderen nicht mitgeteilt werden kann, wird die Grenze zwischen Sinn und Vorstellung brüchig. Immerhin kann Frege trotz der *epistemischen* Relativität des (im Selbstgespräch verwendeten) Sinnes von ‚ich' an dessen *ontologischer* Objektivität festhalten (siehe dazu Evans 1985, 313).

strahlen ausgehen. Zwei Beobachter können dasselbe Zwischenbild betrachten, indem sie den Blick auf denselben Raumbereich hinter der Linse richten.[8] Genau darauf kommt es Frege an: „Das Bild im Fernrohre ist zwar nur einseitig; es ist abhängig vom Standorte; aber es ist doch objektiv, insofern es mehreren Beobachtern dienen kann. Es ließe sich allenfalls einrichten, daß gleichzeitige mehrere es benutzen. Von den Netzhautbildern aber würde jeder doch sein eigenes haben" (SB, 30).[9] Freilich könnte diese Analogie dazu verleiten, den Sinn seinerseits als einen Gegenstand zu betrachten; das wäre allerdings ein Fehler. Der Sinn ist dasjenige, *wodurch* ein Zeichen sich auf einen Gegenstand bezieht, nicht selbst ein Gegenstand. Der Sinn ist eine Kategorie *sui generis*.

Entsprechend dieser Dreigliederung gibt es drei Stufen, hinsichtlich deren Ausdrücke sich unterscheiden können: in Bezug auf die Vorstellung, den Sinn und die Bedeutung. Frege fordert, dass im Fall von Übersetzungen der Sinn des Ausgangstextes erhalten werden muss. Er fügt nun hinzu, dass Unterschiede in den hervorgerufenen *Vorstellungen* tolerierbar sind, ja aus poetischen und rhetorischen Gründen sogar erwünscht sein können – Frege spricht hier von unterschiedlichen „Färbungen und Beleuchtungen" (SB, 31), die ein und demselben Sinn gegeben werden können.[10]

4.4 Schlussbemerkungen Freges

Im kurzen *vierten* Unterabschnitt beschließt Frege den Teil von *Über Sinn und Bedeutung*, der dem Namen gewidmet ist, mit einigen terminologischen Festlegungen und einer Bemerkung zur Erkenntnistheorie.

Was das Erstere betrifft, so schreibt er: „Ein Eigenname (Wort, Zeichen, Zeichenverbindung, Ausdruck) *drückt aus* seinen Sinn, *bedeutet* oder *bezeichnet* seine Bedeutung. Wir drücken mit einem Zeichen dessen Sinn aus und bezeichnen mit ihm dessen Bedeutung" (SB, 31, Herv. AS).

Was die Bemerkung zur Erkenntnistheorie betrifft, so nimmt Frege Stellung zu der Frage, ob wir denn überhaupt sicher sein können, dass ein bestimmter Name eine Bedeutung hat, ja ob *irgendein Name* überhaupt eine Bedeutung hat – eine Nachfrage, die Frege von „idealistischer oder skeptischer Seite" (SB, 31) er-

---

8 Ich danke Thomas Schmidt (Fraunhofer IBP Holzkirchen) für seine Erklärungen zur Funktionsweise von Teleskopen.
9 Wie erinnerlich sagte Frege bereits, dass der Sinn den Bezugsgegenstand „*einseitig* beleuchtet" (SB, 27, Herv. AS), was hier wieder aufgenommen wird.
10 Siehe dazu Gabriel 1971, XXIV–XXVI und besonders den Beitrag von Gabriel in diesem Band.

wartet. Frege will sich jedoch auf skeptische Hypothesen an dieser Stelle nicht einlassen. Seine sprachphilosophischen Überlegungen haben es lediglich mit dem Wesen der Sprache und unserer Sprachverwendung zu tun. Und in dieser Beziehung macht Frege geltend, dass wir, wenn wir z. B. sagen „der Mond ist kleiner als die Erde", eine Bedeutung des Namens „der Mond" zumindest *voraussetzen*, wenngleich diese Voraussetzung sich als falsch erweisen kann – was aber nicht mehr Gegenstand sprachphilosophischer Überlegungen ist.[11] Auf die Idee, Freges Theorie selbst habe idealistische oder skeptische *Konsequenzen*, könnte man vielleicht kommen, wenn man sich von der Analogie des Fernrohrs dazu verleiten lässt, den Sinn (in der Analogie: das reelle Bild) als den Gegenstand der Bezugnahme aufzufassen und ihn zudem mit einer Vorstellung zu verwechseln. Aber Frege hat bereits ausführlich dargelegt, dass der Sinn keine Vorstellung ist und dass in der Analogie des Fernrohrs der Mond allein „Gegenstand der Beobachtung" (SB, 30) ist, welcher lediglich „vermittelt wird durch das reelle Bild" (SB, 30, Herv. AS).

Fassen wir noch einmal kurz zusammen, welche Aufgaben Frege dem Sinn von Eigennamen auf diesen wenigen Seiten zuweist. Der Sinn des Eigennamens hat für Frege mindestens sechs Funktionen: (1) Er erklärt den Erkenntniswert einiger Identitätssätze. (2) Er gibt Bedingungen dafür an, was es heißt, eine Sprache zu verstehen. (3) Er soll erklären, wie der Name seinen Bezugsgegenstand bestimmt. (4) Er erklärt, wie es möglich ist, dass mehrere Personen denselben Gedanken erfassen können. (5) Er erklärt, was bei einer korrekten Übersetzung von einer Sprache zu einer anderen konstant bleiben muss. (6) Er erklärt, wieso Sätze mit leeren Namen vollständige Gedanken ausdrücken können. Der Sinn kann all das nach Frege leisten, indem er objektiv, d. h. intersubjektiv zugänglich ist und die „Art des Gegebenseins" des Namensträgers enthält, wobei sich diese Art des Gegebenseins zumindest in einigen (in Freges Darstellung *paradigmatischen*) Fällen durch Kennzeichnungen ausdrücken lässt.

---

11 In seinem (unveröffentlichten) *Dialog mit Pünjer über Existenz* (vor 1884) betont Frege, dass diese Voraussetzung der Bedeutung eines Namens zu den Regeln der Logik gehört: „Die Regeln der Logik setzen immer voraus, daß die gebrauchten Worte nicht leer sind, daß die Sätze Ausdrücke von Urteilen sind, daß man nicht mit bloßen Worten spiele. Sobald ‚Sachse ist ein Mensch' ein wirkliches Urteil ist, muß das Wort ‚Sachse' etwas bezeichnen und dann brauche ich eine weitere Prämisse nicht, um daraus zu schließen, ‚Es gibt Menschen'. Die Prämisse ‚Sachse existiert' ist überflüssig, wenn sie etwas anderes bedeuten soll, als jene selbstverständliche Voraussetzung bei allem unserem Denken" (NL, 67). In allem wahrheitsorientierten Sprechen ist die Aussage „Sachse existiert" daher uniformativ und überflüssig.

4.5 Exkurs: Sinn und Bedeutung bei Begriffswörtern

Nicht nur Eigennamen haben Sinn und Bedeutung, sondern auch Begriffswörter. In *Über Sinn und Bedeutung* äußert sich Frege zu diesem Thema nicht; man findet jedoch einige Ausführungen in einem kurzen postum veröffentlichten Text, dem die Herausgeber den Titel *Ausführungen über Sinn und Bedeutung* gegeben haben und der vermutlich 1891 entstand (Kienzler 2009, 360 f.).[12] Man könnte vielleicht annehmen, die *Bedeutung* des Begriffswortes sei sein Umfang (d. h. die Menge der Gegenstände, die darunter fallen), der *Sinn* des Begriffswortes sei der Begriff. Dem widerspricht Frege aber: Die *Bedeutung* des Begriffswortes ist vielmehr der Begriff selbst, der zu unterscheiden ist vom *Sinn* des Begriffswortes. Wir erhalten also folgende Zuordnung:[13]

Eigenname	Begriffswort
Sinn des Eigennamens	Sinn des Begriffswortes
Bedeutung des Eigennamens: Gegenstand	Bedeutung des Begriffswortes: Begriff

Allerdings gibt es hier eine Komplikation, die zu berücksichtigen ist. Wenn wir nach den *Individuationsbedingungen* von Begriffen fragen, sehen wir uns in der Tat auf den Umfang der Begriffe verwiesen: Zwei Begriffe sind dieselben, wenn sie denselben Umfang haben. Dies ist den „Umfangslogikern" (ASB, 133 f.) zuzugestehen. Dennoch darf der Begriff nicht mit seinem Umfang identifiziert werden. Begriffe sind vielmehr Funktionen: „Der Begriff ist [...] eine Funktion eines Argumentes, deren Wert immer ein Wahrheitswert ist" (ASB, 129).

Und wie Funktionsnamen Leerstellen für ein oder mehrere Argumente haben, so sind Begriffe „ungesättigt oder ergänzungsbedürftig [...], weil ihr Name erst durch das Zeichen eines Arguments ergänzt werden muss, um eine abgeschlossene Bedeutung zu erhalten." (ebd.) Das unterscheidet die Begriffe von den Begriffsumfängen.

Frege weist in *Ausführungen über Sinn und Bedeutung* darauf hin, dass es mit der umgangssprachlichen Rede von Begriffen allerdings ein Problem gibt. Wir sind geneigt, über Begriffe zu reden, indem wir Ausdrücke bilden wie „der Begriff gleichseitiges Dreieck" (ASB, 130). Derartige Ausdrücke mit bestimmtem Artikel sind nach Frege aber Eigennamen, und Eigennamen können sich nicht auf Begriffe,

---
12 Die Herausgeber datieren den Text auf die Zeit von 1892 bis 1895 (NL, 128).
13 Siehe dazu das Schema im Brief an Husserl vom 14.5.1891 (WB, 96 f.).

sondern nur auf Gegenstände beziehen. Das hat auch Auswirkungen für die umgangssprachlichen Formulierungen von Begriffsgleichheiten: „Wenn wir sagen ‚Die Bedeutung des Begriffswortes ›Kegelschnitt‹ ist dieselbe wie die des Begriffswortes ›Kurve zweiter Ordnung‹ […], so sind die Worte ‚Bedeutung des Begriffswortes ›Kegelschnitt‹‘ Name eines Gegenstandes, nicht eines Begriffes." (ASB, 131) Hilft hier eine formale Schreibweise weiter? In der Tat; doch auch hier versteht sich die Schreibweise nicht von selbst. Wir könnten versucht sein, z. B. „Φ" und „X" als Begriffswörter zu verwenden und ihre Bedeutungsgleichheit mit „Φ = X" auszudrücken. Das wäre jedoch verfehlt, denn diesen Ausdrücken fehlt die nötige Leerstelle; sie können daher nur als Eigennamen, nicht als Begriffswörter fungieren. Würde es helfen „Φ… = X…" zu schreiben? Nein; denn nun haben wir keinen vollständigen Satz mehr. Was tun? Frege versucht zunächst, für das Problem eine eigene Notation einzuführen, erklärt dann aber, dass dadurch im Wesentlichen derselbe Gedanke ausgedrückt ist wie durch die allgemeine Gleichsetzung der Funktionswerte. Er schlägt daher vor, die Gleichheit als Prädikation zweiter Ordnung aufzufassen und (in moderner Schreibweise) folgende Formulierung zu wählen „∀x (Φx ↔ Xx)", wobei die Begriffswörter „Φx" und „Xx" als Argumente fungieren und „∀x (… ↔ …)" als Begriffswort zweiter Stufe mit zwei Leerstellen. Werden die Leerstellen durch die beiden Begriffswörter erster Stufe als Argumente ausgefüllt, ergibt sich ein vollständiger Satz. (Eine weitere Möglichkeit bestünde in der Gleichsetzung der Wertverläufe, bei der aber zwei Gegenstände gleichgesetzt werden.) Die Schwierigkeit, diese Begriffsgleichheit in der Umgangssprache auszudrücken, bleibt freilich bestehen; hier müssen wir uns mit einem „uneigentlichen Gebrauch des Wortes ‚dasselbe'" (ASB, 133) begnügen.

So viel zur *Bedeutung* von Begriffswörtern. Was den *Sinn* von Begriffswörtern betrifft, so gibt Frege leider keine nähere Auskunft, wie er zu verstehen sei. So viel lässt sich allenfalls sagen: Zwei Begriffswörter haben denselben Sinn, wenn ihre Substitution in einem Satz den durch den Satz ausgedrückten Gedanken nicht ändert; ändert sie ihn, haben sie unterschiedlichen Sinn, selbst wenn sie dieselbe Bedeutung haben und den Wahrheitswert des Satzes unangetastet lassen (vgl. ASB, 128).

4.6 Zur Rezeption

Freges Theorie des Sinns von Eigennamen hat eine weitläufige Diskussion ausgelöst und einige Kritiker auf den Plan gerufen. Abschließend sei die kritische Rezeption der fregeschen Namenstheorie durch Bertrand Russell, Saul Kripke und Gareth Evans kurz skizziert.

4.6.1 Bertrand Russell: Namen und Kennzeichnungen

Bertrand Russell weist Freges Unterscheidung von Sinn und Bedeutung zurück. Er identifiziert das, was Frege den „Sinn" eines Namens nennt, mit Kennzeichnungen: „Die Namen, die wir wie ‚Sokrates' gewöhnlich gebrauchen, sind in Wirklichkeit Abkürzungen für Kennzeichnungen".[14] Kennzeichnungen ihrerseits sind für Russell (anders als für Frege) keine Namen, sondern komplexe Quantorenausdrücke. So ist die logische Tiefenstruktur von „der gegenwärtige König von Frankreich ist kahl":

„∃x [(gegenwärtiger König von Frankreich(x)

& ∀y (gegenwärtiger König von Frankreich(y) → x = y)) & kahl(x)]"

In Worten: „Es gibt ein x, x ist ein gegenwärtiger König von Frankreich, und für alle y, wenn y gegenwärtiger König von Frankreich ist, dann ist y identisch mit x, und x ist kahl".[15] Entsprechend erweist sich der Ausdruck „der gegenwärtige König von Frankreich" als Prädikat zweiter Ordnung, das (unter Weglassung von „ist kahl") folgendermaßen wiedergegeben werden kann:[16]

„∃x [(gegenwärtiger König von Frankreich(x)

& ∀y (gegenwärtiger König von Frankreich(y) → x = y)) & ... (x)]"

Logische Namen (im Gegensatz zu gewöhnlichen Namen wie „Sokrates") hingegen beziehen sich nach Russell direkt auf ihren Bezugsgegenstand, sie haben, mit Frege gesprochen, lediglich eine „Bedeutung". Russell identifiziert sie mit indexikalischen Ausdrücken, die sich auf Sinnesdaten beziehen, da nach Russell jederzeit epistemisch entscheidbar sein muss, ob ein Satz wahrheitsfähig ist, d. h. hier: ob es einen Gegenstand als Bezug des (vermeintlichen) logischen Eigennamens gibt. Russell schreibt: „Ein Name im logischen Sinn als Wort, dessen Bedeutung ein Individuum ist, kann nur auf ein Individuum angewendet werden, mit dem der Sprecher bekannt ist, weil man nichts benennen kann, womit man nicht bekannt ist. [...] Daher ist es schwierig, überhaupt ein Beispiel für einen Namen im

---

14 Russell 1979, 200, Übers. modifiziert von AS. Dabei könnte Russell sich durchaus auf Frege berufen. Immerhin illustriert Frege den Sinn von „Aristoteles" in der oben zitierten Fußnote, indem er eine Reihe von Kennzeichnungen angibt („der Schüler Platos und Lehrer Alexanders des Großen", „der aus Stagira gebürtige Lehrer Alexanders des Großen") (SB, 27, Fn. 2). Freilich will Frege damit nur sagen, dass sich unterschiedliche Sinne durch solche Kennzeichnungen *ausdrücken* lassen – nicht, dass sie solche *sind*.
15 Siehe Russell 1971, besonders 7.
16 Siehe Geach / Black 1960, 51, Fn. und Williams 1976, 36–38.

logischen Sinne des Wortes anzugeben. Die einzigen Wörter, die wir im logischen Sinne als Namen verwenden, sind Wörter wie ‚dies' und ‚das'. Man kann das Wort ‚dies' als Name verwenden, der für ein Individuum steht, mit dem man in diesem Augenblick bekannt ist. Wir sagen ‚Dies ist weiß'. Wenn Sie diese Aussage für wahr halten, weil Sie mit dem Wort ‚dies' etwas meinen, das Sie sehen, dann gebrauchen Sie das Wort ‚dies' als Eigennamen" (Russell 1979, 200).[17]

Auf diese Weise hat Russell Freges zweistufige Semantik ersetzt durch eine einstufige Semantik, die es nicht nötig hat, zwischen Gegenständen und Namen noch einen „Sinn" einzuschieben. (Wittgenstein wird sich im *Tractatus* Russell anschließen, ohne freilich die Anforderung zu übernehmen, dass man mit dem Bezugsgegenstand eines logischen Eigennamens bekannt sein müsste.)

4.6.2 Saul Kripke und die kausale Namenstheorie

Sowohl Freges als auch Russells Namenstheorie wurde 1972 in Saul Kripkes *Naming and Necessity* attackiert.[18] Kripke unterscheidet dort zwei Namenstheorien: Zum einen diejenige von John Stuart Mill, der zufolge Namen einen Bezugsgegenstand besitzen, aber keinen Sinn, so dass der semantische Gehalt von Namen sich im Bezugsgegenstand erschöpft. Zum anderen eine so genannte „deskriptivistische" Position, der zufolge Namen neben ihrem Bezugsgegenstand auch einen Sinn haben, und zwar einen Sinn, der sich durch eine Kennzeichnung ausdrücken lässt, mit der der Name synonym ist. Kripke unterscheidet zudem zwei Unterarten von deskriptivistischen Positionen: Nach der ersten, die Kripke Frege und Russell zuschreibt (wobei er von deren Differenzen, die oben dargestellt wurden, absieht und zudem nur Russells Theorie *gewöhnlicher* Eigennamen berücksichtigt), ist ein Name synonym mit einer *bestimmten* Kennzeichnung. Der Name „Aristoteles" ist z. B. synonym mit der Kennzeichnung „der bedeutendste Schüler Platons". Nach der zweiten Unterart, die Kripke dem späten Wittgenstein und Searle zuschreibt, ist ein Name synonym mit einem Bündel von Kennzeichnungen, wobei der Name sich auf dasjenige bezieht, was einige oder die meisten der Kennzeichnungen des Bündels erfüllt, z. B. „der bedeutendste Schüler Platons" oder „der Lehrer von Alexander dem Großen" oder „der Verfasser der ‚Nikomachischen Ethik'". Kripke hält diese deskriptivistischen Positionen allerdings für unbefriedigend. Er bringt eine Reihe von Gegenargumenten vor:

---

17 Für Russell sind daher die demonstrativen Ausdrücke die „eigentlichen Eigennamen". Auch Frege deutet Demonstrativa, wie etwa in „das ist Saturn", als Eigennamen (NL, 100).
18 Kripke 1981.

Erstens ein *modales* Argument: Wenn Namen synonym sind mit Kennzeichnungen, dann generiert das zu viele notwendige Sätze – Sätze, die wir normalerweise nicht für notwendig halten würden. Wenn „Aristoteles" *synonym* ist mit „der berühmteste Schüler Platons", dann wird der Satz „Aristoteles war der berühmteste Schüler Platons" zu einer notwendigen Wahrheit, was kontraintuitiv ist – immerhin hätte Aristoteles auch nicht der berühmteste Schüler Platons sein können. Die bündeltheoretische Variante des Deskriptivismus hilft uns auch nicht weiter, weil wir auch dann immer noch zu viele notwendige Wahrheiten hätten. Wenn „Aristoteles" synonym ist mit „derjenige, der entweder berühmtester Schüler Platons war oder der Lehrer Alexanders des Großen oder der Verfasser der Nikomachischen Ethik", dann ist immerhin noch der Satz „Aristoteles war entweder der berühmteste Schüler Platons oder der Lehrer Alexanders des Großen oder der Verfasser der Nikomachischen Ethik" eine notwendige Wahrheit, was wiederum kontraintuitiv ist, denn Aristoteles hätte auch nichts dergleichen sein können.

Zweitens ein *epistemisches* Argument. Der Deskriptivist geht davon aus, dass wir jeden Namen mit einer Kennzeichnung verbinden, d. h. dass wir ihn mit einer Eigenschaft verbinden, von der wir meinen, dass sie einen und nur einen Gegenstand herausgreift. Das ist nach Kripke aber falsch, da die Eigenschaften, die wir mit Namen verbinden, oft viel zu vage sind, um einen einzigen Gegenstand herauszugreifen. Welche Kennzeichnung greift z. B. Cicero, und nur ihn, heraus? Kripke schreibt dazu: „In Wirklichkeit denken die meisten Leute, wenn sie an Cicero denken, einfach an einen berühmten römischen Redner, ohne dabei zu beanspruchen, daß es nur einen berühmten Redner gegeben hat oder daß man noch etwas weiteres über Cicero wissen muss, um einen Referenten für den Namen zu haben" (Kripke 1981, 96).

Drittens ein *semantisches* Argument. Es besagt, dass der Deskriptivist, der ja behauptet, dass der Bezug eines Namens durch Kennzeichnungen festgelegt wird, zu falschen Ergebnissen kommt – es gibt Gegenbeispiele. Dieses Argument hat wiederum zwei Varianten.

Erstens gibt es Fälle, in denen beides auseinandertritt, in denen also ein Gegenstand zwar durch die Kennzeichnung herausgegriffen wird, aber *nicht* Bezugsgegenstand des Namens ist. Kripke macht das an einem (fiktiven) Szenario über Gödel deutlich. Prämisse ist, dass für den Deskriptivisten „Gödel" synonym ist mit „derjenige, der die Unvollständigkeit der Arithmetik bewiesen hat". Kripke schreibt nun Folgendes: „Nehmen Sie an, daß Gödel gar nicht wirklich der Urheber dieses Theorems war. In Wirklichkeit hat die betreffende Arbeit ein Mann namens ‚Schmidt' getan, dessen Leiche vor vielen Jahren unter mysteriösen Umständen in Wien gefunden wurde. Sein Freund Gödel kam irgendwie in Besitz des Manuskripts, und seither wurde das Manuskript Gödel zugeschrieben. Nach der in Frage stehenden Auffassung will also unser gewöhnlicher Mensch, wenn er den Namen ‚Gödel' verwendet, in Wirklichkeit auf Schmidt referieren, weil Schmidt die Person ist, die als einzige die Beschreibung ‚der Mann, der die Unvollständigkeit der Arithmetik entdeckte' erfüllt" (Kripke 1981, 99).

Immer, wenn wir das Wort „Gödel" verwenden, bezögen wir uns also auf Schmidt. Und dann wären die meisten unserer Meinungen, die wir mit Hilfe des Namens „Gödel" artikulieren, falsch – der Satz „Gödel verstarb 1978 in Princeton" wäre falsch; denn Schmidt, der Entdecker der Unvollständigkeit der Arithmetik, verstarb nicht 1978 in Princeton, sondern, wie gesagt, viel früher unter mysteriösen Umständen in Wien. Aber das ist eine ganz unplausible Interpretation. Nehmen wir an, wir würden die Sache mit Gödel und Schmidt herausfinden. Normalerweise würden wir sagen: „Schau an, Gödel hat in Wahrheit gar nicht den Unvollständigkeitsbeweis gefunden"; aber wenn der Deskriptivist recht hätte, dürften wir das keineswegs sagen, denn Gödel hat sozusagen per definitionem den Unvollständigkeitsbeweis gefunden, sondern wir müssten unsere Entdeckung so formulieren: „Schau an, Gödel hieß in Wahrheit ‚Schmidt'". Aber offensichtlich würden wir uns so nicht ausdrücken.

Zweitens: Es ist auch möglich, dass ein Name einen Bezugsgegenstand hat, obwohl die Kennzeichnungen, die wir mit diesem Namen verbinden, auf niemanden zutreffen. Für den Deskriptivisten müsste das unmöglich sein. Treffen die Kennzeichnungen auf nichts zu, hat der Name keinen Bezugsgegenstand. Das entspricht aber nicht der Art und Weise, wie wir tatsächlich reden. So meinen nach Kripke einige Bibelforscher, der Prophet Jona habe tatsächlich gelebt. Sie meinen das aber nicht, weil sie glauben, dass tatsächlich jemand von einem großen Fisch verschlungen wurde oder nach Ninive ging, um dort zu predigen. „Es könnte sein, dass diese Bedingungen auf überhaupt niemanden zutreffen, und doch hat der Name ‚Jona' wirklich einen Referenten" (Kripke 1981, 102). Tatsächlich scheint das Erfülltsein von Kennzeichnungen für den Bezug von Namen gar nicht notwendig zu sein.

Aber wie beschreibt nun Kripke den Mechanismus, durch den ein Name auf seinen Träger bezogen wird? Der Bezug wird nach Kripke nicht dadurch hergestellt, dass ein Gegenstand eine Kennzeichnung erfüllt, sondern dadurch, dass ein Gegenstand sich in einer geeigneten Kausalbeziehung zum verwendeten Namen befindet. Die Idee Kripkes ist folgende: Es gibt in der Vergangenheit so etwas wie eine ursprüngliche Taufe, bei der einem Gegenstand ein Name zugeordnet wird („Lass' uns dieses Kind ‚Aristoteles' nennen"), und dieser Name wird dann durch eine Überlieferungskette bis in die Gegenwart tradiert. Wichtig ist, dass diese Überlieferungskette eine kausale Kette ist, völlig unabhängig davon, was die Sprecher über den Träger des Namens *meinen*. Nehmen wir an, der Name „Aristoteles" werde weitertradiert, obwohl alle Meinungen über ihn falsch sind: Durch Tradierungsfehler glauben am Ende der Kette alle, Aristoteles sei der Bildhauer, der die Statue der Athene im Parthenon geschaffen hat – sie verwechseln also Aristoteles mit Phidias. Auch in diesem Fall bezieht sich der Name „Aristoteles"' auf Aristoteles, da die Kausalkette der Überlieferung, wenn man sie auf ihren Ursprung zurückverfolgt, bei ihm endet – genauer: bei einem Taufakt, der sich auf ihn bezieht. Kripke vertritt also eine Kausaltheorie der Bezugnahme von Namen. Allerdings muss man hier eine Nuancierung hinzufügen: Der Empfänger muss intendieren, den empfangenen Namen mit demselben Bezug zu verwenden wie derjenige, von dem er den Namen rezipiert hat. „Wenn ich den Namen ‚Napoleon' höre" – so Kripke – „und beschließe, daß dies ein hübscher Name für mein Erdferkel wäre, dann erfülle ich diese Bedingung nicht" (Kripke 1981, 113). Wenn ich in diesem Kontext sage, „Napoleon frisst Ameisen und Termiten" bezieht sich „Napoleon" nicht mehr auf den historischen Napoleon.

4.6.3 Gareth Evans und mentale Dossiers

Eine interessante Variante der kausalen Theorie der Referenz wurde von Gareth Evans in *The Causal Theory of Names* (1973) entwickelt. Evans' Theorie ist eine Mischform zwischen Kausaltheorie und Deskriptivismus. Bei Evans legen wir zu jedem Namen ein mentales Dossier an, in dem wir tatsächliche oder vermeintliche Informationen über den Namenträger ablegen. Ein Name bezieht sich dann nach Evans auf die überwiegende kausale Quelle der Informationen, die wir mit dem Namen verbinden. Diese modifizierte Kausaltheorie hat den Vorteil, dass man mit ihr erklären kann, wie Namen ihren Bezugsgegenstand mit der Zeit ändern können.

Nehmen wir an, bei den neugeborenen Zwillingen Dieter und Otto werden aus Versehen die Namensschilder vertauscht. Wenn nun die Hebamme das eine Kind hochhebt und sagt „Das ist Dieter", sagt sie etwas Falsches; denn „Dieter" wurde ja ursprünglich dem anderen Kind zugeordnet. Aber beide Kinder wachsen nun auf; und irgendwann, so würden wir sagen, fängt der Name „Dieter" an, sich tatsächlich auf seinen vermeintlichen Träger zu beziehen. Die reine Kausaltheorie kann das nicht erklären, weil die Überlieferungsgeschichte bis zum ursprünglichen Taufakt zurückverfolgt werden muss, um den wahren Bezugsgegenstand des Namens herauszufinden. Evans' Theorie ist hier flexibler; es kommt darauf an, was die überwiegende Quelle meines mentalen Dossiers ist, das ich mit dem Namen verbinde. Evans erläutert das mit folgendem Beispiel: Ein junger Mann, A, der den Spitznamen „Rübe" trägt, verlässt sein Dorf; 50 Jahre später kommt ein anderer Mann, B, in das Dorf und lebt dort als Einsiedler hinter den Hügeln. Die alten Dörfler glauben fälschlicherweise, dass es sich um Rübe handelt. Sie verwenden für ihn den Namen „Rübe", und dieser Name kommt auch bei den jüngeren Dörflern in Gebrauch. Werden sie auf ihren Irrtum aufmerksam gemacht, würden sie sagen: „Er ist also doch nicht Rübe"; sie würden nicht sagen: „Schau an, Rübe stammt gar nicht aus unserem Dorf." Evans kommentiert: „In diesem Fall würde ich sagen, daß sie den Namen verwenden, um auf A zu referieren, und daß sie, indem sie ihn bezeichnen, in Wirklichkeit falsche Dinge über ihn sagen [...]. Aber sie mögen sterben und eine homogene Gemeinschaft zurücklassen, die den Namen dazu verwendet, auf den Mann hinter den Hügeln zu referieren. Ich würde sagen, daß der Weg dann dafür frei ist, daß es sein Name wird."[19]

Bei den Älteren überwiegt bei der Verwendung von „Rübe" ein mentales Dossier, das durch kausalen Kontakt überwiegend mit Informationen über A angefüllt wurde; „Rübe" bezieht sich daher bei ihnen auf A. Somit würden sie, wenn die Verwechslung aufgeklärt wird, sagen: „Ach, das ist ja gar nicht Rübe." Bei den Jüngeren ist das mentale Dossier, das sie mit „Rübe" verbinden, überwiegend mit Informationen über B gefüllt; „Rübe" bezieht sich bei ihnen auf B. *Sie* würden nach der Aufklärung der Verwechslung, anders als die Alten, sagen: „Ach, Rübe stammt gar nicht von hier."[20]

Literatur

Brown, David (2000): Mesopotamian Planetary Astronomy-Astrology, Groningen.
Diogenes Laertios (1998): Leben und Meinungen berühmter Philosophen, Hamburg.
Evans, Gareth (1982): The Varieties of Reference, Oxford u. a.
Evans, Gareth (1985): Understanding Demonstratives. In: ders.: Collected Papers, Oxford, 291–321.
Evans, Gareth (1993): Die Kausale Theorie der Namen. In: Wolf, Ursula (Hg.): Eigennamen.
  Dokumentation einer Kontroverse, Frankfurt am Main, 309–336.
Gabriel, Gottfried (1971): Logik und Sprachphilosophie bei Frege. Zum Verhältnis von
  Gebrauchssprache, Dichtung und Wissenschaft. In: Gottlob Frege: Schriften zur Logik und
  Sprachphilosophie. Aus dem Nachlaß, hg. v. Gabriel, Gottfried, Hamburg, 5. A. 2020, XXIV–XXVI.
Geach, Peter / Black, Max (Hg.): Translations from the Philosophical Writings of Gottlob Frege,
  Oxford, 1960.
Kienzler, Wolfgang (2009): Begriff und Gegenstand, Frankfurt am Main, 2009.

---

19 Evans 1993, 334.
20 Die kripkesche Theorie eines direkten Bezugs wird in Evans' Theorie integriert als „parasitärer Gebrauch": Nehmen wir an, ein Städter kommt in das Dorf, der überhaupt kein Rübe-Dossier hat. Wenn er „Rübe" verwendet, dann einfach mit dem Bezug, den der Name eben für die Dorfbewohner hat. Es ist in solchen Fällen also möglich, Namen auch ganz ohne Dossier zu verwenden; in diesem Punkt gibt Evans Kripke recht.

Kripke, Saul (1981): Name und Notwendigkeit, Frankfurt am Main.
Leibniz, Gottfried Wilhelm (1996): Monadologie. In: ders.: Philosophische Schriften Bd. 1: Kleine Schriften zur Metaphysik, hg. v. Holz, Hans H., Frankfurt am Main, 438–483.
Russell, Bertrand (1971): Über das Kennzeichnen. In: ders.: Philosophische und politische Aufsätze, Stuttgart, 3–22.
Russell, Bertrand (1979): Die Philosophie des logischen Atomismus. In: ders.: Die Philosophie des logischen Atomismus. Aufsätze zur Logik und Erkenntnistheorie 1908–1918, München, 178–277.
Williams, Christopher J. F. (1976): What is Truth? Cambridge.

Thomas Ricketts
5 Quantification, Sentences, and Truth-Values

No feature of Frege's philosophy meets with more incredulity from students than his conception of sentences as proper names of truth-values. This conception has no intuitive resonance. Frege himself feared that it would be dismissed as an artificial contrivance. History has confirmed Frege's fears. Frege's extensionalist approach to logic is widespread. On this approach, the truth-value of a sentence is preserved under substitution both of co-referring singular terms and of component sentences by sentences of like truth-value. In this way, the relation of a sentence to its truth-value is analogous to that between a singular term and the thing it designates. Nevertheless, very few extensionalist logicians take sentences to be designations of truth-values, and go on, like Frege, both to permit quantification of sentential positions within compound sentences and to use sentences as the terms of equations to express the identity of their truth-values. There is, I think, a tendency among contemporary readers of Frege to take his assimilation of sentences into the logical classification of proper names and the accompanying posit of truth-values as the objects designated by sentences to be an inessential idiosyncrasy that arises from Frege's function-argument analysis of logical structure combined with his penchant for notational economy.

Frege's own view of the matter is different. The conception of sentences as proper names of truth-values first appears along with the sense-meaning distinction in Frege's 1891 lecture *Function and Concept*. To all appearances, he did not quickly or easily embrace it. However, once he arrives at it, he adheres to it for the rest of his career, and ranks it among his enduring contributions to logic.[1]

I shall argue that Frege's conception of sentences as proper names of truth-values represents a well-motivated, deeply coherent development of his understanding of quantificational generality within his universalist conception of logic.

---

[1] In *Was kann ich als Ergebnis meiner Arbeit ansehen?* (NL, 200; PW, 184), Frege presents "concepts conceived as functions" as the first of his enduring results. See also the discussion of truth-values as the objects meant by sentences in *Einleitung in die Logik* (NL, 211; PW, 194) and in *Aufzeichnungen für Ludwig Darmstaedter* (NL, 276; PW, 255). (The translations of passages from Frege's writings are my own, made consulting the common English editions of Frege's writings.)

Note: This article has been published in a slightly different form in Manuscrito: Revista Internacional de Filosofia, 26 (2003), 389–424.

On this conception of logic, Frege finds himself quantifying sentential positions in order to formulate, as we would put it, truth-functional logic. The conception of sentences as proper names of truth-values is how Frege, in the context of his overarching views of logical segmentation, makes sense of this quantification.

The account I offer of sentences as proper names of truth-values will also address a central issue in Frege interpretation. In *The Foundations of Arithmetic*, Frege sets forth his famed Context Principle: only in the context of a sentence does a word have meaning.[2] This principle, whatever its exact import, assigns some kind of priority to sentences vis-à-vis their subsentential components. The later assimilation of sentences to proper names, a category whose paradigm representatives are subsentential expressions, looks to be at odds with the Context Principle, and perhaps to represent its rejection.[3]

I will argue that there is no tension or shift here in Frege's philosophy. As I understand Frege, it is our implicit grasp of the inference from generalization to instance in conjunction with Leibniz's law that enables us to recognize in sentences, and the thoughts they express, a segmentation into complete and incomplete parts. Frege's Context Principle encapsulates this view, a view that persists in Frege's philosophy through the adoption of the sense-meaning distinction until the end of his life. The first section of the paper summarizes this interpretation of Frege's view of logical segmentation. The second section of the paper explores the problems that quantification of sentential positions poses for Frege, and the resolution that the identification of sentences as proper names of truth-values promises. On Frege's approach to logic, this identification cannot be stipulated, for the problems it addresses are not merely notational. In the final section of the paper, I consider Frege's defense of his controversial thesis in his celebrated essay *On Sense and Meaning*. This paper introduces the sense–meaning distinction with respect to subsentential proper names like "the Morning Star" and the "the Evening Star", and in doing so appears to take the relation of designation between proper name and thing for granted. The order of Frege's exposition here can be misleading. I contend that Frege's defense of his thesis in the middle pages of the paper (SB, 32–5) invokes the Context Principle at a crucial point. When we appreciate

---

[2] This approximates Frege's formulation in GL, § 60, 71. Other formulations of the Context Principle are found in GL, X, § 106, 116.

[3] Michael Dummett early on argued that Frege's assimilation of sentences to proper names gives up the priority of sentences vis-à-vis their component names set forth in Frege's Context Principle, and so represents a major shift in Frege's thought. See Dummett 1973, 182–4 and 643–5. However, Dummett's views on the Context Principle and its place in the development of Frege's thought have changed over the years. For Dummett's more recent views on the topic, see Dummett 1995.

the force of this invocation, and the way that it draws on the conception of judgment and truth that frames Frege's philosophy of logic, we will see that the distinction between the thought a sentence expresses and its truth-value is the fundamental application of the sense-meaning distinction that guides the extension of the distinction to subsentential expressions.

5.1 Frege on the Context Principle and logical segmentation

Frege takes as given our capacity for objective knowledge, our capacity to recognize cognition-independent truths. This capacity for knowledge includes a capacity for logical inference whose exercise enables us to recognize one truth on the basis of others. Frege aims to codify principles for logical inference in such a way that their application in any stated proof will force the explicit statement of any premise on which any conclusion or subconclusion depends. In order to be applicable in proofs across the sciences, these principles of inference must abstract from the content that distinguishes the various sciences. Frege conceives this abstraction substantively. Logical laws are maximally general truths – unrestricted generalizations whose statement requires only that topic-universal vocabulary required to express the results of any science, e. g., an expression for negation. The relation of logic to other sciences is then that of a more abstract, less detailed science to a more detailed one. Logical laws are applied in the sciences when we infer from the law to an instance of the law containing designations of the objects and concepts under consideration. Of course, this inference from general to specific cannot itself be captured by a generalization. Frege captures it by his Substitution rule. Apart from a rule like Modus Ponens for inferring simpler truths from compound truths[4] and certain bookkeeping rules for moving among notationally alternative expressions of truths,[5] other inference-modes can be captured by logical laws inferable by Substitution and Modus Ponens from self-evident maximally

---

[4] Indeed, Frege folds Substitution and Modus Ponens into a single inference rule in his 1879 system in BS, § 6, 8, subsequently referring to it in BRL as the inference rule (NL, 44; PW, 39). It should be noted that Frege introduces his inference rules in BS by schematic examples and does not provide syntactic descriptions of the permitted manipulations as in GG.

[5] These "bookkeeping" rules include Universal Generalization and Relettering that move among different Begriffsschrift expressions of the same thought, and cannot be formulated by single generalizations. In GG, Frege does introduce further inference rules to cut back on tedious repetition of deductive routines in formal derivations (see GG I, VI).

general axioms. The capacity for inference thus is the capacity to recognize one truth on the basis of others in accordance with logical laws, as Frege puts it.[6]

On Frege's approach to logic, the inference from generalization to instance is fundamental. He says, "The person who knows how this inference goes has also grasped what generality is (in the sense of the word here intended)";[7] and he remarks in several places that it is generality that compels the analysis of thoughts and sentences expressing thoughts into parts none of which is a thought or thought-expressing sentence.[8] The simplest example of such analysis is the division of a sentence like

Socrates is mortal,

into a proper name, "Socrates", and the part that remains when this proper name is removed,

ξ is mortal.

Thus analyzed, our sentence says (expresses the thought) that a particular individual, Socrates, is mortal. By replacing "Socrates" with other proper names, we obtain sentences that say that various other things are mortal. To analyze these sentences in this way is to grasp the contents they express as instances of the corresponding generalization expressed by "Everything is mortal".

These simple examples of the logical segmentation induced by generality give Frege the pattern for his Begriffsschrift. Colloquial language is variously ambiguous, irregular, redundant, and limited in its expression of topic-universal notions, above all in its expression of generality. The segmentation of sentences into proper names and leftover expressions that analyzes them as expressions of instances of generalizations enables Frege to extend colloquial mathematical usage by using letters in the positions of proper names in sentences, as Frege puts it, to confer generality of content on those sentences.[9] So, "x is mortal" replaces "Everything is mortal". Here we have a uniform way of expressing generalizations that makes their instances notationally recognizable.

---

[6] For Frege's characterizations of inference, see *On the Foundations of Geometry (II.)* (1906, 387) and Frege to Dingler, 31.1.17 (WB, 30). Compare Frege's talk of inference modes ("Schlußweisen") in GL, § 90.

[7] *Logical Generality* (NL, 278; PW, 258).

[8] *Aufzeichnungen für Ludwig Darmstaedter* (NL, 274; PW, 254). See also *Einleitung in die Logik* (NL, 203f.; PW, 187); *Kurze Übersicht meiner logischen Lehren* (NL, 217; PW, 201).

[9] Frege uses this rhetoric in *Einleitung in die Logik* (NL, 204, 206; PW, 188, 190); *Kurze Übersicht meiner logischen Lehren* (NL, 215; PW, 199); and *Foundations of Geometry* (1906, 307). See also *Begründung meiner strengeren Grundsätze des Definierens* (NL, 166f.; PW, 154); GG I, § 17, 31f.; *Was ist eine Funktion?* (WIF, 659f.).

The use of letters in proper name positions to express generality is Frege's first decisive step toward constructing a Begriffsschrift to serve as a medium for the expression of gap-free proofs.[10] In this enterprise, he does not take the notion of an object and of a name's signifying an object to be an independently available basis for introducing the use of letters as variables to express generalizations. Frege takes the inference from generalization to instance itself to be basic. Frege begins with thoughts expressed by sentences, and it is generality – the inference from generalization to instance – that prompts the recognition of parts of sentences that are not themselves sentences. In speaking of proper names as designations of objects and of sentences containing the names, in contrast to the corresponding generalizations, being about the named objects, Frege seeks to awaken an explicit awareness of this distinctive inference-mode.

Quantificational generality is generality over a multiplicity of discrete, determinate items, determinate quanta so to speak. Discreteness is thus built into Frege's conception of an object: no object without identity. In his post-1891 elucidations of identity, Frege says that the identity of objects a and b is the complete coincidence (*zusammenfallen*) of a and b.[11] If a and b are one and the same, then there is no difference between them so that whatever holds of a also holds of b, and vice versa. A grasp of the inference from generalization to instance in connection with proper names thus includes a grasp of objects as discrete, and so a grasp of identity and with it the recognition of the inference-mode captured by Leibniz's law. These two inference-modes come together. It is not the inference from generalization to instance alone, but the interlock of this inference and the Leibniz inference that isolates proper names in sentences.

Frege's second decisive step toward his Begriffsschrift is his treatment of the expression leftover from the removal of occurrences of proper names from a sentence as itself a name, and doing so regardless of whether the proper name is the grammatical subject of the original sentence and even if that sentence is a compound sentence.[12] For Frege, to treat these leftovers, his predicates, as names is to recognize the sentences in which they occur as instances of generalizations over what predicates signify. Predicates contain blanks, empty positions from which

---

10 His 1879 monograph *Begriffsschrift* is subtitled *A formula language (Formelsprache) for pure thought modeled on the formula language of arithmetic*. On p. IV of the foreword, Frege identifies the use of letters as variables as the most immediate way in which his notation is modeled on arithmetical notation; the first section of BS presents the distinction between names and variables as a fundamental feature (*Grundgedanke*) of his approach.
11 See SB, 26, fn. 1; BG, 194, fn. 2; and especially, *Husserl Review*, 320.
12 As predicates are names that occur in larger sentences, predicates may not be formed by the removal of a proper name from a free variable expression of a generalization. While these func-

proper names were removed. As a result, variables in proper name positions may not be replaced by predicates to obtain expressions of instances of the generalization: as nothing would fill the blank in the predicate, the replacement would not yield an instance of the original generalization. Similarly, proper names do not fit into predicate positions. Proper names and predicates thus signify differently: proper names mean objects; predicates mean concepts. Frege consequently recognizes two types, two levels of generality – the generality expressed by variables in proper name positions over what proper names mean (objects), and the generality expressed by variables in predicate positions over what predicates mean (concepts).

Frege's broad notion of a predicate and the treatment of these predicates as names enables him to arrive at an adequate notation for the expression of multiple generality over objects. Frege recognizes the expressive limits of the use of indicating letters to express generality: the notation does not permit the delimitation of the scope of generality within sentences. He accordingly introduces a second-level incomplete expression to provide an alternative expression for generality over objects: "$(\forall a)\varphi(a)$". This expression, with its empty blank for a predicate, designates that second-level concept under which first-level concepts – the ones designated by predicates – fall, if every object falls under them.[13] However, for ease and perspicuity in the formulation of inference rules, Frege retains free variable generalizations in his Begriffsschrift, taking a free variable generalization prefixed by the judgment stroke to express the same thought as its universal closure.[14]

Quantificational generality over concepts presupposes that concepts, like objects, comprise a multiplicity of determinate, discrete items. In the case of objects, the identity-predicate gives expression to this determinate discreteness. As a first-level predicate, the identity-predicate cannot perform this service as regards con-

---

tions, when prefixed by the judgment stroke, as expressions of thoughts, they, in contrast to their universal closures (to use our terminology), are not names (see GG I, § 17, 32 f.).

13 Similarly, Frege introduces a third-level expression, a designation of a third-level concept that serves as a universal quantifier over first-level concepts. Statement of general laws for this quantifier requires free variable generalizations over second-level concepts. We are at the beginning of a potentially infinite hierarchy, but the generalizations Frege envisions in connection with his foundations for arithmetic do not force ascent to higher levels. See FB, 31 and GG I, § 25, 42. Following Frege's frequent expository practice, I ignore his assimilation of concepts to functions except where immediately germane to the point under consideration.

14 See GG I, § 17, 31, and BS, § 11, 21. Frege does not explicitly assert in GG that free variable generalizations prefixed by the judgment stroke express the same thoughts as their universal closures, although his rhetoric both in § 17 and in § 32 suggests it. In later writings, Frege does speak of free variable generalizations as expressing the same thoughts as their colloquial counterparts. See *Einleitung in die Logik* (NL, 206; PW, 189 f.); *Kurze Übersicht meiner logischen Lehren* (NL, 217; PW, 201); and *Logische Allgemeinheit* (NL, 280; PW, 260).

cepts. For concepts are what predicates mean; and predicates, on account of their incompleteness, cannot be the terms of equations. Frege observes that any true sentence analyzable as the completion of a predicate by a proper name will remain true under any replacement of the predicate by a predicate designating a concept co-extensive with the one designated by the original predicate. On this basis, he takes coextensiveness to be the surrogate for identity for concepts.[15]

We can now appreciate the point encapsulated in Frege's Context Principle: namely, a word or phrase functions as a name by virtue of occurring in a sentence that expresses an instance of a corresponding generalization. The inference from generalization to instance, together with the Leibniz inference, isolates proper names in sentences, segmenting sentences into a proper name and the leftover part, the predicate with its blank. These predicates also are names that may recur with the same significance in other sentences and may be replaced by variables to express corresponding generalizations. Thus, the recognition of proper names and generality over objects brings with it the recognition of predicates and generality over concepts. In this way, the view of names and quantificational generality encapsulated in the Context Principle leads to the recognition of levels of generality, leads to the distinction between objects and concepts. Frege adheres to the Context Principle throughout his career. He repeats its basic point in summarizing his life's work in 1919: "What is distinctive about my conception of logic comes out first in that I give top priority to the content of the word 'true' and then that I immediately introduce thoughts as that concerning which the question of truth arises. I therefore do not begin with concepts that I put together into thoughts or judgments. Rather, I obtain thought-components [*Gedankenteile*] by analyzing [*Zerfällung*] thoughts."[16]

5.2 Frege on the quantification of sentential positions

I noted in section 5.1 how Frege says that generality compels the recognition in logic of parts of sentences that are not sentences. There are also a number of ele-

---

15 Frege argues along these lines in ASB (NL, 128, 131 f.; PW, 118, 120 f.); see also *Husserl Review*, 320.
16 *Aufzeichnungen für Ludwig Darmstaedter* (NL, 273; PW, 253). Compare BRL (NL, 17; PW, 16), where Frege says, "In opposition to Boole, I begin with judgments and their contents instead of concepts. [...] For me the formation of concepts arises only from judgments". See also *On the Aim of the Begriffsschrift*, 5.

mentary inference-modes that require the recognition of sentences as logically relevant parts of compound sentences. Contraposition and hypothetical syllogism are examples here.[17] From the beginning, Frege assimilates this logical segmentation of sentences within sentences to the segmentation of subsentential names within sentences, viewing both through the lens of his quantificational conception of generality. So, among Frege's logical axioms in the 1879 *Begriffsschrift* we find

If *a* then (if *b* then *a*)

and

If (if *b* then *a*) then (if not *a* then not *b*).[18]

The letters that occur in these formulas are genuine variables, not the schematic letters familiar from modern presentations of truth-functional logic.[19] Sentences may be substituted for these variables to form instances of these generalizations. In quantifying sentential positions in compound sentences, Frege takes the component sentences themselves to be compound names. Only by such quantification can Frege frame general laws in his Begriffsschrift that capture such inference modes as contraposition.[20]

Given that sentences are compound names, what motivation does Frege have for taking them to be proper names like "The teacher of Plato" or "$3 \times (4 + 1)$"? On Frege's quantificational understanding of generality, no entity without identity or surrogate for identity. Hence, to quantify sentential positions requires that either the identity-predicate, or some surrogate be available to voice claims of identity and difference over what sentences mean. On the view of logical segmentation presented in section 5.1, the

---

17 Frege presents a number of these patterns in *Compound Thoughts*.
18 The first law is proposition 1, BS, § 14, 26; the second is proposition 28, BS, § 17, 43. Hypothetical syllogism is expressed by proposition 5, a theorem, in BS, § 15, 32.
19 The schematic letters "P" and "Q" in a formula like "If P then (if Q then P)" are placeholders that mark the positions of the component sentences of a truth-functionally compound sentence. The formula with these placeholders is not a sentence – it does not say anything; it is not true or false. Instead, it represents a form of truth-functionally compound sentence, and thus gives us a convenient way to specify an infinite class of such sentences, the sentences that result from uniformly replacing "P" and "Q" in our formula by sentences. For a comparison of Frege's conception of logic with the contemporary one that uses schematic letters, see Goldfarb 2001.
20 As mentioned in note 5, in GG Frege replaces a number of BS axioms with inference-rules, among them an inference-rule for contraposition, in order to cut back on tedious deductive routines in derivations. I don't think Frege attaches any significance to this maneuver. Indeed, he voices a preference for the formulation of logic in BS that minimizes inference rules in favor of axioms. See GG I, Foreword, VI.

only grounds for refusing to count a name as a proper name is its incompleteness, incompleteness that bars it from occupying the argument positions in the identity-predicate. But sentences are complete expressions: together with subsentential proper names, they are the basis for the identification of varieties of incomplete expressions. So, if sentences are to be counted as names, they should be acknowledged as proper names. Of course, this recognition brings with it the requirement to make sense of sentence-termed equations, a linguistic form not found in colloquial language.

This abstract motivation for assimilating sentences to proper names is reinforced by two further considerations. The first arises from Frege's view of definitions as equations and generalized equations.[21] To introduce a new, simple proper name as a definitional abbreviation for a compound proper name, definiens and definiendum are joined in an equation that is put forward as a definition, not an assertion.[22] Similarly, to introduce a simple predicate "F(ξ)" as an abbreviation for a complex predicate "Ø(ξ)" Frege puts the generalized equation

$$Fx = Øx$$

forward as a definition. Instantiating the variable "x" by a proper name yields a sentence-termed equation. To admit sentences as the terms of equations is to make them proper names.

The second consideration is an important insight of Richard Heck. Frege's construction of number is aided by the introduction of extensions not only of concepts but also of relations. Indeed, for Frege's envisioned construction of the real numbers, extensions of relations are essential. The introduction of extensions of relations is greatly facilitated, if, as in *Grundgesetze*, the notation for extensions (more generally, value-ranges) is conceived as a second-level incomplete expression, "$\dot{\varepsilon}\,\varphi(\varepsilon)$" whose empty place may be filled by either "$1 < \xi$" or by "$\dot{\alpha}\,(\xi < \alpha)$." Both of these incomplete expressions must then be expressions of the same type, first-level incomplete expressions with a single argument place. If they are of the same type, then their completions must also be of the same type. Hence, sentences and value-range names must be expressions of the same type.[23]

---

21 Here I am indebted to Joan Weiner, who emphasizes the importance of Frege's use of sentences as terms of equations in Weiner 1997, especially 277.
22 See BS, § 23, 56. In GG I, § 27, 44 f., he says, "We introduce by means of a definition a new name in that we fix that it has the same sense and meaning as one put together from familiar signs". See also *Logik in der Mathematik* (NL, 224 f.; PW, 207 f.).
23 See Heck 1997, 281–5. It may well have been this use of truth-values as objects that prompted Frege to take the audacious, unfamiliar sounding step of taking sentences to be proper names of truth-values. Heck's point is not, however, the entire story here. It does not explain why Frege, after abandoning efforts to rehabilitate value-ranges in the wake of Russell's paradox, continues

Although Frege is not explicit on the topic, before 1891 he seems to have taken sentences to designate judgeable contents (*beurteilbare Inhalte*), which he explains as he later explains thoughts.[24] This interpretation fits well with the metalinguistic content Frege gives to his identity-sign in *Begriffsschrift* (§ 8), when we fill the argument-places in the identity-sign by sentences.[25] It also fits with the use Frege makes of the content stroke in *Begriffsschrift* to block the substitution for the variables in positions following it of signs for non-judgeable contents.[26]

The natural enough assumption that sentences designate judgeable contents clashes with the assimilation of sentences to compound proper names that may then be used as the terms of equations. Let "$\emptyset(a)$" be any compound proper name containing proper name "a"; let "$\emptyset(b)$" be the corresponding proper name, with proper name "b" replacing "a". The logic of identity that Frege incorporates into his formulation of logic commits him to

If $a = b$, then $f(a) = f(b)$.

In this way, the designation or meaning of any compound proper name remains unchanged under replacement within it of component proper names by proper names that designate the same thing. In *Function and Concept*,[27] Frege observes that the two sentences

---

to take sentences to be proper names of truth-values and in 1906 lists the assimilation of concepts to functions as among his chief logical achievements. See the references in note 1.

24 In particular, a judgeable content is an objective content shareable by several thinkers concerning which the question of truth arises. Judgeable contents are then what are recognized to be true or rejected as false in acts of judging. See *Logik* (Before 1891; NL, 8; PW, 7f.).

25 Frege says there that an equation whose terms are signs A and B means that "... the sign A and the sign B have the same conceptual content (*begrifflichen Inhalt*) so that B can everywhere be placed in the position of A."

26 In BS, § 2, Frege introduces the content stroke with the stipulation, "What follows the content stroke must have a judgeable content". See also Frege's description of the 1879 notation in BRL (NL, 11, fn. ***; PW, 10). On p. 44 (PW, 39) of this paper, Frege lists the stipulation among the rules for the 1879 system.

It is unclear whether Frege takes variables following the content stroke in *Begriffsschrift* to generalize only over judgeable contents. Frege's immediate application of the 1879 system to prove theorems in the theory of sequences does not require him to be explicit about the relationship between variables in sentential positions and proper name variables. In *Grundgesetze*, Frege gives exacting notational specifications of inference rules, including Substitution. Moreover, Frege introduces nonsentential complete expressions (value-range names) into the formalism. In 1893 then, Frege had to deal explicitly with issues not treated in 1879.

27 FB, 14. See SB, 32. See also Frege to Russell, 28.12.02 (WB, 235), where Frege explicitly links the point with the use of sentences as terms of equations.

The Morning Star is a planet whose orbital period is less than that of the Earth,

and

The Evening Star is a planet whose orbital period is less than that of the Earth,

express different thoughts: a person who does not know that the Morning Star is the same as the Evening Star might, nonetheless, understand both sentences and hold the one true and the other false. However, since "the Morning Star" and "the Evening Star" both designate Venus, these two sentences must designate the same thing.[28]

Frege concludes that what a sentence expresses – that concerning which the question of truth arises, what he after 1891 calls a thought – is not what the sentence designates. He had then combined in his notion of a judgeable content what sentences express and what those sentences designate.[29] Now he introduces truth-values to be what sentences designate or mean, and calls the thought a sentence expresses its sense. Sentence-termed equations assert the identity of the truth-values meant by their sentential terms. Furthermore, uncertainties surrounding the use of variables to quantify sentential positions are resolved. Frege now unambiguously uses a single vocabulary of variables to quantify all proper name positions.[30]

Frege extends the distinction between sense and meaning to names generally. The meaning of a proper name is the object it designates. As for sense, consider how the sentences "$2^4 = 4^2$" and "$4^2 = 4^2$" express different thoughts. Since the sentences differ only in that the one is the completion of the predicate "$\xi = 4^2$" by "2^4" and the other the completion of this same predicate by "4^2", any difference in the thoughts expressed by the two sentences exhibits a difference between these two co-designating proper names. The difference here cannot just be the syntactic dif-

---

28 Matters are particularly striking when we reflect that equations themselves are compound names. Here we get such instances of Leibniz's law as

If $2^4 = 4^2$, then $(2^4 = 4^2) = (4^2 = 4^2)$.

In this way, any true equation designates the same as an instance of the principle of identity, "Everything is self-identical" ("x = x").
29 See BG, 198; Frege to Husserl 24.5.91 (WB, 96); and GG I, X. In these places, Frege describes himself as having combined under the term "judgeable content" what he now separates into thought and truth-value.
30 Frege still uses the horizontal to mark positions for sentences, but he now explains the horizontal as a name of the first-level function that maps the True to itself and everything else to the False. By use of the horizontal, Frege accommodates the use of any proper name, sentential or nonsentential, in any proper name position.

ference between the two proper names: definitions yield equations of the form "$a = b$" that are just as trivial as corresponding ones of the form "$a = a$".[31] Frege calls this nonsyntactic difference a difference in the senses of the two proper names, and says that the sense of a name is what that name contributes to the thoughts expressed by the sentences in which it occurs.[32]

5.3 Frege's defense of the identification of sentences as proper names of truth-values in *On Sense and Meaning*

In *Function and Concept* and *Grundgesetze*, Frege's explanation of his conception of sentences as proper names of truth-values is terse and peremptory.[33] He presents a series of equations of the same form, for example

$$(\xi)^2 = 1,$$

noting that some of these equations are true and others false. He then imposes a novel redescription, treating the above incomplete expression as the designation of a function whose values for numbers as arguments are the truth-values, the True and the False. So, just as "1^2" means 1, so "$1^2 = 1$" means the True and "$2^2 = 1$" means the False. Thus, "$(2^2 = 4) = (2 > 1)$" is a correct equation, just as "$(2^2 = 4)$" is.

Frege fears that this conception of sentences as designations of truth-values will strike his audience as arbitrary and contrived (*willkürlich und künstlich*).[34] In both *Function and Concept* and *Grundgesetze*, he refers his readers to *On Sense and Meaning* for a more thorough justification of it. The core explanation of the conception of sentences as proper names of truth-values comes in the pivotal, tangled middle pages of *On Sense and Meaning* (SB, 32–35).[35] Although Frege goes

---

31 This paragraph summarizes the argument in the opening paragraph of *On Sense and Meaning*. Even in BS, Frege thinks that after an equation has been used to introduce a name by definition, it becomes an analytic triviality. Compare BS, § 24, 56f. and SB, 25f.
32 See GG I, § 32, 51; *Logik in der Mathematik* (NL, 250; PW, 231); and Frege to Linke 24.8.19 (WB, 156).
33 See FB, 13f., and GG I, § 2.
34 FB, 14, fn. 1.
35 He repeats the line of thought presented here in several subsequent writings. See *Einleitung in die Logik* (NL, 210f.; PW, 194); *Logik in der Mathematik*, NL, 250f. Frege also discusses the point in his correspondence with Russell in his letters dated 20.10.02 (WB, 231f.); 28.12.02 (WB, 234f.); 21.5.03 (WB, 240f.); and 13.11.04 (WB, 245–8).

on to devote the rest of the paper to a defense of this conception against putative counterexamples, it is these middle pages that give content and plausibility to the conception.[36] Here is where he answers the charge that his conception of sentences as proper names of truth-values is arbitrary and contrived.

On Sense and Meaning opens with an explanation of the sense-meaning distinction in application to subsentential proper names. On p. 32, Frege asks whether the distinction is applicable to sentences. He introduces the notion of the thought expressed by a sentence as "the objective content [of an act of thinking] that is capable of being the common possession of many".[37] Frege assumes that, analogous to the way in which a proper name is a part of sentences, the sense of the proper name is a part of the thoughts expressed by sentences containing the name. He repeats the argument from *Function and Concept* that precludes taking the meaning of a sentence to be the thought it expresses. He then asks whether sentences might generally have sense – that is, express thoughts – while not having a meaning. Frege does not here mention quantification of sentential positions as a warrant for taking sentences to have a meaning, for it is, in the end, the coherence of such quantification in the context of Frege's view of generality that is at issue.

Frege observes that a sentence's expressing a particular thought is distinct from, independent from, its component names' designating anything.[38] Given this independence of thought from meaning, Frege urges that there must be something connected with a sentence other than the thought it expresses for which the meaningfulness of its component names is essential. For if we were interested just in the thought a sentence expressed, there would be no need to bother whe-

---

[36] In his subsequent discussions of the sense-meaning distinction in application to sentences in *Mr. Peano's Begriffsschrift and my Own*, the Russell correspondence, *Einleitung in die Logik*, and *Logik in der Mathematik*, Frege recurs to ideas from these pages, and does not mention his defense of the claim that replacement of the component sentences in expressions of compound thoughts by sentences with the same truth-value preserves the truth-value of the entire sentence.
[37] SB, 32, fn. Although Frege only here in *On Sense and Meaning* explicitly introduces his notion of a thought, I take it to be part of the backdrop for Frege's introduction of the notion of sense in application to subsentential proper names at the beginning of the paper.
[38] Frege is not very precise about this independence. For his purposes, I don't think he has to be. He observes that we take many personal proper names that occur in sentences in fiction not to designate any actual people, while, nevertheless, taking those sentences to express thoughts. He also opines that should we come to believe that such a name – his example is "Odysseus" – did designate a historical personage, we would not thereby take the thoughts expressed by the sentences in which this name occurred to be different. Compare Frege's presentations of these points in *Einleitung in die Logik* (NL, 208, 210; PW, 191, 194) and in *Logik in der Mathematik* (NL, 250; PW, 232).

ther those names have a meaning at all. He suggests that this additional something will clue us into the meaning of sentences.

So far in the paper, Frege has taken the notion of designation or meaning for subsentential proper names for granted. Now he asks after the point of this notion.

Frege's answer invokes the Context Principle: the meaningfulness of the component names in a sentence matters to us, when we inquire after the truth of the thought expressed by those sentences.[39] When we inquire after the truth of the thought expressed by a sentence, we confront a requirement to recognize the thought to be true or to reject it as false.[40] As we saw in section 5.1, to analyze the sentence

Odysseus was set ashore at Ithaca while fast asleep,

as the completion of the predicate "ξ was set ashore at Ithaca while fast asleep" by the proper name "Odysseus" is to recognize the thought it expresses as the instance of a generalization: someone who recognizes the thought to be true ipso facto affirms that a certain individual – the one designated by "Odysseus" – falls under the concept *set ashore at Ithaca while fast asleep*, and someone who rejects the thought as false thereby denies that the man falls under the concept. So, if there is no such man, if the word "Odysseus" does not designate any individual in our sample sentence, then the thought the sentence expresses can neither be recognized to be true nor rejected as false.

In general, to inquire after the truth of a thought expressed by a sentence is to presuppose that the thought is true or false and so amenable to logical analysis as a generalization or an instance of various generalizations. We can then go on to avail ourselves of instances of logical laws in whose expression the names discovered by logical analysis figure. In doing so, we presuppose that those names are meaningful. Frege begins with truth, and introduces thoughts as the objective contents of thinking for which the question of truth arises. The exercise of the ability for logical inference, for recognizing one truth on the basis of others, leads us to discern in thoughts and the sentences expressing them a segmentation into complete and incomplete parts. To recognize these parts in the course of drawing inferences is to recognize these parts to be meaningful, to designate something.[41]

---

39 Tyler Burge notes that Frege's argument here invokes the Context Principle in *Frege on Truth*, in Burge 2005, 89 f. I differ with Burge as regards the content of the Context Principle and the substance of Frege's argument here.
40 See VER, 143.
41 What about thoughts that are neither true or false, thoughts that, as Frege puts it, belong to fiction (*Dichtung*) not to science? In GED, 63, Frege speaks of an actor's pseudo-assertion (*Scheinbehauptung*) of sentences expressing thoughts that neither actor nor audience presuppose to be

As Frege puts the point in *On Sense and Meaning*, "It is the striving after truth that everywhere drives us forward from sense to meaning".[42]

To presuppose in inquiry that a sentence expresses a true or false thought is to presuppose that its component names are meaningful. So, sentences' being true or false corresponds to their component proper names' having a meaning. Frege proposes to press this correspondence into an identification:

> We are in this way impelled to recognize the *truth-value* of a sentence as its meaning. I understand by the truth-value of a sentence the circumstance that it is true or that it is false. There are no further truth-values. For the sake of brevity, I call the one the True and the other the False. Each indicative sentence, when the meanings of its words matter, is therefore to be conceived as a proper name, and its meaning, if one is present, is either the True or the False.[43]

At this stage of Frege's explanation, the conclusion is proleptic. He has yet to confirm that sentences behave like proper names of truth-values under substitution of their co-designating component proper names, both subsentential and sentential. But even apart from this task, there remains a fundamental difficulty with Frege's elucidation of the meaning of sentences.

I noted in section 5.2 that to sustain the recognition of sentences to be proper names, Frege must make sense of sentence-termed equations, a form of words absent from colloquial language. The sense Frege makes of these equations cannot be a matter of stipulation: it must be fixed by the sense of the identity-sign as it occurs in other equations and by the thoughts expressed by its sentential terms. The explanations of *Function and Concept* and *Grundgesetze* do not appear by themselves to convey any such sense. These explanations transparently depend on the use of the predicates "true" and "false". On this point, the explanation we

---

true or false. I suggest that in such cases there is a pseudo-presupposition, a pretense of presupposing that the sentence is true or false. With this pretense, comes a pretense of exercising our logical ability on such thoughts and so a pretense of presupposing that that the parts that this pretence at inference discerns are meaningful.

42 SB, 33. See also ASB (NL, 133; PW, 122), where Frege says: "They [intensional logicians (*Inhaltslogiker*) as opposed to extensional logicians (*Umfangslogiker*) – TR] do not consider that for logic it does not matter how thoughts proceed from thoughts without regard to truth-value, that the step from thought to truth-value, more generally that the step from sense to meaning, must be taken, that logical laws are first and foremost laws for the realm of meanings and only indirectly [*mittelbar*] concern sense." For a very early expression of this attitude, see the pre-1884 *Dialog mit Pünjer* (NL, 67; PW, 43).

43 SB, 34. Frege brings the observation that the truth-value of sentences is preserved under substitution of co-designating subsentential proper names into his explanation of sentences as proper names of truth-values in *Logik in der Mathematik* (NL, 251; PW, 232 f.) and in Frege to Russell 28.12.02 (WB, 235). In SB, he presents it on the next page as a validation of his conclusion.

have just examined from *On Sense and Meaning* is no improvement. This feature of Frege's explanation is problematic. For Frege, a sentence, a series of marks or sounds, is true or false only by dint of expressing a thought that is true or false. Application of the predicates "true" and "false" to sentences is then derivative on the primary application of these predicates to the thoughts that sentences express.[44] The words "true" and "false" are predicates, so truth and falsity present themselves as properties of various thoughts. To use more Fregean terminology, as "true" and "false" are predicates, they must mean concepts under which thoughts fall. Truth-values thus appear to be concepts, not objects meant by proper names; the relation of a thought to its truth-value is that of subsumption of an object under a concept, not that of the sense of a name to the name's meaning. Frege's proposal for finding sense in sentence-termed equations is thus threatened. At best, Frege seems to have stipulated for sentence-termed equations a sense that has nothing to do with identity.[45]

Having identified sentences as proper names of truth-values, Frege confronts this objection in the next paragraph of *On Sense and Meaning*. Alluding to the use of "true" as a predicate, he says:

> It is tempting to see the relation of a thought to the True not as that of sense to meaning, but as that of subject to predicate. We can indeed even say, 'The thought that 5 is a prime number is true'. However, on closer examination, we notice that with this sentence no more is really said than in the simple sentence '5 is a prime number'. In both cases the assertion (*Behauptung*) of truth lodges in the form of an assertoric sentence (*Behauptungssatz*). Where this has lost its usual force – for example, in the mouth of an actor in a play – the sentence 'the thought that 5 is a prime number is true' only contains a thought and indeed the very same thought as the simple sentence '5 is a prime number'. From this it may be gathered that the relationship of a thought to the True is not to be compared at all to that of subject to predicate.[46]

This argument must be placed in the context of Frege's conception of judgment. I said in section 5.1 that Frege takes as given our capacity for judgment, our capacity to arrive at objective knowledge. In the preceding paragraph of *On Sense and Meaning*, Frege had said that in a judgment a step is taken from "the level of thoughts to the level of meanings (the objective)"; and in a footnote to this passage, he presents his standard characterization of judgment, repeated over most of his career:

---

44 See GED, 60 and *Logik* (1897; NL, 140; PW, 129).
45 This is in essence the problem Frege raises in GL, § 56 with the proposal to analyze statements of number by means of their quantificational paraphrases. The problem is that these paraphrases do not respect the sense that statements of numbers, as equations ("The number of F = n"), have.
46 SB, 34f. See also *Einleitung in die Logik* (NL, 211; PW, 194). Here it is explicit that Frege, in speaking of the relation of subject to predicate, has in mind subsumption under a concept. Frege also treats this objection in *Logik in der Mathematik* (NL, 251f.; PW, 232).

judgment is the recognition of the truth of a thought.⁴⁷ The dictum itself, by its grammar, suggests that being true is a condition that thoughts may or may not satisfy – a concept under which thoughts fall or fail to fall.⁴⁸ The relation of thought to truth-value would then be subsumption of an object under a concept. But then, Frege holds, putting a thought forward as true would have to involve a predication of truth. So, by arguing that the sentences used to make assertions do not predicate truth of thoughts, Frege seeks to refute the view that the relation of a thought to its truth-value is that of subsumption of an object under a concept.⁴⁹

Frege's argument turns on a particular alleged superfluity of the grammatical predicate "true" exhibited in the pair of sentences:

(A) The thought that 5 is a prime number is true,

and

(B) 5 is a prime number.

Frege takes it to be evident that (A) and (B) say the same thing, express the same thought,⁵⁰ and concludes that the use of (A) to put this thought forward as true

---

47 This dictum is also stated in *Grundgesetze*, § 5, 9. It is prominent in GED, 62, and in the four antecedents to *Thoughts*: *Logik* (Before 1891; NL, 2; PW, 2); *Logik* (NL, 150; PW, 139); *Einleitung in die Logik* (NL, 201; PW, 185); *Kurze Übersicht* (NL, 213; PW, 197). It also appears in *Meine grundlegenden logischen Einsichten* (NL, 271; PW, 251); *Aufzeichnungen für Darmstaedter* (NL, 273; PW, 253), Frege to Dingler (6.2.17), WB, 33; Frege to Jourdain (1912), WB, 120; Frege to Russell (13.11.04), WB, 245.
48 Frege may have conceived of judging in this way in BS. There he suggests that the combination of judgment stroke and content stroke ("⊢—") that prefixes every Begriffsschrift assertion is a common predicate for all judgments, and can be read as "is a fact (*Tatsache*)". See BS, § 3, 4. It is not clear how seriously Frege intends this suggestion. He makes it in the course of urging that the grammatical subject-predicate distinction is of no logical importance; and in *Begriffsschrift* itself, Frege uses "⊢—" only to prefix asserted sentences, and never in components of compound sentences. In any event, Frege does not repeat this characterization of "⊢—" as a predicate in later pre-1891 writings. For Frege's other pre-1891 explanations of the judgment stroke, see: *Applications of the Begriffsschrift*, 33; ZBS, 5; and BRL (NL, 11; PW, 11). I believe that Frege gives up thinking of truth as any kind of property well before he comes up with his conception of truth-values as objects. After 1891, Frege explicitly distinguishes the judgment stroke from the predicates (incomplete expressions) of Begriffsschrift, thus sharply distinguishing the asserting force it expresses from predication.
49 I treat this point and the argument in the next three paragraphs more fully in Ricketts 1996, § II.
50 Frege presents the superfluity thesis in connection with the application of the sense-meaning distinction to sentences in SB, 34 f., *Einleitung in die Logik* (NL, 210 f.; PW, 194); *Logik in der Mathematik* (NL, 251 f.; PW, 233). He presents it apart from the sense-meaning distinction in *Logik* (1897,

does not involve any supplement to the thought expressed by (B). Consistent with this synonymy, might not (A) make explicit a predication of truth implicit in (B)?[51] If so, then presumably

(C) The thought that the thought that 5 is a prime number is true is itself true,

would make explicit a predication of truth implicit in (A). We have now embarked on a regress that would preclude the entirely explicit expression of thoughts. Frege's conclusion is that assertions do not involve even implicit predications of truth.[52] Putting a thought forward as true is a matter of uttering an expression of the thought with asserting force, and the conventional indicator of asserting force is the grammatical form of an indicative sentence.

Use of the grammatical predicate "true" in sentences like (A) is then deceptive.[53] It suggests that the relation of a thought to its truth-value is subsumption under a concept. The superfluity of the predicate "true" exhibited in (A) and (B) shows this suggestion to be mistaken. Truth-values are not properties of thoughts, are not Fregean concepts.

Once the distortions engendered by the predicate "true" have been eliminated, Frege can deploy the notion of a thought and its truth-value to explain the sense-meaning distinction with reference to sentences. We saw that the fulcrum of Frege's explanation is his observation that the meaningfulness of the names in a sentence matters to us, when we inquire after the truth of the thought the sentence expresses so that it is the truth-valuedness of thought-expressing sentences that corresponds to the meaningfulness (meaning something) of their component names. Frege does not then explain or elucidate the relation of thought to truth-value as a special case of the independently graspable relation of designation. Quite the contrary, the relationship of thought to truth-value is the more basic, independently graspable relationship: it is the relationship recognized in acts of judging and linguistically expressed by the grammatical indicators of asserting force.[54] Frege takes the notion of the truth-value of a thought to be available to

---

NL, 140; PW, 129), Frege to Russell 13.11.04, WB, 245, *Meine grundlegenden logischen Einsichten* (NL, 271 f.; PW, 251 f.), and GED, 61, 63.
51 I am grateful to Paul Guyer for urging this question on me.
52 See also GED, 63. In *Meine grundlegenden logischen Einsichten* (NL, 272; PW, 252), Frege says that the predicate "true" is a failed attempt to make "what corresponds to asserting force" into a part of a thought.
53 In *Einleitung in die Logik* (NL, 211; PW, 194) Frege says: "If we say 'The thought is true', we seem to attribute truth as a property to the thought. ... Here, however, language deceives us."
54 In SB, 35, Frege says that "Judgment can be conceived as a stepping forward from a thought to its truth-value. Of course, this should not be taken for a definition. Judgment is indeed something entirely

his audience by reflection on their engagement in the singular activity of judging.[55] Frege then uses this notion to present thought-expressing sentences as proper names of truth-values, i. e., as capable of occurring as the terms of equations to express the identity of their truth-values. He thus explains what the sense-meaning distinction comes to as regards its fundamental application to expressions of thoughts, from which its application to names generally is, via the Context Principle, derivative.[56] In this way, Frege seeks to disperse the appearance of artificiality surrounding his conception of sentences as proper names of truth-values.[57]

To take thought-expressing sentences to mean truth-values is to take sentence-termed equations to express the identity of the truth-values of the thoughts expressed by the terms. This construal of sentenceterrmed equation meshes with the sense expressed by the identity sign, for Leibniz's law guarantees that the substitution within a sentence of co-designating subsentential proper names preserves the truth-value of the original sentence.[58] Of course, if sentences are to be proper names of truth-values, Leibniz's law also requires that replacement of a component sentence in a compound sentence by a sentence of like truth-value must preserve the truth-value of the original compound sentence. The clausal structures of colloquial language provide numerous putative counterexamples to this attempted use of sentences as designations of truth-values to form instances of Leibniz's law. Indeed, nearly half of *On Sense and Meaning* is devoted to this topic. Frege's general tactic is to provide paraphrases of the offending clausal structures in order to establish that the component sentence does not contribute to the sense of the compound sentence just by expressing a thought, a thought that could be affirmed or denied by use of the component sentence standing alone. In effect, these paraphrases indicate that the grammatical structure of these compound sentences does not track the structure of the thoughts they express.

Frege realizes that some may balk at calling truth-values objects. However, Frege understands objects to be what proper names mean. Once sentences are

---

unique and incomparable". See also ASB (NL, 133; PW, 122) and Frege to Husserl, 24.5.91 (WB, 96). This characterization of judging cancels the misleading suggestion that truth is a property of thoughts carried by Frege's dictum that judgment is the recognition of the truth of a thought.

55 He thus says (in SB, 34) of the two truth-values: "These two objects are recognized, if only implicitly, by everyone who judges, who holds something true or false, and so even by a skeptic."
56 On this point, I agree with Ruffino 1997, 147. See also Gabriel 2000, 27.
57 Just here Wittgenstein criticizes Frege at *Tractatus*, 4.063 and 4.431. I see Wittgenstein's points here to be part of a critique of Frege's views on quantificational generality and logical segmentation. For some details, see Ricketts 2002.
58 I take Frege to begin with the recognition of the truth of Leibniz's law, and relying on it, to take putative counterexamples to it to reveal an ambiguity between the proper name as used in the original sentence and the proper name as it appears in the equation that formulates the premise for the Leibniz inference.

conceived as playing the logical role of proper names in compound sentences, and sentence-termed equations are understood to say that the truth-values of the thoughts expressed by their terms are the same, the status of truth-values as objects is settled.[59] Frege's treatment here of the objecthood of truth-values is then parallel to his treatment of the objecthood of numbers in *Foundations* §§ 55–61.

How does Frege's opening discussion of the sense-meaning distinction for subsentential proper names, especially his talk of the sense of a proper name as containing a way of being given the object the name means, fit with the interpretation of the sense-meaning distinction I have developed here?

Frege does not elaborate on this notion of a way of being given an object; I believe that he places no explanatory weight on it. His rhetoric points toward the role of proper names in the expression of thoughts, especially the thoughts expressed by equations. Suppose we have recognized as true the thought expressed by a nontrivial equation "$a = b$". I have already remarked how Frege argues from the difference between this thought and the thought expressed by "$a = a$" to the conclusion that names of the same object may make different contributions to the thoughts expressed by the sentences in which they occur. In this argument, Frege begins with a difference in thought, in sentence-sense, and moves to a difference in the sense expressed by subsentential proper names, logically segmented units, within these expressions of thoughts. Moreover, it is the role of "a" and "b" as proper names in these known-to-be-true equations that gives content to the claim that their senses contain different ways of being given the same object.[60] Finally, on this view of matters, there is no difference in meaning without a difference in sense. Proper names "a" and "b" mean different things only if "$a = b$" expresses a false thought. But if "a" and "b" express the same sense, then "$a = b$" expresses the same thought as the trivial truth "$a = a$". In these ways, Frege's elucidation of the sense-meaning distinction for subsentential proper names in the opening pages of his famous essay draws on an implicit grasp of the relation between thought and truth-value, of the sense-meaning distinction for sentences.[61]

---

[59] In SB, 34 Frege says, "What I call an object can be more precisely discussed only in connection with concepts and relations. I will reserve this topic for another essay". Frege here anticipates *On Concept and Object*.

[60] Besides the opening of SB, see *On Mr. Peano's Begriffsschrift and My Own*, 369. See also Frege to Russell 28.12.02 (WB, 234); Frege's discussion of the "Ateb" – "Afla" example in Frege to Jourdain, undated draft from 1914 (WB, 128); Frege to Peano, undated probably from 1896 (WB, 196 f.); and *Einleitung in die Logik* (NL, 209; PW, 192).

[61] I am indebted to Enzo De Pellegrin, Warren Goldfarb and Peter Hylton for comments on earlier drafts of this paper. I have also profited from conversations about the sense-meaning distinction with Michael Kremer and from his paper, *Sense and Meaning: the Origins and Development of the Distinction*. The ideas in section 5.1 are developed more fully in my paper *Concepts, objects,*

References

Burge, Tyler (2005): Frege on Truth. In: Burge. Truth, Thought, Reason. Essays on Frege, Oxford, 83–132.
Dummett, Michael (1973): Frege. Philosophy of Language. Cambridge, MA, 2nd ed., 1981.
Dummett, Michael (1995): The Context Principle: Centre of Frege's Philosophy. In: Max, Ingolf / Stelzner, Werner (eds.): Logik und Mathematik. Frege-Kolloquium, Jena, Berlin, 3–19.
Frege, Gottlob (1879): Applications of the Begriffsschrift (*Anwendungen der Begriffsschrift*). In: Jenaische Zeitschrift für Naturwissenschaft, 13, suppl. 2, 29–33.
Frege, Gottlob (1894): Review of E. G. Husserl. Philosophie der Arithmetik I. In: Zeitschrift für Philosophie und philosophische Kritik, 103, 313–32. (Cited as Husserl Review).
Frege, Gottlob (1897): On Mr. Peano's Begriffsschrift and My Own. (*Über die Begriffsschrift des Herrn Peano und meine eigene*). In: Berichte über die Verhandlungen der königlich sächsischen Gesellschaft der Wissenschaften zu Leipzig. Mathematisch-Physische Klasse, 48, 361–78.
Frege, Gottlob (1906): On the Foundations of Geometry. (*Über die Grundlagen der Geometrie*). In: Jahresbericht der Deutschen Mathematiker-Vereinigung, 15, 293–309; 377–403; 423–30.
Gabriel, Gottfried (2000): Logik und Metaphysik in Freges Philosophie der Mathematik. In: Gabriel, Gottfried / Dathe, Uwe (eds.): Gottlob Frege. Werk und Wirkung. Paderborn, 25–38.
Goldfarb, Warren (2002): Frege's Conception of Logic. In: Floyd, Juliet / Shieh, Sanford (eds.): Future Pasts. Reflections on the History and Nature of Analytic Philosophy, New York, 25–41.
Heck, Richard G. Jr (1997): The Julius Caesar Objection. In: Heck, Richard G. Jr (ed.). Language, Thought, and Logic: Essays in Honour of Michael Dummett, Oxford, 273–308.
Kramer, Michael (2010): Sense and reference. the Origins and Development of the Distinction. In: Potter, Michael / Ricketts, Thomas (eds.): The Cambridge Companion to Frege, Cambridge, 220–292.
Ricketts, Thomas (1996): Logic and Truth in Frege. In: The Aristotelian Society, Suppl. Vol. 70, 121–40.
Ricketts, Thomas (2002): Wittgenstein against Frege and Russell. In: Reck, Erich (ed.): From Frege to Wittgenstein: Perspectives on Early Analytic Philosophy. New York, 227–51.
Ricketts, Thomas (2010): Concepts, objects, and the Context Principle. In: The Cambridge Companion to Frege, 149–219.
Ruffino, Marco (1997): Wahrheitswerte als Gegenstände. In: Gabriel, Gottfried / Kienzler, Wolfgang (eds.): Frege in Jena. Würzburg, 139–48.
Weiner, Joan (1997): Frege and the Linguistic Turn. In: Philosophical Topics, 25, 265–88.

---

and the Context Principle. I presented this paper first at a Frege workshop at the University of Leyden and later at the Boston University Colloquium for the Philosophy of Science, and benefited from discussions at both occasions.

Wolfgang Künne

6 Systematisch induzierte Verschiebungen der Bedeutung

Im längeren zweiten Teil seines berühmtesten Aufsatzes führt Frege aus, dass in der „Volkssprache", in der „Sprache des Lebens"[1] manche Einbettungen eines Ausdrucks systematisch Verschiebungen derjenigen Bedeutung induzieren, die dieser Ausdruck außerhalb dieser Einbettungen hat. Er unterscheidet zwei Sorten solcher Einbettungen und konzentriert sich jeweils auf einen paradigmatischen Fall, auf die direkte und die indirekte Rede, die er beide mit der „gewöhnlichen" Rede kontrastiert.

6.1 Gewöhnliche Rede

Freges Darstellung des Phänomens der Bedeutungsverschiebung beginnt so:

> [a] Wenn man in der gewöhnlichen Weise Worte gebraucht, so ist das, wovon man sprechen will, deren Bedeutung. Es kann aber auch vorkommen, daß man von den Worten selbst oder von ihrem Sinne reden will. (SB, 36b)

Wenn ein „Eigenname" alias singulärer Term „a" eine Bedeutung hat, dann bedeutet (bezeichnet) er den Gegenstand a. Dass wir ihn in einem Satz genau dann „in der gewöhnlichen Weise" verwenden, wenn wir von dem Gegenstand a reden wollen, leuchtet ein. Wenn ein Prädikat „(...) ist F" eine Bedeutung hat, dann bedeutet (bezeichnet) es – so kann man sagen, wenn man „mit einem Körnchen Salz nicht spart" – die Eigenschaft, F zu sein, oder den Begriff F. Dass wir das Prädikat in einer Äußerung von „a ist F" genau dann auf die gewöhnliche Weise gebrauchen, wenn wir (auch) von der Eigenschaft, F zu sein, sprechen wollen, leuchtet zumindest allen Nicht-Nominalisten ein. Im ersten Teil von SB versucht Frege, die (wie er zweimal sagt) „Vermutung" zu stützen, „daß der Wahrheitswerth eines Satzes dessen Bedeutung ist" (SB, 36). Ich bezweifle, dass wir von dem Wahrheitswert eines (Aussage-)Satzes reden wollen, wenn wir ihn auf gewöhnliche Weise verwenden. Für unser Thema ist jetzt aber nur Folgendes wichtig: Zwei „Eigennamen" alias sin-

---

[1] „Volkssprache": WB, 183; „Sprache des Lebens": NL, 230; GGF, 45b–46b; NL, 293. Beides ist besser als die beliebte Wendung „natürliche Sprache". Schließlich ist nicht nur eine „künstliche Sprache" wie Freges Begriffsschrift, sondern auch unsere Muttersprache Menschenwerk.

guläre Terme „a" und „b", zwei Prädikate „Fx" und „Gx" und zwei Sätze „p" und „q" haben genau dann *dieselbe Bedeutung* in ihrem gewöhnlichen Gebrauch, wenn sie wahre Einsetzungsinstanzen der Schemata „a = b", „$\forall x$ (Fx ↔ Gx)" bzw. „p ↔ q" sind. Kurz, zwei Ausdrücke haben genau dann dieselbe „gewöhnliche Bedeutung", wenn sie in diesem Sinne extensional äquivalent oder ko-extensional sind.

Erst sechs Seiten, nachdem er sein Konzept des *gewöhnlichen* Gebrauchs von Worten erläutert hat, formuliert Frege das *Prinzip der Substituierbarkeit*, dem man eine notwendige Bedingung der Normalität einer Rede entnehmen kann. „[D]er Wahrheitswerth [...] muß [...] unverändert bleiben, wenn ein Satztheil durch einen Ausdruck von derselben Bedeutung, aber anderm Sinne ersetzt wird. [...] Leibniz erklärt geradezu: ‚Eadem sunt, quae sibi mutuo substitui possunt, salva veritate' [Identisch ist, was wechselseitig füreinander eingesetzt werden kann – unbeschadet der Wahrheit]" (SB, 35b).[2]

Bei der Formulierung seiner „Erklärung" (sc. der Identität) hat Leibniz keine glückliche Hand, und Frege wäre nicht Frege, wenn er das übersehen hätte. (Aus Respekt vor dem Genie, so nehme ich an, setzt er eine wohlwollend korrigierende Interpretation voraus.) Betrachten wir ein Beispiel. Lwiw und Lemberg sind identisch, wie wir seit der russischen Invasion in die Ukraine alle wissen. Man kann die Städtenamen „Lwiw" und „Lemberg" füreinander einsetzen, denn sie sind voneinander verschieden und können Bestandteile eines Satzes sein; aber wie sollte man das mit Lwiw und Lemberg, mit einer *Stadt*, mit *einer* Stadt anstellen? Was Leibniz sagen wollte, war bestimmt: Verschiedene Ausdrücke bezeichnen genau dann dasselbe, wenn sie in einem Satz, mit dem Wahres gesagt wird, unbeschadet der Wahrheit des Gesagten gegeneinander ausgetauscht werden können. In Freges Formulierung des Prinzips wird Leibnizens Adverbialphrase „salva veritate" der Sache nach durch „salva veritate vel falsitate" ersetzt. Deshalb können wir die „Erklärung" Leibnizens, die Frege unterschreibt, so formulieren: Verschiedene Ausdrücke bedeuten (bezeichnen) genau dann dasselbe, wenn sie in einem Satz, mit dem Wahres oder Falsches gesagt wird, unbeschadet der Wahrheit oder Falschheit des Gesagten gegeneinander ausgetauscht werden können.

Aus Freges Prinzip der Substituierbarkeit ergibt sich eine notwendige Bedingung der Normalität einer Rede: Wenn ein Ausdruck in einem Satz auf gewöhnliche Weise gebraucht wird, dann affiziert seine Ersetzung durch einen ko-extensionalen Ausdruck nicht den Wahrheitswert dieses Satzes. Andersherum: Nichtaustauschbarkeit ko-extensionaler Ausdrücke *salva veritate vel falsitate* ist eine hinreichende Bedingung der Anormalität. Die notwendige Bedingung für den gewöhnlichen Gebrauch des Namens „Lemberg" ist in dem Satz „Lemberg ist eine alte Stadt" erfüllt;

---

2 Meine Übersetzung, Genaueres zu dem Leibniz'schen Dictum in Künne 2009.

denn dieser Name ist hier *salva veritate* ersezbar durch alle ko-extensionalen Namen, z. B. durch „Lwiw". Die notwendige Bedingung für den gewöhnlichen Gebrauch des Prädikats „( ) ist ein gleichseitiges Dreieck" ist in dem Satz „Nicht jedes Dreieck ist ein gleichseitiges Dreieck" erfüllt; denn dieses Prädikat ist hier *salva veritate* ersezbar durch alle ko-extensionalen Prädikate, z. B. durch „( ) ist ein gleichwinkliges Dreieck". Die notwendige Bedingung für den gewöhnlichen Gebrauch des Satzes „Schnee ist weiß" ist in dem Satz „Schnee ist weiß, und Blut ist rot" erfüllt; denn dieser Satz kann hier *salva veritate* durch jeden ko-extensionalen Satz ersetzt werden, z. B. durch „Smaragde sind grün". Das allgemeine Prinzip der Substituierbarkeit scheint durch die direkte und die indirekte Rede widerlegt zu werden. Dass der Schein trügt, will Frege mit seiner Theorie der systematisch induzierten Bedeutungsverschiebung zeigen.

6.2 Gerade Rede

An der Stelle, an der ich ihm eben ins Wort gefallen bin, fährt Frege fort:

> (F_1) [α] [...] Es kann aber auch vorkommen, daß man von den Worten selbst oder von ihrem Sinne reden will. [b] Jenes geschieht z. B., wenn man die Worte eines Andern in gerader Rede anführt. Die eigenen Worte bedeuten dann zunächst die Worte des Andern, und erst diese haben die gewöhnliche Bedeutung. [c] Wir haben dann Zeichen von Zeichen. [d] In der Schrift schließt man in diesem Falle die Wortbilder in Anführungszeichen ein. Es darf also ein in Anführungszeichen stehendes Wortbild nicht in der gewöhnlichen Bedeutung genommen werden. (SB, 28b) [α] Ein Satz bedeutet in der geraden Rede wieder einen Satz [...]. (SB, 36b; ‚[a]–[α]' hinzugefügt von WK)

Als Beispiel für den ungewöhnlichen Gebrauch der ersten Sorte betrachtet Frege in [b]–[α] das, was er in der Terminologie der zeitgenössischen Grammatik als *gerade Rede* (oratio recta) bezeichnet und was wir heute wörtliche oder direkte Rede zu nennen pflegen, also eine Anführung, in der jemand zitiert wird:

(1) Die schottische Regierungschefin sagt: „People in Scotland voted overwhelmingly to remain in the EU."

Bei dem Zeichen, das hier bezeichnet wird [c], handelt es sich um „Worte" [b], um einen „Satz" [α] – und zwar um den fünften Satz in einem regierungsamtlichen Dokument, dem *Statement by First Minister Nicola Sturgeon on Thursday 24 December 2020*. Und wodurch wird dieses Zeichen in (1) bezeichnet? Nach [α] ist das Bezeichnende ebenfalls ein Satz. Nun ist die Zeichenreihe in (1), die mit Gänsefüßchen beginnt und aufhört, kein Satz, sondern ein Zeichen, das Frege als Eigennamen bezeichnen würde und das ich fortan als Anführungsnamen bezeichnen werde. Demnach ist das Zeichen, das in (1) einen Satz bezeichnet, nicht der Anführungsname, sondern das, was zwischen den Gänsefüßchen steht. Mit [a] und [α] legt sich Frege darauf fest, dass der englische Satz in (1) gebraucht wird, um auf *ihn selbst* Bezug zu nehmen. Unter Verwendung eines von Carnap zu diesem Zweck annektierten Terminus kann man das so ausdrücken: Eingebettet in (1) ist der englische Satz *autonym* (Carnap 1934, 109).[3]

Welche Rolle spielen die Anführungszeichen in (1), wenn der englische Satz hier autonym ist? Ihre Aufgabe besteht nur darin, die Leserin auf die besondere Verwendungsweise des Ausdrucks aufmerksam zu machen, den sie einrahmen – eine Aufgabe, die eigentlich schon der Prolog erfüllt, der vor dem englischen Satz steht. Sie sind semantisch so entbehrlich wie das Komma in „Schnee ist weiß, und Blut ist rot".[4] In jeder Sprache kann man auch in einer mündlichen Äußerung jemanden zitieren, ohne wie anglophone Dozenten erst „quote" und dann „unquote" zu murmeln oder wie ein Philosophie-Dozent analytischer Provenienz Gänsefüßchen in die Luft zu malen. Erst in [d] wendet sich Frege den damaligen (und heutigen) Gepflogenheiten in einer Schriftsprache zu, aber auch in einer Schriftsprache, in der es (noch) gar keine die Anführung signalisierenden Schriftzeichen gibt,[5] ist direkte Rede möglich. Oben habe ich mehrere Anführungen nicht durch Anführungszeichen signalisiert, sondern durch Einrückung. Die Verwendung von Gänsefüßchen ist keine *conditio sine qua non* des Zitierens.

Die Inskription eines Wortes nennt Frege in [d] deshalb „Wortbild", weil „die Wortschrift" gemäß seiner Aristotelischen Konzeption[6] „die Wortsprache einfach abbildet" (NL, 14): „die Wortbilder [...] entsprechen Wörtern der Lautsprache" (NL, 280). Was in der schriftlichen Wiedergabe *mündlicher* Rede wiedergegeben wird, sind Worte, nicht „Wortbilder". Die schriftliche Wiedergabe selbst besteht hingegen wie *alle* Inskriptionen aus „Wortbildern". (Ich übernehme diese Terminologie hier nicht.)

Wenn der englische Satz in (1) verwendet wird, um auf ihn selbst Bezug zu nehmen, bezeichnet er dann das *Vorkommnis* dieses Satzes, das die Leserin dort

---

3 Gewöhnlich versteht man unter einem Autonym [αὐτό, selbst; ὄνομα, Name] den eigenen Namen einer Person – im Kontrast etwa zu ihrem Pseudonym – oder ein Werk, das unter dem Namen des Verfassers – statt anonym oder unter seinem Pseudonym – veröffentlich wurde.
4 Oft, nicht immer: In *Schmidt ist einsilbig* würden Gänsefüßchen für Eindeutigkeit sorgen, und die Zweideutigkeit von *Bring deine Frau mit oder komm allein und mach dir einen vergnügten Abend* kann durch Einfügung eines Kommas beseitigt werden.
5 Sie kamen in Europa wohl erst ca. 1550 (in Italien) auf.
6 Vgl. Aristoteles, De interpretatione 16ª3–4: „Inskriptionen (τὰ γραφόμενα) sind Symbole für mündliche Äußerungen (τὰ ἐν τῇ φωνῇ)."

erblickt? Das entspräche nicht unserem Zitat-Verständnis; denn dann würde der autonyme Satz in der fraglichen Zeile in jedem Exemplar dieses Buches etwas anderes bezeichnen. Wir verstehen die These, dass in der dortigen Inskription Worte gebraucht werden, um „von den Worten selbst" zu sprechen, also wohl besser so: In (1) bezeichnet ein Satzvorkommnis den englischen Satz, von dem es ein Vorkommnis ist und von dem Nicola Sturgeon (wenn der in (1) ausgedrückte Gedanke wahr ist) ein anderes Vorkommnis produziert hat.

Nicht nur in der direkten Rede gebrauchen wir Worte, um von Worten zu reden. Die direkte Rede wird von Frege in [b] ja auch ausdrücklich nur als ein Beispiel eingeführt. (Er verwendet just dieses Beispiel, weil es in der Nachbarschaft der anderen Art von systematisch induzierter Bedeutungsverschiebung angesiedelt ist, die er in der Fortsetzung der Passage (F_1) besprechen wird.) Wenn es sich bei den Worten, von denen wir reden, um einen Satz handelt, *zitieren* wir nicht immer jemanden, und natürlich führen wir nicht immer einen *Satz* an, wenn wir etwas anführen:

(2)   „Es schneit" ist ein Satz, der nur aus zwei Wörtern besteht,

(3)   „George Eliot" ist das Pseudonym einer englischen Schriftstellerin.

Frege hat Anführung im Allgemeinen vor Augen, wenn er im Entwurf eines Briefes an Philipp Jourdain schreibt: „Wenn ich etwas schriftlich von einem geschriebenen Zeichen aussagen will, schliesse ich es in Anführungszeichen ein und *das so entstandene zusammengesetzte Zeichen* ist dann Name eines Zeichens." (WB, 133, Herv. WK.) Was er hier sagt, betrifft offenkundig (2) und (3) genauso wie (1). Aber es ist nicht nur allgemeiner als das, was wir in [b] und [α] gelesen haben, es weicht auch von der 1892 in SB vertretenen Autonymie-Konzeption der Anführung ab. Nach der Konzeption von 1914 enthalten die Sätze (1)–(3) in Gestalt der Gänsefüßchen-Paare Operatoren, die aus Sätzen oder anderen Ausdrücken Namen von Ausdrücken bilden, und die so gebildeten Ausdrücke, die Anführungsnamen sind nicht *auto*nym: Sie werden als Bezeichnungen für etwas *Anderes* verwendet.[7]

Was bezeichnet denn nun in (1) den Satz, von dem Nicola (if I may) ein Vorkommnis geäußert hat, – die ganze Zeichenreihe nach dem Doppelpunkt oder der Satz nach dem Doppelpunkt? Hier ist ein irenischer Vorschlag: Wenn wir einen Satz der Form „A sagt: ‚p'" als Resultat der Sättigung von „A φ-t ( )" auffassen, kön-

---

[7] Manchmal osziliert Freges Formulierung zwischen beiden Auffassungen: „Als [...] Eigennamen der Sätze der Hilfssprache [i. e. einer begriffsschriftlich reglementierten Version des Deutschen – WK] benutze ich diese selbst, jedoch in Anführungszeichen eingeschlossen" (NL, 280–81).

nen wir sagen: Der Satz, von dem die Politikerin laut (1) ein Vorkommnis geäußert hat, wird *sowohl* von dem ganzen Anführungsnamen *als auch* von dem Satz bezeichnet, der in ihm erhalten ist.[8] Dass ein Ganzes dasselbe bedeutet (bezeichnet) wie einer seiner Teile, kommt ja auch bei anderen Ausdrücken vor: Die Zahl 7 wird sowohl von „7 × 1" bezeichnet als auch von der Ziffer „7".

Eine Ausdrucksweise Freges nachahmend, der wir in der Fortsetzung von (F_1) begegnen werden, können wir sagen, dass (Aussage-)Sätze in der geraden Rede nicht ihre *gewöhnliche* Bedeutung haben (die laut Frege ein Wahrheitswert ist), sondern ihre *gerade* Bedeutung. Eingängiger ist es wohl, ihre Bedeutung in der direkten Rede als ihre *Anführungs*bedeutung zu bezeichnen. Die Anführungsbedeutung eines Satzvorkommnisses ist der Satz, von dem es ein Vorkommnis ist. *Diese* Art von Bedeutung fehlt also *keinem* Satzvorkommnis. Entsprechendes gilt von allen Ausdrücken, die man anführen kann: Die Anführungsbedeutung eines Ausdrucksvorkommnisses A ist der Ausdruck, von dem A ein Vorkommnis ist. Eine Anführungsbedeutung haben auch die in der gewöhnlichen Rede bedeutungslosen, weil nichts benennenden Eigennamen („Baal"), die dort bedeutungslosen, weil vagen Prädikate („x ist ein Körnerhaufen") und die dort bedeutungslosen, weil weder wahren noch falschen Sätze („Immanuel Kants Frau war evangelisch").

Frege konzipiert Sinn so, dass gilt: Kein Sinn ist eine „Art des Gegebenseins" mehr als eines Gegenstandes oder mehr als einer Funktion. In SB, 27d–28a formuliert er dieses Axiom seiner Semantik für den Fall der singulären Terme. Ausdrücke, die nicht gleich-bedeutend sind, haben demnach auch nicht denselben Sinn. Hat ein Ausdruck in der direkten Rede nicht dieselbe Bedeutung wie in der gewöhnlichen Rede, so muss er hier auch einen anderen Sinn haben. Über den geraden *Sinn* eines Satzes in der geraden Rede, allgemeiner: über seinen *Anführungs*sinn hat Frege nie ein Wort verloren. Wenn man Sätze in der direkten Rede so versteht, dass sie einen Anführungsnamen enthalten, dann kann man sagen: Der Anführungssinn des Satzes S ist der gewöhnliche Sinn des Anführungsnamens von S.[9] Hält man an der Autonymie-Auffassung fest, kann man sagen: Der Anführungssinn, den S in einer Äußerung X hat, ist dasjenige, was man erfasst, wenn man erkennt, dass S in X denjenigen Satz bezeichnet, von dem es ein Vorkommnis ist. *Diese* Art von Sinn hat

---

[8] Versteht man einen Satz der Form „A sagt: ‚p'" als Resultat der Sättigung von „A sagt: ‚( )'" durch einen Satz, so sind die Anführungszeichen Teil eines einstelligen Junktors wie „~", und der Satz enthält dann überhaupt keinen Anführungsnamen.

[9] Wie wir in 6.2 sehen werden, ist die Bestimmung des Anführungssinnes, die ich hier ergänze, strukturell analog zu Freges ausdrücklicher Bestimmung des *ungeraden* Sinns eines Satzes „*p*" als Sinn des Ausdrucks „der Gedanke, dass *p*", der (genau wie der Anführungsname dieses Satzes) „*p*" enthält.

auch ein Ausdruck, der im Kontext gewöhnlicher Rede sinnlos (also erst recht bedeutungslos) ist. Wir verstehen die Sätze

(4) „Die rote Fingur plaustert" ist kein sinnvoller (deutscher) Satz,

(5) „plaustert" ist kein sinnvolles (deutsches) Wort.

Wir würden ihren Sinn aber nicht erfassen, wenn wir nicht verstünden, was jeweils vor der Kopula steht. (Man versteht einen Subjekt-Prädikat-Satz nicht, wenn man dessen Subjekt nicht versteht.) Was dort steht, muss also sinnvoll sein. Aber da diese Sätze wahre Gedanken ausdrücken, haben die angeführten Ausdrücke keinen Sinn.

Wie jeder Gegenstand kann auch ein Ausdruck auf mannigfache Weise bezeichnet werden, und viele dieser Bezeichnungen sind sinnverschieden. Ich habe anlässlich von Exempel (1) *en passant* darauf hingewiesen, dass die folgende Identitätsaussage wahr ist:

(6) „People in Scotland voted overwhelmingly to remain in the EU" ist der fünfte Satz im *Statement by First Minister Nicola Sturgeon on Thursday 24 December 2020.*

Der Anführungsname in (6) bedeutet (bezeichnet) dasselbe wie die Kennzeichnung auf der anderen Seite des „ist", aber dass die Identitätsaussage wahr ist, versteht sich nicht von selbst. Nun gilt aber: „Überall, wo das Zusammenfallen der Bedeutung nicht selbstverständlich ist, haben wir eine Verschiedenheit des Sinnes" (WB, 234 f). Also haben die gleichbedeutenden Satzbezeichnungen in (6) nicht denselben Sinn. Die erste dieser beiden Bezeichnungen gehört zu einer semantisch privilegierten Sorte. Wer einen Anführungsnamen versteht, weiß *eo ipso*, welchen Ausdruck er bezeichnet. Ein Anführungsname ist *diaphan* – er gibt den Blick frei auf das Bezeichnete. (Ich nenne die Bezeichnung eines F diaphan oder durchsichtig, wenn man ihren Sinn nicht erfassen kann, ohne zu wissen, welches F er bedeutet (bezeichnet).[10]) Die zweite Bezeichnung des englischen Sat-

---

10 Zur Vorbeugung gegen eine falsche Assoziation: (Un)Durchsichtigkeit im hier intendierten Sinn ist eine Eigenschaft eines Ausdrucks, während das, was Quine unter „transparency (opacity)" verstanden wissen will, eine Art des Enthaltenseins eines Ausdrucks in einem Ausdruck ist (Quine 1960, 144 ff). – Ist „a" die diaphane Bezeichnung eines F, so kann sich jemand, der „a" versteht, nicht mit Sinn fragen, *welches* F a ist. Von den folgenden Bezeichnungen ein und derselben Zahl, Farbe oder Tugend ist jeweils nur die erste (kursivierte) diaphan: *„Sieben"*, „5271/753", „die Zahl der Todsünden"; *„Rot"*, „die Farbe mit der größten Wellenlänge", „die Farbe des unteren

zes in (6) ist im Unterschied zur ersten undurchsichtig: Man kann ihren Sinn sehr wohl erfassen, ohne die geringste Ahnung zu haben, um welchen Satz es sich handelt. Ein Gänsefüßchen-Paar ist ein iterierbarer Operator. Wir verwenden die erste Iteration, um von dem Anführungsnamen zu reden. (Frege iteriert diesen Operator beispielsweise in einem Brief an Russell (WB, 218).) Bei jeder Iteration gilt aber: Wer einen Anführungsnamen n-ter Stufe versteht, weiß *eo ipso*, welchen Ausdruck der Stufe n–1 er bezeichnet.

Da die Bedeutung des Anführungsnamens in (2) bzw. des Satzvorkommnisses in (2) kein Wahrheitswert ist, sondern ein Satz, kann das eingebettete Satzvorkommnis in (2) nicht unter Beibehaltung des Wahrheitswerts des Gesagten gegen Vorkommnisse beliebiger extensional äquivalenter Sätze ausgetauscht werden, z. B. nicht gegen „Copper conducts electricity". Da die Bedeutung des Anführungsnamens in (3) bzw. des Personennamen-Vorkommnisses in (3) keine Person ist, sondern ein Name, können diese singulären Terme in (3) nicht unter Beibehaltung des Wahrheitswerts des Gesagten durch Vorkommnisse beliebiger extensional äquivalenter Namen ersetzt werden, z. B. nicht durch ein Vorkommnis des Taufnamens der Schriftstellerin: „Mary Anne Evans". Da wir in (2) und (3) von orthographisch individuierten Ausdrücken sprechen,[11] dürfen die fraglichen Namens- und Satzvorkommnisse, wenn der Wahrheitswert erhalten bleiben soll, nur durch Vorkommnisse ersetzt werden, die genauso buchstabiert werden.[12] Von dieser Art sind z. B. die Substitutionen in (2) und (3), die in den nächsten beiden Zeilen zu sehen sind:

(2′) „Es SCHNEIT" ist ein Satz, der nur aus zwei Wörtern besteht,

(3′) „*George Eliot*" ist das Pseudonym einer englischen Schriftstellerin.

Die Frage, um die es gerade ging, war: Welche Ersetzungen der in (2) und (3) *angeführten* Ausdrücke, welche Substitutionen *zwischen den Anführungszeichen* affizieren den Wahrheitswert des Gesagten nicht? Der Anführungsname in (2) kann

---

Teils der russischen Flagge"; „*Tapferkeit*", „die Tugend, von der Platons *Laches* handelt". Vgl. Künne 1983, Kap. 4, §§ 6–7, Kap. 5, § 4, 2003, 330 und 2010*, 539. Was Kripke 2008, 259–262 „immediately revelatory senses" nennt, hatte Burge 2005, 173 „canonical senses" genannt. Solche Sinne werden von diaphanen Bezeichnungen ausgedrückt.

11 Der Zusatz „orthographisch individuiert" soll dafür sorgen, dass wir zu Recht sagen können, dass *der* Satz „One billion is 10^{12}" im Britischen Englisch einen wahren und im Amerikanischen Englisch einen falschen Gedanken ausdrückt.

12 Dabei ist zu beachten, dass die Standards für das korrekte Buchstabieren je nach Kontext mehr oder weniger anspruchsvoll sein können. In dem Satz „*„George Eliot'* ist ein kursiv geschriebener Name" kann man das Namensvorkommnis zwischen den Gänsefüßchen nicht *salva veritate* durch eine nicht-kursivierte Variante ersetzen.

natürlich als ganzer *salva veritate* gegen beliebige ko-extensionale singuläre Terme, also andere Bezeichnungen desselben Satzes ausgetauscht werden, etwa (so vermute ich) gegen die Kennzeichnung „der kürzeste Satz in diesem Aufsatz", und natürlich kann auch der Anführungsname in (3) als ganzer *salva veritate* durch beliebige andere Bezeichnungen desselben Namens ersetzt werden, etwa durch die Kennzeichnung „Der Autorenname auf dem Titelblatt von *Middlemarch*". Die Anführungsnamen in (2)/(2´) und (3)/(3´) erfüllen die notwendige Normalitätsbedingung; weshalb ihr Sinn in diesen Sätzen ihr gewöhnlicher Sinn ist.

6.3 Ungerade Rede

Betrachten wir nun die Fortsetzung von Passage (F_1):

> (F_2) [e] Wenn man von dem Sinne eines Ausdrucks ‚A' reden will[,] so kann man dies einfach durch die Wendung „der Sinn des Ausdrucks ‚A'". [f] In der ungeraden Rede spricht man von dem Sinne z. B. der Rede eines Andern. Es ist daraus klar, daß auch in dieser Redeweise die Worte nicht ihre gewöhnliche Bedeutung haben, sondern das bedeuten, was gewöhnlich ihr Sinn ist. [g] Um einen kurzen Ausdruck zu haben, wollen wir sagen: die Wörter werden in der ungeraden Rede *ungerade* gebraucht, oder haben ihre *ungerade* Bedeutung. [h] Wir unterscheiden demnach die *gewöhnliche* Bedeutung eines Wortes von seiner *ungeraden* und seinen *gewöhnlichen* Sinn von seinem *ungeraden* Sinne. Die ungerade Bedeutung eines Wortes ist also sein gewöhnlicher Sinn. (SB, 28c) [ε] Ein Satz bedeutet [...] in der ungeraden [Rede] einen Gedanken. (SB, 36b)

Dass man von dem Sinn eines Ausdrucks nicht *nur* auf die Weise reden kann, die Frege in [e] beschreibt, geht schon aus [f] hervor. Betrachten wir zur Vorbereitung auf die Erörterung der nächsten Schritte die folgenden drei Sätze, in denen (zumindest) das grammatische Subjekt eine Einsetzungsinstanz des Frege'schen Schemas in [e] ist:

(7) Der Sinn von „the only even prime number" ist jedem Schüler des Eton College bekannt,

(8) Der Sinn von „the only even prime number" ist der Sinn von „die einzige gerade Primzahl",

(9) Der Sinn von „the only even prime number" ist | die einzige gerade Primzahl.

Besondere Aufmerksamkeit verdient hier der Satz (9). Man kann mit ihm genau wie mit seinen beiden Vorgängern etwas Wahres sagen. Dann bedeutet (bezeichnet) der singuläre Term nach dem als Lesehilfe dienenden Zäsur-Strich nicht wie in der gewöhnlichen Rede die Zahl Zwei – der Sinn der angeführten englischen Nominalphrase ist ja gewiss genauso wenig wie irgendein anderer Sinn eine *Zahl*.[13] (Was mit dem Satz „Der Sinn von ‚redundant' ist ǀ überflüssig" gesagt wird, ist wahr – man schreibt mit ihm also nicht einem Sinn Überflüssigkeit zu. Mit „Der Sinn von ‚cryptic' ist ǀ rätselhaft" will man nicht auf ein hermeneutisches Problem aufmerksam machen, und wer auf die Frage „Was bedeutet (heißt) ‚nihil'?" antwortet: „Nichts.", der erklärt das lateinische Wort nicht für sinnlos, sondern identifiziert seinen Sinn.) Das Wort „ist" in (9) ist nicht wie in (7) die Kopula, sondern wie in (8) ein zweistelliges Prädikat, die Kurzfassung von „ist identisch mit". Die Wortfolge nach dem „ist" in (9) bedeutet (bezeichnet) *ihren eigenen Sinn* – den Sinn, den sie in der gewöhnlichen Rede ausdrückt. Sie erfüllt die hinreichende Bedingung der Anormalität; denn sie ist hier nicht *salva veritate* durch beliebige ko-extensionale Bezeichnungen, z. B. durch das Wort „Zwei" ersetzbar. Sie kann aber (wie in (8) geschehen) ohne Wahrheitsverlust durch „der Sinn von ‚die einzige gerade Primzahl'" ersetzt werden. Was bei dieser Substitution nicht erhalten bleibt, ist der Sinn von (9), also der Gedanke, den (9) ausdrückt.[14] Ein monoglotter Russe kann glauben, dass „the only even prime number" und „die einzige gerade Primzahl" denselben Sinn haben (mehrsprachige Landsleute haben ihn darüber informiert), ohne zu glauben, was mit (9) gesagt wird. Letzteres wäre ein Glaube, den er mit der fünf englische Wörter enthaltenden Übersetzung von (9) ins Russische kundtun könnte.

Welchen *Sinn* hat die Wortfolge nach dem „ist" in (9)? Man kennt ihren Sinn, wenn man ihren Sinn in der gewöhnlichen Rede kennt und weiß, dass sie hier diesen Sinn bezeichnet. Diesen Sinn bezeichnet auch die Phrase nach dem Identitätsoperator in (8), aber diese Kennzeichnung ist undurchsichtig: Ein von keiner Kenntnis des Vokabulars der elementaren Arithmetik angekränkelter Deutscher kann sie verstehen, ohne zu wissen, welchen Sinn der in ihr angeführte deutsche Ausdruck hat. Die Phrase nach dem „ist" in (9) ist hingegen diaphan: Man kann sie in diesem Kontext nicht verstehen, ohne zu wissen, welchen Sinn sie bezeichnet. Wer die Wahrheit kennt, die (9) ausdrückt, der versteht die englische Phrase, und das wäre nicht der Fall, wenn er die deutsche Kennzeichnung in (9) nicht

---

13 An genau einer Stelle in seinen Schriften, in der berühmt-berüchtigten Anm. 2 in SB, verwendet Frege eine Formulierung, die meinem Satz (9) entspricht. Wenn er sagt, man könnte als Sinn des Eigennamens „Aristoteles" bspw. „annehmen: der Schüler Platos und Lehrer Alexanders des Großen", so schwebt ihm bestimmt nicht die absurde Annahme vor, der Sinn jenes Namens sei ein Schüler und ein Lehrer.

14 Noch weniger hat (9) denselben Sinn wie „Der Sinn von ‚the only even prime number' ist ‚die einzige gerade Primzahl'". Da ein Sinn niemals mit einem sprachlichen Ausdruck identisch ist, drückt dieser Satz einen eklatant falschen Gedanken aus.

verstünde. In Anknüpfung an David Kaplan könnte man in die Schriftsprache ein Zeichenpaar einführen, das für die Bezeichnung eines Sinns das leistet, was Anführungszeichen für die Bezeichnung eines Ausdrucks leisten.[15] Der genau wie die Anführungsnamen *diaphane* Sinn-Name könnte etwa mit einem Paar eckiger Klammern gebildet werden:

(9′)   Der Sinn von „the only even prime number" ist [die einzige gerade Primzahl].

Ich werde mich dieser Notation unten in 6.4 bedienen.

Für Frege liegt der paradigmatische Fall der zweiten Art der Bedeutungs- und Sinnverschiebung, den er in [g] ins Auge fasst, in den Sätzen vor, die er – wieder in der Terminologie der zeitgenössischen Grammatik – als *ungerade Rede* (oratio obliqua) bezeichnet und die wir heute indirekte Rede zu nennen pflegen:

(10)   Nicola sagt, dass die schottische Bevölkerung mit überwältigender Mehrheit für den Verbleib in der EU gestimmt hat.

Frege klassifiziert nicht nur Zuschreibungen sprachlicher Akte als ungerade Rede, sondern auch Zuschreibungen *mentaler* Akte wie Urteilen und Erkennen und mentaler Zustände wie Glauben und Wissen (SB, 37a), also auch Sätze wie

(11)   Nicola glaubt, dass die schottische Bevölkerung mit überwältigender Mehrheit für den Verbleib in der EU gestimmt hat.

Damit erweitert er den Anwendungsbereich dieses Titels auf eine Weise, die auch in vielen Grammatiken zu finden ist.

Bei den in [g] so genannten „Worten", die in (10) und (11) einen Gedanken bedeuten (bezeichnen), handelt es sich laut [e] um einen „Satz". Dieser Satz ist *nicht* der Nebensatz in (10) und (11), also die mit dem Komplementierer „dass" beginnende Wortfolge;[16] denn nicht der Nebensatz ist das, was in der gewöhnlichen Rede – gemäß Freges „Vermutung" – einen Wahrheitswert bedeutet und einen Gedanken ausdrückt, sondern der Satz, den der Komplementierer einleitet. (Ein „dass"-Satz drückt keinen (sc. vollständigen) Gedanken aus.) Hält man sich an (F_2), dann fungiert in der indirekten Rede der Satz, vor dem ein „dass" steht, genauso wie die Kennzeichnung nach dem „ist" in (9): Beide bedeuten (bezeichnen) dort

---

15 In Kaplan 1969, § IV werden „meaning marks [...] in analogy to the conventional use of quotation marks" eingeführt.
16 „Complementizer" ist der merkwürdige Terminus, den Linguisten u. a. für das verwenden, was man früher als eine subordinierende Konjunktion bezeichnet hat.

den Sinn, den sie in der gewöhnlichen Rede ausdrücken. Das setzt Frege auch in den *Grundgesetzen* voraus, wenn er schreibt: „Der Gedanke [...], der sonst Sinn des *Satzes* ist, wird in der ungeraden Rede *seine* Bedeutung." (GG I, *Vorwort*, x, Herv. WK; vgl. auch NL, 276) Demnach ist der Komplementierer in (10) und (11), semantisch gesehen, ein Nichtstuer. Kein Wunder, dass Frege ihm nirgendwo nachsagt, er habe Sinn und Bedeutung. Seine Aufgabe besteht lediglich darin, die Leserin auf die besondere Verwendungsweise der auf ihn folgenden Worte aufmerksam zu machen – eine Aufgabe, die eigentlich schon der Prolog „A sagt / glaubt" erfüllt. Tatsächlich können in der indirekten Rede ja manchmal auch nicht-eingeleitete Nebensätze verwendet werden:

(12) Gestern mittag hast du geglaubt, sie stirbt.

(Kein gutes Deutsch? Oh doch! Diesen Satz habe ich Max Frischs Roman *Stiller* entnommen (2. Teil, gegen Ende). Im Englischen sind nicht-eingeleitete Nebensätze in der indirekten Rede ganz und gäbe.)

Die Auffassung, dass ein und derselbe Satz, der in der gewöhnlichen Rede einen Gedanken ausdrückt, diesen Gedanken in der indirekten Rede bezeichnet, hält Frege in SB aber nicht durch, und 1904 scheint er sie in einem Brief an Russell aufgegeben zu haben:

> (F_3) [0] [Ein] mit ‚daß' eingeleiteter abstracter Nennsatz [... kann] als Nennwort aufgefaßt werden, ja man könnte sagen: als Eigenname jenes Gedankens [...], als welcher er in den Zusammenhang des Satzgefüges eintrat. (SB, 37a, 39c)
> [1] Man kann nach meiner Redeweise einen Gedanken bezeichnen und man kann ihn ausdrücken. Jenes geschieht in der ungeraden Rede. ‚*Copernicus meinte, dass die Planetenbahnen Kreise seien*' ist ein Beispiel dazu [...] [2] In unserem ganzen Satz bezeichnet der Eigenname ‚Copernicus' ebenso einen Mann, wie der Nebensatz ‚dass die Planetenbahnen Kreise seien' einen Gedanken bezeichnet; und [3] es wird gesagt, dass zwischen dem Manne und diesem Gedanken eine Beziehung bestehe, nämlich dass der Mann den Gedanken für wahr hielt. (WB, 246, WKs Nummerierung.)[17]

Mit der Bezeichnung „abstrakter Nennsatz" in [0] übernimmt Frege die Terminologie der deutschen Grammatiken des neunzehnten Jahrhunderts. Er erinnert seine Leser daran, dass die Grammatiker „die Nebensätze als Vertreter von [sc. nicht-satzförmigen] Satzteilen" zu klassifizieren pflegen, in deren Position sie stehen und von denen sie ihre Bezeichnungen erben (SB, 36c): die *Beisätze* von den

---

[17] Die Thesen in [2] und [3] machen Frege zum prototypischen Anhänger derjenigen Auffassung, die in Schiffer 2006 als „propositionalist" und „relationist" klassifiziert wird. Priors Auffassung ist weder „propositionalist" noch „relationist" (vgl. unten Anm. 20); sie wird erklärt und kritisiert in Künne 2014. Davidsons Auffassung ist „relationist", aber nicht „propositionalist".

Beiwörtern (Adjektiven), die *Adverbsätze* von den Adverben bzw. Adverbialen und die *Nennsätze* von den Nennwörtern. Nennsätze sind also diejenigen Bestandteile eines Satzgefüges, die in der Position eines Nennwortes (genauer: eines singulären Terms) stehen. In SB, 39 gibt Frege das folgende Beispiel:

(S1) Der die elliptischen Planetenbahnen entdeckte, starb im Elend.

Der kopflose Relativsatz in (S1) kann *salvo sensu* (unbeschadet des Sinns) durch die Kennzeichnung „der Entdecker der elliptischen Form der Planetenbahnen" und *salva veritate* durch den Namen „Johannes Kepler" ersetzt werden. Die Grammatiker des 19. Jahrhunderts würden ihn als *konkreten* Nennsatz klassifizieren. Warum? Die naheliegende Antwort ist: Weil der Gegenstand, den er bezeichnet, der schwäbische Astronom, ein konkreter *Gegenstand* ist. Das legt die Vermutung nahe, dass Frege den Nebensatz in seinem Copernicus-Beispiel in [2] deshalb in [0] als *abstrakten* Nennsatz bezeichnet, weil er einen abstrakten *Gegenstand*, einen Gedanken bezeichnet.[18] (Die Ausdrücke „abstrakt" und „konkret" gehören zwar nicht zu Freges theoretischem Standardvokabular. Aber er zögert in GG II nicht, Gegenstände, die „objektiv", aber nicht „wirklich" sind, mit Cantor „abstracte Gegenstände" zu nennen (§ 74, 86).) Dass ein „dass"-Satz in der indirekten Rede durch einen nicht-satzförmigen Satzbestandteil ersetzt wird, kommt nur selten vor; was u. a. daran liegt, dass Gedanken nur selten eine solche Karriere machen, dass sie der Ehre eines „eigentlichen Eigennamens" (SB, 27, Anm. 2) gewürdigt werden. Aber es kommt vor: Der „dass"-Satz in

(13) Manche Philosophen bestreiten, dass es abstrakte Gegenstände gibt,

kann *salvo sensu* durch eine Nominalphrase ersetzt werden:

(13*) Manche Philosophen bestreiten die Existenz abstrakter Gegenstände,

und er kann *salva veritate* gegen einen Namen ausgetauscht werden:[19]

(13†) Manche Philosophen bestreiten den Platonismus.

Ein Wort kann übrigens *immer* in der Position eines „dass"-Satzes in der indirekten Rede stehen – das Wort „das". In einem gegebenen Kontext kann ein lakoni-

---

18 Vgl. Götzinger 1839, Teil 2, §§ 123–130. Da Freges Vater eine Sprachlehre geschrieben hat, können wir davon ausgehen, dass ihm solche Grammatiken sehr früh und sehr leicht zugänglich waren. Auch Quine klassifiziert in 1950, § 34 singuläre Terme wie „Weisheit" („Sokrates") deshalb als abstrakt (konkret), weil sie dazu bestimmt sind, einen abstrakten (konkreten) *Gegenstand* zu bezeichnen.
19 Ein Argument für die These, dass (13†) nicht denselben Gedanken ausdrückt wie (13), findet sich in Künne 2003, 72 f.

scher Satz der Form „A φ-t das" genau denselben Gedanken ausdrücken wie ein wortreicher Satz der Form „A φ-t, dass *p*". (Das sollte uns genauso wenig erstaunen wie die Tatsache, dass man *jeden* Gedanken, wenn einem der Kontext zu Hilfe kommt, mit dem noch kürzeren Wort „Ja" ausdrücken kann.)

Was bezeichnet denn nun den Gedanken, den Nicola laut (10) als wahr hinstellt und laut (11) für wahr hält – der Nennsatz (wie Frege in [0] und [2] sagt) oder der Satz nach dem „dass"? Eine entsprechende Spannung haben wir schon in 6.2 erlebt, und ich versuche wieder, sie durch einen irenischen Vorschlag aufzulösen. Wenn wir einen Satz der Form „A φ-t, dass *p*" als Resultat der Sättigung von „A φ-t ( )" auffassen, können wir sagen: Der Gedanke, den Nicola laut (10) und (11) als wahr hinstellt und für wahr hält, wird *sowohl* von dem Nennsatz *als auch* von dem Satz bezeichnet, der in ihm erhalten ist.[20]

„Zu den mit ‚daß' eingeleiteten abstrakten Nennsätzen", sagt Frege, „gehört *auch* die ungerade Rede" (SB, 37a, Herv. WK). Er gibt hier keine Beispiele für die anderen Mitglieder dieser Sorte von Nennsätzen. Aber der Leser von GL, § 3 und SB, 25–26 kann sich leicht selbst solche Exempel bilden: Auch in Sätzen der Formen „Dass *p*, ist eine analytische (synthetische) Wahrheit", „Dass *p*, ist eine Wahrheit a priori (a posteriori)" und „Dass *p*, ist unmittelbar einleuchtend (erkenntniserweiternd)" wird der Gedanke bezeichnet, den der Satz in der „*p*"-Position in der gewöhnlichen Rede ausdrückt. Jede dieser Klassifikationen erfüllt die hinreichende Bedingung der Anormalität: Wenn wir für „*p*" einsetzen „Der Morgenstern ist der Morgenstern", ist jeweils die Klassifikation außerhalb der Klammern korrekt, während bei Einsetzung des extensional äquivalenten Satzes „Der Morgenstern ist der Abendstern" jeweils die entgegengesetzte Klassifikation innerhalb der Klammern korrekt ist.

Die Gedankenbezeichnungen in der indirekten Rede sind in unserer Sprache oft, aber nicht immer mit „dass" eingeleitete Nebensätze, und „dass"-Sätze sind nicht immer Bezeichnungen von Gedanken. Auch ein nicht-eingeleiteter Nebensatz kann einen Gedanken bezeichnen, was ich mit (12) belegt habe.[21] Die Gedankenbezeichnung kann auch ein Hauptsatz sein: „George Eliot ist – so glaubt Anna – kein Mann", und manchmal kann man auf einen Gedanken mit Hilfe einer Infinitivkon-

---

20 Wenn man Sätze der Form „A φ-t, dass *p*" mit Prior als Resultat der Sättigung von „A φ-t, dass ( )" durch einen Satz versteht, enthalten sie genauso wenig einen Nennsatz wie Sätze der Form „~ *p*". Gegen diese Deutung Künne 2014.
21 In solchen Fällen war ehedem im Nebensatz der Konjunktiv obligatorisch. Frege verwendet in den „dass"-Sätzen der indirekten Rede meist wie in F₃[1] den Konjunktiv, und in SB, 38c und NL, 276 scheint er ihn auch für grammatisch geboten zu erklären. Seine Behauptung in GED, 62, Anm., dass „im Deutschen [...] Hauptsatz und Nebensatz sich durch die Wortstellung unterscheiden", ist eine offenkundig falsche Generalisierung: In „Sie geht, sobald er kommt" und in Satzgefügen mit nicht-eingeleitetem Nebensatz wie „Kommt er, so geht sie" oder „Ich dachte, er kommt" unterscheiden sich Haupt- und Nebensatz nicht durch die Position des konjugierten Verbs.

struktion Bezug nehmen: „Anna behauptet, *Middlemarch* in zwei Tagen gelesen zu haben".[22] Dass auch ein „eigentlicher Eigenname" einen Gedanken bezeichnen kann, belegt (13†). In SB, 38c zeigt Frege, dass manchmal auch eine Nominalphrase die Rolle einer Gedankenbezeichnung übernimmt. Sein Beispiel ist der Satz „Columbus schloß aus der Rundung der Erde, dass er nach Westen reisend Indien erreichen könne". Die Wendung „aus der Rundung der Erde" ist hier eine stilistische Variante von „daraus, dass die Erde rund ist". Gleichgültig, welcher Formulierung man sich bedient: im Kontext der Argument-Zuschreibung kann der Name unseres Planeten nicht *salva veritate* gegen beliebige ko-extensionale Kennzeichnungen, z. B. „der Himmelskörper, auf dem Mozart gelebt hat", ausgetauscht werden. Mit einem Ja/Nein-Fragesatz drückt man denselben Gedanken aus wie mit dem entsprechenden Aussagesatz (GED, 62; VER, 153; GGF, 38), und wenn man in der indirekten Rede jemandem das Stellen einer Entscheidungsfrage zuschreibt, dann bezeichnet der „ob"-Satz einen Gedanken.[23] Ein „dass"-Satz bezeichnet auch keineswegs immer einen Gedanken. Das zeigt der Anfang einer ehedem gut bekannten Geschichte: „Es begab sich aber zu der Zeit, dass ein Gebot von dem Kaiser Augustus ausging ...". Was sich begab, war eine Begebenheit, ein Ereignis. Da Ereignisse konkrete Gegenstände sind, ist der „dass"-Satz des Evangelisten ein *konkreter* Nennsatz. Dass nach Freges Dafürhalten auch *abstrakte* Nennsätze nicht immer einen Gedanken bezeichnen, werde ich in 6.4/3 darlegen – und beklagen.

Mit einer durch Einbettung hervorgerufenen Bedeutungsverschiebung geht stets eine Sinnverschiebung einher. Da es (wie gesagt) ein Axiom der Semantik Freges ist, dass kein Sinn eine „Art des Gegebenseins" mehr als eines Gegenstandes oder mehr als einer Funktion ist, kann ein Satz, der in seiner Verwendung als Gedankenbezeichnung nicht seine „gewöhnliche Bedeutung" hat (die Frege zufolge ein Wahrheitswert ist), in dieser Gebrauchsweise auch nicht seinen „gewöhnlichen Sinn" haben. Der „ungerade Sinn", den er hier hat, ist, so sagt Frege, der (gewöhnliche) Sinn des singulären Terms „der Gedanke, dass *p*" (SB, 37a). Wir können (11) so paraphrasieren:

(11*) Nicola hält den Gedanken, dass die schottische Bevölkerung mit überwältigender Mehrheit für den Verbleib in der EU gestimmt hat, für wahr.

---

22 ‚Wie A gesagt hat, *p*' ist nicht äquivalent mit „A hat gesagt, dass *p*". Die erste Zuschreibung ist *faktiv* – sie ist nur dann korrekt, wenn es eine Tatsache ist, dass *p*. Sie ist insofern im selben Boot wie die von Frege in ihrer Besonderheit erkannten Fälle „A weiß, dass *p*" und „A erkennt, dass *p*" (SB, 48a). Die Zuschreibung mit dem Infinitiv ist eine stilistische Variante von „Anna behauptet, dass sie M. in zwei Tagen gelesen hat". Solche *de se*-Zuschreibungen werden uns in 6.4/2 beschäftigen.
23 In SB, 39b scheint Frege diese Besonderheit der „ob"-Sätze noch verkannt zu haben.

Der Nennsatz in (11) und das wortreiche Akkusativ-Objekt in (11*) haben nicht denselben Sinn wie der nicht-eingebettete Satz „Die schottische Bevölkerung hat ... gestimmt"; denn der drückt einen wahren oder falschen Gedanken aus, während man mit dem Nennsatz in (11) und dem Akkusativ-Objekt in (11*) nichts Wahres oder Falsches sagt, sondern nur einen *Teil* eines Gedankens ausdrückt (SB, 36c). Der singuläre Term, der das Akkusativ-Objekts in (11*) ist, erfüllt die notwendige Normalitätsbedingung; denn er kann in (11*) gegen beliebige ko-extensionale Terme, also andere Bezeichnungen desselben Gedankens ausgetauscht werden, z. B. gegen „den Gedanken, dessen Wahrheit die Einheit des Vereinigten Königreichs bedroht". Weshalb ich seinen Sinn oben als gewöhnlichen Sinn bezeichnet habe.

Wie jeder Gegenstand kann auch ein Gedanke auf mannigfache Weise bezeichnet werden, und viele dieser Bezeichnungen sind sinnverschieden. Wie wir wissen, ist die folgende Identitätsaussage wahr:

(14)   Der Gedanke, dass die schottische Bevölkerung mit überwältigender Mehrheit für den Verbleib in der EU gestimmt hat, ist der Gedanke, den der fünfte Satz im *Statement by First Minister Nicola Sturgeon on Thursday 24 December 2020* ausdrückt.

Dass diese Identitätsaussage wahr ist, versteht sich nicht von selbst. Nun haben wir Frege schon einmal sagen hören: „Überall wo das Zusammenfallen der Bedeutung nicht selbstverständlich ist, haben wir eine Verschiedenheit des Sinnes." Demnach haben die gleichbedeutenden Gedankenbezeichnungen in (14) nicht denselben Sinn. Die erste Bezeichnung ist wieder eine von der privilegierten Sorte: Wer sie versteht, kann sich nicht mehr fragen, welchen Gedanken sie bezeichnet, – sie ist diaphan. Die zweite Bezeichnung desselben Gedankens in (14) ist hingegen undurchsichtig: Man kann ihren Sinn erfassen, ohne die geringste Ahnung zu haben, welchen Gedanken sie bezeichnet. Operatoren der Form „A φ-t, dass" sind iterierbar: „Nicola glaubt, dass Boris glaubt, dass Nicola glaubt, dass es ein zweites Unabhängigkeitsreferendum geben wird". (Frege iteriert diesen Operator in WB, 236.) Freges Theorie macht solche Iterationen keineswegs unverständlich. Bei jeder Iteration gilt: Wer die Gedankenbezeichnung n-ter Stufe versteht, weiß eo ipso, welchen Gedanken der Stufe n–1 er bezeichnet.[24]

---

[24] Die These Davidsons, dass eine Sprache, in der es eine Stufenfolge der Sinne gibt, nicht erlernbar wäre, und die These Dummetts, dass Frege eine solche Stufenfolge gar nicht anzunehmen braucht, wurden in Burge 2005 und Kripke 2008 widerlegt.

6.4 Einige Probleme (und Vorschläge zu ihrer Lösung)

1) Neue Substitutionsprobleme

Wenn Nennsätze in der indirekten Rede Gedanken bedeuten (bezeichnen), dann bezeichnet der Nennsatz in „A φ-t, dass p" dasselbe wie der singuläre Term „der Gedanke, dass p". Dann sollte man erwarten, dass dieser singuläre Term in „A φ-t, dass p" unbeschadet des Wahrheitswertes und erst recht unbeschadet der grammatischen Wohlgeformtheit (*salva congruitate*) an die Stelle des Nennsatzes treten kann. Weder das Erste noch das Zweite ist aber in allen Sätzen der Form „A φ-t, dass p" der Fall.[25]

Innerhalb eines Satzes der Form „A meint, dass p" (z. B in Freges Copernicus-Beispiel in [2]) soll der „dass"-Satz genau dasselbe bedeuten (bezeichnen) wie „der Gedanke, dass p"; aber es ist möglich, dass A den Gedanken, dass p, meint, obwohl A nicht meint, dass p. Wer einen bestimmten Gedanken meint (ihn im Sinn hat, etwas über ihn sagen will), muss ihn schließlich nicht für wahr halten. Die Ausdrücke „dass p" und „der Gedanke, dass p" sind hier also *nicht* unbeschadet des Wahrheitswertes austauschbar. Ein Meinen, dessen intentionales Objekt der Gedanke, dass p, ist, ist ein *meaning something*, während ein Meinen, dessen Gehalt dieser Gedanke ist, ein *believing something* ist. Das Verbum in „A φ-t, dass p" hat hier nicht denselben Sinn wie das gleichlautende Verbum in „A φ-t den Gedanken, dass p". (Frege hat das bemerkt: Wenn er in (F₃) [3] die Beziehung angibt, in der Copernicus laut „C. meint, dass p" zu dem Gedanken, dass p, steht, ersetzt er „meint" durch „hält für wahr".) Betrachten wir noch einen Fall diese Sorte: „Gina fürchtet, dass der Ätna morgen ausbricht" hat nicht denselben Wahrheitswert wie „Gina fürchtet den Gedanken, dass der Ätna morgen ausbricht", wenn Gina keine neurotische Nominalistin ist, die sich vor abstrakten Gegenständen fürchtet. Während ein Fürchten, dessen intentionales Objekt der Gedanke, dass p, ist, ein *Sich vor etwas Fürchten* ist, handelt es sich bei einem Fürchten, dessen Gehalt dieser Gedanke ist, um ein *Etwas Befürchten*.

Widerlegen diese Beobachtungen Freges Auffassung? Ich glaube nicht. Frege war sich durchaus darüber im Klaren, dass das Prinzip der wahrheitswerterhaltenden Austauschbarkeit mit einem Körnchen Salz verstanden werden muss. Strenggenommen gilt es in der „Volkssprache" nämlich auch dann nicht, wenn wir Worte auf die gewöhnliche Weise verwenden. Einen Beleg für Freges Illusionslosigkeit in

---

[25] Vgl. Moltmann 2003; Rosefeldt 2008; dazu Künne 2015, 146–153 und auf einer viel breiteren Leinwand Künne 2014.

dieser Sache entnehme ich der Diskussion des Napoleon-Beispiels in SB. Freges eigenes Exempel enthält einen nicht-restriktiven Relativsatz. Man kann leichter sehen, worauf es ankommt, wenn man eine parataktische Konstruktion verwendet. Alles, was Frege über sein Exempel sagt, trifft auch auf meines zu:

(S2) Napoleon wurde auf Korsika geboren, und er krönte sich zum Kaiser der Franzosen.

In Übereinstimmung mit seiner „Vermutung" will Frege sagen, dass das erste Konjunkt in (S2) den Wahrheitswert Wahr bezeichnet. Er sagt über diesen Teilsatz: „Wir können also erwarten, daß er sich unbeschadet der Wahrheit des ganzen durch einen Satz von dem selben Wahrheitswerthe ersetzen lasse. Dies ist auch der Fall; nur muß beachtet werden, daß sein Subject ‚Napoleon' sein muß, aus einem rein grammatischen Grunde." (SB, 44 f)

Wenn man das erste Konjunkt in (S2) durch eine Wahrheit über jemanden ersetzt, der sich nicht zum Kaiser der Franzosen gekrönt hat (z. B. durch „Sokrates wurde in Attika geboren"), dann ändert sich der Sachbezug des anaphorischen Pronomens „er" im zweiten Konjunkt und damit (im gerade angenommenen Fall) der Wahrheitswert des Satzgefüges. Frege zieht daraus zu Recht nicht die Konsequenz, dass das erste Konjunkt eben doch keinen Wahrheitswert bezeichnet. In einer logisch reglementierten Version des Deutschen würde das anaphorische Pronomen in (S2) durch den Namen „Napoleon" ersetzt, und dann – so sagt Frege – „fällt die Beschränkung hinweg", die er der Ersetzung auferlegt hatte (ebd.). Auf seine Variante von (S2) zurückblickend, sagt Frege: Wenn ein Teilsatz einen Wahrheitswert bezeichnet, „dann kann er unbeschadet der Wahrheit des Ganzen durch einen andern von demselben Wahrheitswerthe ersetzt werden, *soweit nicht grammatische Hindernisse vorliegen*" (SB, 46, Herv. WK).

Die Tatsache, dass das erste Konjunkt in (S2) nicht *salva veritate* der Konjunktion durch den extensional äquivalenten Satz „Sokrates wurde in Attika geboren" ersetzt werden kann, zeigt nicht, dass das erste Konjunkt keinen Wahrheitswert bezeichnet. Und die Tatsache, dass der Nebensatz in „A meint / fürchtet, dass p" nicht unbeschadet des Wahrheitswerts des Ganzen durch (den Akkusativ von) „der Gedanke, dass p" ersetzt werden kann, zeigt genauso wenig, dass der Nebensatz nicht den Gedanken, dass p, bezeichnet. In einer begriffsschriftlich reglementierten Version des Deutschen könnte man anstelle von „A meint / fürchtet, dass p" den Satz *„Dass p, ist der Gehalt einer Meinung / einer Furcht von A"* verwenden, in dem „dass p" sehr wohl unbeschadet des Wahrheitswertes durch „der Gedanke, dass p" ersetzbar ist. Nichts von dem, was wir mit „A meint, dass p" und „A fürchtet, dass p" sagen wollen, geht verloren, wenn wir uns dieser Formulierungen bedienen.

Ähnlich kann Frege auf das zweite Substitutionsproblem reagieren. Manchmal ist der Nebensatz in „A φ-t, dass *p*" nicht einmal unter Wahrung der grammatischen Wohlgeformtheit ersetzbar durch die Bezeichnung „der Gedanke, dass *p*". Auch das kann man sich an Freges eigenen Exempeln klarmachen. Er führt als Beispiele für das Hauptverb in einer indirekten Rede „überzeugt sein", „glauben" und „hoffen" an (SB, 37–38). In „A ist überzeugt, dass *p*", „A glaubt, dass *p*" und „A hofft, dass *p*" produziert die Ersetzung des Nennsatzes durch (den Akkusativ von) „der Gedanke, dass *p*" ein ungrammatisches Gebilde.

Widerlegt das Freges Auffassung? Ich glaube nicht. Auch das Prinzip der Austauschbarkeit *salva congruitate* muss mit einem Körnchen Salz verstanden werden. Strenggenommen gilt es in der „Sprache des Lebens" nämlich auch dann nicht, wenn wir Worte auf die gewöhnliche Weise verwenden. In „Der junge Goethe verliebte sich in Friederike Brion" können wir den Namen des Dichters nicht durch die Kennzeichnung „der Verfasser der *Leiden des jungen Werthers*" ersetzen, ohne den Satz ungrammatisch zu machen. Das ist gewiss kein guter Grund, zu bestreiten, dass die Kennzeichnung denselben Mann bezeichnet wie der Name. In einer logisch reglementierten Version des Deutschen können wir die problematische Formulierung zugunsten der folgenden verabschieden: „Goethe verliebte sich in Friederike, als Goethe jung war", und hier ist der Name sehr wohl *salva congruitate* durch beliebige Bezeichnungen des Dichters ersetzbar. Entsprechend kann man den Nennsatz in einer begriffsschriftlich reformierten Sprache unter Wahrung der Grammatikalität gegen „der Gedanke, dass *p*" austauschen: „*Dass p, ist der Gehalt einer Überzeugung / eines Glaubens / einer Hoffnung von A*". Nichts von dem, was wir mit „A ist überzeugt, dass *p*" und „A hofft, dass *p*" sagen wollen, geht verloren, wenn wir uns dieser Formulierungen bedienen,

Der Begriff des Gehalts, der (nach meinem Vorschlag) in den begriffsschriftlichen Nachfolgern für Sätze der Form „A φ-t, dass p" zu verwenden ist, fällt zusammen mit dem, was Frege unter objektivem Inhalt versteht, wenn er in SB schreibt: „Ich verstehe unter Gedanken nicht das subjective Thun des Denkens, sondern dessen objectiven Inhalt, der fähig ist, gemeinsames Eigenthum von Vielen zu sein." (32, Anm.)[26] Den Kontrast, den die Metapher vom gemeinsamen Eigentum intendiert, buchstabiert Frege in seinem späten Aufsatz *Der Gedanke* aus. Im Unterschied zu Gedanken ist ein Akt des Denkens sozusagen das Privateigentum dessen, der ihn vollzieht, – will sagen: Sind A und B verschieden, so ist A's Denken notwendigerweise selbst dann von B's Denken verschieden, wenn sie beide dasselbe denken. Das Epitheton „objektiv" hat hier dieselbe Pointe wie die Metapher vom gemein-

---

26 Der Gebrauch des Paars „*Gedanke*"/„*Inhalt*" in dieser Bemerkung hat einen Vorläufer in BS, § 2 und NL, 6 ff, und man findet ihn noch 1910 in Freges Briefen an Jourdain: WB, 120, 128.

samen Eigentum: Die fraglichen Inhalte sind nicht Wellen im Bewusstseinsstrom eines Denkers.[27] Der eben zitierten Bemerkung Freges zufolge sind Gedanken mögliche *Gehalte* propositionaler Akte und Zustände.

In einem Brief an Russell schreibt Frege am 20. 10. 1902: „Ich habe in der Begriffsschrift die ungerade Rede *noch* nicht eingeführt, weil ich *noch* keine Veranlassung dafür hatte." (WB, 232, Herv. WK) In den 1879er und 1897er Versionen einer Begriffsschrift wollte Frege (zunächst nur) eine Sprache für Deduktionen in der Arithmetik bereitstellen, aber er hielt diesen Rahmen von Anfang an für so erweiterbar, dass er auf Deduktionen in jeder Wissenschaft anwendbar ist. In seinem Kampf gegen den Psychologismus rechnete er mit der Möglichkeit einer wissenschaftlichen Psychologie, und er zögerte nie, von psychologischen *Gesetzen* zu sprechen. Die psychologischen Gesetze, auf die Bezug zu nehmen er wiederholt Anlass hatte, waren „Gesetze des Fürwahrhaltens" (Vgl. GG I, Vorwort, xvi–xvii; GED, 58–59). Fürwahrhalten ist Glauben. Zuschreibungen propositionaler Akte und Zustände spielen also in Freges Augen eine bedeutende Rolle in manchen Teilen einer wissenschaftlichen psychologischen Theorie.

2) Zuschreibungen *de re* und *de se*

Diese Formen der indirekten Rede hat Frege nirgendwo erörtert. In Sätzen wie (10) und (11) gilt von dem eingebetteten Satz: Er drückt den Gedanken aus, den Nicola für wahr hält bzw. als wahr hinstellt. Sie handeln von dem mit diesem Satz Gesagten, weshalb man sie als Zuschreibungen *de dicto* zu klassifizieren pflegt. In einer Zuschreibung *de re* bestimmt der eingebettete Satz den Gehalt des zugeschriebenen sprachlichen Aktes oder mentalen Aktes / Zustandes nur unvollständig:

(15)   Donald behauptet von dem Sieger, dass er verloren hat.

Das Pronomen im Nebensatz ist nicht anaphorisch; denn D. will ja bestimmt nicht das als wahr hinstellen, was mit dem Satz „Der Sieger hat verloren" gesagt wird. Der Satz „Er hat verloren" drückt den Gehalt von D.s Behauptung nicht (vollständig) aus: Wir sagen in (15) nur, von wem D. was behauptet, aber nicht, wie er selbst auf die Person Bezug nimmt, die wir, die Zuschreiber, in (15) als Sieger bezeichnen (vgl. zum Folgenden Künne 2010, 304f, 481–485).

---

[27] GED, 67–68, kommentiert in Künne 2010, 491–500. „Objective Inhalte" (vgl. NL, 115) sind also nicht, was Frege unter „Bewußtseinsinhalten" versteht, die zur „Innenwelt" einer Person gehören. Zu diesem Gebrauch von „Bewußtseinsinhalt" vgl. GED, 67ff und 74, Anm.

Um die Antwort zu formulieren, die Frege auf die Frage nach den Wahrheitsbedingungen von Zuschreibungen wie (15) geben könnte, bedarf es einer terminologischen Vorbereitung. Frege hat für die Beziehung des *Sinns* eines Zeichens zu dem, was es bedeutet (bezeichnet), keinen Terminus bereitgestellt. In Anlehnung an die englische Phrase „mode of presentation" – die Standardübersetzung von Freges „Art des Gegebenseins" – verwende ich „σ *präsentiert* a" als Abkürzung für „Der Sinn σ ist eine Art des Gegebenseins des Gegenstandes a". Der Sinn σ präsentiert also genau dann a, wenn gilt: jedes Zeichen, das σ ausdrückt, bedeutet (bezeichnet) a.²⁸ Ausdrücke der Form „[A]" mögen (wie schon in Satz (9′) in 6.3) als diaphane Bezeichnungen des Sinns von „A" dienen. Mit Hilfe dieser Notation können wir beispielsweise sagen: Das Resultat der „Sättigung" (Vervollständigung) von [x ist rund] durch [der Mond] ist der Gedanke, dass der Mond rund ist. Jetzt können wir die Wahrheitsbedingungen der *de re*-Zuschreibung (15) folgendermaßen angeben:

(15)* Es gibt einen Sinn σ, von dem gilt: σ präsentiert die Siegerin & der Gedanke, in dem [x hat verloren] durch σ vervollständigt wird, ist der Gehalt einer Meinung Annas.

Mehrfach exemplifiziert Frege die indirekte Rede durch Zuschreibungen *de se*, deren Besonderheit er nicht zu bemerken scheint.²⁹ Hier ist ein anderes Beispiel:

(16) Anna glaubt, dass sie Blutgruppe A hat.

Was Anna (16) zufolge glaubt, wenn man diesen Satz im Sinne von „Anna glaubt, Blutgruppe A zu haben" versteht, ist nicht das mit dem Satz „Anna hat (Blutgruppe A)" Gesagte; denn (16) könnte auch dann wahr sein, wenn Anna unter Amnesie leidet und ihren eigenen Namen vergessen hat. Was Anna (16) zufolge glaubt, ist das, was sie selbst (und was nur sie) mit dem Satz „Ich habe Blutgruppe A" ausdrücken könnte. Es gibt für jedes denkende Wesen x eine kognitive Perspektive, die x nur gegenüber x einnehmen kann und die nur x gegenüber x einnehmen kann.³⁰ Anspielend auf das Personalpronomen, mit dem man solche „Arten des Gegebenseins"

---

28 In Künne 2010, 201, Anm. berichte ich, wie Alonzo Church u. a. das Problem der terminologischen Lücke gelöst haben.
29 SB, 37, Anm. 8: „A behauptete, dass er den B gesehen habe." SB, 38c: „Columbus schloß [...], dass er nach Westen reisend Indien erreichen könne." GED, 66b: „Dr. Gustav Lauben denkt, dass er verwundet worden ist." Hier ist „er" jedes Mal im Sinne von „er selbst" zu verstehen – den drei Herren wird nachgesagt, dass sie von *sich* sprechen bzw. an *sich* denken.
30 Vgl. GED, 66b: „Nun ist jeder sich selbst in einer besonderen und ursprünglichen Weise gegeben, wie er keinem Andern gegeben ist."

ausdrückt, bezeichne ich sie als *Ego-Sinne*. Mit Hilfe dieser Begrifflichkeit können wir die Wahrheitsbedingungen der *de se*-Zuschreibung (16) folgendermaßen angeben:

(16)* Es gibt einen Sinn σ, von dem gilt: σ ist ein Ego-Sinn & σ präsentiert Anna & der Gedanke, in dem [*x* hat Blutgruppe A] durch σ vervollständigt wird, ist der Gehalt einer Meinung Annas.

3) „dass"-Sätze im Wahrheitsdiskurs

> Criticizing Frege is a thing one does ‚more in sorrow than in anger', or in anger just because it is in sorrow; for there has perhaps been no greater philosophical logician.[31]

Das pompöse Wort „Wahrheitsdiskurs" dient mir als Sammelbezeichnung für Einsetzungsinstanzen von Schemata wie „Es ist wahr, dass *p*", „Der Gedanke, dass *p*, ist wahr", „*x* ist wahr", „Alle (einige) F sind wahr". (Ich vermeide die Rede von Wahrheits*zuschreibungen*; denn damit wären die Karten schon gezinkt: Frege würde bestreiten, dass in solchen Sätzen die Eigenschaft, wahr zu sein, zugeschrieben wird.) Um Atem zu sparen, werde ich im Folgenden den Titel „*Nichtaustauschbarkeit*" als abkürzende Bezeichnung für die Eigenschaft einer Komponente eines (in logisch reglementierter Sprache formulierten) Satzes verwenden, nicht unbeschadet des Wahrheitswertes des Ganzen gegen beliebige ko-extensionale Ausdrücke derselben Sprache ausgetauscht werden zu können.

Wie wir sahen, ist Nichtaustauschbarkeit eine *hinreichende* Bedingung der Anormalität des Gebrauchs der Worte in einem Satzteil. Die Nennsätze in der indirekten Rede pflegen diese Bedingung zu erfüllen. Nun treten solche Nebensätze aber auch im Wahrheitsdiskurs auf – etwa in den folgenden Sätzen, an denen Frege einen entscheidenden Zug seiner Wahrheitskonzeption erläutert:

(17) Der Gedanke, dass 5 eine Primzahl ist, ist wahr (SB, 35),

(18) Es ist wahr, dass Friedrich der Große bei Rossbach siegte (NL, 153).

Offenkundig leiden die eingebetteten Sätze in (17) und (18) *nicht* unter Nichtaustauschbarkeit: Die in ihnen enthaltenen singulären Terme und Prädikate können durch beliebige ko-extensionale Eigennamen und Prädikate ersetzt werden, und sie können als ganze gegen beliebige extensional äquivalente Sätze ausgetauscht

---

[31] Prior 1971, 52, *Hamlet* I/2, 231 zitierend. (Was Prior an Frege kritikbedürftig fand, ist übrigens gerade nicht das, was ich in diesem Abschnitt kritisieren werde.)

werden, ohne dass an die Stelle der wahren Gedanken, die (17) und (18) ausdrücken, falsche Gedanken treten. Aber das gilt auch von dem folgenden Satz:

(19) Wenn Gottlob glaubt (behauptet), dass Friedrich II. bei Roßbach siegte, dann hat Gottlob Recht.

In dem Satz, der im Antecedens eingebettet ist, können dieselben Substitutionen wie in seinem Echo in (18) vorgenommen werden, ohne dass an die Stelle des wahren Gedankens, den (19) ausdrückt, jemals ein falscher tritt. Ist (19) deshalb eine Ausnahme von der Regel, dass ein Nennsatz, der auf „glaubt" oder „behauptet" folgt, einen Gedanken bezeichnet? Hängt die Bedeutung des Antecedens von (19) etwa davon ab, wie das Consequens lautet? In dem Satzgefüge „Wenn Gottlob behauptet, dass Friedrich II. bei Roßbach siegte, dann widerspricht ihm Margarete nicht" kehrt die Nichtaustauschbarkeit ja wieder zurück.

Nichtaustauschbarkeit innerhalb eines „dass"-Satzes ist eine hinreichende Bedingung dafür, dass er einen Gedanken bezeichnet. Aber warum sollte man darin auch eine *notwendige* Bedingung sehen? Ziehen wir zum Vergleich die andere Art von anormaler Verwendung von Worten heran, die Frege ihrem normalen Gebrauch gegenüberstellt. Der Wahrheitswert eines Satzes wie (2) in 6.2, der einen *Anführungsnamen* enthält, kann sich ändern, wenn der Ausdruck zwischen den Anführungszeichen durch einen ersetzt wird, der zwar ko-extensional mit ihm ist, aber nicht genauso buchstabiert wird. Das Bestehen dieses Risikos ist ein *hinreichender* Grund für die Annahme, dass der Name hier nicht der Bezugnahme auf den Namensträger, sondern der Bezugnahme auf den Namen dient. Aber dieses Risiko besteht keineswegs immer, wenn eine Bedeutungsverschiebung stattfindet. In

(20) „George Eliot" bezeichnet eine berühmte Engländerin

kann der Name der Schriftstellerin *salva veritate* durch jeden anderen ko-extensionalen singulären Term ersetzt werden, und in

(21) „George Eliot" ist ein Eigenname

kann er sogar gegen jeden beliebigen Eigennamen unbeschadet der Wahrheit ausgetauscht werden. Aber diese Tatsachen liefern keinen guten Grund für die Behauptung, dass der Subjekt-Term in (20) und (21) nicht genau dieselbe Rolle spielt wie in (2), also der Rede über ein Wort dient (vgl. Quine 1960, 146; Dummett 1999, 269).

In einer reglementierten Version der „Volkssprache" ist die Nichtaustauschbarkeit eines Ausdrucks in einem Kontext K ein zwingender Grund, ihm eine anormale Bedeutung in K zuzuschreiben, aber auch wenn Substituierbarkeit *salva veritate vel falsitate* gegeben ist, können wir gute Gründe für die These haben, dass der Ausdruck in K nicht auf gewöhnliche Weise gebraucht wird. Im Falle von (20) und von (21) haben wir offenkundig gute Gründe anzunehmen, dass der Name der Autorin nicht der Bezugnahme auf die Autorin dient, also nicht auf die gewöhnliche Weise gebraucht wird, obgleich er *salva veritate* gegen ko-extensionale Namen austauschbar ist. Gibt es auch im Falle von (17) und (18) gute Gründe für die Annahme, dass die Ausdrücke in dem eingebetteten Satz nicht ihre gewöhnliche Bedeutung haben, also für die Annahme, der „dass"-Satz bezeichne auch hier einen Gedanken?

Frege glaubt jedenfalls *nicht*, dass es solche Gründe gibt, – er ist felsenfest davon überzeugt, dass in (17) und (18) jeweils derselbe Gedanke ausgedrückt wird wie in dem eingebetteten Satz: In (17) schreiben wir der Zahl 5 eine Eigenschaft zu, in (18) schreiben wir dem preußischen König und einem sächsischen Dorf (heute in Sachsen-Anhalt gelegen) Eigenschaften zu, aber in keinem dieser Sätze schreiben wir einem Gedanken die Eigenschaft zu, wahr zu sein. Aber auch Frege kann sich ja irren.

Vielleicht liefert das folgende Argument gute Gründe für die anti-fregesche Annahme, dass „dass"-Sätze auch im Wahrheitsdiskurs Gedanken bezeichnen:[32] Im ersten Konjunkt des Satzes

(22)   Galilei hält den Gedanken, dass die Erde sich bewegt, für wahr, und er *ist* auch wahr

sind Subjekt und Prädikat des Nebensatzes nicht *salva veritate* des Konjunkts (und damit der Konjunktion) gegen beliebige ko-extensionale Terme austauschbar. Nun vertritt das anaphorische Pronomen im zweiten Konjunkt das Akkusativ-Objekt im ersten Konjunkt. Also sollte man das Pronomen hier so verstehen wie dieses Akkusativ-Objekt: Genau das, was im ersten Konjunkt als Gehalt einer Meinung Galileis klassifiziert wird, wird im zweiten Konjunkt als wahr klassifiziert.

Ich glaube zu wissen, wie Frege auf diesen Einwand reagieren würde. Der Satz (22) drückt denselben Gedanken aus wie seine Kontraktion „Galilei glaubt zu Recht, dass die Erde sich bewegt". *Zu Recht Glauben, dass p* ist das Oppositum zu *Wähnen, dass p,* und zu dieser Konstruktion hat Frege in SB Interessantes zu sagen. Über seinen frankophoben Beispielsatz „Bebel wähnte, daß durch die Rückgabe Elsaß-Lothringens Frankreichs Rachegelüste beschwichtigt werden können" sagt Frege, „daß der Nebensatz in unserm Satzgefüge doppelt zu nehmen ist mit verschiede-

---

32 Vgl. Dummett 1999, 270 f.; 1998, 4; 2000, 11–13; besprochen in Künne 2015, 160–163.

nen Bedeutungen, von denen die eine ein Gedanke, die andere ein Wahrheitswerth ist" (SB, 48). Ein Satz der Form „A wähnte, dass p" heißt also soviel wie „(A glaubte, dass p) & ~p". *Mutatis mutandis* dasselbe kann Frege von (22) sagen, dieser Satz habe denselben Sinn wie die entsprechende Einsetzungsinstanz von „(Galileo glaubt, dass p) & p". Damit würde er die These, in (22) werde ein und demselben Gedanken erst die Eigenschaft, von Galileo geglaubt zu werden, und dann die Eigenschaft, wahr zu sein, zugeschrieben, natürlich nicht *widerlegen*, sondern ihr bloß widersprechen. Aber dasselbe gilt eben auch in der umgekehrten Richtung.

Ich begnüge mich (hier) mit einem *ad hominem*-Argument. Würde Frege die These von der propositionalen Redundanz des Wahrheitsoperators aufgeben, so könnte er sich eine Annahme ersparen, die erstens mysteriös ist und die zweitens mit einem anderen Bestandteil seiner Semantik inkompatibel ist. In einem Manuskript aus dem Jahr 1915 argumentiert Frege:

(F_4) [i] Wenn ich behaupte ‚es ist wahr, dass Meerwasser salzig ist', so behaupte ich dasselbe wie wenn ich behaupte ‚das Meerwasser ist salzig' […] [ii] Danach könnte man meinen, das Wort ‚wahr' habe überhaupt keinen Sinn. Aber dann hätte auch ein Satz, in dem ‚wahr' als Prädikat vorkäme, keinen Sinn. [iii] Man kann nur sagen: das Wort ‚wahr' hat einen Sinn, der zum Sinne des ganzen Satzes, in dem es als Prädikat vorkommt, nichts beiträgt. (NS, 272)

Ich fürchte, (F_4) ist teilweise verworren und teilweise schlicht unverständlich. Wenn [i] korrekt ist, kann die Phrase „Es ist wahr, dass" in einem Satz wie (17) *salvo sensu* gestrichen werden. Diese Phrase ist ein einstelliger Junktor – genau wie der Negationsoperator „~". In [ii] und [iii] ist aber die Rede von dem *Prädikat* „wahr". Eigentlich ist nach Freges Auffassung nicht das Wort „wahr", sondern der offene Satz „( ) ist wahr" Anwärter auf den Titel „Prädikat". Dieses Prädikat ist zweifellos enthalten in Sätzen wie

(23) Goldbachs Vermutung ist wahr,

(24) Alles, was der Zeuge gesagt hat, ist wahr.

Die Überlegung in [ii] ist einleuchtend: Hat das Prädikat in einem Satz keinen Sinn, so ist auch der Satz sinnlos. Aber wenn der Sinn des Prädikats in (23) und (24) sich selbst annulliert, wie Frege in [iii] behauptet, drücken dann die Sätze (23) und (24) nicht dasselbe aus wie das, was von ihnen übrigbleibt, wenn man das Prädikat streicht? Natürlich drücken die übrigbleibenden Satzfragmente keine Gedanken aus. Das kann Frege also nicht meinen.

Zwischenfrage: Welchen Reim kann man sich bei Freges Wahrheitsauffassung auf den Teil des Wahrheitsdiskurses machen, zu dem Sätze wie (23) und (24) gehören, in denen gar kein „dass"-Satz vorkommt? Diese Frage hat Frege nirgendwo erörtert. Von Satz (23) müsste er sagen, er habe denselben Sinn wie „Es ist wahr, dass jede gerade Zahl, die größer als 2 ist, Summe zweier Primzahlen ist",[33] und hier könne man „Es ist wahr, dass" unbeschadet des Sinns streichen. Im Fall von (24) müsste er in die Begriffsschrift Quantifikationen in die Position ganzer Sätze einführen, um behaupten zu können, dieser Satz habe denselben Sinn wie „$\forall p$ (Der Zeuge hat gesagt, dass $p \rightarrow$ Es ist wahr, dass p)", und hier könne man vier Wörter *salvo sensu* löschen.

Wenn der Ausdruck eines *Gedankens* übrigbleiben soll, dann kann der Ausdruck, dessen Sinn sich laut [iii] auf mysteriöse Weise selbst aufhebt, kein Prädikat sein, sondern es muss sich um einen einstelligen Junktor handeln – in (18) und dem Beispielsatz in [i] um das Satzpräfix „Es ist wahr, dass ( )" und in (17) um den Satzrahmen „Der Gedanke, dass ( ), ist wahr". Verstehen wir Freges sibyllinische Aussage,[34] dass eine (verständnisrelevante) Komponente eines Satzes einen Sinn hat, ohne dass dieser Sinn etwas zum Sinn des ganzen Satzes beitragen würde?[35] Diese Aussage ist jedenfalls unverträglich mit einem Kompositionsprinzip, das Frege auch vier Jahre später noch unterschreibt (vgl. GGF, 36; NL, 243): „Der Sinn eines Satzteils ist Teil des Sinnes des Satzes, d. h. des in dem Satze ausgedrückten Gedankens."[36] Eine dieser Thesen muss man verabschieden – die These von der propositionalen Redundanz des Wahrheitsjunktors oder das Kompositionsprinzip. Ich empfehle, die Redundanz-These aufzugeben. Nicht nur in der indirekten Rede, sondern auch im Wahrheitsdiskurs bedeuten (bezeichnen) „dass"-Sätze Gedanken, und Wahrheit ist eine Eigenschaft mancher dieser Gedanken (vgl. Künne 2003, 33–92).[37]

---

33 Vgl. aber oben Anm. 20.
34 Meine römische Variante von Ian Rumfitts Anti-Kompliment „Delphic". Er ist von (F_4) auch wenig angetan: Rumfitt 2011, 5, 10–12. Frege kann nicht meinen, dass der Wahrheitsjunktor im selben Boot ist wie die Adverbien in „Alfred ist leider / gottlob gegangen", von denen er ebenfalls sagt, dass sie „keinen Unterschied im Gedanken machen" (GED, 64; vgl. NL, 152). Mit diesen Adverbien gibt die Sprecherin ihre Einstellung zu einem Sachverhalt zu erkennen, die sie auch durch den Tonfall manifestieren könnte, mit dem sie „A. ist gegangen" äußert. Eine entsprechende Erklärung des Sinns des Wahrheitsjunktors wäre abwegig. Frege spricht jenen Vehikeln der „Beleuchtung" oder „Färbung" eines Gedankens auch nirgends einen *Sinn* zu (womit er ihnen natürlich nicht einen Platz im Deutschen Wörterbuch verwehrt). Vgl. Künne 2010, 444–454.
35 Die Wörter „stab", „tab", „table" und „able" sind keine verständnisrelevanten Komponenten des Satzes „He cleaned the stable" – ihr Sinn geht nicht in den Sinn dieses Satzes ein.
36 WB, 156; vgl. VOR, 20: „Der Sinn eines Teiles des Satzes ist Teil des Sinnes des Satzes."
37 Zu den vielen Problemen (mit Freges Semantik der indirekten Rede), die ich hier nicht besprechen werde, gehört der in Schiffer 2003 und Pautz 2008 präsentierte Einwand, den Felka & Steinberg (demnächst) entkräftet haben.

Literatur

Aristoteles (1949): Liber de Interpretatione. In: Categoriae et Liber de Interpretatione. Minio-Paluello, Lorenzo (Hg.), Oxford, 47–96.
Burge, Tyler (2005): Postscript to "Frege and the Hierarchy" (2004). In: ders., Truth – Thought – Reason, Essays on Frege, Oxford, 167–210.
Carnap, Rudolf (1934): Logische Syntax der Sprache, 2. Auflage 1968, Wien.
Dummett, Michael (1998): Is the Concept of Truth Needed for Semantics? In: Martínez, Concha et al. (Hgg.), Truth in Perspective, Aldershot, 3–22.
Dummett, Michael (1999): Of What Kind of Thing is Truth a Property? In: Blackburn, Simon / Simmons, Keith (Hgg.), Truth, Oxford, 264–281.
Dummett, Michael (2000): Sentences and Propositions. In: Teichmann, Roger (Hg.), Logic, Cause and Action, Cambridge, 9–23.
Felka, Katharina / Steinberg, Alex (demnächst): In Defense of Fregean That-Clause Semantics. In: Kindermann, Dirk / Egan, Andy / van Elswyk, Peter (Hgg.): Structured Content, Oxford.
Götzinger, Max Wilhelm (1839): Die deutsche Sprache und ihre Literatur, Bd. 1, Stuttgart, Nachdruck Hildesheim 1977.
Kaplan, David (1969): Quantifying In. In: Davidson, Donald / Hintikka, Jaakko (Hgg.), Words and Objections. Essays on the Work of W.V.O. Quine, Dordrecht, 206–242.
Kripke, Saul (2008): Frege's Theory of Sense and Reference. Repr. (mit Korrekturen). In: Philosophical Troubles, Collected Papers, Vol. I, Oxford 2011, 254–291.
Künne, Wolfgang (1983): Abstrakte Gegenstände, Frankfurt am Main, 2. Auflage 2007.
Künne, Wolfgang (2003): Conceptions of Truth, Oxford.
Künne, Wolfgang (2009): Leibniz über Identität und Austauschbarkeit. In: Jahrbuch der Göttinger Akademie der Wissenschaften 2009, 110–119.
Künne, Wolfgang (2010): Die Philosophische Logik Gottlob Freges, Frankfurt am Main.
Künne, Wolfgang (2010*): Sense, Reference and Hybridity. Reflections on Kripke's Recent Reading of Frege. In: Dialectica 64, 529–551.
Künne, Wolfgang (2014): Truth Without Truths? 'Propositional Attitudes' Without Propositions? Meaning Without Meanings? In: Kijania-Placek, Katarzyna / Mulligan, Kevin / Placek, Tomasz (Hgg.), Studies in the History and Philosophy of Polish Logic, London, 160–204.
Künne, Wolfgang (2015): Frege on That-Clauses. In: Weiss, Bernard (Hg.), Dummett on Analytical Philosophy, London, 135–173.
Moltmann, Friederike (2003): Propositional Attitudes Without Propositions. In: Synthese, 77–118.
Pautz, Adam (2008): An Argument against Fregean that-clause semantics. In: Philosophical Studies 138, 335–347.
Prior, Arthur Norman (1971): Objects of Thought, Oxford.
Quine, Willard Van Orman (1950): Methods of Logic, London.
Quine, Willard Van Orman (1960): Word and Object, Cambridge MA

Rosefeldt, Tobias (2008): That-Clauses and Non-Nominal Quantification. In: Philosophical Studies 137, 301–333.
Rumfitt, Ian (2011): Truth and the Determination of Content. In: Grazer Philosophische Studien 82, 3–48.
Schiffer, Stephen (2003): The Things We Mean, Oxford.
Schiffer, Stephen (2006): Propositional Content. In: E. Lepore, Ernest / Smith, Barry C. (Hgg.), The Oxford Handbook of Philosophy of Language, Oxford, 267–294.

Viele weitere Literaturhinweise zur Thematik dieses Aufsatzes in Künne 2010, 270.

Gottfried Gabriel
7 Freges Analyse dichterischer Rede

Frege hat keine Theorie dichterischer Rede entwickelt, sondern lediglich verstreute Bemerkungen dazu hinterlassen, die in erster Linie der Bestimmung wissenschaftlicher Rede dienen, indem diese von dichterischer Rede abgegrenzt wird. Diese Abgrenzung, die weitgehend mit der Unterscheidung zwischen ernsthafter alltäglicher und dichterischer Rede übereinstimmt, ist allerdings so ertragreich, dass sie die Grundlage für die Ausarbeitung einer Theorie dichterischer Rede bereitstellt (Gabriel 1975). Freges Bemerkungen bestimmen einerseits negativ, worin Dichtung von Wissenschaft abweicht, und andererseits ergänzen sie positiv, was in der Dichtung im Vergleich mit der Wissenschaft hinzukommt. Unterschieden wird nicht explizit zwischen lyrischer, epischer (erzählender) und dramatischer Dichtung. Die einzelnen Bemerkungen passen mal besser zu der einen, mal besser zu der anderen Gattung, insgesamt aber am besten zur erzählenden Dichtung, die deshalb im Folgenden im Mittelpunkt stehen wird. Einschlägige Textpassagen finden sich vor allem in *Über Sinn und Bedeutung*, in *Der Gedanke* und in der nachgelassenen Schrift *Logik* (NL, 137–163).

Wenn wir unter Dichtung fiktionale Literatur oder literarische Fiktion verstehen, dann ist zweierlei zu explizieren, nämlich worin fiktionale Rede besteht und was es heißt, diese als literarisch auszuzeichnen. Die Explikation des Begriffs der fiktionalen Rede erfolgt bei Frege durch negative, die Explikation des Begriffs des Literarischen durch positive Bestimmungen. Beginnen wir mit Freges Analyse der fiktionalen Rede und deren Anteil an dichterischer Rede.

7.1 Fiktionale Rede

Fiktionale Rede fingiert Personen, Dinge und Sachverhalte, die gar nicht existieren. Da „Existenz" gemäß Freges eigener Analyse ein Prädikat zweiter Stufe ist, das nicht von Gegenständen ausgesagt werden sollte, drückt Frege sich metasprachlich so aus, dass in fiktionaler Rede Bezeichnungen vorkommen, die zwar einen Sinn haben, aber nichts bezeichnen und daher keine Bedeutung haben. Für Sätze (verstanden als Aussage- oder Behauptungssätze), in denen Bezeichnungen ohne Bedeutung vorkommen, heißt dies, dass sie zwar einen Gedanken ausdrücken, ohne dass diesem aber ein Wahrheitswert zukommt. Fiktionale Sätze sind daher für Frege weder wahr noch falsch. Deren Gebrauch ist in dichterischer Rede legitim, in wissenschaftlicher und auch alltäglicher Rede aber nicht, weil hier für Sprecher in beiden Fällen ein

„Streben nach Wahrheit" (SB, 33) leitend ist. Für wissenschaftliche Rede fordert Frege zusätzlich eine „scharfe Begrenzung der Begriffe", um dem Satz vom ausgeschlossenen Dritten Genüge zu tun (NL, 168). Eine solche Forderung ist für die alltägliche Rede wegen deren Vagheit nicht einlösbar und auch unnötig.

Dichtung als Erdichtung besteht für Frege zum Teil aus fiktionaler Rede, sie muss aber nicht durchgehend fiktional sein. Vielmehr könne es uns „gleichgültig" (SB, 33) sein, ob die verwendeten Bezeichnungen eine Bedeutung haben. Damit ist insbesondere die Wahrheit der Sätze gleichgültig, was besagt, dass es lediglich auf den gedanklichen Inhalt ankommt. Daher dürfen in der Dichtung außer fiktionalen Sätzen, die weder wahr noch falsch sind, auch wahre sowie falsche Sätze vorkommen. Frege ergänzend lässt sich hinzufügen: Wie viele Sätze, die weder wahr noch falsch sind, und wie viele falsche Sätze man der Dichtung zubilligt, hängt davon ab, um welche Textsorte es sich handelt. Hier gibt es Abstufungen und eine Bandbreite an Graden der Fiktionalität. Diese reichen von durchgehend fiktionalen Märchen bis zu historische Wahrheit beanspruchender Faction-Literatur, die sich darauf beschränkt, neben faktisch verbürgten Personen fiktive Figuren auftreten zu lassen.

Wenn uns die Wahrheit dichterischer Rede gleichgültig sein darf, dann kann und darf sie nicht behauptend auftreten. Ein Zuwiderhandeln, also ein behauptender Gebrauch, liefe bei einem fiktionalen oder falschen Satz auf eine Vortäuschung oder Lüge hinaus. Sprechakttheoretisch bestimmt Frege dichterische Rede daher als nicht-behauptend, als Rede in Behauptungssätzen, aber ohne „behauptende Kraft" (NL, 214; vgl. SB, 34). Dichterische Rede ist somit eine in semantischer und pragmatischer Hinsicht legitime Rede des Als-ob. Dementsprechend sind die Dichter dann auch von dem seit Platon erhobenen Vorwurf der Lüge entlastet. Wer nicht behauptet, kann auch nicht lügen. Am Rande sei vermerkt, dass Freges Begriff der „behauptenden Kraft" ein Vorläufer des sprechakttheoretischen Begriffs der „illocutionary force" ist.

7.2 Frege und Russell im Vergleich

Die Vorzüge von Freges Analyse fiktionaler Rede unterstreicht ein Vergleich zwischen seinem und Russells Umgang mit fiktionalen Kennzeichnungen. Kennzeichnungen sind Ausdrücke der Form „der (die, das) P", wobei „P" für einen prädikativen Ausdruck steht. Die Verwendung des bestimmten Artikels im Singular besagt nach üblichem Verständnis, dass es genau einen Gegenstand gibt, auf den der nachgestellte prädikative Ausdruck zutrifft. Russell erläutert seine Auffassung unter anderem an dem sinnigen Beispielsatz „Der gegenwärtige König von Frankreich ist kahlköpfig" (Russell 1905, 483 ff.). Hier steht an Subjektstelle die fiktionale Kennzeichnung „der gegenwärtige König von Frankreich", die ein fiktives Objekt zu benennen scheint, von dem das Prädikat die Kahlköpfigkeit aussagt. Eine Erweiterung der Ontologie um fiktive Gegenstände, wie sie Alexius Meinong vorgenommen hat, will Russell mit seiner Analyse vermeiden. Die Bedeutung seines fiktionalen Beispielsatzes gibt er folgendermaßen an:

> Es gibt mindestens ein x, welches gegenwärtiger König von Frankreich ist, und es gibt höchstens ein x, welches gegenwärtiger König von Frankreich ist, und dieses x ist kahlköpfig.

Die fiktionale Kennzeichnung „der gegenwärtige König von Frankreich" tritt in dieser Umformulierung gar nicht mehr auf. Aus einer problematischen benennenden Bezeichnung ist ein unproblematischer prädikativer Ausdruck geworden. Die Anerkennung des fiktiven Objekts *der gegenwärtige König von Frankreich* ist vermieden. Der Ergebnissatz besteht aus der konjunktiven Verbindung von drei Teilsätzen. Formal ist diese Verbindung wiederzugeben als:

$$\exists x[F(x) \land \forall y(F(y) \rightarrow y = x) \land K(x)]$$

„F(x)" steht für „x ist ein gegenwärtiger König von Frankreich"
„K(x)" steht für „x ist kahlköpfig"

Da der Existenzsatz, dass es mindestens einen gegenwärtigen König von Frankreich gibt, falsch ist, ist auch der Gesamtsatz falsch.

Frege entwickelt (zeitlich vor Russell) seine Analyse fiktionaler Kennzeichnungen ausgehend von dem (nicht-fiktionalen) Satz „[D]er die elliptische Gestalt der Planetenbahnen entdeckte, starb im Elend" (SB, 39–40). Wir setzen dafür den Satz

(*) „Der Entdecker der elliptischen Gestalt der Planetenbahnen starb im Elend",

in dem eine Kennzeichnung an Subjektstelle steht. Frege argumentiert indirekt im Sinne einer *reductio ad absurdum*: Wenn es zum Sinn des Satzes (*) gehören würde, dass es einen Entdecker der elliptischen Gestalt der Planetenbahnen gab, dann wäre dessen Verneinung nicht „Der Entdecker der elliptischen Gestalt der Planetenbahnen starb nicht im Elend", sondern:

(**) Der Entdecker der elliptischen Gestalt der Planetenbahnen starb nicht im Elend oder es gab keinen Entdecker der elliptischen Gestalt der Planetenbahnen.

Diese für Frege unannehmbare Konsequenz ergibt sich daraus, dass der Sinn des Satzes (*) durch folgenden komplexen Satz auszudrücken wäre:

(+) Der Entdecker der elliptischen Gestalt der Planetenbahnen starb im Elend und es gab einen Entdecker der elliptischen Gestalt der Planetenbahnen.

Frege belässt es in seiner Analyse bei der Aussage der Existenz, dass es *mindestens* einen Entdecker der elliptischen Gestalt der Planetenbahnen gab, und verzichtet auf die zusätzliche Aussage der Einzigkeit, dass es *höchstens* einen Entdecker der elliptischen Gestalt der Planetenbahnen gab. Von Satz (+) kommt man zu Satz (**), indem man die Verneinung des Satzes (+) bildet. Dieser hat als Konjunktion zweier Sätze die aussagenlogische Form „p ∧ q". Die Verneinung ergibt „¬(p ∧ q)", was logisch äquivalent ist mit „¬p ∨ ¬q", der aussagenlogischen Form des Satzes (**).

Nun ist es zwar nach Frege so, dass es von der Wahrheit des Existenzsatzes „Es gab einen Entdecker der elliptischen Gestalt der Planetenbahnen" abhängt, ob die Kennzeichnung „Der Entdecker der elliptischen Gestalt der Planetenbahnen" eine Bedeutung hat, nämlich einen Gegenstand bezeichnet; aber der Gedanke des Existenzsatzes ist nicht „Teil" des Sinns der Kennzeichnung. Vielmehr gilt: „Wenn man etwas behauptet, so ist immer die Voraussetzung selbstverständlich, daß die gebrauchten einfachen oder zusammengesetzten Eigennamen eine Bedeutung haben." (SB, 40) Mit „einfachen Eigennamen" meint Frege eigentliche Eigennamen wie zum Beispiel „Aristoteles" (siehe SB, 27, Anm.), und mit „zusammengesetzten Eigennamen" meint er Kennzeichnungen. Freges Begriff der „selbstverständlichen Voraussetzung" nimmt vorweg, was später in der Sprachphilosophie pragmatische „Präsupposition" genannt wird. Strawson folgt in seiner Kritik an Russells Kennzeichnungstheorie Freges Auffassung der selbstverständlichen Voraussetzung, ohne allerdings auf Frege zu verweisen (Strawson 1950).

Die selbstverständliche Voraussetzung der Bedeutung besteht freilich nicht nur für Äußerungen von Behauptungen, sondern auch für Äußerungen anderer Sprechakte wie Fragen, Bitten, Befehle und Wünsche. Frege beschränkt seine Analysen auf Behauptungen und Behauptungssätze, weil diese es sind, mit denen in wissenschaftlicher und alltäglicher Rede ein Wahrheitsanspruch erhoben wird. Einen Wahrheitsanspruch mit Hilfe der Äußerung eines Behauptungssatzes zu erheben, setzt also stets voraus, dass die Bedeutungsvoraussetzung für die verwendeten Eigennamen oder Kennzeichnungen erfüllt ist. Ist dies nicht der Fall, wie in Russells Beispielsatz „Der gegenwärtige König von Frankreich ist kahlköpfig", so ist der Satz für Frege im Gegensatz zu Russell nicht falsch, sondern weder wahr noch falsch.

Der Nachteil von Russells Kennzeichnungstheorie ist, dass ihr zufolge auch legitime fiktionale Sätze der Dichtung als falsch zu bewerten sind. Damit nimmt Russell letztlich nicht nur eine Abgrenzung, sondern außerdem eine ausgrenzende Abwertung fiktionaler dichterischer Rede vor. Searle, dessen sprechakttheoretischer Ansatz (Searle 1975) Freges Analyse verpflichtet ist, nennt fiktionale Rede „parasitär" gegenüber „illokutionären Sprachspielen" als ernsthaften Sprechakten (Searle 1990, 89) und erweckt damit – wenn auch wohl ungewollt – den Eindruck, dass fiktionale Rede sozusagen zweitrangig sei.

Im Unterschied zu Russells Analyse besagt Freges Abgrenzung wissenschaftlicher von fiktionaler Rede keineswegs, dass Fiktionen gegenüber Fakten defizient sind. Die Bestimmung fiktionaler Rede durch die Angabe ihrer Abweichungen von wissenschaftlicher und alltäglicher Rede impliziert weder eine Ausgrenzung noch eine Herabsetzung, sondern hebt gerade deren Besonderheit hervor. Die negative Charakterisierung besagt lediglich, von welchen Ansprüchen fiktionale Rede freigestellt ist, damit sie in der Gestalt von Dichtung als fiktionaler Literatur ihre eigentliche Funktion erfüllen kann.

7.3 Warum literarische Figuren keine fiktiven Entitäten sind

Wie schon erwähnt war es für Russell ein zentrales Anliegen bei seiner Analyse der Kennzeichnungen, die Anerkennung fiktiver Gegenstände zu vermeiden. Dies gelingt ihm dadurch, dass er Sätze, in denen fiktionale Kennzeichnungen fiktive Gegenstände zu bezeichnen scheinen, in Existenzsätze umwandelt, in denen die prädikativen Teile der kennzeichnenden Ausdrücke an prädikativer Stelle stehen.

Bei Frege kommt Russells Problem gar nicht auf, weil die Unterscheidung zwischen Sinn und Bedeutung, die Russell nicht verstanden und somit nicht zur Verfügung hat, genügt, um die Anerkennung fiktiver Entitäten zu vermeiden. Betrachten wir den folgenden fiktionalen Satz aus dem Märchen *Rotkäppchen* der Brüder Grimm: „Wie nun Rotkäppchen in den Wald kam, begegnete ihm der Wolf." (Fink-Henseler 1985, 309) Dieser Satz sagt nichts über eine fiktive Person aus; denn er handelt von gar keiner Person, da die Kennzeichnung „das Rotkäppchen" keine Bedeutung hat. Wir verstehen den durch den Märchensatz ausgedrückten Gedanken, auch ohne uns auf eine fiktive Entität als Bedeutung beziehen zu müssen. Zu diesem Gedanken liefert der Sinn der Kennzeichnung „das Rotkäppchen" einen Beitrag. Den Sinn dieser Kennzeichnung – wer das Rotkäppchen ist – erfahren wir im Text des Märchens, der uns insbesondere sagt, wie es zu der Bezeichnung „Rotkäppchen" gekommen ist. Auch wenn Frege sich selbst mit der Frage fiktiver Entitäten gar nicht beschäftigt, weil dieses Problem im Rahmen seiner Semantik nicht aufkommt, kann man in seinem Namen sagen: Literarische Figuren sind keine fiktiven Entitäten mit bestimmten Eigenschaften, sondern komplexe Sinngebilde oder Sinngehalte.

Der zitierte Märchensatz kann allerdings auch behauptend verwendet werden. Stellen wir uns folgende Situation vor: Ich lese meinem Enkel das Märchen *Rotkäppchen* vor. Als ich den Satz lese „Wie nun Rotkäppchen in den Wald kam, begegnete ihm der Wolf" widerspricht mein Enkel mit dem Einwand: „Der Wolf begegnete dem Rotkäppchen doch vor dem Wald." Ich insistiere und behaupte: „Doch, doch: Wie nun Rotkäppchen in den Wald kam, begegnete ihm der Wolf." Wenn man etwas behauptet, dann gilt, wie wir gesehen haben, die selbstverständliche Voraussetzung, dass die verwendeten Eigennamen und Kennzeichnungen eine Bedeutung haben. Müssen wir dann nicht akzeptieren, dass die Bedeutungen der Ausdrücke „das Rotkäppchen" und „der Wolf" fiktive Gegenstände sind? Auch diesen Fall diskutiert Frege nicht selbst. Er bietet aber eine semantische Lösung an.

Zu fragen ist, *worüber* man in der beschriebenen Situation etwas behauptet, wenn man behauptet, dass der Wolf dem Rotkäppchen *im* Wald und nicht *vor* dem Wald begegnete. Man behauptet nur scheinbar etwas über das Rotkäppchen und den Wolf. Genauer betrachtet behauptet man etwas über den Textinhalt des Märchens *Rotkäppchen*. Die vollständige Behauptung müsste daher etwa so lauten: „Der Text des Märchens *Rotkäppchen* besagt, dass der Wolf dem Rotkäppchen begegnete, wie es in den Wald kam." Dieser Satz bildet einen heute so genannten „intensionalen Kontext". Frege drückt dies so, dass wir es in dem mit „dass" eingeleiteten Nebensatz mit „ungerader Rede" zu tun haben. Der Terminus „ungerade Rede" ist eine Übersetzung des lateinischen Ausdrucks „oratio obliqua" und meint indirekte Rede. Frege schreibt dazu: „In der ungeraden Rede spricht man von dem Sinne z. B. der Rede eines anderen. Es ist daraus klar, daß [...] in dieser Redeweise die Worte nicht ihre gewöhnliche Bedeutung haben, sondern das bedeuten, was gewöhnlich ihr Sinn ist. Um einen kurzen Ausdruck zu haben, wollen wir sagen: die Wörter werden in der ungeraden Rede *ungerade* gebraucht, oder haben ihre *ungerade* Bedeutung." (SB, 28)

Dem Sinn der Rede eines anderen entspricht in unserem Beispiel der Sinn des Märchentextes. In der vervollständigten Behauptung „Der Text des Märchens *Rotkäppchen* besagt, dass der Wolf dem Rotkäppchen begegnete, wie es in den Wald kam" haben die Ausdrücke „das Rotkäppchen" und „der Wolf" ihre ungerade Bedeutung. Daher sind ihre Bedeutungen Sinngehalte und keine fiktiven Objekte. Frege spricht in solchen Fällen von „Scheineigennamen" und nennt erdichtete Gedanken „Scheingedanken" (NL, 141–142). Diese Gedanken sollten nicht so verstanden werden, als seien sie nur scheinbar Gedanken. Es handelt sich um echte Gedanken, allerdings um solche, die es auf den ästhetischen Schein abgesehen haben. Wenn Frege den Scheingedanken die „eigentlichen Gedanken" als Gedanken, „die entweder wahr oder falsch sind", gegenüberstellt (NL, 142), so legt diese Ausdrucksweise nahe, dass die Dichtung es lediglich mit uneigentlichen Gedanken zu tun habe. Dies käme einer Abwertung der Dichtung gegenüber der Wissenschaft gleich, die Frege letztlich fremd ist.

Parsons (1982) verteidigt Meinongs Gegenstandstheorie, der zufolge es fiktive als nichtexistierende Gegenstände gibt und präsentiert Beispielsätze, anhand derer er nachzuweisen versucht, dass die fregesche Strategie, die Anerkennung fiktiver Gegenstände zu vermeiden, nicht aufgeht (vgl. dagegen die Analysen in Gabriel 1991). Parsons selbst spricht von „fiktionalen Objekten" (fictional objects). Besser ist es, stattdessen die Ausdrucksweise „fiktive Objekte" zu verwenden und „fiktional" für die besondere Art der Rede und der sprachlichen Ausdrücke zu reservieren.

7.4 Die literarische Seite der Dichtung

Ausgegangen sind wir von dem Verständnis der Dichtung als literarischer Fiktion. Nach Freges Bestimmung der Fiktionalität ist nun seine Auffassung des Literarischen zu klären. Die zentrale Rolle kommt hier den so genannten „Färbungen und Beleuchtungen" des Sinns oder des Gedankens zu. Der Ausdruck „Färbungen" ist die deutsche Übersetzung des lateinischen Terminus „colores" der antiken Rhetorik. Die *colores* wurden als Ausschmückung (*ornatus*) der Rede eingesetzt, um zum Beispiel die Zuhörer durch beschönigende Darstellung der in Rede stehenden Sachverhalte zu beeinflussen und für sich einzunehmen. In diesem Sinne spricht man noch heute von „gefärbten", nämlich parteiischen Berichten und Darstellungen. Der Bereich der *colores* war aber bereits in der Antike weiter gesteckt und reichte von Klangphänomenen wie Betonung, Rhythmus des Sprechens und Lautmalerei über den Einsatz von emotiven Ausdrücken bis zur Verwendung sprachlicher Bilder. Genauso umfassend ist Freges Auffassung der Färbungen, wie seine unterschiedlichen Beispiele dokumentieren. Für die Bestimmung des literarischen Aspekts der Dichtung ist in erster Linie die Semantik der Sprache relevant. Deshalb werde ich mich im Folgenden vor allem auf deren Untersuchung konzentrieren.

Freges Ausdrucksweise „Färbungen und Beleuchtungen" stimmt auffällig mit derjenigen im *Lexicon technologiae graecorum rhetoricae* von Ernesti überein. Dort ist in den deutschsprachigen Kommentierungen außer von „Colorit" auch von „Beleuchtung" die Rede. Zudem bestimmt Ernesti Colorit als „Character des Ausdrucks in Rücksicht auf *Sinn und Gedanken*" (Ernesti 1795, 384, Herv. GG).

Frege ist bemüht, wissenschaftliche Rede ganz auf das „Streben nach Wahrheit" (SB, 33) festzulegen; „denn die strenge Wissenschaft ist auf die Wahrheit gerichtet und nur auf die Wahrheit" (GED, 63). Daher sollen solche Elemente der Sprache möglichst vermieden werden, deren semantischer Gehalt keinen wahrheitswertrelevanten Beitrag leistet. Diese Elemente gehören für ihn dem Bereich der subjektiven Vorstellungen an, wobei deren Evozierung die dichterische Sprache auszeichne: „Diese Färbungen und Beleuchtungen sind nicht objektiv, sondern jeder Hörer und Leser muß sie sich selbst nach den Winken des Dichters oder Redners hinzuschaffen. Ohne eine Verwandtschaft des menschlichen Vorstellens wäre freilich die

Kunst nicht möglich; wieweit aber den Absichten des Dichters entsprochen wird, kann nie genau ermittelt werden." (SB, 31)

Wegen der Subjektivität der Vorstellungen schließt Frege aus, dass die Färbungen der dichterischen Sprache einen kognitiven gedanklichen Gehalt haben: „Was man Stimmung, Duft, Beleuchtung in einer Dichtung nennen kann [...], gehört nicht zum Gedanken" (GED, 63). Dieser Ausschluss erfährt dann aber auch eine positive Wendung: „Dem auf das Schöne in der Sprache gerichteten Sinne kann gerade das wichtig erscheinen, was dem Logiker gleichgültig ist." (GED, 64) Gleichwohl ist Freges Einstufung der Färbungen – ich verzichte im Weiteren auf die Mitführung des Ausdrucks „Beleuchtungen" – problematisch. Es ist zwar richtig, dass Färbungen Raum für unterschiedliche Interpretationen lassen; aber eine solche „Unbestimmtheit" besteht nicht nur für das Verstehen poetischer und rhetorischer Färbungen, sondern sie gilt in der Literaturwissenschaft als Merkmal literarischer Texte überhaupt (Iser 1970). Jedenfalls impliziert die semantische Unbestimmtheit der Färbungen nicht, dass diese in jedem Fall bloß subjektiv sind (Dummett 1973, 83–89; Gabriel 2019, 146–147). Frege belässt es bei einer Aufzählung unterschiedlichster Fälle von Färbung, ohne sich im Einzelnen um Unterscheidungen zu bemühen. So werden auch Satzadverbien wie „leider" und „gottlob" angeführt, die aber eher Ausdruck expressiver Sprechakte sind (Freitag 2014). Das Fehlen von Differenzierungen ist sicher darauf zurückzuführen, dass Freges vorrangiges Interesse der wissenschaftlichen Rede gilt.

Schauen wir uns einige Standardbeispiele Freges an, bei denen es unstrittig ist, dass es sich um Wörter unterschiedlicher Färbungen handelt. So führt Frege die Wörter „Roß", „Gaul" und „Mähre" (GED, 63) an. Die Reihe könnte man noch durch das Wort „Klepper" ergänzen. Nach der Auffassung Freges haben diese Wörter alle denselben Sinn wie das Wort „Pferd". Die Unterschiede in der Färbung weist er dem Bereich der Vorstellungen zu und bestimmt sie daher als bloß subjektiv. Dagegen ist einzuwenden, dass sich semantische Unterschiede durchaus angeben lassen, so dass die Wörter nicht denselben Sinn ausdrücken. So ist das Ross ein edles Pferd, der Gaul ein Arbeitspferd, die Mähre ein altes Pferd und der Klepper ein abgemagertes Pferd. Auch die Unterschiede in der Färbung zwischen den Wörtern „gehen", „schreiten" und „wandeln" (NL, 152) sind nicht bloß subjektiv. Das Gehen erfolgt mit normaler Schrittlänge ohne Hast, das Schreiten ist ein zügiges Gehen mit großen Schritten und das Wandeln ist ein gemütliches Gehen mit Unterbrechungen. Das bekannteste Beispiel ist der Vergleich zwischen den Wörtern „Hund" und „Köter". Frege vergleicht die Sätze „Dieser Hund hat die ganze Nacht geheult" und „Dieser Köter hat die ganze Nacht geheult" und meint, dass die Geringschätzung, die in der Verwendung des Wortes „Köter" zum Ausdruck kommt, „nicht zum ausgedrückten Gedanken" gehöre (NL, 152). Dabei scheint Frege immerhin davon auszugehen, dass die pejorative Färbung objektiv feststellbar ist. Er meint aber dennoch, dass dieser Aspekt nicht wahrheitswertrelevant ist. Diese Einschätzung könnte dadurch bedingt sein, dass in den Beispielsätzen die Wörter „Hund" und „Köter" jeweils an der Subjektstelle stehen, so dass es für die Wahrheit einzig auf das Zutreffen der Aussage ankommen mag, dass das Heulen die ganze Nacht gedauert hat. Anders sieht es aus, wenn „Hund" und „Köter" an die Prädikatstelle von Sätzen rücken. Hier könnte man einer Behauptung wie „Hans hat sich einen Köter gekauft" mit der Behauptung „Nein, Hans hat sich einen (ganz normalen) Hund gekauft" widersprechen.

Freges Einordnung der semantischen Färbungen in den Bereich subjektiver Vorstellungen hat Konsequenzen für seine Auffassung des Literarischen und in der Folge auch für seine Bestimmung der Funktion von Dichtung: „Der Dichter malt […] eigentlich nicht, sondern regt nur zum Malen an und gibt Winke dafür, die Ausführung dem Hörenden überlassend. Und dieser Winke wegen ist es nun für die Dichter wertvoll, verschiedene Wörter zur Verfügung zu haben, die einander vertreten können, ohne den Gedanken zu ändern, die aber auf die Vorstellungen des Hörenden und seine Gefühle in verschiedener Weise wirken können." (NL, 151–152)

Frege spricht sich hier für das ästhetische Prinzip „variatio delectat" aus, das er durch den Gebrauch einer Vielfalt an Wörtern desselben Sinns und unterschiedlicher Färbung in der Dichtung befolgt sieht. Dieser wird es so ermöglicht, nuanciert auf Vorstellungen und Gefühle zu wirken. Auf solche Wirkung scheint Frege überhaupt die Funktion der Dichtung festlegen zu wollen. So betont er, dass auf Vorstellungen und Gefühle umso mehr eingewirkt wird, „je mehr sich die Sprache der dichterischen nähert" (NL, 151). Frege geht noch weiter: „Beim Anhören eines Epos z. B. fesseln uns neben dem Wohlklange der Sprache allein der Sinn der Sätze und die davon erweckten Vorstellungen und Gefühle." (SB, 33)

Hier wird sogar dem Sinn (und nicht nur der Färbung) der Sätze der Dichtung die Funktion zugewiesen, Vorstellungen und Gefühle anzuregen. Die folgende Auffassung über den ontologischen Status von Kunstwerken, dass diese letztlich psychische „Vorstellungsgebilde" sind, müsste Frege konsequenterweise auch für dichterische Werke reklamieren: „Es wird […] wohl die Ansicht viel für sich haben, dass das eigentliche Kunstwerk ein Vorstellungsgebilde in uns ist, und dass das äußere Ding – das Gemälde, das Standbild – nur ein Mittel ist, dies eigentliche Kunstwerk in uns zu erzeugen. Jeder Genießende hat demnach sein eigenes Kunstwerk, sodass gar kein Widerspruch zwischen den einzelnen Schönheitsurteilen besteht. Daher: *de gustibus non disputandum!*" (NL, 144)

Anzumerken ist hier, dass dieser Passus zu einem im Manuskript durchgestrichenen Teil gehört (NL, 143, Anm. der Herausgeber). Festhalten können wir gleichwohl: Mit der Fokussierung auf Vorstellungen nimmt Frege eine subjektivistische und mit der Fokussierung auf Gefühle eine emotivistische Engführung der Funktion der Dichtung vor. Insofern läuft Freges Auffassung der Dichtung auf einen subjektivistischen Emotivismus hinaus.

Frege führt nicht weiter aus, welcher Art die Gefühle sind, die durch Dichtung bewirkt werden. Vermutlich denkt er vor allem daran, dass ein Roman oder ein Drama uns emotional „mitnehmen" und so „aufwühlen" kann, dass sogar Mitgefühl mit den literarischen Figuren aufkommt. Angedeutet wird auch das ästhetische Gefühl der Lust und Unlust, das nach Kant im Geschmacksurteil angesprochen wird, wenn wir etwas als schön beziehungsweise als hässlich beurteilen. So werden auch bei Frege ästhetische Phänomene wie die Lautmalerei „mit Lust oder Unlustgefühlen empfunden" (NL, 151). Ästhetische Geschmacksurteile werden aber nicht nur über Kunst gefällt. Auch die Bezeichnung „Köter" für einen Hund bringt zum Ausdruck, dass wir den Hund nicht schön finden und bei seinem Anblick das Gefühl der Unlust aufkommt, „während das Wort ‚Hund' sich zu Lust und Unlust gleichgültig verhält" (NL, 152).

7.5 Der Erkenntniswert der Dichtung

In Gegenüberstellung zu Freges subjektivistischem Emotivismus möchte ich einen gemäßigten kognitivistischen Ansatz skizzieren, wonach der Dichtung ein Erkenntniswert zukommen kann, ohne dass damit der Bereich der Gefühle ausgeklammert bleibt. Worin besteht dieser Erkenntniswert, und ist er an den Wahrheitsbegriff gebunden? Man könnte versucht sein, darauf hinzuweisen, dass Dichtung nach Frege neben Sätzen, die weder-wahr-noch-falsch oder falsch sind, häufig auch wahre Sätze enthält, so dass man durch einen Roman zum Beispiel historische und geographische propositionale Kenntnisse erwerben kann. Daran den Erkenntniswert der Dichtung festmachen zu wollen, wäre allerdings zu dürftig. Zudem setzt man sich dem Einwand aus, dass die Dichtung etwas mitteile, das Wissenschaften wie Geschichte und Geographie genauer sagen könnten. Dieser Einwand bleibt auch dann bestehen, wenn man den Boden der wissenschaftlichen Tatsachen zu Gunsten utopischer Entwürfe oder moralischer Prinzipien verlässt; denn auch diese lassen sich deutlicher in diskursiver Form vermitteln. Um einem solchen Einwand zu entgehen, scheint es naheliegend zu sein, Frege zu folgen und den Wahrheitsanspruch der Dichtung zu verabschieden.

Anders sieht es aus, wenn die Wahrheiten der Dichtung nicht auf der Ebene des Plots angesiedelt sind, sondern durch den Text der Dichtung sozusagen impliziert werden. In diesem Sinne erklärt Searle: „Fast jedes wichtige fiktionale Werk übermittelt eine ‚Botschaft' [...], die *durch* den Text, aber nicht *in* ihm übermittelt wird [...]." (Searle 1990, 97) Solche implizierten Botschaften dürfen allerdings nicht als indirekte *Behauptungen* des Autors aufgefasst werden; denn dann bedürften sie der Einlösung des Wahrheitsanspruchs durch argumentative Begründung, was der Dichtung ihren literarischen Charakter nehmen würde (Gabriel 2019, 104–116).

Um einen noch weitergehenden Erkenntniswert von Dichtung zu sichern, ist es notwendig, den Begriff der Erkenntnis über den Begriff der Aussagenwahrheit hinaus zu erweitern und anzuerkennen, dass Erkenntnis nicht an propositionale Wahrheit gebunden ist, sondern auch durch nicht-propositionale Vergegenwärtigung vermittelt wird. Vergegenwärtigungsleistungen der Dichtung erwachsen semantisch aus der konnotativen Bedeutungsfülle, der Prägnanz ihrer Sprache im Sinne einer komplexen, detailgenauen und nuancenreichen Darstellung. Damit ist die spezifisch literarische Seite der Dichtung als fiktionale Literatur charakterisiert. Vergegenwärtigt werden insbesondere Situationen Anderer in Gestalt literarischer Figuren. Ermöglicht wird uns so eine imaginative Teilnahme an vielfältigen Handlungszusammenhängen, Sichtweisen, Motiven, Haltungen, Befindlichkeiten, Stimmungen und auch Gefühlen. Adäquate literarische Vergegenwärtigungen beleben die Phantasie und machen sie für die Komplexität der Lebenswirklichkeit empfänglich. Dichtung kann auf unsere Gefühle einwirken; sie ermöglicht aber auch einen kognitiven Zugang zu Gefühlen, indem sie diese verstehbar macht. So geht es Kafka in seinen Texten darum, *erkennen* zu lassen, was es heißt, entfremdet zu sein. Dazu ist es notwendig, Entfremdung exemplarisch zu vergegenwärtigen, aber nicht erforderlich, in den Lesern das Gefühl der Entfremdung hervorzurufen. Und umgekehrt ist die Erweckung dieses Gefühls nicht hinreichend für ein vergegenwärtigendes Verständnis.

7.6 „Winke", Färbungen und die Erläuterung kategorialer Begriffe

Frege fordert in seiner Abgrenzung wissenschaftlicher von dichterischer Sprache, dass die Wissenschaft weitgehend von Wörtern, die eine Färbung ausdrücken, freizuhalten ist. Er räumt allerdings ein, dass deren Verwendung manchmal auch für den „schwer zu vermeiden" sei, „der die damit verbundene Gefahr sieht". Diese Gefahr dürfte für Frege darin bestehen, dass Färbungen als Beitrag zum Gedanken gerechnet werden und damit als wahrheitswertrelevant gelten würden. Überraschend positiv gewendet heißt es dann weiter: „Wo es darauf ankommt, sich dem gedanklich Unfaßbaren auf dem Wege der Ahnung zu nähern, haben diese Bestandteile ihre volle Berechtigung." (GED, 63) Ahnung ist hier nicht als eine höhere Art des Erkennens, sondern als ein tastendes Verstehen gemeint (Hogrebe 2014, 120–121). Die Rolle der Färbungen für ein solches Verstehen gilt es abschließend noch genauer zu betrachten.

Frege spricht wiederholt davon, dass semantische Färbungen durch sprachliche „Winke" zum Ausdruck gebracht oder angeregt werden (SB, 31; NL, 151–152; GED, 64). Diese Winke haben die Funktion, das Verstehen des Gemeinten zu erleichtern. Nun gehören zu diesen Winken insbesondere Verwendungen bildlicher und metaphorischer Ausdrücke. Bildlich und damit „farbig" ist auch der Ausdruck „Färbung" selbst. Da Frege Färbungen dem Bereich subjektiver Vorstellungen zuordnet, ergibt sich, dass seine Unterscheidung zwischen Sinn und Färbung objektiv nicht verstehbar sein dürfte. Diese Konsequenz liefert einen weiteren Grund, die Auffassung aufzugeben, dass „Färbungen" nur subjektive Vorstellungen sind. Gleiches gilt für den ebenfalls bildlichen Ausdruck „Beleuchtung".

Trotz seiner Forderung, die Sprache der Wissenschaft möglichst von Färbungen freizuhalten, nutzt Frege diese selbst, indem er in seinen eigenen Texten zahlreiche bildliche und metaphorische Ausdrücke verwendet. Er räumt denn auch ein: „Bildliche Ausdrücke, mit Vorsicht gebraucht, können immerhin etwas zur Verdeutlichung beitragen." (VER, 157) Über eine Verdeutlichung geht deren Gebrauch aber hinaus, wenn sie eingesetzt werden, um grundlegende und insofern kategoriale Begriffe und Unterscheidungen einzuführen. Das bekannteste Beispiel ist der Gebrauch der chemischen Metapher der „Ungesättigtheit" zur Charakterisierung des Wesens der Funktion und des Aufbaus der Gedanken aus abgeschlossenen und ungesättigten Teilen (BG, 193, 205).

Ausgangspunkt ist, dass sich die für Freges Logik grundlegenden Begriffe „Gegenstand" und „Funktion" als „logisch einfach" in dem Sinne erweisen, dass sie definitorisch nicht auf einfachere Begriffe zurückführbar sind. Bei logisch einfachen Begriffen sei es daher nur möglich, „auf das hinzudeuten, was gemeint ist" (FB, 18; GG I, 4). An die Stelle von Definitionen treten Erläuterungen, in denen Frege ganz bewusst bildliche „Winke" einsetzt. So werden Gegenstände metaphorisch als „gesättigt" (oder „abgeschlossen") und Funktionen metaphorisch als „ungesättigt" bestimmt. Freges Vermutung, „daß im Logischen überhaupt die Fügung zu einem Ganzen immer dadurch geschehe, daß ein Ungesättigtes gesättigt werde" (GGF, 37), belegt, wie zentral diese Metaphorik für ihn ist. Zu deren Rechtfertigung heißt es: „‚Abgeschlossen' und ‚ungesättigt' sind zwar nur bildliche Ausdrücke, aber ich will *und kann hier ja nur* Winke geben." (BG, 205, Herv. GG) Damit gesteht Frege ein, dass die Verwendung bildlicher Ausdrücke zur Erläuterung kategorialer Begriffe nicht nur hilfreich ist, sondern dass ohne sie gar nicht auszukommen ist: „Ich muß mich darauf beschränken, durch einen bildlichen Ausdruck auf das hinzuweisen, was ich meine, und bin dabei auf das entgegenkommende Verständnis des Lesers angewiesen." (WF, 665)

Angesagt ist damit statt einer Sprache *begrifflicher Präzision* eine Sprache *anschaulicher Prägnanz*, und dies erzwungenermaßen, nämlich geboren aus der Ausdrucksnot desjenigen, der eine kategoriale Unterscheidung einzuführen oder auf den Begriff zu bringen sucht, ohne dies in der üblichen Weise durch eine Definition tun zu können. Bildliche Winke, die stattdessen als Erläuterungen eingesetzt werden, können offensichtlich mehr leisten als subjektive Vorstellungen anzuregen. Frege muss letztlich einräumen, dass die Färbung bildlicher Rede für den kategorialen Diskurs und damit für die Philosophie unverzichtbar ist. Dies hätte die Konsequenz, dass die Philosophie mit der Übernahme literarischer Sprachelemente zwischen Wissenschaft und Literatur steht.

7.7 Zusammenfassung

Ausgangspunkt war das Verständnis der Dichtung als fiktionale Literatur. Dementsprechend galt es zu klären, welchen Beitrag Frege einerseits zur Bestimmung von Fiktionalität und andererseits zur Bestimmung von Literarizität geliefert hat. Der Begriff der Fiktionalität findet in Freges Analyse der Semantik und Pragmatik fiktionaler Rede eine adäquate Explikation. Ein wichtiges Ergebnis ist ferner, dass sich mit Hilfe seiner Konzeption der „ungeraden Rede" (im Sinne indirekter Rede) die neo-meinongsche Auffassung, literarische Figuren seien fiktive Entitäten, zurückweisen lässt. Die literarische Seite der Dichtung erläutert Frege mit Hilfe seines Begriffs der „Färbung", wobei er ganz richtig Färbungen im Sinne semantischer Konnotationen als wesentlich ansieht. Problematisch ist allerdings, dass Frege die semantischen Färbungen insgesamt als subjektive Vorstellungen bestimmt, die durch sprachliche „Winke" der Autoren und Autorinnen angeregt, aber nicht wirklich kommuniziert werden. Die Folge ist, dass der Dichtung jeder Erkenntniswert abgesprochen wird und ihre Funktion darauf reduziert wird, auf unsere Gefühle einzuwirken. Frege vertritt somit eine emotivistische Auffassung der Dichtung. Als Gegenmodell wurde auf der Grundlage von Freges Analyse fiktionaler Rede ein kognitivistischer Ansatz skizziert. Schließlich erwies sich Freges subjektivistische Auffassung der Färbungen in anderer Hinsicht sogar als widersprüchlich. In seinen Winken zur Erläuterung kategorialer Unterscheidungen greift Frege notgedrungen auf bildliche und damit auf „farbige" Ausdrücke zurück, deren Verwendung somit sogar zu grundlegender Erkenntnis beitragen kann.

Literatur

Dummett, Michael (1973): Frege. Philosophy of Language, Worcester and London.
Ernesti, Johann C. T. (1795): Lexicon technologiae graecorum rhetoricae, Leipzig, Nachdruck Hildesheim 1962.
Fink-Henseler, Roland W. (Hg) (^{8}1985): Kinder- und Hausmärchen. Gesammelt durch die Brüder Grimm, Bayreuth.
Freitag, Wolfgang (2014): Frege über „leider" und „gottlob". In: Reichardt, Bastian / Samans, Alexander (Hg.): Freges Philosophie *nach* Frege, Münster, 161–174.
Gabriel, Gottfried (1991): „Sachen gibt's, die gibt's gar nicht". Sind literarische Figuren fiktive Gegenstände? In: ders: Zwischen Logik und Literatur. Erkenntnisformen von Dichtung, Philosophie und Wissenschaft, Stuttgart, 133–146.
Gabriel, Gottfried (2019): Fiktion und Wahrheit. Eine semantische Theorie der Literatur, Stuttgart-Bad Cannstatt. 2. verbesserte und um einen Nachbericht erweiterte Auflage.
Hogrebe, Wolfram (2014): Frege als Hermeneut. In: Reichardt, Bastian / Samans, Alexander (Hg.): Freges Philosophie *nach* Frege, Münster, 113–129.
Iser, Wolfgang (1970): Die Apellstruktur der Texte. Unbestimmtheit als Wirkungsbedingung literarischer Prosa, Konstanz.
Parsons, Terence (1982): Fregean Theories of Fictional Objects. In: Topoi 1–2, 81–87.
Russell, Bertrand (1905): On Denoting. In: Mind 14, 479–493.
Searle, John R. (1975): The Logical Status of Fictional Discourse. In: New Literary History 6, 319–332.
Searle, John R. (^{3}1990): Der logische Status fiktionalen Diskurse. In: ders.: Ausdruck und Bedeutung. Untersuchungen zur Sprechakttheorie. Übersetzt von Andreas Kemmerling. Frankfurt am Main, 80–97.
Strawson, Peter F. (1950): On Referring. In: Mind 59, 320–344.

Mark Textor
8 Fregean Sense: A Guided Tour from the 1890s to the 2000s

8.1 Introduction

In his seminal paper *On Sense and Reference* (1892) Frege argued that the expressions of a language of a demonstrative science must have what he called "sense" and suggestively glossed as "mode of presentation". Sometimes the mode of presentation indeed presents something. In this case the expression has a sense and a reference. In so far as natural language such as German, French etc. approximate the languages of demonstrative sciences, the expressions of such languages also should be seen as expressing a sense that determines a referent if the world cooperates.

Frege's argument set and continues to set the agenda for much of philosophy of language. It gives rise to a number of questions that have been discussed at length and in detail in the literature. For instance, what, if any, is the sense and reference of an assertoric sentence (predicate)? Do expressions whose reference varies with the context of their utterance have senses?[1] And so on. In this paper I will focus on the prior question whether sense is a coherent notion in the first place and if it is how it should be theorised. I will give a problem-driven overview of the main attempts to develop a theory of Fregean sense.

8.2 Recap: Frege's argument

Let's begin at the beginning, that is, with Frege's *Begriffsschrift*. First things first: What is a Begriffsschrift? Frege's conception of a Begriffsschrift is indebted to the German philosopher Friedrich Adolph Trendelenburg (1802–72).[2] The signs of a natural language like German and English encode instructions to produce sounds. If one takes concepts (*Begriffe*) to be the contents of the signs, the point of a Begriffsschrift becomes clear: it is a language in which we "write" concepts without the mediation of sounds. One cannot speak Begriffsschrift. It is a language, Frege said, aimed at the eye, not the ear. A Begriffsschrift qualifies as a language because it can express new contents by combining a finite number of atomic graphic signs.

---

1 On this question see Perry 1977 and Heck 2002.
2 See Frege 1879, V. For a general introduction to the concept of a Begriffsschrift see Barnes 2002.

Why develop a Begriffsschrift? Because such a language can be a medium of thought, especially of inferential thought: the sentences of the language don't encode instructions to produce sounds, but write down thoughts (The subtitle of Frege's book *Begriffsschrift* is *A formula language of pure thought modelled on the language of arithmetic*).

Does a language of pure thought need a sign that corresponds to the sign for sameness in natural languages? Frege answered yes:[3] "The need for a sign for identity of content rests upon the following consideration: the same content can be completely determined in different ways; but that in a particular case the *same* thing is given in *two modes of determination* is the content of a judgement." (BS, § 8, translation by Max Black, modified by MT)

I can determine the same geometrical point in two different ways; roughly: there are two different methods to construe the point. More about ways of determination etc. in due course. Now imagine that I have constructed a point "twice over" and given him correspondingly two names, "point A" and "point B". There is a fact that I can find out, namely that point A "is no other point" than point B. If one wants to think (judge) that this is so in Begriffsschrift, one needs a special sign to do so. In § 8 of *Begriffsschrift* Frege introduced the sign "$\equiv$" intended to signify the relation of sameness of content. While "the evening star" stands in

(S1) The evening star is a planet

for the planet Venus, Frege argued that in (S2) the name stands for itself

(S2) The evening star $\equiv$ the morning star.[4]

(S2) is supposed to be about signs and content-identity to be a relation between signs.

What makes this plausible?

Frege begins *On Sense and Reference* by rehearsing his answer to this question:

> The reasons which seem to favour this are the following: $a = a$ are obviously statements of differing cognitive value ('Erkenntniswert'); $a = a$ holds a priori and, according to Kant, is to be labelled analytic, while statements of the form $a = b$ often contain very valuable extensions of our knowledge. The discovery that the rising sun is not new every morning, but

---

[3] And the Wittgenstein of the *Tractatus* answered no: "The identity sign is therefore not an essential constituent of the Begriffsschrift" (LPA, 5.553).
[4] See BS, § 8.

always the same, was of very great consequence for astronomy. Even today the identification of a small planet or comet is not always a matter of course. Now if we were to regard identity as a relation between what the names 'a' and 'b' designate, it would seem that $a = b$ cannot differ from $a = a$ (i. e. provided that $a = b$ it true). A relation would thereby be expressed by a thing to itself, and indeed one in which everything stands to itself and to no other. What is intended to be said by $a = b$ is that the signs 'a' and 'b' designate the same thing, so that those signs would be under discussion, a relation between them would be asserted. (SB, 26)

Frege switched here from the more general content-identity to identity. Let us assume that this change is unproblematic. If we assume that identity is a relation between singular terms, we make room for an important distinction. Consider:

(S3) The evening star = the evening star.
(S4) The evening star = the morning star

Understanding and accepting what is said by (S3) cannot, while understanding and accepting what is said by (S4) can extend one's knowledge. Hence, (S3) and (S4) differ in cognitive value: value for knowledge.

Frege also suggested that the distinction between (S3) and (S4) is one between a priori true/false and a posteriori true/false sentences. But consider

(S5) $12 = 12$
(S6) $1 + 1 + 1 + 4 + 5 = 12$

Both (S5) and (S6) are true a priori. Yet, they differ in cognitive value.

Another way to clarify the distinction is to appeal to the instance or immediate inference from a logical law.[5] Consider the law of identity:

(x) (x = x)

Only (S3) and (S5) follow directly from the law of identity, (S4) and (S6) don't. What is the ground for this difference?

How does the view that identity is a relation between signs make room for a difference in cognitive value between (S3) and (S4)? Frege's initial answer was that these sentences are about the signs that flank the identity sign and the difference in signs grounds a difference in cognitive value. Already in *Begriffsschrift* Frege is clear that

---

[5] See NL, 242; PW, 224. Campbell 2002, 85 and Taschek 2010 take this to be the fundamental ground of difference between the statements under consideration.

this answer is incomplete. If we take signs to be figures or shapes, differences in cognitive value don't track difference in sign. Consider the following pairs of sentences:

Different signs/no difference in cognitive value:

(S7) John's youngest brother = John's youngest male sibling.
(S8) John's youngest brother = John's youngest brother.

Same sign/difference in cognitive value:

(S9) Paderewski = Paderewski.
(S10) Paderewski = Paderewski.

The pair (S9) and (S10) needs some stage setting to be plausible. Ignacy Jan Paderewski (1860–1941) was the first Polish prime minister and also an internationally renowned concert pianist and composer.[6] Since it is improbable that one can pursue a musical and a political career simultaneously at this high level, one will easily come to the belief that Paderewski, the politician, is a different person than Paderewski, the musician. Understanding and accepting what (S9) says can therefore be an extension of one's knowledge.

What makes room for difference in cognitive value between different sentences is not a difference in the signs they are composed from. So the assumption that the identity sentences are about signs seems also unmotivated. Only if we distinguish between shapes in terms of a further difference, we distinguish between them as signs and not merely as objects, said Frege:

> If the sign 'a' is distinguished from the sign 'b' only as object (here, by means of its shape), not as sign (i. e. not by the manner in which it designates something), the cognitive value of $a = a$ becomes essentially equal to that of $a = b$, provided $a = b$ is true. A difference can arise only if the difference between the sign corresponds to a difference in the mode of presentation of that which is designated. [. . .] It now suggests itself to think of there being connected with a sign (name, combination of words, letter), besides that to which the sign refers, which may be called the referent of the sign, also what I would like to call the sense of the sign, wherein the mode of presentation is contained. (SB, 25–27)

What makes for a difference in cognitive value between, for example, (S3) and (S4) is that the different shapes are not only different objects, but different *signs* whose difference tracks a difference in, as Frege put it above, mode of presentation of the same thing. Modes of presentation or, more precisely, *Bestimmungsweisen* (modes of determination) already figure in *Begriffsschrift*. Frege (BS, § 8)

---

6 Kripke 1979 introduced so-called "Paderewski" cases into the philosophical literature.

explicitly required that different names for the same object correspond to different modes of determination of it. So there is no need in *Begriffsschrift* to mention modes of determination when explaining the sign for content-sameness.

Now there are still several important questions to answer before we can endorse Frege's final conclusion that (true) identity sentences about the same object differ in cognitive value if and only if the singular terms involved differ in mode of presentation. But an important step has been taken: modes of presentation have been introduced.

8.3 Enter modes of presentation

What does Frege say about modes of presentation? We can learn the following things from his argument about modes of presentations:

> (MoP1) The same object can be presented by different modes of presentation.
>
> (MoP2) If two signs "a" and "b" express the same mode of presentation, the truth of "a = b" is obvious.

In a letter to Russell Frege said that if "a" and "b" express the same sense, no "special deed of recognition [Erkenntnisthat]" is required to recognise that the same object is presented (WB, 234 f.; Frege 1980, 152). For instance, no calculation is necessary to recognise the truth of what (S5) says; it follows immediately from an obvious law of logic. According to (MoP2), sameness of mode of presentation, then, not only necessitates sameness of reference, but make it obvious to anyone who grasps the sense of "a" and "b".

(MoP1) and (MoP2) describe what modes of presentations must be like if Frege's argument is value and sound. Is there something that fits the description? Frege seems to think many of us know what modes of presentations are. Consider the example that he used in his letter to Jourdain to clarify the notion of a mode of presentation: "Let us suppose an explorer travelling in an unexplored country sees a high-snow-capped mountain on the northern horizon. By making inquiries among the natives he learns that its name is 'Afla'. By sighting it from different points he determines its position as exactly as possible, enters it in a map and, and writes in his diary: 'Afla is at least 5000 meters high'. Another explorer sees a snow-capped mountain on the southern horizon and learns that it is called Ateb. He enters it under this name. Later comparison shows that both explorers saw the same mountain. Now the same mountain is far from being a mere consequence of the principle of identity, but contains a piece of variable geographical knowledge. [. . .] *An object can be determined in different ways, and every one of these ways of determining it* [Bestimmungsweisen] *can give rise to a distinct name, and these distinct names then have different senses; for it is not self-evident that it is the same object which is determined in different ways.*" (*Undated letter to Jourdain* in WB, 128; Frege 1980, 80 – emphasis MT)

The explorer has one way to find the mountain if they come from the south, another if they come from the north. If the object is important enough for the explorer, he can introduce a name for it. In such a case we first have a mode of determining which gives rise to a name. If we make the further step and hold that the mode of determining that gives rise to the name is the one expressed by it, we have arrived at Frege notion of a sign.

Frege relies here, I think, on an understanding of "Bestimmungsweise" that is operative in science. For example, "die photographische Bestimmungsweise der Polhöhe" (see A. Marcuse's article of this name in *Astronomische Nachrichten* 1896 (141), 361) is a mode of finding the answer to the question "How high is the pole?", namely by means of making photographs. This use of *Bestimmungsweise* is also well-established in geometry.[7] Frege's (BS, § 8) example of a Bestimmungsweise is drawn from geometry. A *Bestimmungsweise* of a point is method of constructing it. If there is a difference between a mode of presentation and a mode of determination (*Bestimmungsweise*), it seems negligible.

Does this notion of a mode of determination have the properties Frege's modes of presentation are supposed to have? It is not clear that one cannot grasp different terms "a" and "b" that express the same mode of presentation, yet require reasons to endorse the identity statement "a = b" obvious.[8] Motivated by such open questions Frege's critics request a theory of modes of presentations. A representative example is Schiffer who writes:

> There's the illusion that we know what the components of Fregean propositions are, because the Fregean has borrowed familiar terms—'concept', 'mode of presentation', 'way of thinking', and so on—to stand for those components; but it's an illusion because, as we have already noticed, in the context of her theory these terms are technical terms meaning not a whole lot more than *the basic components of propositions, assuming those components are not the objects and properties our beliefs are about*. The Fregean owes a more complete specification of what concepts, and therewith Fregean propositions, are, and on this further specification Fregeans can, and do, differ. The Russellian may feel justified in calling this a *problem*, as opposed merely to a task in need of completion, because, he may feel, in the one hundred plus years since the theory was proposed, no theory of concepts has won anything close to wide acceptance even among Fregeans. (Schiffer 2003, 24)

---

7 For an example see Riemann 1868, 135.
8 Fodor 1998, 16 and Fine 2007, 36 have given examples that put pressure on (MoP2).

Schiffer complains that no such theory has been delivered by Frege and his followers. He does not rule out that they might still come up with the goods. A more radical objection to modes of presentations is the *Replacement Response*:

> Modes of presentations give rise to intractable problems.
> Therefore we must show that and how modes of presentations are dispensable when theorising about cognitive value and inference.

I take Russell and some of his followers to be representative exponents of the *Replacement Response*. In 1905 Russell abandoned sense and proposed his theory of definite descriptions as a "sense free" alternative. What are these intractable problems that make the distinction between sense and reference so unappealing?

8.4 Russell: Stop making sense

Russell was one of the first philosophers who engaged in detail with Frege's work. Russell's *Principles of Mathematics* contains an appendix that discusses, among other things, Frege's distinction between sense and reference. Russell commented that Frege's theory of sense and reference "is more sweeping and general than mine, as appears from the fact that every proper name is supposed to have the two sides. It seems to me that only such proper names as are derived from concepts by means of *the* can be said to have meaning, and that such words as *John* merely indicate without meaning" (Russell 1903, 502).

For Frege every proper name has sense and reference, for the Russell of 1903 only some, namely those that are, to put it paradoxically, not proper names: only definite description such as "The Mayor of London in 2021" have sense (meaning) and, if things go well, reference (denotation). Genuine proper names, "Sadiq Khan" is an example, are supposed to have only denotation, and not meaning. Why? Russell thinks that the assumption that every singular term has sense and reference leads to an infinite regress. The regress is supposed to bottom out in names without sense.

I will not assess Russell's infinite regress argument. For there seems nothing problematic so far in the notion of sense. Only some expressions are supposed to have sense, but he does not find sense troublesome.

Things change in 1905. In his *On Denoting* Russell finds the sense / reference (meaning / denotation) distinction perplexing. "The relation of the meaning to the denotation involves certain rather curious difficulties, which seem in themselves sufficient to prove that the theory which leads to such difficulties must be wrong." (Russell 1905, 485)

What are these curious difficulties? How does the argument against Frege exactly work? These questions have been controversially discussed among Russell experts for over a century.[9] I will not dare to make a contribution to this discussion here. But we can illustrate the curious difficulty Russell sees by highlighting a problem in Frege. Frege wrote: "In the case of an actual proper name such as 'Aristotle' opinions as to the sense may differ. It might, for instance, be taken to be the following: the pupil of Plato and teacher of Alexander the Great. Anybody who does this will attach another sense to the sentence 'Aristotle was born in Stagira' than will a man who takes as the sense of the name: the teacher of Alexander the Great who was born in Stagira." (SB, 27, Fn. 2)

In this footnote Frege tries to tell us what the sense of "Aristotle" is and he seems to fail to do so: The sense of "Aristotle" is not the pupil of Plato and teacher of Alexander the Great. The pupil of Plato and teacher of Alexander the Great is Aristotle, the philosopher.

One will think that this problem is easily solved by switching to: The sense of "Aristotle" is the sense of "the pupil of Plato and teacher of Alexander the Great". But now we know that two expressions have the same sense, but not what the sense is that they both have.

Frege himself takes referring to a sense by quoting words that have it to be straightforward: "In order to speak of the sense of an expression 'A' one may simply use the phrase 'the sense of the expression 'A'". In reported speech one talks about the sense – e. g., of another person's remarks." (SB, 28)

For example, in:

John believes that Hesperus is a planet,

"Hesperus" is supposed to refer to the sense it expresses when we talk about the planet. However, the proper name "Aristotle" has many senses; in the quote above Frege tried to mention a few. If there are many senses of "Aristotle", the definite description "the sense of 'Aristotle'" has no denotation. The same goes for "The sense of 'Aristotle' in 1905" etc. How about "The sense of 'Aristotle' in my mouth at the present time"? Here we need to rely on luck and hope that it is unlikely that someone else than me will express the same sense with "Aristotle" now.

Let's try to single out the sense of "Aristotle" via the reference of the name:

The sense that determines Aristotle and nothing else.

---

9 See Levine 2004 for an overview. He raises the question whether the argument is supposed to apply to Frege at all. Makin 2001 is a book-length treatment of the topic.

This maneuver does not work because "there is no backward road from denotations to meanings, because every object can be denoted by an infinite number of different denoting phrases" (Russell 1905, 487).[10]

So Frege is stumped.[11] While there supposed to be senses, we cannot talk about them. If we cannot talk about them, how we can theorize about them?

8.5 A brief stopover in 1940s America

In the 1940 Rudolf Carnap, who attended Frege's lecture course on Begriffsschrift in Jena, and Alonzo Church took an interest in Frege. Carnap's reading of Frege is influenced by Church's and I will focus therefore on his reading of Frege as presented in his review of Carnap's *Introduction to Semantics* and expounded in greater length later in his *Introduction to Mathematical Logic*.[12]

We saw in section 2 that Frege motivated the introduction of sense by the observation that sentences that are about the same thing and characterize it in the same way can differ in cognitive value. This line of thought does not play a role in Church's presentation of Frege's distinction. Church introduced sense via notion of linguistic meaning:

> The sense of an expression is its linguistic meaning, the meaning which is known to any one familiar with the language and for which no knowledge of extralinguistic fact is required; the sense is what we have grasped when we are said to understand the expression. (Church 1943, 301)

There is an initial motivation for Church's choice of the notion of linguistic meaning as his starting point. For example, just as knowledge of the sense of an expression is independent of knowledge of its reference, knowledge of linguistic meaning is independent of knowledge of extralinguistic fact. Yet, on closer reflection the identification of sense with linguistic meaning becomes implausible. In this respect it is important that Church misreads Frege's remarks about proper names. Frege wrote: "The sense of a proper name is grasped by everybody who is sufficiently familiar with the language or totality of designations to which it belongs." (SB, 27)

---

[10] According to Kripke (2008, 215), there is a backward road from reference to sense.
[11] For an early response on behalf of Frege see E. E. Constance Jones 1910. Jones and Frege corresponded in 1910–11. Unfortunately the letters are lost, but if we trust the report of the editors of Frege's correspondence, Frege could not discover a general agreement between his and Jones's views.
[12] See, for example, Church 1956, 6 f.

"Totality of designations" is a term Frege used to refer to his Begriffsschrift, not a natural language like English. The names of a "totality of designations" – the negation of the thought that 1 = 2 is an example of such a term – have a sense that one needs to grasp to master them. But as the previously quoted footnote in *On Sense and Reference* shows Frege held that the sense of a "real" proper name such as "Aristotle" varies from speaker to speaker, from time to time. "Aristotle" may have one invariant linguistic meaning, but it has many senses. Church's approach to sense was influential, but it is not in the spirit of Frege's work.[13]

For Frege's reception in America it is also important that Church held that Russell's objections to Frege "are traceable merely to confusion between use and mention of expressions, of a sort which Frege is careful to avoid by the employment of quotation-marks" (Church 1943, 302). The philosophers who follow Church don't see it as an important task to protect Frege's theory of sense and reference from Russell's criticism.

8.6 Dummett: A theory of sense is a theory of knowledge of sense

Let's fast forward to Oxford in the 70s. Michael Dummett rediscovered Frege's philosophy and Dummett's book *Frege: Philosophy of Language* (1973) aims to make Frege's work fruitful for discussion in the philosophy of language and logic. In contrast to Church (and Carnap), Dummett connected sense to the acquisition of dissemination of knowledge through language. Dummett held that we cannot abandon the notion of sense, but the problems discussed by Russell are real. We can get a grip on Dummett's understanding of Fregean sense by considering two lines of his response to Russell's objection.

First, Yes, we cannot refer to and talk about senses. But we don't need to because we can "show" what the sense of a word is: "[F]or Frege, we say what the referent of a word is, and thereby show what its sense is." (Dummett 1973, 227)

Dummett appropriates here Wittgenstein's famous (notorious) saying/showing distinction for his purposes. There are many ways in which we can *say* what the referent of 'Aristotle' is:

"Aristotle" names my brother.
"Aristotle" names the author of *De Anima* and *De Interpretatione*.
"Aristotle" the husband of Pythia.

---

[13] Burge (1979, sect. II and 1990) will disentangle sense and linguistic meaning.

All these sentences are correct and "say what the referent" of "Aristotle" is. But only knowledge of some of them will suffice for becoming competent with "Aristotle". These sentences say what the referent of "Aristotle" is and show its sense; others only say what the referent of the name is.

If we deploy the saying/showing slogan in this way, we avoid postulating senses as objects in our theory. Some theories of reference are such that knowledge of them enables one to understand the words concerned, others don't. We can register this difference by calling the former theories of sense. But there are no senses to be named or quantified over.

For Frege's purposes this proposal is unsuitable.[14] According to Frege, we refer all the time to senses, namely when we ascribe to others and ourselves beliefs, desires etc. This brings me to Dummett's second suggestion to make sense of "sense".

Second, Yes, we cannot refer to and talk about senses. But we don't need to because we can say what someone can do in virtue of grasping a sense: "[T]o grasp the sense of a word is to master a certain ability to determine the truth-conditions of sentences containing it; and there is no reason to impute an ineffable character to such an ability. Even if we cannot say what a sense is, there is no obstacle of our saying what it is that someone can do when he grasps that sense, and this is all that we need the notion of sense for." (Dummett 1973, 228f.)

I think it is controversial that we need the notion of sense only to say what someone can do when they grasp a sense. We certainly also want to say that some equations are instances of the laws of identity in virtue of signs with the same sense flanking the identity signs etc. But let us set this worry aside for now.

Dummett's move from sense to abilities that one has in virtue of knowing the sense of an expression turned out to be influential. He aims to get a grip on the sense of a word by starting from the state of grasping the sense. One would expect the order of explanation to go the other way round: we know what sense is and this provides us with the staring point for an understanding of what it is to grasp a sense. Compare: Your starting point for arriving at an understanding of what it is to drive a car is your knowledge what cars are. Driving a car is driving such a thing.[15]

Russell's "curious difficulties" about sense make plausible, Dummett argues, that the direction of explanation cannot run from sense to grasping a sense, but must be reversed. Senses are ineffable and we can only indirectly get a grip on them. Grasping a sense must be explained in terms of the state of grasping a sense and these states are explained further in terms of abilities one has in virtue of

---

14 See Blackburn / Code 1978, 76.
15 See Fodor 1994, 97f.

grasping a sense. Dummett does not explicitly go that way, but one might aim to define sameness of sense in terms of sameness of state of having grasped senses:

> The sense of "A" = the sense of "B" if, and only if, the state of grasping the sense of "A" = the state of grasping the sense of "B".

If one pairs this explanation with an explanation of sameness of state that appeals to abilities one has in virtue of being in that state, the explanation bottoms out, Dummett hopes, at the right place.

Now, this is rather abstract. Let's work though an example for a Dummettian account of sense. What does knowledge of the sense of a proper name – say "Gottlob Frege" – consist in? Frege (GL, § 62) argued that for something to be a singular term in the first place its correct use must be sensitive to the *identity* of an object. An utterance of "Gottlob Frege" in the course of making an assertion misfires if the object under consideration is not *identical* with Gottlob Frege. This is the key to Dummett's first stab characterization of what knowledge of the sense of "Gottlob Frege" amounts to: "To know the sense of a proper name is to have a criterion for recognizing, for any given object, whether or not it is the bearer (referent) of the proper name [. . .]." (Dummett 1973, 229) Now, if having a criterion for recognizing Gottlob Frege is knowing a truth about Gottlob Frege, and truths are senses of assertoric sentences, Dummett would have helped himself to an unexplained notion of sense.

Dummett (1973, 231) argues that having a criterion for recognizing the bearer of a name is, at least in some cases, nothing but the ability to recognize whether something conclusively establishes the truth of a recognition statement to the effect that some object is the bearer of the name. Dummett's plausibly requires that this ability is an ability to recognize the bearer of the name given "in a particular way" (Dummett 1973, 232). But is "given in a particular way" not just another word for "under a mode presentation"? Consider Dummett's own example: one knows the sense of "Gottlob Frege" if, and only if, one has the ability to recognize for any man x *when x is singled out by a perceptual demonstrative* whether x is Gottlob Frege or not. Here "given in a particular way" is specified by the use of a particular kind of English word. Is this sufficient for Dummett's purposes? Two problems come to mind:

First, the ability to recognize of any man x, if demonstratively presented, whether x is Gottlob Frege not demand to make sense of travelling to the past or Frege's survival to the present?[16]

---

[16] See Evans 1982, 98 f. Evans responds to Dummett 1973, 235.

Second, Dummett assumes that "singled out by a perceptual demonstrative" suffices to illuminate the relevant notion of particular way of being given an object without assuming an unexplained notion of sense. But this seems wrong. We certainly want to say that knowledge of the sense of "Hesperus" is distinct from knowledge of the sense of "Phosphorus". Hence, we cannot characterize knowledge of the sense of "Hesperus" ("Phosphorus") as the ability to recognize for any planet x if x is singled out by a perceptual demonstrative whether x is Hesperus or not. For this would implausibly identify knowledge of the sense of "Hesperus" with knowledge of the sense of "Phosphorus". We need to add something along the lines "x when given in particular way, say as the brightest star in the evening sky, is singled out by a perceptual demonstrative". If this is so, the appeal to demonstrative reference seems superfluous, all the work is done by modes of presentations of the planet. Senses cannot be explained away by appeal to abilities to recognize. Rather we need senses to identify such abilities.

8.7 The rich conception of sense and the spectre of psychologism

John McDowell argued that Dummett's ability-based approach to sense leads to psychologism.[17] We have seen in section 8.3 that some of Frege's discussions of sense suggest that modes of presentations are prior to proper names. We first possess modes of presentation and because we possess such modes of presentations and have certain communicative needs, we introduce proper names for the objects presented. The introduced name expresses the mode of presentation. According to McDowell (1977, 168 f.), letting modes of presentations play such an explanatory role leads to a form of Psychologism.

I find this objection hard to fathom. We have seen that Dummett's proposal soon runs into serious difficulties. But, on the face of it, these difficulties have nothing to do with Psychologism. For Dummett has moved away from the unfruitful questions "What is sense?" and "What is the sense of 'A'?" to the prima facie more promising questions "What is it to grasp a sense?" and "What is it to know the sense of 'A'?". Knowledge of sense should be explained in connection with mental abilities.

But I think the objection can be sharpened as follows:[18] if we start with cognitive capacities for recognizing objects, we should expect that different people have

---

[17] See also Kremer 2010, 281 and Sainsbury 2005, 38–40.
[18] See Kremer 2010, 281.

different capacities for recognizing the same object. Gottlob Frege's wife's capacity for recognizing Gottlob Frege makes use of different cues etc. than yours. These capacities should be distinguished. But then we arrive at the situation that the same name of the same object has as potentially as many senses as there are cognitive capacities to recognize the object. If there is such a thing as *the* sense of "Gottlob Frege" (the name of the author of *Begriffsschrift*), knowledge of this sense can only be understood as possession of the capacity to identify *Gottlob Frege*; however presented. One knows the sense of "Gottlob Frege" if, and only if, one can, *somehow*, identify Gottlob Frege. In this account of knowing the sense of a proper name, modes of presentations play no longer a role a role. The capacity is identified by the thing it is a capacity to recognize, a more fine-grained individuation of the capacity is unwelcome. We have gone back to a view Russell stated in a letter to Frege:

> In the case of a simple proper name like 'Socrates', I cannot distinguish between sense and Bedeutung; I see only the idea, which is psychological, and the object. (Russell 1904, 169 [251])

If we want to avoid proliferating senses and thereby making them explanatory idle, what should we do?

8.8 Sense and systematisation

Dummett proposed an answer to this question: "The notion of sense is [...] of importance, not so much in giving an account of our linguistic practice, but as a means of systematizing it." (Dummett 1973, 105) If we try to explain differences in cognitive value in terms of modes of presentation for, say, English as it is spoken in 2021, we will run into the Psychologism problem and the like. But to embark on this project is to misunderstand the point of the concept of sense. If you want to investigate with others whether the statement

> Moses existed

is true, you and your fellow historians need to determine a joint sense of "Moses". Otherwise you could cannot agree on what counts as justifying a statement with such a name. Dummett assumes that the properties for an ideal language flow from the demands of joint inquiry and will, in the long run, lead to a language that matches Frege's description. If we systematize language in this way, there are joint senses of proper names etc. and knowing them can be a shared recognitional ability. No psychologism threatens here.

Evans raised a good objection against Dummett's proposal:

> [I]t is the actual practice of using the name 'a', not some ideal substitute, that interests us; it is obviously viable and effective as a medium of communication, in that it provides speaker with a means of transmitting knowledge, and it is functioning that we seek to account for. (Evans 1982, 40)

Fair enough. If we are interested in the sense of a proper name as we use it to name something independently of an inquiry, how can we illuminate its sense while avoiding psychologism?

8.9 Psychologism and austerity

McDowell argued that we should reject any *rich* conception of sense and opt for an *austere* one. The austere conception of sense can be seen as developing further the idea that the sense of an expression cannot be stated, but only shown. McDowell's framework for articulating this suggestion in a detailed way is Davidson's truth-conditional theory of meaning. In fact, he has Davidson on his side:

> Frege held that an adequate account of language requires us to attend to three features of sentences: reference, sense, and force. Elsewhere I have argued that a theory of truth patterned after a Tarski-type truth definitions tells us all we need to know about sense. Counting truth in the domain of reference, as Frege did, the study of sense thus comes down to the study of reference. (Davidson 1984, 109).

In a number of articles, beginning with *Truth and Meaning* (1967), Davidson argued that a theory of truth for a language L can serve as a theory of sense. If one knows a theory of truth that entails for every sentence of a language L a theorem of the form "s is true-in-L iff p" and one knows that this theory is confirmed by observations of the speech behaviour of L speakers, one can use the theory of truth as a theory of meaning (a theory of truth so usable is "interpretative"). The theory, to go back to Dummett's slogan, states the reference of the words of *L* as well as the conditions under which the sentences of *L* are true and it *shows* the sense these words have in *L*.

Now, Davidson said rather little about proper names, the main bone of contention in many discussions about sense. According to McDowell, an *interpretative* theory of truth will have different axioms for the proper names "Hesperus" and "Phosphorus":

(A1) "Hesperus" refers in English to Hesperus.

and

(A2) "Phosphorus" refers in English to Phosphorus.

Knowing these axioms is supposed to be grasping the sense of the names involved. Let's illustrate McDowell's reasoning with an example. Consider a theory of truth for English in which (A2) is exchanged for:

(A2?) "Phosphorus" refers in English to Hesperus.

If you know (A1) and (A2?), an utterance of

Hesperus = Phosphorus

will have no cognitive value for you. You will wonder why people go on stating such trivialities. You get something wrong. Swapping (A2) for (A2?) allows you to get utterances of "Hesperus = Phosphorus" right. Hence, a theory of truth that contains axioms such as (A1) and (A2) is theory of truth that allows us to understand utterances of English. Therefore (A1) and (A2) qualify as saying what the reference of "Hesperus" and "Phosphorus" is while also showing their senses.

The semantic axioms of a theory of truth for English don't mention cognitive capacities. In this sense they are austere: they specify the knowledge required for understanding English sentences by re-using the quoted name. One can only know these axioms if one already masters the quoted name. For the name is re-used to say what the name refers to. According to McDowell this is not a cost, but a benefit of the austere theory. For we have reason to believe that the attempt to find knowledge that one can possess independently and prior to proper names leads to psychologism.[19]

In stating the austere theory of sense McDowell (1977, 161) makes an important simplifying assumption: he ignores names with more than one bearer. This simplification makes the austere theory of sense unusable for English (or German) proper names. For it is hard to think of a form-individuated name that has only one bearer. The form-individuated name "London", for instance, has many bearers. If the austere theory shall be applicable to actual languages, it cannot apply to form-individuated proper names of such languages. This observation motivates the question of how one should distinguish between proper names such that they can figure in the axioms of theory of truth.

A different, in my view, harder problem for McDowell are names with more than one sense. Consider again the Paderewski example from section 2:

---

[19] See Sainsbury 2005, 38–40.

"Paderewski" refers in L to Paderewski

If we have managed to latch on to the name of the first Polish prime minister and concert pianist, the axiom is true. But does it show the sense of "Paderewski" in L? Which sense is that? "Paderewski" has at least two senses that determine the same referent. If the axiom showed the sense of "Paderewski", it should express a piece of linguistic knowledge. But there is a clear sense in which the axiom expresses an empirical truth.

The austere theory can only apply to proper names that are individuated in terms of sense and form:

"Paderewski$_1$" refers in L to Paderewski$_1$
"Paderewski$_2$" refers in L to Paderewski$_2$

The subscripts tracking differences in sense between occurrences or uses of "Paderewski". This makes differences in sense prior to the theory of references. We need to employ the notion of sense to distinguish between form-individuated proper names in such a way that we can formulate truth-theoretic axioms for them. On the one hand this point supports Frege's conclusion that we need to think of proper names as signs, that is distinguished fundamentally by sense, and not only by form (and referent). On the other hand it undermines the austere theory of reference.

8.10 The cost of austerity

There is a further serious difficulty for the austere theory of sense that has received a lot of attention in the literature. An austere theory of sense cannot contain true axioms for proper names that fail to refer. Consider an often used example. The French astronomer Le Verrier postulated the existence of planet he called "Vulcan". Unfortunately it turned out that there is no such planet, the proper name "Vulcan" is empty. If we assume classical logic as the logic we use in our theory of truth, the sentence

(A3) "Vulcan" refers in L to Vulcan.

is false. Frege himself argued that sentences with empty singular terms are neither true nor false: they fall in a truth-value gap. Hence, one cannot use (A3) to derive truth-conditions for sentences that contain "Vulcan". "This," commented Evans, "is a formal representation of the fact that such a term has no sense, and sentences containing express no thought." (Evans 1982, 35) An utterance of "Vulcan is a planet" lacks truth-conditions and expresses therefore no sense.

This conclusion seems intuitively implausible to many. According to McDowell (1977, 172), such intuitions about bearerless names are "the deepest source of the richer conception of the sense of name". Because we (mistakenly) believe that "Vulcan" has sense and can be used in assertoric sentence to make assertions, we reject the austere view of sense and look for sense that can be shown independently of the proper name its sense it is.

In response Evans and McDowell try to free us from our belief that bearerless names have sense. Evans' *The Varieties of Reference* is largely devoted to showing that there is no sense without reference. To pick out one strong argument, consider communication with names. When I say "Gottlob Frege worked at the university of Jena", we don't require our audience to think in the same way about Gottlob Frege and Jena. They need to know which object is referred to however they think of it.[20] What unifies the knowledge is that it is knowledge of Frege and of Jena. This answer cannot be given when we are dealing with empty proper names like "Vulcan". You cannot be said to understand my utterance of "Vulcan is a planet" because you and I both know of Vulcan that it is the object named. There is no such object. Now requiring that we grasp the same mode of presentation in such cases is *ad hoc*. There is no unified conception of communicative understanding that covers the successful and the empty case. The empty case is only an illusion of understanding – no sense is expressed and grasped – that seems to us like the successful case. Hence, we should give up the idea that there is sense without reference.

Evans tried to ascribe this view to Frege himself.[21] Frege said that a proper name that does not refers is a *Scheineigenname*:

> Names that miss the purpose which names usually have, namely to name something, could be called Scheineigenname. (NL, 141; PW, 130)

Evans, following Kripke, reads Frege as saying that an empty proper name is as little a proper name as toy duck is a duck. Similarly, a "thought" allegedly expressed by a sentence with such a proper name is not a thought, but only something that appears to us as one.

The Kripke/Evans interpretation of Frege is controversial. Frege also wrote: "[T]he object designated by a proper name seems to be quite inessential to the

---

[20] Heck 1995 argues that the requirement that one needs to know the referent of a name grounds the need for a rich sense of communication.
[21] See also Kripke 2011. Evans is partly inspired by Kripke's John Locke Lectures *Reference and Existence* that were given in 1973 and published in 2013. See also McDowell 2005, 62 ff. For critical discussion see, for example, Bell 1990.

thought content of a sentence which contains it." (NL, 208; PW, 191) Here it indeed sounds as if empty proper names are genuine proper names that have a sense. In the next section I will discuss a development of the austere theory that respects this strand in Frege's thought.

McDowell embedded the view that bearerless names are without sense in a general view about intentionality:

> The Fregean view would have to seek its support in the idea that thought relates to objects with an essential indirectness: by way of a blueprint or specification which, if formulated, would be expressed in purely general terms. (McDowell 1977, 173)

Such essential indirectness makes room for skepticism etc. Hence, we need to avoid it and this brings us back to the austere specification of the sense of "Gottlob Frege". On the austere view the sense of "Gottlob Frege" is world-involving: if there is a thought at all whose content can be articulated by using "Gottlob Frege", its object exists.

8.11 Palatable austerity?

Sainsbury (2005) argued contra McDowell and Evans that one can endorse an austere view of sense while acknowledging that there is sense without reference. Is it really plausible that "Vulcan" has no sense?[22] After all scientists posed such questions as:

> Does Vulcan exist?
> Where is the location of Vulcan?
> Can we see Vulcan through a telescope?

They brought reasons to bear in answering these questions. The answer "No" to the first question is right. How could this be if no sense was expressed at all?

Sainsbury's takes empty proper names to have sense. So what goes wrong in the Evans' and McDowell's arguments for the conclusion that empty names only purport to have senses? Sainsbury lays the blame at the door of the axioms and the background logic that Evans and McDowell assume in their austere theories.

---

[22] See Sainsbury 2005, 87 ff.

In a negative free logic, every atomic sentence that contains a bearerless name is false.[23] With this in mind, Sainsbury (2005, 73) proposes to use axioms of the following kind:

(A2*) ($\forall x$) ('Vulcan' refers in English to x iff x = Vulcan)

The right-hand side of the bi-conditional is false for each assignment of objects to the variable, and so is the left-hand side. Since both sides of the bi-conditional agree in truth-value, the bi-conditional is true and we can use it in deriving truth-conditions for utterances of sentences of the form "Vulcan . . .".

Sainsbury's tweak of the austere theory shows that it can respect the intuition that bearerless names express a sense. Sainsbury then goes to develop the idea that one can know (A2*). One knows (A2*) if, and only, one is sufficiently inducted in the practice of using 'Aristotle'.

We have now arrived at the point where we are currently in expounding, reconstructing and improving Frege's distinction between sense and reference. Let's see what the future holds . . .

References

Barnes, Jonathan (2002): What is a *Begriffsschrift*? In: Dialectica 56, 65–80.
Bell, David (1990): How Russellian was Frege? In: Mind 99, 267–277.
Blackburn, Simon / Code, Alan, (1978): The Power of Russell's Criticism of Frege: 'On Denoting' pp. 48–50. In: Analysis 38, 65–77.
Burge, Tyler (1974): Truth and Singular Terms. In: Noûs 8, 309–325.
Burge, Tyler (1979): Sinning against Frege. In: Burge 2005, 213–241.
Burge, Tyler (1990): Frege on Sense and Linguistic Meaning. In: Burge, Tyler 2005, 242–270.
Burge, Tyler (1992): Philosophy of Language and Mind 1950–1990. In: The Philosophical Review 101, 3–51.
Burge, Tyler (2005): Truth, Thought, Reason. Essays on Frege. Oxford.
Campbell, John (1994): Past, Space and Self, Cambridge, Mass.
Campbell, John (2002): Reference and Consciousness, Oxford.
Carnap, Rudolf (1946): Meaning and Necessity, Chicago.
Church, Alonzo (1943): Review of R. Carnap. Introduction to Semantics. In: The Philosophical Review 52, 298–304.
Church, Alonzo (1956): Introduction to Mathematical Logic, Princeton.
Davidson, Donald (1984): Inquiries into Truth and Interpretation, Oxford.
Dummett, Michael (1973): Frege: Philosophy of Language. Second Edition 1981, London.

---

23 See Burge 1974.

Evans, Gareth (1982): The Varieties of Reference, ed. by John McDowell, Oxford.
Fine, Kit (2007): Semantic Relationism, Oxford.
Fodor, Jerry A. (1994): Concepts. A Potboiler. In: Cognition 50, 95–113.
Fodor, Jerry A. (1998): Concepts, Oxford.
Frege, Gottlob (1979): Posthumous Writings, translated by Long, Peter and White, Roger, Oxford [=PW].
Frege, Gottlob (1980): Philosophical and Mathematical Correspondence, translated by H. Kaal. Oxford.
Heck, Richard G. Jr (1995): The Sense of Communication. In: Mind 104, 79–106.
Heck, Richard G. Jr (2002): Do Demonstratives Have Senses? In: Philosophers' Imprint 2, 1–33.
Jones, E. E. Constance (1910): Mr. Russell's Objections to Frege's Analysis of Propositions. In: Mind, New Series 19, 279–286.
Kremer, Michael (2010): Sense and Reference: The Origins and Development of a Distinction. In: Potter, Michael D. / Ricketts, Tom (eds.), The Cambridge Companion to Frege, Cambridge, 220–293.
Kripke, Saul A. (1979): A Puzzle about Belief. In: Margalit, Avishai (ed.): Meaning and use, Dordrecht, 239–283.
Kripke, Saul A. (2008): Frege's Theory of Reference: Some Exegetical Notes. In: Theoria 74, 181–218.
Kripke, Saul A. (2011): Vacuous Names and Fictional Entities. In: Kripke, Saul A.: Philosophical Troubles, Oxford, 52–75.
Kripke, Saul A. (2013): Reference and Existence: The John Locke Lectures, Oxford.
Levine, James (2004): On the "Gray's Elegy" Argument and its Bearing on Frege's Theory of Sense. In: Philosophy and Phenomenological Research 69, 251–295.
Makin, Gideon (2001): The Metaphysicians of Meaning. Frege and Russell on Sense and Denotation, London.
McDowell, John H. (1977): On the Sense and the Reference of a Proper Name. In: Mind 86, 159–86.
McDowell, John H. (2005): Evans' Frege. In: Bermudez, José L. (ed.): Thought, Reference, and Experience: Themes from the Philosophy of Gareth Evans, Oxford, 42–66.
Perry, John (1977): Frege on demonstratives. In: The Philosophical Review 86, 474–497.
Riemann, Bernhard (1868): Ueber die Hypothesen, welche der Geometrie zu Grunde liegen. In: Abhandlungen der Königlichen Gesellschaft der Wissenschaften zu Göttingen 13, 133–150.
Russell, Bertrand (1903): Principles of Mathematics, London 1992.
Russell, Bertrand (1905): On Denoting. In: Mind, New Series 14, 479–493.
Sainsbury, Richard M. (2005): Reference without Referents, Oxford.
Schiffer, Stephen (2003): The Things we mean, Oxford.
Strawson, Peter F. (1957): Propositions, Concepts, and Logical Truths. In: Strawson, Peter F.: Logico-Linguistic Papers, London 1971, 89–101.
Taschek, William (2010): On Sense and Reference: A Critical Reception. In: Potter, Michael D. / Ricketts, Tom (eds.), The Cambridge Companion to Frege, Cambridge, 293–341.
Trendelenburg, Friedrich A. (1867): Über Leibnizens Entwurf einer allgemeinen Charakteristik (1856). In: Trendelenburg, Friedrich A.: Historische Beiträge zur Philosophie, Berlin, 1–48.

Wolfgang Kienzler
9 Freges Anliegen und Strategie in *Über Begriff und Gegenstand*

> Man wird sich leicht über die Ausdrucksweise verständigen, wenn man einmal anerkannt hat, dass etwas da ist, was eine besondere Benennung verdient. (BG, 192)

9.1 Einleitung

In seinem Aufsatz *Über Begriff und Gegenstand* artikuliert Frege den für ihn grundlegenden Unterschied zwischen Begriffen und Gegenständen, indem er dafür erstens eine Definition, oder genauer eine Erklärung, und zweitens ein sprachliches Kennzeichen angibt. Begriffe sind demnach wesentlich prädikativ, und dies unterscheidet sie von Gegenständen, die wesentlich nicht-prädikativ sind. Das unterscheidende sprachliche Kennzeichen besteht darin, dass „beim Singular der bestimmte Artikel immer auf einen Gegenstand hinweist, während der unbestimmte ein Begriffswort begleitet" (BG, 195). Diese Klarstellung geschieht in der Form einer Antwort auf Kerry, der „Definition und Kennzeichen" als „unzutreffend" kritisiert hatte.

Ergänzend behandelt Frege (ähnlich wie in SB) verschiedene Fälle, die als Gegenbeispiele verstanden werden könnten; und er geht auf eine grundsätzliche Schwierigkeit des Ausdrucks ein, der Aussagen über Begriffe betrifft.

An keiner Stelle spricht Frege von einer logischen Schwierigkeit seiner eigenen Konzeption oder von einem Paradox, das sich daraus ergibt oder ergeben könnte. Konsequenterweise versucht Frege auch an keiner Stelle, eine Schwierigkeit zu lösen oder ein Paradox aufzulösen oder zu vermeiden. Man könnte sogar sagen, dass Frege die angeblich paradoxe Ausdrucksform bewusst mehrfach verwendet und als korrekt hervorhebt. Der Aufsatz ist bisher ganz überwiegend als Auseinandersetzung mit dem paradox klingenden Satz „der Begriff Pferd ist kein Begriff" aufgefasst worden. Solche Untersuchungen haben ihr eigenes Interesse,[1] aber in diesem Beitrag soll der Aufsatz aus Freges eigener Sicht rekonstruiert und vorgestellt werden.

Tatsächlich versteht jedoch Frege selbst seinen Aufsatz keineswegs als Lösung einer Schwierigkeit, sondern ganz überwiegend als Erklärung eines beson-

---
[1] Vgl. dazu die Beiträge von Kemmerling und Zimmermann in diesem Band.

ders wichtigen Unterschieds, der für das Verständnis der Logik überhaupt unverzichtbar ist.

Als Ausnahme zu üblichen Betrachtungsweisen des Textes hat Cora Diamond die konstruktiven Seiten von Freges Argumentation hervorgehoben, und dies dadurch unterstrichen, dass sie von einem „Begriff-Pferd-Satz" spricht: „The point of the concept-horse proposition is, in large part, what it is against, and what Frege shows about how not to get there. The concept-horse proposition is a kind of road-block, blocking a road to confusion." (Diamond 2017, 193)[2]

Allerdings deutet Diamond den Satz immer noch weitgehend isoliert und negativ, als einen Zug außerhalb der gewöhnlichen Verwendung von Sätzen, die etwas behaupten sollen; und sie geht auch nur sehr sporadisch auf den Kontext ein, in dem Frege seine Äußerung tätigt und erläutert.[3] Aus Freges Perspektive dagegen drückt der Satz vor allem eine Wahrheit aus, er bestätigt nämlich, dass sein Kennzeichen für den Unterschied zwischen Begriffsausdrücken und Eigennamen korrekt ist. Dies zeigt sich anhand eines Durchgangs durch den Aufsatz.

Frege setzt sich in verschiedenen Schriften mit traditionellen Verständnissen einzelner logischer Fragen sowie der Logik insgesamt auseinander. In *Begriff und Gegenstand* unternimmt er jedoch gerade keine solche Arbeit; er erklärt vielmehr ausdrücklich, dass ihm Kerrys Verwendungsweisen des Wortes „Begriff" gleichgültig sind.[4] Es geht Frege ausschließlich darum, seine eigene Konzeption und Verwendungsweise zu erklären und gegen Kritik zu verteidigen. Die Kritikpunkte Kerrys sind nur der Anlass, um die eigene Konzeption im Kontrast deutlicher zu erklären. Frege gibt auf keine Weise zu erkennen, dass er irgendetwas an der Kritik berechtigt findet, was ihn dazu veranlassen könnte, seine eigene Auffassung

---

2 Vgl. auch Diamond 1991, 184: „The predicate ‚concept' cannot be predicated of any concept. [...] We are all Benno Kerrys through and through."
3 In einer Ergänzung zum Wiederabdruck schlägt Diamond vor, dass wir zunächst mit Freges eigener Erörterung solcher Sätze wie „der Begriff Mensch ist nicht leer" beginnen sollten, weil Frege dies als eine berechtigte Ausdrucksweise im Rahmen nichtformaler logischer Darlegung ansehe (Diamond 2017, 194).
4 Der Entwurf enthält noch eine, später gestrichene, Gesamteinschätzung zu Kerry: „Den Grund für die bedauerliche Verwischung der Unterschiede zwischen Begriff und Gegenstand, zwischen Merkmal und Eigenschaft bei Herrn K. sehe ich in der Durcheinanderquirlung logischer und psychologischer Gesichtspunkte und Fragestellungen, die dem Werte seiner Abhandlungen erheblichen Abbruch tut." (NL, 114) Frege sieht hier eine sehr weitreichende Problematik: „Aber hierin scheint Herr K. nur einer weitverbreiteten Zeitkrankheit verfallen zu sein. Ja, wäre nicht schon der Sensualismus Lockes und der Idealismus Berkeleys und so vieles, was sich daran geknüpft hat, unmöglich gewesen, wenn man zwischen Denken im engeren Sinne und Vorstellen [...] genügend unterschieden hätte?" (NL, 114f.)

zu ändern.⁵ In diesem Sinn wäre es falsch, den Aufsatz eine „Auseinandersetzung mit Kerry" zu nennen (vgl. die Herausgeberüberschrift in NL, 96: „Eine kritische Auseinandersetzung mit Kerry").

9.2 Zum Hintergrund

In den *Grundlagen* hatte Frege erstmals den wesentlichen Unterschied zwischen Begriff und Gegenstand betont und in einem eigenen Grundsatz formuliert.⁶ In Abschnitt III der *Grundlagen* wendet er dies auf die Analyse des Zahlbegriffs an, indem er zwischen „Eins" und „Einheit", also zwischen den Zahlausdrücken, wie „die Eins", die Gegenstände bezeichnen, und den Begriffsausdrücken „Einheit" oder „Element", die in erster Linie für Begriffe stehen, unter die mehrere Gegenstände fallen können, unterscheidet.⁷

Der Aufsatz *Über Begriff und Gegenstand* ist die revidierte Fassung des zweiten Teils eines Textes *Über den Begriff der Zahl* (NL, 81–127), den Frege ursprünglich im Anschluss an seine *Grundlagen* schon vor der Einführung der Unterscheidung zwischen Sinn und Bedeutung geschrieben hatte und der „einige Erläuterungen und einige Widerlegungen von Einwänden" (NL, 81) enthalten sollte.⁸ Diese betreffen zunächst vor allem die Nichtbeachtung dieser Unterscheidung bei Versuchen, die Zahlen einzuführen. Der erste Teil enthält eine Polemik gegen Otto Biermanns Erklärungen zum Begriff der Zahl (NL, 81–95). Der Text endet mit dem Abschnitt: „Es ist falsch zu sagen ‚Zahl ist soviel wie Einse'; und wenn man für ‚Einse' ‚Einheiten'

---

5 Die einzige Änderung Freges, auf die er selbst hinweist, betrifft die Formulierung des Unterschieds, bei der er in den *Grundlagen* noch von einem „beurteilbaren Inhalt" (GL, 77, Anm.) gesprochen hatte. Den „Wortlaut" billigt er darum „nicht mehr ganz", obwohl er „im Wesentlichen noch derselben Meinung" (BG, 198) ist. Damit betont Frege, dass er seine beiden Versionen der Erklärung als gleichbedeutend ansieht.
6 Vgl. den Beitrag von Polimenov in diesem Band.
7 Frege hebt hervor, dass man zunächst von „Einheit" im Sinn eines Begriffs sprechen kann; so ist „Jupitermond" die Einheit, um die darunter fallenden Gegenstände zu zählen. Man kann aber auch die gezählten Dinge (oder Monde) selbst als „Einheiten" auffassen (vgl. GL, § 54). Zahlangaben beziehen sich nach Frege nicht auf Dinge, sondern auf Begriffe.
8 Frege betont hier noch, dass „1 + 1" und „2" einfach verschiedene *Zeichen* sind: „Es ist dieselbe Zahl, welche mit ‚1 + 1' und welche mit ‚2' bezeichnet wird. Nichts kann von 2 ausgesagt werden, was nicht auch von 1 + 1 ausgesagt werden kann; wo eine Ausnahme zu sein scheint, da ist es so zu erklären, dass von den Zeichen ‚2' und ‚1 + 1' statt von ihrem Inhalte gesprochen wird. Verschiedene Zeichen für dieselbe Sache sind unvermeidlich, weil man auf verschiedenen Wegen auf sie hingeführt werden kann und es dann erst festgestellt werden muss, dass man wirklich dasselbe erreicht hat." (NL, 95)

sagt, so macht man den Fehler durch die Verwechslung von Einheiten und Eins noch größer, obwohl sprachlich die Sache glatter wird. Das Sprachgefühl warnt mit gutem Grund vor dem Gebrauche der Form ‚Einse'. Wenn man dafür ‚Einheiten' sagt, umgeht man nur das Verbot." (NL, 95)

Der zweite Teil des Textes stimmt inhaltlich weitgehend mit BG überein (dazu im einzelnen Kienzler 2009, 298–303). Auf wichtige Abweichungen zwischen beiden Versionen wird im Folgenden hingewiesen.

9.3 Kerry: „Definition und Kriterium sind unzutreffend"

Der Aufsatz beginnt mit einem Verweis auf Benno Kerrys[9] Kritikpunkte und bereitet damit eine Antwort vor, die dann auch in derselben Zeitschrift erscheinen sollte, in der Kerrys Beiträge erschienen waren.[10] Tatsächlich geht es Frege keineswegs darum, Kerrys sehr umfangreichen Ausführungen insgesamt gerecht zu werden: Er beschränkt sich fast ausschließlich auf den einen Punkt, der für ihn selbst zentrale Bedeutung hat.[11] Aus seinen Erörterungen kann man daher Kerrys Anliegen und Konzeption nicht rekonstruieren; er nennt gerade eben Kerrys Titel *Über Anschauung und ihre psychische Verarbeitung*. Frege erwähnt in seinem Aufsatz aber weder die Anschauung noch deren psychische Verarbeitung.

Frege weist nur zwei Stellen nach: Das Zitat über „3 + 1" und „4" (NL, 199; zu Kerry 1886, 424) und eine Bemerkung Kerrys zur Identifizierung von Begriff und Begriffsumfang (NL, 202; zu Kerry 1887, 281). Die übrigen Hinweise beziehen sich (ohne Nachweis) sämtlich auf eine einzige längere Passage (Kerry 1887, 272–274): Die Definition und das Kriterium für Begriffe, die Unmöglichkeit, auf sprachliche Unterschiede etwas Logisches zu gründen, die Beispiele mit dem Begriff „Pferd" und dem Individualbegriff, sowie das wörtlich zitierte Beispiel mit Vater und Sohn.[12]

---

9 Benno Kerry (1858–1889) war Mitglied der Brentanoschule und Assistent bei Windelband in Straßburg. Er starb bereits 1889 und konnte auf Freges Kritik daher nicht mehr antworten. Eine nähere Beziehung zu Frege ist nicht bekannt. Zu Kerrys Biographie vgl. Peckhaus 1994.
10 Der Entwurf war noch nicht als Artikel für diese Zeitschrift geschrieben; die kritischen Ausführungen sollten offenbar in der Einleitung zu Freges systematischen Werk zu stehen kommen (vgl. NL, 81).
11 Zu Kerrys weiteren Einwänden gegen Frege vgl. Russell 1903 und Picardi 1994.
12 Der Entwurf enthält noch einen später gestrichenen Verweis, in dem Kerry „von dem Begriffe eines Begriffs" spricht (NL, 113; zu Kerry 1886, 456 ff.).

Kerry drückt an einer Stelle seine Verwunderung darüber aus, dass Frege so hervorgehoben von „prädikativ" spricht: „Dass Frege den Unterschied zwischen Begriff und Gegenstand auf denjenigen zwischen Subjekt und Prädikat zurückzuführen sucht, ist umso auffallender, als er in seiner Begriffsschrift (vgl. S. VII und S. 3f.) der richtigen Meinung Ausdruck verleiht: es sei einem Urteile nicht wesentlich, in Subjekt und Prädikat zu zerfallen." (Kerry 1887, 273, Anm.)

Tatsächlich will Frege keineswegs den traditionellen Unterschied zwischen Subjekt und Prädikat zur Erklärung heranziehen (denn dieser ist, wie Kerry zu Recht anmerkt, nur ein relativer Unterschied der Position), sondern er bezieht sich auf einen wesentlichen Unterschied, der nur bildlich als „ergänzungsbedürftig", „ungesättigt" oder eben „prädikativ" artikuliert werden kann. Systematisch gesehen ist die „prädikative Natur des Begriffs [...] nur ein besonderer Fall der Ergänzungsbedürftigkeit oder Ungesättigtheit", die für Frege „wesentlich für die Funktion" ist (BG, 197, Anm.).

Eine Bemerkung Kerrys, zu der man sich eine klare Antwort Freges gewünscht hätte, sei noch zitiert: „Unter diesen Umständen ist es sehr bedauerlich, dass Frege in keiner seiner Schriften den Begriff des Logischen bestimmt hat" (Kerry 1887, 262).

Frege nennt als Anliegen seines eigenen Textes neben der Aufklärung von Missverständnissen den Umstand, dass „diese Sache wichtig und schwierig genug" (BG, 192) sei, um ausführlicher als er dies in seinen *Grundlagen* getan hatte, behandelt zu werden.[13]

Dort hatte sich Frege darauf festgelegt, das Wort „Begriff" konsequent in einem logischen, und nicht einem psychologischen Sinn zu verwenden. Faktisch werde, so Frege, das Wort teilweise in einem psychologischen, teilweise in einem logischen, und besonders unklar, „teils vielleicht in einer unklaren Mischung von beiden" (BG, 192), verwendet. Dieser schwankenden Verwendung hält Frege die Forderung nach einer konsequenten Verwendung der Termini in wissenschaftlichen Kontexten entgegen. Auf das Wort selbst kommt es ihm dabei nicht an, denn Fragen der Wortverwendung sind für Frege nur Fragen der Zweckmäßigkeit (vgl. BG, 204).

Als Quelle für Kerrys Missverständnisse identifiziert Frege eine Vermengung dessen eigener Gebrauchsweise von „Begriff" mit derjenigen Freges (BG, 192). Frege möchte dieser Vermengung dadurch entgegenwirken, dass er seine eigene Verwendung klar und ausführlich erklärt.

---

13 Die *Grundlagen* behandeln die Thematik „Begriff und Gegenstand" vor allem im Schlussteil von Abschnitt III (*Meinungen über Einheit und Eins*, §§ 45–54); sie enthalten aber nur kurze und sporadische Ausführungen zu „Begriff". Frege verweist in BG auf folgende Passagen der *Grundlagen*: S. X, die §§ 46, 51 und 53, sowie auf je eine Anmerkung zu § 66 und § 68.

Als ersten Klärungspunkt nennt Frege die Frage der Definition von „Begriff".[14] Kerry hatte kritisiert: „Definition und Kriterium sind unzutreffend" (Kerry 1887, 273). Frege geht auf diese Kritik noch gar nicht ein, sondern erklärt nur methodisch, dass er selbst keine Definition vorgelegt hatte. Dies liegt daran, dass Definitionen grundsätzlich analytischer Art sind, so wie man etwa den Begriff „Mensch" als „vernunftbegabtes Lebewesen" definieren kann. Weil „Begriff" jedoch nichts ist, was auf etwas logisch Einfacheres zurückgeführt werden kann; darum ist hier keine Definition möglich (BG, 193).

Dass man „Begriff" nicht definieren kann, bedeutet aber nicht, dass jeder schon weiß, was ein Begriff ist. Das logisch Einfache muss, ähnlich wie das chemisch Einfache, erst durch „wissenschaftliche Arbeit" gewonnen werden; und Frege ist davon überzeugt, dass er selbst der erste ist, der klar erfasst hat, was ein Begriff ist. Die Mitteilungsform dafür ist dann aber keine Definition, sondern allgemeiner eine *Erklärung*. Dies kann nur auf dem Weg erfolgen, „durch Winke dazu an[zu]leiten, unter dem Worte das Gemeinte zu verstehen" (BG, 193). Diese Situation schließt somit aus, dass Frege *beweisen* kann, dass seine Konzeption des Begriffs die wahre und richtige ist. Es besteht also in dieser Frage von Anfang an eine schwierige Kommunikationssituation – und diese Schwierigkeiten werden, wie sich zeigen wird, noch zusätzlich durch eine weitere Problematik erschwert.

Der nächste Absatz stellt dann die hauptsächliche systematische Schwierigkeit vor: „Kerry möchte den Unterschied zwischen Begriff und Gegenstand nicht als absoluten gelten lassen." (BG, 193) Dies ist der Kernpunkt der Auseinandersetzung, und Freges wichtigstes Ziel ist es, diese Ansicht als falsch zu erweisen und das Bestehen eines absoluten Unterschieds aufzuzeigen. Ergänzend will Frege erklären, warum seine Auffassung in diesem Punkt die einzig richtige und konsequente ist.

Frege zitiert Kerrys Einwand ausführlich. Kerry spricht von „Begriffsinhalt" und „Begriffsgegenstand"[15] und akzeptiert, dass das Verhältnis zwischen beiden „in gewisser Beziehung ein eigentümliches, irreduzibles" ist; aber er besteht darauf, dass etwas sowohl in der Rolle als Gegenstand wie auch als Begriff auftreten könne. Dies illustriert er anhand des Verhältnisses von Vater zu Sohn: Man kann zwar nie zugleich der Vater und der Sohn derselben Person sein, aber es ist möglich, dass dieselbe Person sowohl ein Vater (eines Sohnes) als auch ein Sohn (eines Vaters) ist (BG, 193).

---

[14] Der Entwurf beginnt unvermittelt damit, dass Frege die Einwände Kerrys gegen seine Definitionen anspricht: „Er bestreitet zunächst, was er meine Definition von Begriff nennt, und trifft hier ohne Zweifel einen Hauptpunkt, vielleicht den wichtigsten der ganzen Frage" (NL, 97).
[15] In der traditionellen Logik gibt es diesen Unterschied nicht, da dort von Gegenständen nur über Individualbegriffe gesprochen werden kann. Kerry geht hier ein Stück über die traditionelle Logik hinaus.

9.4 Die korrekte Erklärung von „Begriff"

Frege gibt nun in einem langen, mehrseitigen Absatz seine Widerlegung von Kerrys Ansicht.[16] Das Verhältnis zwischen Gegenständen und Begriffen ist ganz so, wie es wäre, wenn es Wesen gäbe, die zwar Väter, aber keine Söhne sein könnten, oder eben Söhne, aber keine Väter (BG, 193).[17]

Frege gibt dazu zunächst seine (von Kerry bemängelten) Erklärungen (wenn auch nicht Definitionen) von Begriff und Gegenstand. Ein Begriff ist wesentlich „prädikativ". Das bedeutet nicht, dass Begriffe etwas Sprachliches sind, denn ein Begriff ist die „Bedeutung eines grammatischen Prädikats" (BG 194, Anm.), also dasjenige, was ein Prädikat (im sprachlichen Sinn) bedeutet, und nicht selbst ein Prädikat. Gemeint ist, dass Begriffe ausschließlich als Prädikate verwendet werden, mit denen man etwas von etwas aussagen kann – und nicht als Subjekte, von denen etwas ausgesagt wird.

Im Entwurf hatte Frege noch knapper formuliert: „Begriff ist, was ausgesagt werden kann. Gegenstand ist, was nicht ausgesagt, von dem aber etwas ausgesagt werden kann." (NL, 109) Diese Bestimmung passt aber nicht gut dazu, dass von Begriffen sehr wohl etwas ausgesagt werden kann, nämlich durch Begriffe zweiter Stufe. Wichtig ist, dass Begriffe auch in solchen Fällen ihre prädikative Natur nicht verlieren.

Frege hatte 1879 in seiner BS vorgeschlagen, die „Begriffe Subjekt und Prädikat durch Argument und Funktion zu ersetzen" (BS, VII), denn so könne man sich am besten von den Täuschungen, die aus dem Sprachgebrauch folgen, befreien. Da bei Funktionen (oder Begriffen) zweiter Stufe auch Funktionen als Argumente auftreten können, ergibt sich für Frege ein grundlegender Unterschied zwischen dem, was nur Argument sein kann, weil es selbst keine Argumentstelle aufweist, und allem anderen, was Argumentstellen hat. Das bedeutet aber, dass zwar Ausdrücke ohne Argumentstelle nur als Argument auftreten können, dass aber Ausdrücke mit Argumentstelle sowohl als Funktion wie auch als Argument von Funktionen höherer Stufe auftreten können. In *Funktion und Begriff* konnte Frege daher nur dasjenige, was Gegenstand ist, kurz bestimmen: „Gegenstand ist Alles,

---

16 Frege gibt auch an anderen Stellen seinen Hauptgedankengang in jeweils einem langen Absatz (so etwa FB, 1–6).
17 Dies wäre etwa faktisch der Fall, wenn es nur zwei Generationen gäbe, so dass jedes Individuum entweder der ersten oder der zweiten Generation angehören würde. Frege geht es jedoch um einen wesentlichen Unterschied bzw. eine wesentliche Unmöglichkeit. Solche Unterschiede können grundsätzlich nicht begriffsschriftlich ausgedrückt werden, weil jeder begriffsschriftlich ausgedrückten Behauptung eine gleichermaßen sinnvolle (wenn auch vielleicht falsche) Verneinung und Gegenbehauptung gegenübersteht.

was nicht Funktion ist, dessen Ausdruck also keine leere Stelle mit sich führt" (FB, 18). Eine knappe Erklärung von „Funktion" sucht man dort dagegen vergeblich. Ihr Wesen liegt, so Frege „in dem, was in ‚2.x^3 + x' noch außer dem x vorhanden ist, was wir etwas so schreiben könnten: ‚2.( )^3 +( )'" (FB, 6).[18] In Kürze verweist Frege bildlich darauf, dass die „Ergänzungsbedürftigkeit" oder „Ungesättigtheit" das Wesen der Funktion ausmacht. Systematisch gesehen sind Begriffe nur eine Klasse von Funktionen, und die Prädikativität der Begriffe ist ein Sonderfall der Ungesättigtheit der Funktionen (BG, 197). Warum erklärt Frege dann aber die Unterscheidung nicht allgemeiner für Funktionen und macht sich die Mühe, von Begriffen und von Prädikativität zu sprechen?

Als Gründe dafür kommen folgende Erwägungen in Betracht: Erstens möchte Frege den Eindruck vermeiden, dass die Zeichen hier grundlegend sind.[19] Daher kommt ihm die nicht-formale Darstellung ohne Verwendung der Begriffsschriftzeichen an dieser Stelle eher gelegen. Zweitens geben ihm Kerrys Einwände eine Möglichkeit, durch den Kontrast seine Auffassung darzulegen und zu publizieren. Drittens sind die Ergebnisse für Begriff und Gegenstand ohne Weiteres auf Funktion und Gegenstand zu übertragen (vgl. BG, 205). Viertens verwendet die Version mit Begriff und Gegenstand elementares logisch-philosophisches Vokabular, während „ungesättigt" ein metaphorischer Ausdruck ist; Frege kann dadurch zeigen, dass es sich nicht um ein Spezialproblem der Mathematik, sondern um das Wesen der Logik handelt.

Frege versucht sich also mit dem Wort „prädikativ" zu artikulieren. Genauer drückt Frege dies so aus, dass Wörter, die Begriffe bezeichnen, also die „Begriffswörter", nur so verwendet werden können. Begriffswörter haben als ihre Bedeutung Begriffe, und in sprachlichen Sätzen werden sie als Prädikate (und niemals

---

18 Eine besondere Schwierigkeit liegt hier noch zusätzlich darin, dass Frege die Zeichen für Funktionen und Argumente strikt von dem, was diese Zeichen bedeuten, unterscheidet. Darum kann er das Wesen der Funktion nicht durch die Notation bzw. die Schreibweise für Funktionen begründen; sondern die Schreibweise muss für ihn aus der bezeichneten Sache folgen. Hierin unterscheidet sich Frege grundlegend von Wittgenstein, der in einem analogen Kontext auf die Form der Funktion und auf das „Funktionszeichen" verweist (LPA, 3.333).
19 Auf dieses aus seiner Sicht naheliegende Missverständnis weist er in FB, 7 hin. In seinem späteren Aufsatz *Was ist eine Funktion?* (1904) erläutert Frege zunächst auf die Zeichen bezogen: „Das Zeichen einer Funktion ist ungesättigt, bedarf der Ergänzung durch ein Zahlzeichen, das wir dann Argumentzeichen nennen." (WIF, 663) Etwas später ergänzt er: „Der Eigentümlichkeit der Funktionszeichen, die wir Ungesättigtheit genannt haben, entspricht natürlich etwas an den Funktionen selbst. Auch diese können wir ungesättigt nennen und kennzeichnen sie dadurch als grundverschieden von den Zahlen." (WIF, 665)

als Subjekte) verwendet.[20] Entsprechend können „Gegenstandsnamen" oder Eigennamen grundsätzlich nicht als Prädikate (sondern nur als Subjekte[21]) verwendet werden (BG, 193).

Frege weiß, dass es sprachliche Erscheinungen gibt, die gegen seine Erklärung zu sprechen scheinen, und darum geht er jetzt auf solche Fälle ein, die seiner Meinung nach auch Kerrys Missverständnisse hervorgerufen haben.

Dabei kommen zwei Möglichkeiten in Frage: Einmal wäre es denkbar, dass Eigennamen auch als Prädikate gebraucht werden könnten; und dann wäre es denkbar, dass Prädikate als Eigennamen gebraucht werden könnten. Frege geht daran, zunächst die erste dieser beiden Möglichkeiten auszuschließen.[22]

Er geht dabei von einfachen zweigliedrigen Sätzen mit Subjekt und Prädikat (also der Form „S ist P") aus, in denen üblicherweise das Subjekt an erster und das Prädikat an letzter Stelle erscheint.[23]

Er weist darauf hin, dass neben gewöhnlichen Prädikationen wie „X ist grün"[24] oder „X ist ein Säugetier" auch Sätze vorkommen wie „X ist Alexander der Große", „X ist die Zahl Vier" oder „X ist der Planet Venus".

In den letzten drei Fällen (die in der traditionellen Logik nicht vorkommen) wird das Wort „ist" abweichend verwendet.[25] In diesen Fällen liegt die Form einer Gleichung vor, die zwei Namen für Gegenstände enthält, welche (wie Frege an dieser Stelle jedoch nicht ausführt) verschiedenen Sinn, aber dieselbe Bedeutung haben: „Der Morgenstern ist die Venus", „Der bekannteste Schüler des Aristoteles

---

20 Im Entwurf fügte Frege hier die Anmerkung ein, dass die Erklärung, dass ein Begriff eine Funktion ist, „deren Wert immer ein Wahrheitswert ist" (NL, 98), durchaus als Definition von „Begriff" (nämlich als einer Klasse von Funktionen) aufgefasst werden könnte; dann aber verschiebt sich die Unmöglichkeit einer Definition auf die Frage, was eine Funktion ist.
21 Zusätzlich gibt es die Möglichkeit, dass Eigennamen als Teile von Begriffsausdrücken vorkommen (s. u.).
22 In der traditionellen Logik kommen keine Eigennamen vor, welche Gegenstände bezeichnen, sondern Eigennamen werden als Bezeichnungen für Individualbegriffe aufgefasst; daher kann dieser Fall eigentlich nicht auftreten. Tatsächlich gibt es traditionell die Neigung, Individualbegriffe davon auszuschließen, an Prädikatstelle aufzutreten: „Sokrates" kann nur an Subjektstelle und nicht als Prädikat auftreten.
23 Eigennamen können in komplexeren Sätzen auch an Objektstelle, und damit am Satzende erscheinen. Dies ändert jedoch an der Grundunterscheidung nichts.
24 Im logischen Sinn erscheint als Prädikat meist ein Adjektiv (oder ein Begriffswort), sprachlich würde man eher im Vorkommen eines Verbs, wie in „dieses Blatt grünt", das Prädikat sehen. Bei Sätzen mit einem grammatisch verbalen Prädikat entfällt die Kopula „ist"; diese wird durch die Personalendung des Verbs ersetzt (das Verb selbst spielt dagegen die Rolle des Prädikats „grün.").
25 Kurz gesagt, ist die logische Form der ersten beiden Fälle „f(a)" und die der drei anderen Fälle „a = b" bzw. „g(a,b)."

ist Alexander der Große". Die Eigennamen werden darin nicht prädikativ verwendet, sondern sie bilden die Argumente innerhalb der Beziehung der Gleichheit.

Wenn wir hier nach dem Prädikat des Satzes fragen, so liegt das Prädikat in den ersten Fällen in „grün" bzw. „Säugetier"; und das Wörtchen „ist" stellt nur die Verbindung her, ohne selbst Prädikat zu sein. In den letzten Fällen dagegen drückt das Wörtchen „ist" tatsächlich das (zweistellige) Prädikat aus, welches zwei Eigennamen verbindet und welches man auch ausführlicher als „ist nichts anderes als" oder „ist identisch mit" formulieren könnte. Somit fungieren hier „Alexander der Große", „die Zahl Vier" und „der Planet Venus" nicht als Prädikate, sondern als Eigennamen innerhalb einer zweistelligen Beziehung.

Frege führt nun noch die Beziehung der Gleichheit auf die Form der gewöhnlichen Prädikation zurück, indem er ein ungewöhnliches Prädikat bildet. Man kann nämlich solche Sätze sehr wohl als gewöhnliche Prädikationen auffassen. In diesem Fall bildet man den Begriff „ist nichts anderes als die Venus" (oder „ist identisch mit der Venus"). Ein solcher Begriff hat die Besonderheit, dass nur ein einziger Gegenstand unter ihn fällt (und, insofern für Frege nur Eigennamen, die Bedeutung haben, zulässig sind, fallen muss), nämlich die Venus.[26]

Logisch relevant ist hier vor allem Folgendes: In dem Begriffsausdruck „ist nichts anders als die Venus" kommt der Eigenname „Venus" zwar tatsächlich vor. Das bedeutet aber nicht, dass dieser Eigenname auch prädikativ verwendet wird, denn er bildet nur einen Teil des komplexen Begriffsausdrucks.[27] Gegenstandsnamen können also zwar in Begriffsausdrücken vorkommen; aber auch dann treten sie selbst nicht prädikativ auf (BG, 195).

Damit hat Frege durch seine Analysen gezeigt, dass seine Erklärung, dass Gegenstände grundsätzlich nicht prädikativ auftreten können, durch die vermeintlichen Gegenbeispiele nicht in Frage gestellt wird. Er setzt für dieses erste Ergebnis das Einverständnis Kerrys voraus: Es gibt etwas, das nur als Gegenstand auftreten kann; und dies muss von „allem übrigen" (BG, 195) wesentlich verschieden sein.

Der wichtigere Teil steht jedoch noch bevor: Können Begriffe möglicherweise umgekehrt als Gegenstände auftreten? Der wichtigste Fall, der in dieser Frage zu berücksichtigen wäre, ist der Fall der Begriffe zweiter Stufe, unter (oder in) die Begriffe erster Stufe fallen können – ganz wie Gegenstände unter Begriffe fallen

---

26 Man kann die „Gleichheit", von der Frege spricht, somit entweder als zweistellige Beziehung zwischen zwei Gegenständen auffassen oder (genauso gut) als einstelligen Begriff, bei dem ein Gegenstandsname Teil des Begriffsausdrucks ist und der zweite Gegenstand unter den komplexen Begriff fällt. Dies ist ein Beispiel für Freges Grundsatz, dass Urteile auf logisch unterschiedliche Weisen zerlegt werden können.
27 Schon früher verwendet Frege ein Prädikat dieser Art, nämlich „gleich der Richtung der Erdachse" (GL, § 66).

können. Schon in den *Grundlagen* schrieb Frege: „So kann man einen Begriff unter einen höheren, so zu sagen einen Begriff zweiter Ordnung fallen lassen. Dies Verhältnis ist aber nicht mit dem der Unterordnung [eines Begriffs unter einen umfassenderen – WK] zu verwechseln." (GL, § 53) Diesen Fall erörtert Frege später. Er gibt hier zu erkennen, dass Kerry die eigentliche Schwierigkeit nicht sieht (weil er den Unterschied zwischen Begriffen erster und zweiter Stufe nicht kennt), sondern ein Beispiel gibt, das weniger Schwierigkeiten aufwirft und darum auch leichter zu beantworten ist.

9.5 Die Korrektheit von Freges Kennzeichen

Kerry gibt das Beispiel: „Der Begriff ‚Pferd' ist ein leicht gewinnbarer Begriff" (BG, 195). Kerry erklärt dies so, dass hier der Ausdruck „der Begriff ‚Pferd'" offenbar einen Gegenstand bezeichnet, welcher unter den Begriff „leicht gewinnbarer Begriff" fällt.

Frege sieht darin jedoch keinen Einwand, sondern stimmt mit den Worten „Ganz recht!" Kerry zu – so als habe Kerry in der Absicht, Frege zu widersprechen, etwas ganz Richtiges behauptet und dadurch wider Willen Freges Ansicht bestätigt.[28]

Frege bemüht sich also nicht, Kerrys Einwand zu widerlegen, sondern er nutzt umgekehrt das Beispiel, um seine eigene Konzeption von „Begriff" zu erklären. In Kerrys Satz scheint, nach Kerrys Meinung, ein Begriff in der (Subjekt-) Rolle eines Gegenstands vorzukommen – tatsächlich aber ist in dem Satz die logische Situation genau so, wie Frege sie als korrekt beschreibt: Das, was als Gegenstand auftritt, ist auch ein Gegenstand[29] (BG, 195). Im Deutschen bezeichnet ein Ausdruck mit dem bestimmten Artikel im Singular grundsätzlich einen Gegenstand: „der/die/das X". Frege nutzt also Kerrys Beispiel, um eine grundsätzliche Erläuterung zu dem zu geben, was er logisch gesehen als Gegenstand ansieht und wie man dies sprachlich ausdrückt.[30]

---

[28] Ein ähnlicher Fall trat auf, als Carnap in *Die logische Syntax der Sprache* durch die Einführung der Unterscheidung zwischen „formaler" und „inhaltlicher" Redeweise Wittgensteins Unterscheidung zwischen Sagen und Zeigen widerlegen wollte, und prompt von Wittgenstein des Plagiats bezichtigt wurde (vgl. dazu Kienzler 2008).

[29] Man könnte mit Wittgenstein sagen: „Wenn sich etwas syntaktisch so verhält, als wäre es ein Gegenstandsname, dann ist es auch ein Gegenstandsname" (vgl. LPA, 3.328).

[30] Frege betont erneut, dass hier keine Definition gegeben werden kann, und dass er nur Erläuterungen bzw. Winke geben kann.

Diese Erklärung mit dem bestimmten Artikel als Kennzeichen ist erneut erläuterungsbedürftig, weil es wieder Gegenbeispiele zu geben scheint. Zuvor aber ist noch ein grundsätzlicher Einwand Kerrys abzuwehren: Kann man denn auf ein sprachliches Kennzeichen eine solche logische Unterscheidung gründen?

Freges Verhältnis zur Sprache ist meist kritisch; im Vorwort zur *Begriffsschrift* (1879) spricht er (eine Äußerung von Francis Bacon aufgreifend) von der Aufgabe, „die Herrschaft des Wortes über den menschlichen Geist zu brechen" (BS, VI), aber später erkennt er es als positive Aufgabe an, „das Sinnliche [nämlich die Zeichen – WK] selbst [zu] benutzen, um uns von seinem Zwange zu befreien" (WBB, 49).[31] Im vorliegenden Fall sieht Frege keine andere Möglichkeit als die gemeinsame Sprache zu benutzen, und darauf zu vertrauen, „der andere verstehe die Worte, die Formen und die Satzbildung im Wesentlichen so wie wir selbst" (BG, 195). Frege will die Sprache nutzen, um auf einen logischen, nichtsprachlichen Unterschied aufmerksam zu machen. Da es hier nur um Erläuterungen geht, liegt jedoch kein Begründungsverhältnis vor.

Freges Kennzeichen lautet also: Im Singular stehen Ausdrücke mit dem unbestimmten Artikel (wie etwa „ein Planet", „eine Zahl", „ein Einhorn") für Begriffe, sie drücken aus, dass etwas unter sie fallen könnte, ohne dass die Anzahl der unter sie fallenden Gegenstände durch den Begriffsausdruck schon vorweggenommen wäre. Ausdrücke mit dem bestimmten Artikel („der Planet Venus", „die Venus", „die Zahl zwei") stehen dagegen für Gegenstände, denn sie drücken den Bezug auf jeweils genau ein Objekt aus.

Wieder stellt sich die Frage nach Ausnahmen von dieser Regel. Beim unbestimmten Artikel gibt es, so Frege, praktisch keine Ausnahmen – außer altertümlichen Wendungen wie etwa „ein edler Rat" (diese ist, wie der Entwurf formuliert „amtlich noch stellenweise in Gebrauch", NL, 104), was gleichbedeutend ist mit der Verwendungsweise: „Der edle Rat der Stadt N beschließt ...".

Beim bestimmten Artikel gibt es dagegen Fälle, die erst logisch analysiert werden müssen. Ein Satz wie „der Türke belagerte Wien" handelt nicht von einer einzelnen Person, und darum könnte man vermuten, dass „Türke" hier doch als Begriffswort verwendet würde. Tatsächlich ist das Wort im Singular nicht wörtlich zu verstehen, sondern eine verkürzte Ausdrucksweise für den Eigennamen „das türkische Heer" oder, wie Frege anmerkt, „Eigenname eines Volkes" (BG, 196). Vom türkischen Heer als einem Gegenstand (im logischen Sinn) wird ausgesagt, dass es Wien belagerte.

---

31 Vgl. den Beitrag von Demmerling in diesem Band.

Der Satz „das Pferd ist ein vierbeiniges Tier" ist dagegen ein möglicher Ausdruck für eine Aussage über zwei Begriffe. Logisch klarer kann man dies so formulieren: „alle Pferde sind vierbeinige Tiere" oder „wenn x ein Pferd ist, dann ist x ein vierbeiniges Tier". In diesem Beispiel wird Freges Erkennungszeichen zunächst durch die Sprache verletzt, wie er selbst anerkennt; aber die Analyse zeigt, dass eine sprachliche und keine logische Ausnahme vorliegt: Es wird ein Begriff („Pferd") einem zweiten Begriff („vierbeiniges Tier") untergeordnet; von einem Gegenstand ist nicht die Rede.

Für Frege sind somit die Ausnahmen so „leicht als besondere zu erkennen" (BG, 196), dass er die Gültigkeit der Regel nicht beeinträchtigt findet. Man könnte Freges Regel daher etwa so umformulieren: Bei gewöhnlichen Verwendungsweisen in einfachen zweigliedrigen Sätzen stehen Ausdrücke mit dem bestimmten Artikel im Singular (in Subjektposition: „Die Venus …") für jeweils genau einen Gegenstand; und Ausdrücke im Singular mit dem unbestimmten Artikel (in Prädikatposition: „… ein Planet") für Begriffe.[32] Um Klarheit zu gewinnen, muss man bisweilen die sprachliche Form der Sätze auf eine Normalform bringen, d. h. eine Form, die die logischen Verhältnisse hervortreten lässt. Die Fälle im Plural nimmt Frege von seinem Kennzeichen ausdrücklich aus, denn dort ist die Situation häufig nicht so übersichtlich.[33]

Freges Betrachtung kommt zu dem Ergebnis, dass erstens das, was als Gegenstand auftreten kann (sprachlich ist dies ein Eigenname), niemals als Prädikat auftreten kann; und, dass zweitens Ausdrücke für Gegenstände und für Begriffe sprachlich eindeutig daran unterschieden werden können, dass (im Normalfall[34]) im Singular der bestimmte Artikel vor Ausdrücken, die Gegenstände bezeichnen, steht – und der unbestimmte Artikel vor Begriffsausdrücken.

Kerry hatte nun aber Freges Kennzeichen nicht anerkannt, und dies mit einem zweiten Beispiel begründet, das er in der Form des folgenden Satzes vor-

---

[32] Etwas komplizierter ist, wie schon erörtert, der Fall bei Beziehungen: Hier stehen am Anfang und am Ende Eigennamen, und der Begriffsausdruck in der Mitte: *„Der Morgenstern* ist *die Venus"* (die beiden Eigennamen sind hier kursiv gesetzt).
[33] Der Entwurf erklärt dazu: „Wenn der Artikel in der Mehrzahl durch ‚alle' ersetzt werden kann und gemeint ist, dass die Aussage von jedem einzelnen Gliede der Mehrheit gelten solle, so haben wir ein Begriffswort (z. B. ‚die Pferde sind pflanzenfressende Tiere'). Dagegen ist die Wortverbindung ‚die Römer' in dem Satze ‚die Römer eroberten Gallien' als Eigenname anzusehen; denn man sagt damit nicht von jedem Römer, dass er Gallien erobert habe, sondern man spricht von dem Volke, welches logisch als Gegenstand anzusehen ist." (NL, 104)
[34] Frege spricht nicht von „Normalfall", sondern führt die Gegenbeispiele auf eine logisch durchsichtige Formulierung zurück.

brachte: „der Begriff, von dem ich jetzt eben spreche, ist ein Individualbegriff" (Zit. n. BG, 196). Darin bedeute, so entgegnet Frege, „der aus den ersten acht Wörtern bestehende Name sicherlich einen Begriff" (BG, 196). An dieser Stelle ändert Kerry gegenüber dem ersten Fall seine Argumentation. Zunächst hatte Kerry „der Begriff ‚Pferd'" als einen gegenstandsbezeichnenden Ausdruck aufgefasst – und dafür argumentiert, dass Begriffe auch als Gegenstände auftreten können (und diesen Gegenständen die Eigenschaft, zugleich Begriffe zu sein, zugesprochen). Jetzt aber meint Kerry, dass entgegen Freges Kennzeichen „der Begriff, von dem ich jetzt eben spreche" ein Begriff sein muss – schon deshalb, weil von ihm ausgesagt wird, dass er ein Individualbegriff ist.

Frege bleibt aber unbeeindruckt, denn nach seinem Kennzeichen steht am Anfang beider Beispielsätze jeweils ein Ausdruck im Singular mit dem bestimmten Artikel – und somit ein Ausdruck, der einen Gegenstand (und eindeutig keinen Begriff) bezeichnet. Kerry dagegen kommt zu widersprüchlichen Aussagen, wenn er diese Ausdrücke mit dem bestimmten Artikel einmal als Bezeichnung für einen Gegenstand und einmal als Bezeichnung für einen Begriff ansieht. Freges Resultat lautet also: Der „Widerspruch liegt nicht in meinen Festsetzungen" (BG, 196), denn für Frege sind beide Sätze Aussagen über Gegenstände.

Er fühlt sich auch nicht verpflichtet, die Ausdrucksweise Kerrys, die ihm inkonsequent erscheint, zu akzeptieren oder mit ihr übereinzustimmen (BG, 196). Frege hat also am Ende dieses langen Absatzes sein Ziel erreicht: Er hat einerseits Kerrys Einwand als in sich inkonsequent und damit unerheblich zurückgewiesen, sowie andererseits sein eigenes Kennzeichen für Begriffe und Gegenstände konsequent durchgeführt. Der Widerspruch oder das Paradox liegen also ganz auf Kerrys Seite.[35]

9.6 Eine grundsätzliche Fußnote zur logischen Umformbarkeit

Im Rahmen der Erläuterung des Beispiels „das Pferd ist ein vierbeiniges Tier" gibt Frege zusätzlich die Version „alle wohlausgebildeten Pferde sind vierbeinige Tiere" (BG, 196). Hier tritt die Schwierigkeit auf, dass es auch Pferde geben kann, denen etwa ein Bein fehlt. Dies wirft die Frage bzw. Fragen auf, ob diese beiden Formulie-

---

35 Frege könnte daher von „Kerrys Paradox" sprechen, das man so formulieren könnte: „Der Begriff ‚Pferd' ist kein Begriff, aber der ‚Begriff', von dem ich jetzt spreche, ist ein Begriff."

rungen denn überhaupt gleichwertig sind (und ob die erste Formulierung vielleicht nicht ganz korrekt ist). Frege betont hier, dass es grundsätzlich möglich ist, dass „ein Satz nicht mehr und nicht weniger Auskunft als ein anderer gibt" (BG, 196, Anm.). Das bedeutet, dass wir verschiedene Formulierungen als logisch gleichwertig anerkennen; dass wir also in zwei unterschiedlichen Wortlauten denselben Sinn (und also denselben Gedanken) wiedererkennen. Unterschiede, die den Sinn nicht betreffen, kann und sollte man daher in der Logik außer Acht lassen.[36] Nicht alle sprachlichen Nuancen sind logisch zu berücksichtigen. Positiv gewendet bedeutet dies: Die Logik hat es in vielen Fällen gerade damit zu tun, Gedanken als dieselben wiederzuerkennen – und zwischen ihnen dann gerade keinen Unterschied zu machen. Auch in Definitionen legen wir fest, dass unterschiedliche sprachliche Ausdrücke als gleichwertig gelten sollen, etwa wenn wir definieren: „Mensch = vernunftbegabtes Lebewesen". Frege macht an sehr vielen Stellen seiner Überlegungen von solchen gleichwertigen („äquivalenten") Umformungen Gebrauch. (Die Frage, ob im obigen Beispielsatz das Wort „wohlausgebildet" den Sinn oder nur die Färbung oder Beleuchtung betrifft, ist damit allerdings noch nicht beantwortet.) Die Ansicht, dass die Sprache eigentlich sämtliche in der Wahrnehmung gegebenen Feinheiten mit berücksichtigen sollte, weil sie sonst der Wirklichkeit nicht gerecht wird und sie „fälscht", wurde etwa von Autoren wie Nietzsche (der von einer „Lüge im außermoralischen Sinn" spricht) und Mauthner (für den die Zufälligkeiten der Sprachentwicklung jede wirkliche Erkenntnis unmöglich und unausdrückbar machen) vertreten.[37] Diese Anmerkung zur Gleichwertigkeit unterschiedlicher Ausdrucksweisen hängt eng mit Freges Auffassung der mehrfachen logischen Zerlegbarkeit zusammen (s. u.).

9.7 Ergänzende Überlegungen zu einer rein sprachlichen Zwangslage und einer missverstandenen Gleichsetzung

Frege erkennt erst jetzt nachträglich an, dass in den Beispielsätzen eine „sprachliche Härte" (BG, 196) vorliegt, aber eben auch nur eine sprachliche Schwierigkeit. Diese Schwierigkeit besteht darin, dass wir „bei logischen Untersuchungen" das Bedürfnis haben, etwas von einem Begriff auszusagen, und zwar indem wir „die gewöhnliche

---

[36] Besonders nachdrücklich erläutert Frege diese Meinung in einem Brief an Husserl von 1906 (WB, 101–103). Darin schlägt er vor, für jede Gruppe von logisch gleichwertigen Sätzen einen einzigen „Normalsatz" zu bilden.
[37] Nietzsche 1873; Mauthner 1901.

Form für solche Aussagen" (BG, 197) verwenden, nämlich die Form „A ist F".[38] Frege hält solche Aussagen für berechtigt und grundsätzlich akzeptabel.[39]

Sein erstes Beispiel dafür lautet: „der Begriff Mensch ist nicht leer" (BG, 197). Hier wird etwas von einem Begriff, nämlich dem Begriff „Mensch" ausgesagt. Wenn wir dies in einem gewöhnlichen Satz ausdrücken wollen, in dem der Begriff das Subjekt bilden soll, dann muss der Begriff, der seinem Wesen nach nicht als Subjekt auftreten kann, durch einen Gegenstand vertreten werden. Die ersten drei Worte des Satzes bilden einen Gegenstandsnamen.[40] Frege versucht hier gar nicht erst eine Umformung, sondern akzeptiert die sprachliche Härte, dass wir mit einem Gegenstandsausdruck (und einem Vertretergegenstand) etwas über den Begriff „Mensch" aussagen.

In einem zweiten Beispiel „Jesus fällt unter den Begriff Mensch" (BG, 197) bilden dagegen die Worte „der Begriff Mensch" (ähnlich wie oben die Worte „die Venus" in „nichts anderes als die Venus") nur einen Teil des Begriffsausdrucks „fallend unter den Begriff Mensch". Dieser komplexe Begriffsausdruck ist aber gleichbedeutend mit dem Ausdruck „ein Mensch" (wie in „Jesus ist ein Mensch"), so dass die Schwierigkeit, angeben zu müssen, wofür hier die „Wortverbindung" (so Frege) „der Begriff Mensch" steht, gar nicht auftritt.

Ergänzend erörtert Frege die traditionelle Rede von einem „Subjektbegriff", was nahe zu legen scheine, dass Begriffe nicht nur prädikativ, sondern auch als Subjekt gebraucht werden können. Dies verweist darauf, dass in jedem Urteil der Form „alle S sind P" (SaP) zwei Begriffe vorkommen, der eine als Prädikatsbegriff und der andere als Subjektbegriff. Diesen Fall hatte Frege bereits bei der Frage nach dem Kennzeichen in der Form „das Pferd ist ein vierbeiniges Tier" (BG, 196) behandelt. Jetzt erläutert er noch eingehender, dass „alle Säugetiere haben rotes

---

[38] Dies ist eine der wenigen Stellen, an denen Frege von „Form" spricht, allerdings nur der grammatischen Form. „Logische Formen" gibt es für Frege nicht, sondern nur formale Ausdrucksweisen für logische Inhalte. Frege argumentiert nirgends damit, dass Ausdrücke für Begriffe und Gegenstände unterschiedliche logische Formen aufweisen.

[39] In einer Anmerkung gibt er noch ein weiteres Beispiel: Man kann über „den Satz ‚diese Rose ist rot' sagen: „Das grammatische Prädikat ‚ist rot' gehört zum Subjekt ‚diese Rose'. Hier sind die Worte >das grammatische Prädikat ‚ist rot'< nicht grammatisches Prädikat, sondern Subjekt." (BG, 197, Anm.) Aber auch hierin sieht Frege kein echtes Problem, obwohl vom Prädikat dieses Satzes gilt: „dadurch, dass wir es ausdrücklich Prädikat nennen, rauben wir ihm diese Eigenschaft" (Ebd.). Da dieses Beispiel nur die Grammatik betrifft, fühlt sich Frege nicht verpflichtet, näher darauf einzugehen.

[40] In Begriffsschrift wird dieser Satz mit Variablen und einem Quantor ausgedrückt: Das bedeutet, dass in der begriffsschriftlichen Notation dieses Satzes die genannte Schwierigkeit nicht auftritt und daher auch nicht gelöst werden muss. Frege verzichtet hier jedoch durchgehend auf solche Erklärungen.

Blut" (BG, 197) keine Aussage von einem Begriff namens „Säugetier" oder „alle Säugetiere" ist, sondern dass hier ein Begriff einem anderen untergeordnet wird (so explizit im Entwurf, NL, 106, Anm.). Die logisch übersichtlichere Form lautet daher: „was Säugetier ist, hat rotes Blut" oder „wenn etwas Säugetier ist, so hat es rotes Blut" (BG, 198). In dieser expliziteren Form stehen die Begriffswörter nicht mehr an Subjektstelle. Die Aussage enthält also keinen Gegenstandsnamen, sondern verwendet (als Subjekt) Gegenstandsvariablen wie „etwas".

Die Schwierigkeit betrifft nach den bisherigen Ausführungen und Beispielen lediglich den sprachlichen Ausdruck und hat keine im engeren Sinn logische Bedeutung. Frege kann daher seine schon einleitend gegebene Erklärung, was Begriffe und Gegenstände sind (BG, 193), jetzt noch einmal präzise zusammenfassen. Er betont, dass in seiner Formulierung „Prädikat" und „Subjekt" sprachlich, d. h. als Zeichen zu verstehen sind, und schreibt: „Begriff ist Bedeutung eines Prädikates, Gegenstand ist, was nie die ganze Bedeutung eines Prädikates, wohl aber Bedeutung eines Subjektes sein kann." (BG, 198) Gemeint sind damit Subjekt und Prädikat in einem gewöhnlichen Satz der Form „S ist P".[41] Begriff und Gegenstand sind also nicht mit den sprachlichen Zeichen gleichzusetzen, sondern sie sind dasjenige, was die Bedeutung[42] dieser Zeichen ausmacht. Man könnte dies auch so ausdrücken: Eigennamen (ohne Leerstelle) stehen für Gegenstände, Begriffswörter (mit Leerstelle) für Begriffe.

Diese Erklärung ergänzt Frege noch um eine Erläuterung zur traditionellen Logik. Traditionell gibt es nur vier Urteilsformen, die aus Subjekt- und Prädikatsbegriff gebildet werden: allgemein bejahende („Alle S sind P", auch: „Jedes S ist P"), allgemein verneinende („Kein S ist P"), partikulär bejahende („Einige S sind P") und partikulär verneinende („Einige S sind nicht P"). Die Wörter „alle", „kein" usw. stehen darin zwar vor dem Subjektausdruck, aber sie sind auf den gesamten Satz zu beziehen. Daher haben diese Formen keine nähere Beziehung auf Freges Kennzeichen.

Nach Freges Analyse kommen in diesen vier Formen nur Begriffswörter vor, so dass der von Frege erklärte Unterschied zwischen Begriff und Gegenstand darauf gar nicht anwendbar ist. Das bedeutet auch, dass die gesamte traditionelle Logik Freges grundlegende Unterscheidung nicht kennt und somit auch nicht verstehen kann. Kerry nimmt daher bereits eine gewisse Zwischenstellung zwischen

---

41 Die Erklärung der *Grundlagen* fügt hinzu, dass sich diese Bestimmung auf „singuläre beurteilbare Inhalte" (GL, 77, Anm.) bezieht, d. h. auf Sätze, in denen etwas über einen einzelnen Gegenstand ausgesagt wird (und damit zunächst nicht auf Sätze, in denen Allgemeinheit vorkommt). Diese Form nennt er an anderer Stelle „die allgemeine Form eines beurteilbaren Inhalts" (GL, § 74), und davon geht er auch hier aus.
42 Vom Sinn eines Begriffsworts spricht Frege an dieser Stelle nicht.

traditioneller Logik und der Logik Freges ein, wenn er versucht, Freges Unterscheidung seinerseits auch zu treffen, auch wenn ihm dies nicht konsequent gelingt.

Dass in „alle Pferde sind Landbewohner" nicht von einem Subjekt „alle Pferde" das Prädikat „Landbewohner" ausgesagt wird, zeigt Frege dadurch, dass in einem solchen Fall die Verneinung das Prädikat verneinen, und daher lauten müsste: „alle Pferde sind nicht Landbewohner". Tatsächlich aber lautet die korrekte (kontradiktorische) Verneinung „nicht alle Pferde sind Landbewohner".[43]

Es ist allerdings mit Freges Mitteln auch eine Formulierung desselben Gedankens in einem Satz mit Subjekt und Prädikat möglich: „der Begriff Säugetier ist untergeordnet dem Begriff Landbewohner". Die Verneinung verneint dann entsprechend einfach das Prädikat „untergeordnet dem Begriff Landbewohner" und lautet daher: „der Begriff Säugetier ist nicht untergeordnet dem Begriff Landbewohner" (BG, 198).[44]

Nach diesen Erläuterungen und Klarstellungen ist für Frege seine Auseinandersetzung mit Kerrys Einwänden abgeschlossen. Er wiederholt noch einmal knapp, es sei definitiv festzuhalten, dass in seiner Redeweise „Ausdrücke wie ‚der Begriff F' nicht Begriffe, sondern Gegenstände bezeichnen" (BG, 198). Von einem Paradox scheint Frege also keine Spur zu bemerken.

Frege fügt noch eine kurze Anmerkung hinzu. Kerry hatte behauptet, dass Frege Begriff und Begriffsumfang miteinander identifiziere. Damit bezieht er sich auf eine Fußnote in den *Grundlagen*: „Ich glaube, dass für ‚Umfang des Begriffes' einfach ‚Begriff' gesagt werden könnte." (GL, 80, Anm.) Diese Anmerkung Freges ist in der Literatur viel diskutiert worden (vgl. Kienzler 2009, 307 ff.), weil sie eine sehr zweifelhafte Gleichsetzung auszudrücken scheint.[45] Frege selbst ist von diesem Einwand keineswegs beeindruckt, weil Kerry den Wortlaut nicht genügend beachtet. Die Anmerkung drückt keine Gleichsetzung von „Umfang des Begriffs" und „Begriff" aus, sondern sie bezog sich auf zwei komplexe Formulierungen, die Frege insgesamt als gleichwertig ansah: „Die Anzahl, welche dem Begriff F zukommt, ist der Umfang des Begriffes gleichzahlig dem Begriffe F."[46] Dafür könnte

---

[43] Frege merkt an, dass das Wort „alle" entgegen der äußeren Form nicht zum Subjekt, sondern zum Prädikat gehört, denn die Verneinung lautet „sind nicht alle Landbewohner". Dies bestätigt er dann durch seine Reformulierung im nächsten Beispiel.
[44] In diesem Beispiel kommt „der Begriff Säugetier" als ein Gegenstandsausdruck vor, aber Frege erwähnt dies nicht einmal mehr als mögliche Schwierigkeit.
[45] Dies liegt vor allem daran, dass Frege hier seine Definition der Zahlen durch Klassen vorbereitet, die bekanntlich zu Widersprüchen geführt hat.
[46] Kerry hatte zudem auf den Ausdruck „gleichzahlig dem Begriffe F" als ein weiteres Beispiel hingewiesen, in dem Freges Kennzeichen mit dem bestimmten Artikel unzutreffend sei. Frege antwortet nicht einmal darauf.

man auch einfacher sagen: „Die Anzahl, welche dem Begriff F zukommt, ist der Begriff gleichzahlig dem Begriffe F." (GL, 80, Anm.) Hier ist aber, entsprechend Freges Kennzeichen, nicht der Umfang eines Begriffs (der für Frege ein Gegenstand ist) mit einem Begriff (der kein Gegenstand ist) gleichgesetzt, sondern Frege setzt zwei Gegenstände (deren Ausdruck jeweils mit dem bestimmten Artikel beginnt) gleich: Nämlich die Gegenstände, die durch die beiden Eigennamen „der Umfang des Begriffes gleichzahlig dem Begriffe F" und „der Begriff gleichzahlig dem Begriffe F" bezeichnet werden. Für die Zwecke der Auseinandersetzung mit Kerry liegt für Frege somit auch an dieser Stelle kein Widerspruch und keine Inkonsequenz vor.

9.8 Die eigentliche Schwierigkeit: Treten Begriffe, die unter höhere Begriffe fallen, als Gegenstände auf? Erklärung anhand eines Beispiels

Nachdem er Kerrys Kritik als gegenstandslos zurückgewiesen hat, geht Frege dazu über, einen schwierigeren Einwand zu behandeln, der sich aus seiner eigenen Konzeption der Logik ergibt, nämlich aus der Unterscheidung zwischen Begriffen erster und zweiter Stufe (BG, 199). Dieser Unterschied ist der Logik vor Frege (einschließlich Kerrys) unbekannt, und insofern klärt Frege ab hier ein Element seiner eigenen Theorie. Er verweist einleitend auf einige seiner eigenen einschlägigen Äußerungen: 1) die Zahlangabe enthält eine Aussage von einem Begriff (GL, § 46), 2) Es können Eigenschaften von Begriffen ausgesagt werden, 3) ein Begriff kann unter einen höheren Begriff fallen, und 4) Existenz ist eine Eigenschaft eines Begriffs (BG, 199, die drei letzten Beispiele finden sich alle in GL, § 53). Das könnte man so verstehen: In Zahlangaben müssten eigentlich Begriffe als Subjekt, nämlich als Gegenstand der Aussage vorkommen; wenn ein Begriff eine Eigenschaft haben kann, dann muss diese Eigenschaft von dem Begriff als Subjekt ausgesagt werden; wenn ein Begriff unter einen höheren fällt, muss er doch wohl als Gegenstand darunter fallen; und wenn Existenz eine Eigenschaft eines Begriffs ist, muss in der Existenzaussage der Begriff ebenfalls die Subjektstelle einnehmen.

Frege erläutert die zugehörige logische und sprachliche Situation anhand des Beispiels der Behauptung, dass es eine Quadratwurzel aus Vier gibt (BG, 199–201). Vorbereitend erklärt er zunächst die Möglichkeit, dass man in der logischen Betrachtung von ganzen Sätzen, die Gedanken ausdrücken, auszugehen hat. Gedanken können unterschiedlich logisch gegliedert werden; die dadurch entstehenden verschiedenen Sätze drücken dann jeweils denselben Gedanken aus. Das bedeutet, dass einige der bereits angeführten Beispiele erst jetzt ihre logische Auflösung erhalten. In dem Satz „der Begriff Quadratwurzel aus 4 ist erfüllt" (BG, 199) steht am Anfang ein Gegenstandsname, der aus fünf Wörtern besteht, nämlich „der Begriff Quadratwurzel aus 4"; und von dem dadurch bezeichneten Gegenstand wird ausgesagt, dass er erfüllt ist.[47] Diese Aussage erscheint zunächst einigermaßen rätselhaft (ähnlich wie in BG, 197: „der Begriff Mensch ist nicht leer"), aber sie lässt sich aufklären. Der Satz drückt nämlich denselben Gedanken aus wie der Satz: „Es gibt mindestens eine Quadratwurzel aus 4" (BG, 200). In diesem Satz wird von dem Begriff (nicht: Gegenstand!) „Quadratwurzel aus 4" ausgesagt, dass er nicht leer ist; und zwar auf eine Weise, in der kein Begriffsausdruck mit dem bestimmten Artikel vorkommt. Dies geschieht durch die Verwendung eines Begriffes zweiter Stufe. In der ersten, scheinbar anfechtbaren Weise wird dagegen ein Begriff erster Stufe von einem Gegenstand ausgesagt. Die einwandfreie Formulierung mit einem Begriff zweiter Stufe weist erneut nach, dass hier nur eine sprachliche, aber keinesfalls eine logische Schwierigkeit vorliegt.

Die Möglichkeit unterschiedlicher logischer Zerlegungen bedeutet aber für Frege auch, dass kein Gedanke von sich aus schon eine bestimmte logische Struktur aufweist, denn logische Strukturen sind immer relativ zu einer Zerlegung. Zur Illustration bietet Frege für den aktuellen Beispielsatz noch eine weitere Zerlegung an: „die Zahl 4 hat die Eigenschaft, dass es etwas gibt, deren Quadrat sie ist" (BG, 199). In dieser Zerlegung handelt die Aussage von der Zahl 4 (also zweifelsfrei von einem Gegenstand), während zuvor Aussagen von dem „besonderen" Gegenstand „der Begriff Quadratwurzel aus 4", sowie von (dem Begriff) „Quadratwurzel aus 4" formuliert wurden (BG, 199).

Frege weist nun eher beiläufig darauf hin, dass die üblichen logischen Einteilungen insofern willkürlich sind, als derselbe Gedanke unterschiedliche logische Formen annehmen kann. Dies gilt bereits für Subjekt und Prädikat: Die beiden Sätze „Sokrates *belehrte* Platon" und „Platon *wurde* von Sokrates *belehrt*" (das ausgesagte Prädikat ist jeweils kursiv gesetzt) unterscheiden sich nur dadurch, dass der eine im Aktiv, der andere im Passiv formuliert ist. Dadurch erscheint das Subjekt des ersten Satzes im zweiten Satz als ein Teil des Prädikats und umgekehrt. Nach der traditionellen Logik sind dies zwei verschiedene Sätze, weil sie unterschiedliche Subjekt- und Prädikatsbegriffe aufweisen.

---

[47] Erst viel später, um 1914, kommt Frege anhand des analogen Beispiels „der Begriff positive Zahl ist erfüllt" zu der natürlicher klingenden Einschätzung: „In der Tat haben wir aber hier gar keinen Gegenstand. Die Sprache nötigt uns hier zu einem schiefen Ausdrucke" (NL, 269; ähnlich kritisch auch NL, 289).

Frege weist zusätzlich darauf hin, dass der Unterschied in allgemeine, partikuläre und singuläre Urteile insofern hinfällig ist als mancher Gedanke auf alle drei Weisen ausgedrückt werden kann.[48]

Somit kann zwar nie ein Gegenstand als Begriff auftreten und umgekehrt, aber derselbe Gedanke kann als Aussage von einem Begriff oder auch als Aussage von einem Gegenstand aufgefasst werden. Hier findet eine Variationsmöglichkeit nicht nur zwischen Begriffen gleicher Stufe (wie im Platon-Sokrates-Beispiel), sondern zwischen Ausdrücken unterschiedlicher Stufe statt. Gedanken sind somit bezüglich der Stufigkeit und Stelligkeit der in ihnen vorkommenden Begriffe nicht eindeutig festgelegt.

Die dabei verwendeten Prädikate sind dabei allerdings jeweils verschieden, weil Aussagen über Gegenstände (mit Begriffen erster Stufe) wesentlich verschieden sind von Aussagen über Begriffe (mit Begriffen zweiter Stufe). Die Verwendung eines Prädikats der unrichtigen Art ergibt keinen falschen, sondern einen sinnlosen Satz (also gar kein wahrheits- oder falschheitsfähiges Gebilde).

Sätze mit Begriffen zweiter Stufe sagen etwas von Begriffen aus, aber in ihnen erscheinen die Begriffe, von denen etwas ausgesagt wird, nicht als Subjekt. Der Satz „es gibt mindestens eine Quadratwurzel aus 4" hat zunächst keine sofort erkennbare logische Struktur, denn „es gibt" ist sprachlich weder ein Subjekt noch ein Prädikat. Frege formuliert deshalb den Gedanken noch einmal etwas deutlicher strukturiert: „es gibt etwas, was die Eigenschaft hat, mit sich selbst multipliziert 4 zu ergeben" (BG, 200).[49] Eine solche Aussage passt nur auf Begriffe. Hier wird ausgedrückt, dass der Begriff „Quadratwurzel aus 4" unter (oder in) den Begriff zweiter Stufe „es gibt", bzw. der Existenz fällt. Die Stufe der Gegenstände wird dabei durch das „etwas" vertreten, das Gegenstände unbestimmt andeutet (wie Frege formuliert), modern gesprochen, durch die Gegenstandsvariable.

Die unterschiedliche Zerlegbarkeit bedeutet aber keineswegs, dass ein Gegenstand als Begriff oder ein Begriff als Gegenstand auftritt oder auftreten kann. Freges drei Beispiele sind logisch so unterschiedlich strukturiert, dass beispielsweise die Äquivalenz der Zerlegungen nicht formal nachgewiesen werden kann – denn dies wäre nur bei Ausdrücken gleicher Stufe möglich.

---

[48] Frege gibt dafür kein eigenes Beispiel. Zumindest zwei dieser Möglichkeiten gibt es schon bei Freges eigenem Satz: „Der Begriff Quadratwurzel aus 4 ist erfüllt" (singulär); „Einige Zahlen haben die Zahl 4 als Quadrat" (partikulär).
[49] Frege geht auch hier mit der Wortoberfläche flexibel um und besteht nicht darauf, dass in allen Versionen desselben Gedankens das Wort „Quadratwurzel" vorkommt.

Frege illustriert die Unmöglichkeit, die falsche Art von Prädikat zu verwenden, durch den Versuch, einen Eigennamen auf einen Begriff zweiter Stufe zu beziehen: „es gibt Julius Cäsar"[50] (BG, 200). Ein solcher Satz ist aber sinnlos und somit weder wahr noch falsch. Aussagen mit „es gibt" können sinnvoll nur mit Begriffen formuliert werden. Frege kommt nicht auf den (scheinbar naheliegenden) Gedanken, dass solche Sätze wie Kerrys Beispiele ebenfalls sinnlos sein könnten. Für ihn erfüllen sie die Kriterien, Sinn und Bedeutung zu haben, und sind daher wahr oder falsch.

Der Satz „es gibt einen Mann mit Namen Julius Cäsar" (BG, 200) ist dagegen wiederum sinnvoll, weil darin die Existenz nicht von einem Gegenstand, sondern von dem Begriff „ein Mann mit Namen Julius Cäsar ausgesagt wird" (mit dem unbestimmten Artikel). Hier wird nicht vorausgesetzt, dass es Julius Cäsar gibt, sondern es wird behauptet, dass jemand existiert hat, der diesen Namen trägt.

Eine weitere, rein sprachliche Schwierigkeit liegt nun darin, dass in der Sprache dasselbe Wort manchmal als Eigenname und manchmal als Begriffswort verwendet wird.[51] Nach Freges Bestimmung hat dasselbe Wort dann jeweils eine andere Bedeutung.

Der Eigenname „Wien" kann beispielsweise auch als Begriffswort verwendet werden: Durch „Triest ist kein Wien" wird dann ausgesagt, dass die Stadt Triest nicht *von derselben Art wie Wien* ist, und also nicht die Eigenschaft hat, eine „Kaiserstadt" und Metropole zu sein.[52] Man kann aber nicht sinnvoll aussagen: „Wien existiert" oder „es gibt Wien".[53]

Frege wendet nun sein Kriterium der vollständigen Bestimmtheit (eine Version des Satzes vom ausgeschlossenen Dritten) an: Jeder Begriff muss für alle Fälle seiner Anwendung definiert sein, d. h. für sämtliche Einsetzungen muss festgelegt sein, ob der so entstehende Satz wahr oder falsch ist, also, ob der betref-

---

50 Gewöhnliche Eigennamen werden meist ohne Artikel verwendet, aber wenn man einen Artikel setzt, dann den bestimmten Artikel: „der Julius Cäsar" und nicht „ein Julius Cäsar". Ein Satz wie „Julius Cäsar ist eine Zahl" wäre dagegen für Frege ein sinnvoller, wenn auch falscher Satz (vgl. GL, § 56).
51 Schon in den *Grundlagen* wies Frege darauf hin, dass das Wort „Mond" sowohl als Eigenname, wie etwa in „der Mond" (im Sinn von „der Mond der Erde") verwendet wird, dass man aber von „einem Mond" spricht und das Wort dann als Begriffswort verwendet, unter das dann etwa „der Erdmond" fällt (GL, § 53). Man kann auch das Begriffswort „ein Erdmond" bilden, worunter dann „der Erdmond" fällt, und „Der Erdmond ist ein Erdmond" ist dann ein wahrer Satz.
52 Diese Aussage ist nicht dieselbe wie: „Triest ist eine andere Stadt als Wien."
53 Frege bevorzugt die Formulierung mit „es gibt", weil dadurch das logisch Verfehlte klarer zum Ausdruck kommt als in der Formulierung mit „existiert" – denn das Wort „existiert" wird grammatikalisch ähnlich wie ein Begriff erster Stufe verwendet (vgl. wieder Wittgenstein, LPA, 3.323).

fende Gegenstand darunter fällt. In dem Satz „der Begriff Quadratwurzel aus Vier ist erfüllt" darf man somit auch den Eigennamen „Julius Cäsar" einsetzen. Man erhält dann den Satz „Julius Cäsar ist erfüllt". Dieser Satz ist für Frege sinnvoll, aber falsch (vgl. BG, 201) – aber eben nicht sinnlos, wie der auf den ersten Blick viel „sinnvoller" wirkende Satz „es gibt Julius Cäsar" (BG, 200). Frege vermeidet hier die sprachlich besonders suggestive Formulierung „Julius Cäsar existiert", in der „existiert" scheinbar als gewöhnlicher Begriff erster Stufe verwendet wird.

Man kann also, um auf das Ausgangsbeispiel zurückzukommen, den Begriff erster Stufe „das Erfülltsein" oder „erfüllt zu sein" (BG, 201), nach Freges Festsetzungen zur Sprachverwendung nur von einer speziellen Art von Gegenständen wahrheitsgemäß aussagen, nämlich von Gegenständen, die durch Ausdrücke der Form „der Begriff F" bezeichnet werden – und zwar dann, wenn etwas unter den entsprechenden Begriff F fällt. Von dem Begriff erster Stufe „Quadratwurzel aus Vier" kann dagegen der Begriff erster Stufe „erfüllt" nicht ausgesagt werden, weil über Begriffe erster Stufe nur mit Begriffen zweiter Stufe, wie „es gibt", sinnvolle Aussage gebildet werden können.[54]

Anhand dieses Beispiels (und einiger Nebenbeispiele) führt Frege die ihm wichtigen logischen Unterschiede vor. Einen Nachweis in der Form einer allgemeinen Theorie kann es in dieser Frage nicht geben, schon weil eine allgemeine Theorie eine einheitliche logische Form voraussetzen müsste. Der Fall der Begriffe zweiter Stufe führt somit nicht dazu, dass der wesentliche Unterschied zwischen Begriffen und Gegenständen relativiert oder aufgehoben wird, sondern vielmehr zu einer Erweiterung von Freges Grundunterscheidung: Ausdrücke für Begriffe können nie durch Namen für Gegenstände ersetzt werden – und ebenso wenig Begriffsausdrücke erster Stufe durch solche zweiter Stufe. Gegenüber Kerry formuliert Frege sein Ergebnis: „Der Begriff verhält sich wesentlich prädikativ auch da, wo etwas von ihm ausgesagt wird; [...]" (BG, 201).

Eine gewisse Analogie zur gewöhnlichen Prädikation sieht Frege jedoch schon, und er schlägt darum eine Redeweise vor: Man könnte sagen „ein Gegenstand falle unter einen Begriff erster Stufe, und ein Begriff [erster Stufe – WK] falle in einen Begriff zweiter Stufe" (BG, 201). Als Fazit ergibt sich auch hier: „Der Unterschied von Begriff und Gegenstand bleibt also in ganzer Schroffheit bestehen." (BG, 201)

---

[54] Ein Satz wie „der Begriff Einhorn ist erfüllt" wäre dagegen wiederum ein sinnvoller, aber falscher Satz.

9.9 Eigenschaft und Merkmal

Um über Gegenstände und Begriffe sprechen zu können, legt Frege (schon in den *Grundlagen*) seine Verwendung der Wörter „Eigenschaft" und „Merkmal" fest: Gegenstände haben Eigenschaften (etwa rot zu sein), und Begriffe können durch die Zusammenstellung von Merkmalen gebildet werden. Den Merkmalen eines Begriffs entsprechen die Eigenschaften des Gegenstands, der unter den Begriff fällt. Begriffe können ihrerseits wieder Eigenschaften haben (etwa, dass es etwas gibt, was unter sie fällt).[55] Frege gibt das Beispiel: Man kann als Eigenschaften der Zahl 2 (die als Gegenstand zu betrachten ist) auffassen: „eine positive Zahl zu sein", „eine ganze Zahl zu sein" und „kleiner als 10 zu sein". Diese Eigenschaften kann man aber auch verwenden, um den *Begriff* „positive ganze Zahl kleiner als 10" zu bilden, der dann diese drei *Merkmale* aufweist. Dieser Begriff kann dann wiederum die *Eigenschaft* haben, dass etwas unter ihn fällt (vgl. BG, 202).

Frege nutzt diese Unterscheidungen, um eine Passage zu analysieren, in der Kerry versucht, einen Unterschied zwischen der Zahl 4 und dem *Begriff* der Zahl 4, zu artikulieren. Die Definition, die nach Kerry den Begriff der Zahl 4 festlegt, ist die Gleichung „3 + 1 = 4". Als Begriff der Zahl 4 legt Kerry fest: „Resultat der additiven Verbindung von 3 und 1" (Zit. n. BG, 202). Zusätzlich zu dieser rein begrifflichen Festlegung führt er nun zusätzlich „das Zahlenindividuum 4, eine ganz bestimmte Zahl der natürlichen Zahlenreihe" ein, von Kerry auch als „Begriffsgegenstand" oder kürzer als „Gegenstand" bezeichnet (Zit. n. BG, 202). Frege fasst Kerrys Versuch einer Unterscheidung zwischen Begriff und Gegenstand so zusammen: „Die Zahl 4 soll Begriff sein; ‚die' Zahl 4 soll Begriffsgegenstand und nichts anderes sein als das Zahlenindividuum 4." (BG, 202) Er kommt in seiner Analyse, die mehrfach von bereits im Text verwendeten Formen Gebrauch macht, zu der Vermutung, dass Kerry eigentlich sagen will: „die Zahl 4 hat das und nur das als Eigenschaft, was der Begriff Zahl 4 [oder: Resultat der additiven Verbindung von 3 und 1 – WK] als Merkmal hat" (BG, 203). Das, was Kerry durch die Gänsefüßchen um den bestimmten Artikel ausdrücken möchte, würde nach Frege klarer dadurch auszudrücken sein, dass man vor dem Begriffswort den bestimmten Artikel weglässt und ihn nur vor den Eigennamen setzt.

Frege geht sorgfältig mehrere Möglichkeiten, Kerrys Bemerkung logisch zu explizieren, durch. Dadurch zeigt er anschaulich auf, dass bei Kerry die von ihm getroffene „Unterscheidung von Begriff und Gegenstand nicht vorliegt" (BG, 202), dass Kerry außerdem keinen klaren Unterschied zwischen Eigenschaft und Merk-

---

55 Indem Frege die Rede von „Eigenschaften von Begriffen" zulässt, betont er gerade die Analogie zur gewöhnlichen Prädikation.

mal macht, und dass er sich so in eine ganze Reihe von Unklarheiten und Widersprüchen verstrickt – wobei er auch einmal die Unterscheidung zwischen Sinn und Bedeutung von ferne streift (BG, 203). Mit diesem Beispiel an logischer Analyse, das ein hohes Ausmaß an logischer Unklarheit vorführt, beschließt Frege die Kommentare zu Kerry: Kerry bewegt sich nicht mehr in der beschränkten, aber in sich kohärenten Welt der traditionellen syllogistischen Logik (denn dort gibt es keine Gegenstände), sondern in einem unklaren Zwischenstadium, in dem er glaubt, ähnliche Grundunterscheidungen wie Frege vornehmen zu können, aber damit scheitert.

9.10 Ein letztlich harmloses, aber doch unüberwindliches Hindernis

Nach Erledigung der logischen Arbeit geht Frege noch einmal auf die schon genannte sprachliche Schwierigkeit ein. Er weist darauf hin, dass ein „Ausdruck zuweilen, ganz wörtlich genommen, den Gedanken verfehlt, indem ein Gegenstand genannt wird, wo ein Begriff gemeint ist" (BG, 204). Die Lösung dieser Schwierigkeit liegt für ihn einfach darin, dass man beim Lesen „mit einem Körnchen Salz nicht spart" (BG, 204), d. h., dass man die Schwierigkeit berücksichtigt und Freges intendierte Gedanken nachvollzieht. Frege zeigt sich davon überzeugt, dass in seinem Text keine unüberwindlichen Verständigungsschwierigkeiten auftreten, sondern lediglich kleinere Abweichungen vom logisch korrekten Ausdruck.

Abschließend wendet sich Frege noch gegen die Ansicht, für dieses (seiner Ansicht nach insgesamt nicht sehr gravierende) Verständigungsproblem hätte Kerry schon eine Lösung gefunden:[56] Wenn, wie Kerry meint, dasselbe einmal als Begriff und dann wieder als Gegenstand auftreten könnte, dann müsste man nicht wie Frege den gemeinten Gedanken manchmal verfehlen, sondern man könnte etwas von Begriffen direkt aussagen, indem man einfach die Gegenstandsform verwendet, um sich auf den Begriff (oder vielleicht besser auf den Gegenstandsaspekt des Begriffs bzw. den „Begriff als Gegenstand") zu beziehen.

Eine solche Konzeption wird durch die traditionelle Auffassung nahegelegt, in der ein Urteil so aufgefasst wird, dass darin zwei Begriffe durch die Kopula „ist" in eine Beziehung gesetzt und als Subjekt und Prädikat zu einem Urteil verbunden werden. Dabei wirkt es unproblematisch, dass derselbe Begriff (oder auch ein Gegenstand) sowohl an Subjekt- wie an Prädikatstelle auftreten kann.

---

56 Diese weiterführende Passage fehlt im Entwurf.

Der Satz „die Zahl 2 ist eine Primzahl" drückt aus, dass der Gegenstand „2" unter den Begriff „Primzahl" fällt. Dagegen drückt der Satz „die Zahl 2 fällt unter den Begriff Primzahl" (BG, 205) streng genommen aus, dass zwei Gegenstände, nämlich „die Zahl 2" und „der Begriff Primzahl" in einer Beziehung stehen.[57] Wenn man nun weiter fragt und diese Beziehung (substantivisch) thematisiert als „die Beziehung des Fallens eines Gegenstandes unter einen Begriff" (BG, 205), so hat man es erneut mit einem Gegenstand zu tun, wo man eine (prädikative) Beziehung ansprechen wollte: Drei Ausdrücke, die für Gegenstände stehen, ergeben zusammen wiederum keinen vollständigen Satz. Frege weist auf diese Weise erneut darauf hin, dass ein Satz, der einen vollständigen Gedanken ausdrückt, immer einen prädikativen, ungesättigten oder nicht abgeschlossenen Bestandteil benötigt. Die bildliche Redeweise, dass die Teile dann „nicht aneinander haften" (BG, 205) ist dabei nicht überzubewerten. Dieses Problem ist nun jedoch keine rein sprachliche Erscheinung mehr und Frege betont bei den fraglichen Ausdrücken auch die „Ungesättigtheit ihres Sinnes" (BG, 205), die ja sprachlich nicht vorzuliegen braucht.

Im letzten Absatz erwähnt Frege, dass die Erklärung dessen, „was man in der Analysis Funktion nenne" (BG, 205), auf dieselbe Schwierigkeit stößt. Auch dies sieht er jedoch nicht als größeres Problem an, sondern drückt die Zuversicht aus, dass man sich gerade anhand des zusätzlichen Beispiels an dieses „Hemmnis" gewöhnen und ihm „immer Rechnung tragen" kann.[58]

9.11 Ausblick: Russell über Frege und Kerry

Die früheste zusammenfassende Darstellung von Freges logischen und philosophischen Ansichten findet sich in einem Anhang zu Bertrand Russells *Principles of Mathematics* (Russell 1903, 500–522). Darin geht Russell auch, als einzigem Kritiker Freges,[59] auf Kerrys Einwände ein (Russell 1903, 520–522): Kerry hält eine rein logische Theorie der Arithmetik für unmöglich; er lehnt eine Definition der Zahlen als

---

[57] Die Auflösung der Schwierigkeit wie im obigen Beispiel mit „Jesus ist ein Mensch" bleibt hier außer Betracht.
[58] In den *Grundgesetzen* verweist Frege in einer Fußnote auf die „Zwangslage, in der sich hier die Sprache befindet", und äußert die Befürchtung, dass die Schwierigkeit „leicht die wahre Sachlage verdunkeln und dadurch Misstrauen in die Richtigkeit [s]einer Auffassung erregen" könne. Er drückt zugleich die Überzeugung aus, dass das, was man durch die Worte „der Begriff F(x)" ausdrücken möchte, korrekt, wenn auch um einiges umständlicher, so ausdrücken kann: „der Wahrheitswert davon, dass ( ) unter den Begriff F(x) fällt" (GG I, 8, Anm.).
[59] Für die Zeit vor 1903 wäre sonst nur noch Husserl zu nennen.

Klassen ab; er wendet sich gegen die Allgemeinheit von Freges Begriff der Beziehung; er meint, dass Frege zwar die Begriffe „0" und „1", nicht aber 0 und 1 als Gegenstände definiert habe; und er bemängelt an Freges Definition von „die Eigenschaft F vererbt sich in der f-Reihe" (BS, 58), dass darin die Begriffe „die f-Reihe" und „F vererbt sich" nicht einzeln definiert werden.[60] Die Frage, wie Frege Begriffe, Gegenstände und Funktionen auffasst, behandelt Russell ausführlich und kommt dabei zu dem Schluss: „The doctrine of concepts which cannot be made subjects seems untenable" (Russell 1903, 510). Während Russell Kerrys Einwände gegen Frege in allen anderen Fällen unbegründet findet, stimmt er ihm in der Frage, auf die es Frege besonders ankam zu: „On the question whether concepts can be made logical subjects, I find myself in agreement with his [Kerrys - WK] criticism." (Russell 1903, 520) Bezogen auf Russell war Freges Mühe somit vergebens, trotz zusätzlicher ausführlicher brieflicher Erläuterungen (WB, 212–224).[61]

Literatur

Diamond, Cora (1991): Throwing Away the Ladder. In: dies.: The Realistic Spirit, Cambridge MA / London, 179–204.
Diamond, Cora (2017): Wittgenstein and What Can Only Be True. In: dies.: Reading Wittgenstein with Anscombe, Going on to Ethics, Cambridge MA / London, 171–201.
Kerry, Benno (1886, 1887): Über Anschauung und ihre psychische Verarbeitung. In: Vierteljahrsschrift für wissenschaftliche Philosophie 10, 419–467 (2. Artikel, 1886) und 11, 249–307 (4. Artikel, 1887).
Kienzler, Wolfgang (2008): Wittgenstein und Carnap. Klarheit oder Deutlichkeit als Ziel der Philosophie. In: Schildknecht, Christiane u. a. (Hgg.): Genese und Geltung. Festschrift für Gottfried Gabriel, 67–86.
Kienzler, Wolfgang (2009): Begriff und Gegenstand. Eine historische und systematische Studie zur Entwicklung von Gottlob Freges Denken, Frankfurt am Main.
Mauthner, Fritz (1901): Beiträge zu einer Kritik der Sprache, Stuttgart.

---

60 In diesem letzten Punkt steht Kerry auf dem Standpunkt der traditionellen Logik, nach der alle Begriffe einzeln definiert müssen und erst anschließend zusammengefügt werden können. Frege kennt dagegen komplexere Arten der Begriffsbildung (s. den Beitrag von Rohr in diesem Band).
61 Russell erzeugt einen Widerspruch, indem er etwas macht, was er selbst so ausdrückt: „Ein Prädikat wird von sich selbst prädiziert" (WB, 213). In seinen Analysen dazu verschiebt Frege (gegenüber der Antwort auf Kerry) den Schwerpunkt vom ersten auf den zweiten Teil des Satzes „A ist eine Funktion", indem er nicht die Frage stellt, ob darin A einen Gegenstand bezeichnen muss, sondern erklärt, dass in diesem Satz das Wort "Funktion" einen Begriff zweiter Stufe bezeichnen muss, obwohl sprachlich ein Begriff erster Stufe vorzuliegen scheint (WB, 218 und 224). Frege scheint diese Verschiebung zu ahnen, wenn er etwas vorsichtig schreibt: „Ich habe darüber, glaube ich, gehandelt in meinem Aufsatze über Begriff und Gegenstand" (WB, 224).

Nietzsche, Friedrich (1873): Über Wahrheit und Lüge im außermoralischen Sinn. In: Colli, Giorgio / Montinari, Mazzino (Hgg.), Nietzsche, Kritische Studienausgabe, 1, 673–692.
Peckhaus, Volker (1994): Benno Kerry. Bausteine zu seiner Biographie. In: History and Philosophy of Logic 15, 1–8.
Picardi, Eva (1994): Kerry und Frege über Begriff und Gegenstand. In: History and Philosophy of Logic 15, 9–32.
Russell, Bertrand (1903): Principles of Mathematics, Cambridge.

Andreas Kemmerling

10 Freges Paradox – und andere Schwierigkeiten mit seiner Begriffslehre

> ... etwas so Unhandliches wie das, was ich Begriff genannt habe ...
> Gottlob Frege

Angesichts dessen, was Frege über Begriffe sagt – und er spricht oft, ausführlich und mit einiger Entschiedenheit über sie –, muss es so scheinen, als lasse sich über Begriffe nichts sagen. Jedenfalls nichts, was seiner eigenen Lehre gemäß wahr sein könnte. Als er sich zum ersten Mal zu dieser Misslichkeit äußert, konstatiert er, strenggenommen sei es richtig zu sagen: Der Begriff Pferd[1] ist kein Begriff. In späteren Jahren sagt er, jeder Versuch, über Begriffe (als Begriffe) zu reden, müsse in Unsinn münden. – Das ist nicht leicht zu schlucken. Heute nennt man dies gewöhnlich das Frege-Paradox. Im ersten Teil dieses Beitrags (10.1 bis 10.4) wird es vornehmlich darum gehen, zu skizzieren, was seine Begriffslehre besagt, und auf einiges hinzuweisen, das Verständnisschwierigkeiten bereitet. Anschließend wird es um diese höchst unliebsame Konsequenz selbst gehen: wie sie sich aus seiner Begriffslehre ergibt und wie er sich zu ihr verhalten hat.

10.1 Begriffe als Funktionen

Kaum etwas ist in Freges philosophischem Denken grundlegender als die auf Anhieb erstaunliche Idee, Begriffe als Funktionen aufzufassen. Den in der Mathematik gebräuchlichen Terminus „Funktion" hat er so präzisiert und erweitert, dass nicht nur Zahlausdrücken (z. B. „3^2": die Quadratfunktion angewandt auf das Argument 3), sondern auch Gleichungen eine Funktion/Argument-Struktur zugewiesen werden kann (FB, 13). Unter dem Gesichtspunkt dieser Art von Strukturierung – im Folgenden kurz: „U/V-Strukturierung" – lässt sich das, was die Gleichung „$9 + 1 = 10$" besagt, als Anwendung der Funktion $9 + \xi = 10$ auf ein beliebiges einzusetzendes Argument

---

[1] Frege selbst schreibt: „der Begriff P f e r d". Sperrdruck ist heute unüblich. Kursivierung verwende ich in diesem Text für andere Verdeutlichungszwecke. Deshalb verwende ich die Unterstreichung.

betrachten; in unserm Beispiel ist die Zahl 1 dieses Argument.[2] Solch eine Funktion ist von ganz andrer Art als das, was aus der Mathematik bekannt ist, wie etwa die Quadrat- oder die Plusfunktion. Aus deren Anwendung auf Zahlen als Argumente ergeben sich als Werte wiederum Zahlen. Die Werte einer Funktion wie $9 + \xi = 10$ sind jedoch nicht Zahlen; vielmehr ist es die Wahrheit bzw. Falschheit derjenigen Aussage, die entsteht, wenn die durch ξ markierte Argumentstelle ausgefüllt wird. Wird die Zahl 1 als Argument dieser Funktion genommen, ergibt sich Wahrheit als Wert; für alle andern Argumente Falschheit. – Diese strukturelle Auffassung von mathematischen Gleichungen überträgt Frege auf das Sprachliche insgesamt: auf jedweden Satz,[3] der etwas ausdrückt, nach dessen Wahrheit gefragt werden kann. Solche Funktionen wie $9 + \xi = 10$, deren Werte stets Wahrheitswerte sind, nennt er *Begriffe* (FB, 15).

Im Lichte dieser neuartigen U/V-Strukturierung wird es möglich, Sätze hinsichtlich ihres Inhalts anders zu betrachten als das von einer traditionellen grammatischen Aufgliederung in Subjekt und Prädikat nahegelegt wird. So muss zum Beispiel der Ausdruck, der an der grammatischen Subjekt-Position eines einfachen Subjekt/Prädikat-Satzes steht, nicht derjenige sein, der das Argument – das „sachliche Subjekt" (NL, 61) – der mit dem Satz gemachten Aussage bezeichnet. Ein Beispiel: In „Nichts fließt" treten „nichts" als das grammatische Subjekt und „fließen" als das grammatische Prädikat auf. Im Lichte einer U/V-Zergliederung desselben Satzes mag jedoch „fließen" als dasjenige Wort aufgefasst werden, mit dem auf das Argument hingewiesen wird, und „nichts" als das Wort, das darauf verweist, was von dem Argument ausgesagt wird.

Als Paraphrase von „Nichts fließt" – wenn der Satz in solch einer U/V-Manier strukturiert wird – kann sich dann so etwas ergeben wie: „Der Begriff <u>Fließen</u> ist leer". Diese Strukturierung mag grammatisch verdreht, ja unnatürlich wirken. Aber sie hat Vorzüge, wenn es darum geht, solche Sätze glatt in die Sprache der Quantorenlogik zu übertragen. Das Wörtchen „nichts" ist im Lichte dieser Strukturierung nicht das Subjekt, von dem etwas ausgesagt wird. Vielmehr ist es – in diesem neuen Licht betrachtet – ein „grammatisches Pseudosubjekt" (in *Über die Begriffsschrift des Herrn Peano und meine eigene* (1897), 367, nachgedruckt in KS, 225), und somit bedarf die berühmte Frage Heideggers: wie es nun stehe um dieses Nichts, keiner Antwort.

---

[2] *U* steht hier für „Unvollständig", *V* für „Vervollständigend"; der Sinn dieser Abkürzungen wird alsbald klar werden. ξ ist ein Leerstellensymbol, das nichts bezeichnet, sondern eine Stelle für passende Einsetzungen markiert. Frege benutzt stattdessen gelegentlich auch leere Klammern: $9 + (\ ) = 10$.
[3] Unter einem Satz sei im Folgenden stets ein Aussagesatz verstanden, der keine leeren Ausdrücke enthält – d. h. keine, die nichts bezeichnen.

Aber neue Fragen werden aufgeworfen durch die U/V-Blickweise auf Sätze und ihren Inhalt. So insbesondere auch die, was das eigentlich sei: das von Frege „Begriff" Genannte. Wie steht es nun um jenes Etwas? Frege charakterisiert Begriffe als Funktionen besonderer Art: solche, deren Werte nicht Zahlen, sondern stets genau eine von zwei Entitäten sind, die er „das Wahre" bzw. „das Falsche" nennt und als die beiden einzigen „Wahrheitswerte" bezeichnet (FB, 13, 15). Diese Erläuterung ist keine Definition. Frege betont oftmals, dass Definitionen sich hier nicht geben lassen; es gebe nichts noch Grundlegenderes, durch das sich genau bestimmen ließe, was ein Begriff bzw. eine Funktion ist. Seine diesbezüglichen Erläuterungen seien nichts weiter als Hinweise darauf, wie er verstanden werden möchte, wenn er diese Wörter verwendet. Letztlich – und das betont er häufig – sei er auf das entgegenkommende Verständnis des Lesers angewiesen (vgl. FB, 18; BG, 193).

Bei Durchmusterung seiner diesbezüglichen Erläuterungen über die Jahre und Jahrzehnte hinweg finden sich Hinweise von verschiedener Art. Einige setzen bei sprachlichen Merkmalen derjenigen Ausdrücke an, von denen Begriffe bezeichnet werden: Ausdrücke wie zum Beispiel „fließt" oder „ist ein Pferd", aber auch komplexere Gebilde, die geeignet sind, als Prädikate zu fungieren. Frege nennt sie „Begriffswörter" oder auch „Begriffszeichen". Das sind keine besonders glücklichen Bezeichnungen; im Folgenden werde ich stattdessen den Terminus „Prädikator" verwenden.[4] Hinweise einer anderen Art betreffen den gemäß Freges Lehre kategorialen Kontrast zwischen Begriffen (genauer gesagt: Funktionen insgesamt) und Gegenständen. Was ein Gegenstand ist, lasse sich, auch das betont er, allerdings ebenfalls nicht definieren (vgl. FB, 18).

Für das Folgende reicht es aus, einige der Unterscheidungsmerkmale zu rekapitulieren, mit denen Frege diesen Kontrast zu erläutern versucht. Dabei halten wir uns zunächst an Aussagen der logisch einfachsten Art: solche, in denen ein Gegenstand unter einen Begriff erster Stufe subsumiert wird. Als Beispiel werden uns zumeist der Satz „Bukephalos ist ein Pferd" und die mit ihm gemachte Aussage dienen. Hinsichtlich eines solchen Satzes gibt es anscheinend glatte strukturelle Entsprechungen zwischen grammatischer und logischer Form: Das grammatische Prädikat „ist ein Pferd" ist logisch gesehen ein Prädikator, was Frege durch die Schreibweise „ξ ist ein Pferd" kenntlich macht. (Die Leerstellenmarkierung mit

---

4 Siehe dazu Künne 2010, 248–252. – Das auch in der Logik übliche Wort „Prädikat" (ohne angehängtes „-or") lädt zu vermeidbaren Konfusionen mit dem üblichen schulgrammatischen Sinn dieses Worts ein. Viele Prädikatoren à la Frege sind keine Prädikate dieser Art; außerdem ist die Rede von *dem* Prädikator eines Satzes spätestens dann sachlich unangemessen, wenn der Satz mehr als einen Eigennamen enthält. Dies wird gleich deutlicher werden.

kleingeschriebenem ξ dient auch dazu, darauf hinzuweisen, dass nur Eigennamen einsetzbar sind.) Das grammatische Subjekt „Bukephalos" ist logisch gesehen ein Eigenname, der das Argument dieses Satzes bezeichnet.

Bei den Eigennamen ist zu unterscheiden zwischen den sogenannten eigentlichen (wie „Bukephalos") – sie haben keine eigenständigen Bestandteile, durch die bestimmt wäre, welchen Gegenstand sie bezeichnen sollen – und anderen, sozusagen beschreibenden, Eigennamen, die solche Bestandteile haben (z. B. „das berühmteste Pferd Alexanders des Großen"). Deren hervorstechendes Merkmal ist der bestimmte Artikel oder ein anderer Ausdruck dieses Schlags („dieses Pferd", „jenes Pferd", „besagtes Pferd" und so weiter). Niemals kann, darauf legt Frege sich auf Biegen und Brechen fest, dem, was er einen Eigennamen nennt, etwas von der Art des unbestimmten Artikels vorangestellt sein (BG, 195). Ist bestimmt, was Sätze und Eigennamen sind, lässt sich sehr einfach sagen, was ein Prädikator erster Stufe à la Frege ist: nämlich jederlei sprachliches Gebilde, das daraus entsteht, dass in einem Satz mindestens ein Eigenname (oder auch ein Quantor-Wort wie „etwas" oder „alles" in grammatischer Subjektrolle) durch eine Leerstellenmarkierung ersetzt wird. Mithin ist auch folgendes Gebilde – das dadurch entstanden ist, dass der Eigenname „Bukephalos" an denjenigen Satzstellen getilgt wurde, die nun durch ξ kenntlich gemacht sind – einer:

> Nachdem sein altes, treues Ross im Hydaspes ertrunken war, verfiel Alexander in größte Schwermut, ließ für ξ Denkmäler errichten und sogar eine neugegründete Stadt nach ξ benennen.

Zu sagen, solch ein Ausdruck bezeichne einen „Begriff", das entspricht nicht dem gewöhnlichen Sprachgebrauch, ebenso wenig dem philosophischen – zumindest vor Frege. Und grammatisch gesehen wäre es gewiss ein wenig ausgefallen, in diesem komplexen Gebilde das Prädikat all der Sätze zu sehen, die sich ergeben, wenn die ξ-Stelle durch einen Eigennamen ausgefüllt wird. – Hätten wir aus dem ursprünglichen Satz nicht „Bukephalos" entfernt, sondern „Hydaspes", „Alexander" oder „sein altes, treues Ross", so hätten wir in ihm andere einstellige Prädikatoren freigelegt. Elf mehrstellige Prädikatoren kommen zum Vorschein, sobald mehrere, oder gar alle vier Eigennamen durch verschiedene Leerstellenmarkierungen ersetzt werden. Kurz, von *dem* Prädikator eines Satzes zu sprechen ist oftmals sachlich unangemessen (vgl. NL, 117, rechte Spalte).[5]

---

5 Manche umgangssprachlichen Sätze sind *prädikator*-ambig: Kein Wort in ihnen ist mehrdeutig, aber sie haben unterschiedlichen Sinn, je nachdem, was in ihnen als Prädikator erachtet wird („Wenigstens ein Lied kennt jeder"). Ein amüsanteres Beispiel, der Autobiographie eines berühmten Ökonomen entnommen, findet sich bei Künne 2010, 188.

Prädikatoren bezeichnen nur Begriffe; Eigennamen nur Gegenstände. Mehr noch, Frege legt sich darauf fest: Begriffe können ausschließlich durch Prädikatoren bezeichnet werden, Gegenstände ausschließlich durch Eigennamen. Seiner semantischen Dichotomie entspricht mithin eine ontologische. Die Termini „Gegenstand" und „Funktion" verweisen auf streng geschiedene Kategorien und diese beiden erschöpfen den gesamten Bereich der Entitäten, die sich von sinntragenden sprachlichen Ausdrücken bezeichnen lassen (FB, 18).

Begriffe können leer sein. Der Umstand, dass nichts unter einen Begriff fällt – ja, nicht einmal unter ihn fallen könnte (wie das z. B. beim Begriff des Nicht-mit-sich-selbst-identisch-Seins der Fall ist) –, tut dem keinen Abbruch, dass er ein Begriff ist. Ausschließlich solche Prädikatoren, mit denen sich wahrheitswertlose singuläre Aussagen bilden lassen, bezeichnen keine Begriffe. Deshalb gibt es, was Freges Konzeption angeht, keine *vagen Begriffe*, auch wenn es, insbesondere in der Umgangssprache, natürlich zahllose vage *Prädikatoren* gibt: d. h. solche, die Spielraum für Grenzfälle lassen, in denen ihre Zuschreibung weder wahr noch falsch ist. Ein berühmtes Beispiel dafür ist „ξ ist ein Körnerhaufen".

Begriffe sind immer prädikativ („auch da, wo etwas von [ihnen] ausgesagt wird", BG, 201),[6] Gegenstände nie. Aus Gegenständen allein ergibt sich in keinerlei Zusammenfügung ein Ganzes, das wahr oder falsch ist.[7] Sie können „nicht aneinander haften", sagt Frege (z. B. NL, 192) und meint damit den Umstand, dass sie allein sich nie zu einer *Aussage* zusammenfügen lassen, d. h. zu etwas, das das Wahre oder das Falsche ist – ja nicht einmal zu etwas, nach dessen Wahrheit oder Falschheit sich überhaupt sinnvoll fragen ließe.[8] Die *Unvollständigkeit* von

---

6 Aussagen über Begriffe erster Stufe sind nur möglich mit Hilfe solcher der zweiten. Diese sind, so Frege, kategorial so grundsätzlich verschieden von jenen, wie jene von Gegenständen.
7 In einigen seiner frühen Arbeiten spricht Frege statt von einem Gegenstand gelegentlich auch von einem „Einzelding" oder einem „Einzelnen" (siehe z. B. NL, 19 oder WB, 164).
8 Eine (Satz-)*Aussage*, wie ich diesen Terminus hier verwende, ist die subsumtive, oder prädikative, Fusion eines Begriffs mit einem Argument. Sie ist ein logisches Ganzes, also ein Gegenstand. Ein Begriff B(ξ) und sein Argument a bilden, prädikativ miteinander verbunden, den Gegenstand B(a). Dessen Begriff-mit-Argument-Struktur entspricht der Prädikator-mit-Argumentausdruck-Struktur eines Satzes der Art „a ist ein B", wenn dieser entsprechend gegliedert wird. Jede Aussage ist, laut Frege, entweder mit dem Wahren oder mit dem Falschen identisch, aber erst in einem Urteil oder mit einer Behauptung (also durch geistige bzw. sprachliche Akte) wird eine Aussage mit dem Wahren identifiziert. In den Terminus „Aussage" möge also nichts von Bejahung oder sonstiger ‚Assertivität' hineingelesen werden. – Frege selbst spricht, erstaunlicherweise, nicht von „Satz-Aussagen"; sein Gebrauch von „Aussagen" bezieht sich fast immer auf die logische Leistung von Prädikatoren und Begriffen.
Dennoch scheint mir, dass Frege ein Wort für das hat, was ich hier als Satz-Aussage bezeichne, und zwar: „der Umstand, dass". Er verwendet es sehr selten und unerläutert, aber wenigstens an zwei markanten Stellen: in § 2 der *Begriffsschrift*, wo er den „Inhaltsstrich" einführt

Begriffen bezeichnet Frege auch als deren „Prädikativität" (ihren aussagenden Charakter) (BG, 197); er verwendet diese Termini oft austauschbar. Ein wenig mehr dazu am Ende von Abschnitt 10.4.

Eine Aussage kann nur da sein, wo ein Begriff im Spiel ist. Der wiederum (wir reden hier nicht von Begriffen höherer Stufe) ist zu nichts anderem da und geeignet, als im Verbund mit Gegenständen Aussagen zu bilden. Frege nennt Gegenstände „vollständig", keiner Ergänzung bedürftig; Begriffe hingegen bedenkt er mit Epitheta wie „unvollständig", „ergänzungsbedürftig" oder „ungesättigt". Man darf ihn wohl so verstehen: Ein Gegenstand ist etwas, das aus eigener Kraft schlicht das ist, was er ist. Er ist ein Ganzes – etwas, das insofern „in sich abgeschlossen" (WB, 224) ist, als es nichts bedarf, das zu ihm hinzukommen müsste, um zum Thema des Denkens und Redens werden zu können. Er steht, vorausgesetzt es gibt ihn, auf eigenen Füßen. Und damit ontologisch basta! – Ein Begriff hingegen sei „unvollständig", indem er nach etwas verlange, ohne das er kein „logisch Ganzes" ergibt. Für sich allein genommen hinge ein Begriff ontologisch in der Luft; er könne „nicht für sich allein bestehen" (WB, 164).[9]

Mit Hinweisen dieser zweiten Art – insgesamt sind sie nicht sonderlich deutlich und gelegentlich unverhüllt metaphorisch – versucht Frege, die kategoriale Grundverschiedenheit von Begriff und Gegenstand zu erhellen. Brauchte man ein Etikett, dürfte man sie wohl als Andeutungen einer Metaphysik der Prädikation bezeichnen.

10.2 Zu Begriffen kommen

Freges kategoriale Dichotomie von Begriff und Gegenstand geht einher mit seiner Auffassung davon, wie Begriffe gewonnen werden, wie wir zu ihnen kommen. Das klingt nach einem Thema der empirischen Psychologie. Und in der Tat mischen sich, wie wir gleich sehen werden, auch psychologische Hintergrundannahmen in Freges diesbezügliche Überlegungen. Wichtig ist jedoch, nicht aus dem

---

(und dann durchgehend in diesem Buch), und in *Über Sinn und Bedeutung* (SB, 34) bei seiner Erläuterung dessen, was Wahrheitswerte sind. Obwohl ich der Auffassung bin, dass genau das, was ich „Aussagen" nenne, Umstände à la Frege 1879 sind, möchte ich dieses Wort hier nicht verwenden. Ohne eine sorgfältige exegetische Begründung meiner Vermutung ist es nicht passend, sie in der Darstellung der Fregeschen Lehre als zutreffend zu unterstellen.

9 Später (VER, 147) findet sich eine Andeutung, dass „für sich allein bestehen können" verstanden werden darf als „keines Trägers bedürfen". In derselben Schrift bietet Frege folgenden Vergleich an: das Ergänzungsbedürftige sei wie „eine Hülle, die sich [...] nicht aus eigner Kraft aufrecht erhalten kann, sondern dazu eines Umhüllten bedarf" (VER, 157).

Blick zu verlieren, dass das, was Frege unter einem Begriff versteht, selbst nichts Psychisches ist. Anders als in der Philosophie vor ihm üblich, sind Begriffe für Frege nichts, was aus Vorstellungen, Ideen, Empfindungen, Eindrücken, Perzeptionen oder aus sonstigem ‚innergeistigen Grundmaterial' besteht. Nach Frege sind Begriffe, über die Menschen verfügen, folglich nichts ‚Subjektives': Mehrere Menschen müssen ein und denselben Begriff von etwas haben können.

Demnach werden Begriffe nicht von uns gebildet, jedenfalls nicht in der Weise ‚gebildet', wie zum Beispiel empiristisch inspirierte Lehren das vorsehen: im Zuge der Zusammengruppierung von Phänomenen, die uns in der Erfahrung begegnen und uns in gewisser Hinsicht gleichartig erscheinen. Auch finden wir – anders als rationalistische Lehren das besagen – keine Begriffe in unserm Geist vor, in dem sie (zumindest grundlegende von ihnen) als angeborenes Basismaterial des Denkens bereitliegen. Kurz, traditionellen Lehren zufolge, seien diese eher empiristisch oder eher rationalistisch konzipiert, werden Urteile also stets aus einem Fundus bereits vorhandener Begriffe durch Zusammenfügung gebildet – wobei dieses Bilden eine Art Aufbauen ist: wie das einer (lückenlosen) Trockenmauer aus Steinen. Als Slogan: Erst die Begriffe, dann aus ihnen die Urteile.

Freges dem geradezu entgegengesetzte Auffassung ließe sich mit der Gegenparole charakterisieren: Erst die wahrheitswertfähigen Ganzheiten, dann aus ihnen die Begriffe. Er gehe, wie er schon 1880 schreibt, von den „Urteilen und deren Inhalten" aus und lasse das Bilden der Begriffe erst aus ihnen hervorgehen. Wir fügen, sagt er da, eben nicht „einen schon vorher gebildeten Begriff" mit einem Gegenstand zusammen, vielmehr „lassen wir umgekehrt den beurteilbaren Inhalt zerfallen und gewinnen so den Begriff". Und setzt sofort hinzu, dass jedweder Satz, mit dem der jeweilige Inhalt gefasst wird, „um so zerfallen zu können, schon in sich gegliedert sein" (NL, 17 ff.) müsse. Selbst wenn wir – wie man sagt – ‚neue Begriffe bilden', so ist diese geistige Aktivität kein Erzeugen oder Schaffen von Begriffen, die bisher nicht da waren; vielmehr „finden" oder „gewinnen" wir Begriffe, die *wir* bisher nicht hatten (so Frege schon 1884 in GL, § 84). Wir dringen geistig zu ihnen vor, könnte man vielleicht sagen.

An dieser Auffassung hat er durch alle Veränderungen seiner Lehre hindurch festgehalten. In einer Charakterisierung dessen, was er als „das Eigenartige [s]einer Auffassung der Logik" erachtet, schreibt er 1919: „Ich gehe also nicht von den Begriffen aus und setze aus ihnen den Gedanken oder das Urteil zusammen, sondern ich gewinne die Gedankenteile durch Zerfällung des Gedankens" (NL, 273). Dies wird uns im nächsten Abschnitt beschäftigen.

Gemäß Freges reifer Begriffslehre (d. h. nachdem in ihr die Rede von „beurteilbaren Inhalten" aufgegeben und die Unterscheidung zwischen Sinn und Bedeutung, samt der zwischen Gedanke und Wahrheitswert zum Tragen gekommen ist) ist offenbar alles erkenntnisbezogene Denken – solches, in dem es auch um den Wahrheitswert des Gedachten geht – zugleich ein „Zerfällen" oder „Zerlegen" derjenigen Gedanken, die dabei erfasst werden.

10.3 Zerlegbarkeiten

Ab 1892 bezeichnet Frege das, was von sich aus wahr oder falsch sein kann, als „Gedanke". Sätze zum Beispiel sind nicht von sich aus wahr oder falsch. Das sind sie nur in Abhängigkeit davon, zu welcher Sprache sie gehören und welcher Sinn dann mit ihnen, im Munde eines einzelnen Sprechers, jeweils verbunden wird. Ein Gedanke à la Frege hingegen soll etwas sein, nach dessen Wahrheit/Falschheit sich fragen lässt, ohne dass noch irgendeine nähere Bestimmung eines für diese Frage relevanten Aspekts hinzukommen müsste, um den Versuch zu unternehmen, sie eindeutig zu beantworten.

Gedanken haben keinen Inhalt; sie *sind* Inhalte. Sie sind nicht die seelischen Ereignisse oder Vorgänge, in denen wir sie „fassen"; und sie sind auch keine Erzeugnisse unseres Denkens und Sprechens. Gedanken à la Frege sind, so könnte man sagen, *reine* Inhalte: Sie haben selbst, unabhängig von ihrem Erfasstwerden, keine Form, und sie enthalten alles und nichts darüber hinaus, was für ihren Wahrheitswert (manche würden noch hinzusetzen: in der wirklichen Welt) von Belang ist. In Sätzen, mit denen wir sie ausdrücken, fügen wir solchen reinen Inhalten nicht nur eine U/V-Struktur hinzu, sondern oft noch weitaus mehr.[10]

Gedanken à la Frege werden oft mit dem gleichgesetzt, was in der heutigen Fachdiskussion mit dem Terminus „Proposition" bezeichnet wird. Diese Gleichsetzung ist mit Vorsicht zu genießen. Allein schon deshalb, weil eine aus der angelsächsischen Tradition übernommene „proposition", spätestens seit Russell, das sogenannte Problem der „unity of the proposition" aufwirft: Wie kommen die Subjekt- und Prädikatkomponenten einer Proposition zu einem logischen Ganzen zusammen, das wahr oder falsch ist? – Für Frege stellt sich diese Frage nicht. Denn Gedanken, wie er dieses Wort verstanden wissen will, sind ihrem Wesen nach eine solche Ganzheit, sind keine Gebilde, die aus grundlegenderen reinen Inhalten zusammengesetzt sind.

---

10 Frege spricht davon, dass Sätze die von ihnen ausgedrückten Gedanken (über die U/V-Strukturierung hinaus) außerdem oft noch in einem gewissen Licht erscheinen lassen: ihnen eine „Beleuchtung" oder „Färbung" geben können, die den Gedanken selbst ebenso wenig zu eigen ist wie eine Form. Beispiele dafür sind mitklingende Wertungen oder Hervorhebungen eines gewissen Aspekts. Siehe dazu z. B. NL, 209 und KS, 347 f.

Wir Menschen können allerdings gar nicht anders, so dürfen wir Frege verstehen, als Gedanken in irgendeiner Weise U/V-strukturiert zu fassen. Jedenfalls dann nicht, wenn es uns um Wahrheit/Falschheit geht. Anders als so strukturiert können wir Gedanken jedenfalls nicht deutlich genug fassen, um sie einem logisch aufgeräumten Denken verfügbar machen, ohne das keine Aussicht auf systematisierbare Erkenntnis besteht.

Wenn Frege von Gedankenteilen spricht (und er tut das oft), so will er damit nicht sagen, dass ein Gedanke selbst (unabhängig von seinem Gefasstwerden) Teile hat. Gedankenteile à la Frege sind keine intrinsischen Teile von *Gedanken-wie-sie-(‚an-sich')-sind*, sondern Teile von *Gedanken-im-Licht-einer-bestimmten-Zerlegung*. Der Gedanke selbst lässt unabsehbar viele Zerlegungen zu. Diese sind Menschenwerk. Gedanken selbst sind das nicht. Sie sind einfach da, ob sie gefasst werden oder nicht. Zugänglich (oder zumindest deutlich fassbar) sind sie uns allerdings nur in U/V-Beleuchtung.

Ein Gedanke ist jedoch nicht in einer auflistbaren Weise strukturell mehrdeutig, sondern offen für beliebig viele Zergliederungen, in denen irgendein denkendes Wesen ihn erfassen mag. Hingegen involviert das menschenmögliche Erfassen eines Gedankens – jedenfalls sobald der Gedanke „klar in unserem Bewusstsein steht" (NL, 226) – stets dessen Zerlegung in Unvollständiges und Vervollständigendes, und zwar eine, durch die er sich, im allereinfachsten Fall, mittels einer geeigneten Zusammenfügung von Prädikator und Eigennamen zum Ausdruck bringen lässt. Dies ist eine seiner wichtigsten psychologischen Hintergrundannahmen: wir seien in unserm Denken darauf angewiesen, Gedanken „in eine sinnliche Form zu kleiden", und Sätze seien geeignet, dies zu tun.[11]

Mir scheint unabweisbar, dass dies den Geist von Freges ‚reifer' Auffassung (spätestens seit 1892) wiedergibt, auch wenn das manchem Buchstaben, den er dazu geschrieben hat, nicht anzusehen ist.

Gedanken sind also prädikativ zerleg*bar*, geben aber keine bestimmte U/V-Zerlegung als die einzig richtige vor. Wie steht es diesbezüglich um Sätze? Sie sind ja die sprachlichen Einheiten, mit denen wir Gedanken recht oder schlecht zum Ausdruck bringen. Geben die Aussagesätze unserer gewöhnlichen, natürlich gewachsenen (nicht am Reißbrett eines reglementierenden Konstrukteurs entstandenen) Umgangssprachen eine bestimmte U/V-Gliederung als die einzig richtige vor?

---

[11] Er setzt hinzu, es sei allerdings „kein Widerspruch, Wesen anzunehmen, welche dieselben Gedanken fassen können wie wir, ohne dass sie ihn in eine sinnliche Form zu kleiden brauchen" (NL, 288).

Nun, manche Sätze unserer Sprache scheinen schlicht und ergreifend nur eine einzige syntaktische U/V-Zerlegung zuzulassen: „Bukephalos ist ein Pferd" zum Beispiel. Aber für die von solchen Sätzen ausgedrückten *Gedanken* (sie selbst, ganz für sich genommen) gibt es stets mannigfache U/V-Zerlegungsmöglichkeiten. Das zeigt sich allein schon daran, dass es zu jedem Satz des Deutschen andere Sätze des Deutschen gibt, die denselben Gedanken ausdrücken, aber in anderer Weise. Hier ein paar Beispiele, in denen die bezweifelbare Unterstellung gemacht wird, dass Philosophendeutsch, trotz unerfreulich umständlicher Ausdrucksweisen, auch noch Deutsch ist:

> Bukephalos ist ein Pferd.
> Ein Pferd zu sein ist eine Eigenschaft von Bukephalos.
> Alles mit Bukephalos Identische fällt unter den Pferd-Begriff.

Der erste dieser Sätze sieht so aus, als sei der von ihm ausgedrückte Gedanke in der Weise gegliedert, dass Bukephalos der Gegenstand ist, von dem ausgesagt wird, er sei ein Pferd. Im zweiten Satz hingegen wirkt nicht Bukephalos, sondern die Eigenschaft, ein Pferd zu sein, wie das, von dem etwas ausgesagt wird: sie komme Bukephalos zu. Der dritte Satz sieht so aus, als gehe es in ihm um eine Aussage von noch etwas anderem: von einer Gesamtheit von Gegenständen. Noch mehr dieser Art ließe sich erklügeln.

Aber stets ist es, laut Frege, ein und derselbe Gedanke, der da in unterschiedlicher sprachlicher (und einer ihr entsprechenden logischen) Form ausgedrückt wird. Und zwar derart, dass die jeweils sich ergebenden Aussagen verschiedene Begriffe involvieren: den des Pferdseins, den des Eine-Eigenschaft-von-Bukephalos-Seins, und den einer Eigenschaft, die allem zu eigen ist, das mit Bukephalos identisch ist. – Also immer derselbe Gedanke. Doch sei zu beachten, sagt Frege „dass diese *Aussagen* verschieden sind" (BG, 200, Herv. AK).

Die Möglichkeit verschiedener sprachlicher Zerlegungen ein und desselben Gedankens spielt in Freges Philosophieren eine große Rolle. Denn indem wir zu einem Satz einen gedanklich gleichen finden, der andere Prädikatoren enthält, können wir neue Begriffe gewinnen (*gewinnen*: nicht *bilden*!) – Begriffe, die von den neuen Prädikatoren bezeichnet werden. Und diese neuentdeckten Begriffe können uns die Augen öffnen für logische Zusammenhänge, die uns bisher entgangen sind.[12]

Hier nun die Antwort auf unsere Ausgangsfrage: Auch Sätze geben von sich aus keine bestimmte U/V-Gliederung vor. Auf der Hand liegt das bei Sätzen mit mehreren Eigennamen. Wir hatten oben schon bemerkt, dass ein Satz mit vier Eigennamen auf fünfzehn verschiedene Weisen in ein-, zwei-, drei- und vierstel-

---

12 Ein berühmtes Beispiel für eine derartige Entdeckung findet sich in GL, §§ 64 ff.

lige Prädikatoren zergliedert werden kann. Man mag denken, dass zumindest besonders schlichte Subjekt/Prädikat-Sätze des Deutschen – zum Beispiel solche des Typs „a ist ein F" – strukturell eindeutig seien. Aber sind sie es?[13]

Frege spricht, wie erwähnt, von der „sinnlichen Form" eines Satzes, deren wir zum Denken bedürfen. Nun, wenn wir einem Satz in Schrift oder Schall begegnen (gleichgültig, ob wir ihn mit unsern äußern oder den innern Augen und Ohren wahrnehmen, oder mit den Fingern, wie im Falle der Blindenschrift), so trägt der Satz, der uns sinnlich begegnet, selbst keine U/V-Zergliederung mit sich. – Frege selbst hat das nicht immer im Auge. Manchmal steht selbst er unter dem Bann der von ihm favorisierten Weise der Satzzergliederung, so als sei sie vorgegeben. Davon ist auch der Satz betroffen, der uns alsbald vornehmlich beschäftigen wird: „Der Begriff Pferd ist ein Begriff". Bei seiner Beschäftigung mit diesem für ihn, wie wir sehen werden, besonders schwierigen Satz setzt Frege seine Standardzergliederung voraus, gemäß welcher „der Begriff Pferd" ein Eigenname ist, von dessen Bedeutung mit „ξ ist ein Begriff" etwas ausgesagt wird.[14]

Freges Auffassung lässt sich demnach so beschreiben: Begriffe gewinnen wir dadurch, dass wir Gedanken unter Zuhilfenahme eines sie ausdrückenden Satzes als eine bestimmte Struktur habend fassen. Dabei ist auch die Struktur des Satzes selbst davon abhängig, wie er jeweils logico-grammatisch zergliedert wird. Diese dem Satz beigelegte Struktur legen wir zugleich auch dem durch ihn ausgedrückten Gedanken bei, wodurch dieser dann „aus Teilen zusammengesetzt *erscheint*" (NL, 118, Herv. AK) – und zwar so zusammengesetzt, wie auch der Satz: aus einem unvollständigen und einem vervollständigenden Teil. Letzterer wird in einem einfachen Satz wie „Bukephalos ist ein Pferd" (gemäß der Standardgliederung) durch den Eigennamen „Bukephalos" ausgedrückt.

Dieser Gedankenteil ist der Sinn des Eigennamens. Durch diesen Sinn ist (demjenigen, der diesen Gedanken in dessen Standardzerfällung fasst) der Gegenstand Bukephalos in einer bestimmten Weise „gegeben", zum Beispiel als das berühmteste Pferd Alexanders des Großen. Dank seinem Sinn, und zwar ausschließlich dank diesem Sinn, bezeichnet der Eigenname diesen Gegenstand (NL, 135). Entspre-

---

13 Eine andersartige U/V-Zerlegung wäre z. B. die in „a ist ξ" als Prädikator und „ein F" als Eigenname. Allerdings ist nicht zu sehen, wie diese sich einigermaßen schmiegsam in den Rahmen von Freges logico-syntaktischen Grundannahmen über das Deutsche einfügen ließe.
14 Ich habe einmal eine Nichtstandard-Zerlegung für diesen Satz vorgeschlagen (vgl. Kemmerling 2004). Danach wäre der gesamte Ausdruck „der Begriff ( ) ist ein Begriff" ein Prädikator, in dem die Wortfolge „der Begriff ( )" nicht als Eigenname vorkommt, sondern integraler Bestandteil eines atomaren Prädikators zweiter Stufe ist. Auch dies ist eine U/V-Zerlegung. Aber wohl keine, die zu übernehmen Frege bereit gewesen wäre.

chend gilt für den (im Lichte dieser Zerfällung) unvollständigen Teil des Gedankens: Er ist der Sinn von „ξ ist ein Pferd"; ausschließlich dank diesem Sinn bezeichnet der Prädikator den Begriff des Pferdes. – Frege gibt keinerlei Hinweis darauf, in welcher Weise ein Begriff durch den unvollständigen Gedankenteil ‚gegeben' ist. Darauf komme ich im nächsten Abschnitt noch einmal zurück.

Was Freges ontologische Aufteilung der Entitäten in Unvollständiges und Vollständiges in seiner semantischen Konzeption angeht, ergibt sich mithin folgendes Schema:

SEMANTIK \ ONTOLOGIE	vollständig	unvollständig	vollständig
sprachl. Zeichen	Satz	Prädikator	Eigenname (der kein Satz ist)
Sinn	Gedanke	Sinn des Prädikators	Art des Gegebenseins des betreffenden Gegenstands
Bedeutung	Wahrheitswert	Begriff	Gegenstand

Für die beiden grundlegenden semantischen Beziehungen – die ganz links aufgeführten: zwischen einem Zeichen und seinem Sinn, und die zwischen einem Zeichen und seiner Bedeutung – führt Frege theoretische Termini ein: Seinen Sinn *drückt* ein sprachliches Zeichen *aus*; seine Bedeutung, (das heißt hier: das von dem Zeichen Bedeutete) *bezeichnet* (oder auch: *bedeutet*) das Zeichen (SB, 31). Für die Beziehung zwischen der Bedeutung eines Zeichens und dem Sinn, dank dem es diese Bedeutung bezeichnet, hat Frege merkwürdigerweise keine fixierte Terminologie. Das irritiert, mich zumindest. Denn die innere Beziehung, in der sprachlich ausgedrückter (aber wesentlich außersprachlicher) Sinn und sprachlich bezeichnete (aber zumeist ebenfalls außersprachliche) Bedeutung zueinander stehen, ist ja eine, die eines eigenen Worts wert wäre. Seinen Grund mag diese terminologische Lücke auch darin haben, dass Frege nicht den Eindruck erwecken wollte, zu diesem Thema etwas von der Art einer durchkomponierten Lehre vortragen zu können. Darum wird es im nächsten Abschnitt gehen.

10.4 Wie bestimmt der Sinn eines Prädikators einen Begriff? Und was meint Frege mit Prädikativität?

Die Lücke, die Frege hier lässt, ist keine, die einfach nur durch das Hineinstopfen eines Fachterminus gefüllt werden könnte. Es geht hier um mehr: um eine inhaltliche Frage sehr grundsätzlicher Art, die in Freges Lehre ohne Antwort bleibt: Von welcher Art könnte die von ihm namenlos belassene Beziehung überhaupt sein, die zwischen dem Sinn und der Bedeutung eines sprachlichen Ausdrucks besteht? Diese Beziehung – gleichgültig, welcher Name ihr gegeben werden mag – ist ja, gelinde gesagt, nicht unwichtig. Allein ihr verdankt es sich ja, dass ein Zeichen überhaupt etwas bezeichnet – und dass es gerade das bezeichnet, was es bezeichnet.[15]

Nun, zumindest lässt sich sagen, dass es sich bei ihr um irgendeine Art von bestimmender oder festlegender Beziehung handelt.[16] Offenkundig muss die, um die es hier geht, jedoch von gänzlich anderer Art sein als die semantischen Beziehungen des Ausdrückens oder des Bezeichnens, in denen Eigennamen und Prädikatoren zu ihrem Sinn bzw. ihrer Bedeutung stehen. Denn der Sinn solcher subsententialer Ausdrücke (d. h. ein sogenannter Gedankenteil) ist nichts von der Art eines Zeichens, sondern etwas von Zeichen kategorial Verschiedenes: ein Inhalt, den Zeichen haben können.

Mithin kann die Sinn/Bedeutung-Beziehung keine semantische sein. Wenn Frege zum Beispiel schreibt: „Die Bestandteile des Gedankens *weisen* aber in eigentümlicher Weise auf Gegenstand und Begriff *hin*", dann ist das allein schon insofern nicht passend, als Auf-etwas-Hinweisen typischerweise etwas ist, das Zeichen – oder Zeichenverwender mit ihnen – tun (NL, 274, Herv. AK). Der Zusatz, jenes „Hinweisen" geschehe auf eine eigentümliche Weise, trägt zum Verständnis wenig bei.

Gerade in Hinblick auf die Art und Weise, in welcher der sogenannte unvollständige Teil eines Gedankens (also der Sinn eines Prädikators) einen Begriff bestimmen soll, wird diese ganze Angelegenheit rätselhaft. Irgendwie bestimmt der Sinn eines Prädikators dessen Bedeutung: den Begriff. Aber wie? Frege gibt, soweit ich sehe, keinerlei Hinweis dazu, in welcher Weise ein Begriff durch einen unvollständigen Gedankenteil ‚gegeben' sein könnte.

---

15 Vgl. z. B. „So bezieht sich der Eigenname durch Vermittlung des Sinnes und *nur* durch diese auf den Gegenstand." (NL, 135, Herv. AK). Ich unterstelle, dass Frege dasselbe in Bezug auf Prädikatoren und sonstige Funktoren für richtig hielt.
16 Meine Redeweise von einem „Bestimmen" oder „Festlegen" findet sich nicht bei Frege.

Was hingegen Eigennamen, ihren Sinn und den durch sie jeweils bestimmten Gegenstand angeht, hat er eine, zumindest prima facie, unproblematische Antwort auf die Frage bereitgestellt, wie man sich das denken könnte: dass das Bezeichnete durch den Sinn ‚gegeben' sei. Nämlich so: Ein einfacher Eigenname wie „Bukephalos" sei, wann immer er verwendet wird, sinngleich mit irgendeinem geeigneten deskriptiven Eigennamen (wie z. B. „das berühmteste Pferd Alexanders"[17]), und letzterer bestimme den von ihm bezeichneten Gegenstand vermittels einer diesen Gegenstand identifizierenden Eigenschaft. In dieser Weise sei dann – dank diesem Sinn, der mit dem Namen verbunden wird – Bukephalos, qua berühmtestes Pferd Alexanders, als die Bedeutung des Eigennamens gegeben.

Das mag eingängig klingen, lässt sich jedoch nicht ohne weiteres auf Prädikatoren übertragen. Erstens ist unklar, von welcher Art eine identifizierende Eigenschaft des Pferd-Begriffs sein könnte, vermittels welcher der Sinn von „ξ ist ein Pferd" diesen Begriff identifiziert. Es müsste eine Eigenschaft sein, die einzig und allein der Pferd-Begriff besitzt; kein anderer Begriff – auch kein umfangsgleicher (wie etwa Pferd-oder-Kentaur) – dürfte diese Eigenschaft besitzen. Und es sollte eine Eigenschaft des Pferd-Begriffs sein, dank der Gegenstände wesentlich, mit Rekurs ausschließlich auf ihre intrinsischen Eigenschaften, Pferde sind.

Noch größere Schwierigkeiten scheint mir, zweitens, folgender Umstand zu bereiten: Der Sinn von „ξ ist ein Pferd" ist etwas Unvollständiges und somit von kategorial anderer Art als der von Eigennamen. Die Frage stellt sich, wie etwas Unvollständiges etwas Unvollständiges bestimmen könnte. Auch dazu später ein bisschen mehr.

Ein Blick zurück: Was die Art der Bestimmung eines Gegenstands (etwas Vollständiges) durch den Sinn eines Eigennamens (ebenfalls etwas Vollständiges) betrifft, mochten uns Freges diesbezügliche Hinweise als einigermaßen unproblematisch erscheinen. Das lag auch daran, dass wir uns hier irgendeine Art funktionalen Zusammenhang denken konnten, der zwischen Bestimmendem und Bestimmten besteht. Und Freges spärliche Hinweise passen zu dem einzigen Modell, das seine Lehre für eine identifizierende Bestimmung dieser Art anbietet: das von Funktionen. Diese sind ontologisch unselbständige Etwasse. Sie müssen erst von etwas Passendem gesättigt werden, um ihrer ratio essendi zu entsprechen: einen Wert (für das jeweilige Argument) zu bestimmen. Unser obiges Beispiel: Die Quadratfunktion ( )^2 bestimmt für das Argument 2 als Wert die Zahl 4; dabei sind sowohl das Argument als auch

---

[17] Lassen wir die naheliegende Frage erst einmal beiseite, welche Zusatzschwierigkeiten sich daraus ergeben mögen, dass in diesem Kennzeichnungsausdruck wiederum ein eigentlicher Eigenname („Alexander") vorkommt. Dazu alsbald mehr.

der Wert etwas Vollständiges. Mit Blick auf Eigennamen scheint demnach nicht von vornherein ausgeschlossen, dass es funktionsartige Etwasse gibt, die deren ‚vollständigen' Sinn auf Gegenstände abbilden. Der Sinn von „Bukephalos", falls identisch mit dem Sinn von „das berühmteste Pferd Alexanders", bestimmt das berühmteste Pferd Alexanders – und das war nun mal jener Hengst Bukephalos.

Aber solch ein funktionales Modell passt offenkundig nicht, wenn es darum geht, wie man sich überhaupt denken könnte, dass der Sinn eines Prädikators einen Begriff bestimmt. Dass also etwas Unvollständiges ein anderes unvollständiges Etwas bestimmt. Wie sollte das zugehen? Gemäß Freges offizieller Doktrin müssen die von Funktionen bestimmten Werte Gegenstände sein. Begriffe sind nun aber keine Gegenstände, sie können partout nicht Werte einer Funktion sein.

Versuchen wir einmal, Frege in dieser Angelegenheit möglichst weit entgegenzukommen, hinsichtlich der Frage: Wie könnte der Sinn eines Prädikators den ihm ‚entsprechenden' Begriff in der Manier bestimmen, in der eine Funktion das bewerkstelligen könnte? Erster Schritt: Nehmen wir einmal an, es lasse sich zu den streng dem Wortlaut Freges entsprechenden Funktionen noch eine neue Art von Quasi-Funktionen hinzunehmen: solche, deren Werte keine Gegenstände sind, sondern etwas Ungesättigtes (z. B. Begriffe). Auch bisher unzulässige Gebilde der Form $Q(a) = F(\xi)$ wären dann Sätze.[18]

Wollte man nun annehmen, der Sinn von „ξ ist ein Pferd" sei solch eine Quasi-Funktion, so müsste für sie ein passendes Argument gefunden werden – eines, für den dieser Sinn den Pferd-Begriff als Wert bestimmt. Doch was um alles in der Welt könnte ein solches Argument sein? Gewiss nicht der vervollständigende Sinn, mit dem der unvollständige Gedankenteil einen Gedanken bildet. Denn eine Fusion des Sinns von „ξ ist ein Pferd" mit dem von „Bukephalos" ist, laut Frege, der Gedanke, dass Bukephalos ein Pferd ist. Aber dieser Gedanke selbst enthält keinen unvollständigen Teil, durch den der Pferd-Begriff irgendwie bestimmt sein könnte. Er, der Gedanke selbst, enthält ja gar keine Teile. (Täte er das, so müsste er auch den Sinn des Prädikators „ξ ist etwas mit Bukephalos Identisches" als Teil enthalten, und es ist schwer zu begreifen, wie diese beiden Sinne Teile ein und desselben Gedankens sein könnten.)[19]

---

[18] Zu lesen als: Der Quasi-Funktor „Q ( )" bestimmt für den Eigennamen „a" den von „F(ξ)" bezeichneten Begriff.

[19] Noch einmal ein Wort zur Rede von Gedankenteilen. Wer von ihnen spricht, so auch Frege, sollte im Lichte des gerade Gesagten außer der Sphäre der *eigentlichen* Gedanken eine eigene Sphäre der Gedanken-*in-einer-Zerlegung* (man könnte sie auch strukturierte Satzsinne nennen) annehmen. Und er sollte das Verhältnis zwischen beiderlei Arten von Entitäten klären. Denn es stellt sich ja die Frage: In welcher Beziehung steht der Gedanke, dass Bukephalos ein Pferd ist, zu

Doch selbst wenn dieses Phantasieprojekt der Einführung von Quasi-Funktionen befriedigend durchführbar wäre (nichts mir Bekanntes spricht dagegen, dass dies im Prinzip möglich ist), bliebe immer noch unsere Ausgangsfrage: wie der Sinn von „ξ ist ein Pferd" den Pferd-Begriff bestimmt. Die gerade ins Auge gefasste Idee, der Sinn des Prädikators sei eben eine Quasi-Funktion, die in Verbindung mit dem Sinn von „Bukephalos" als ihrem Argument nicht nur einen Gedanken-in-einer-Zerlegung bildet, sondern für dieses Argument außerdem auch irgendwie den Pferd-Begriff bestimmt, bleibt so rätselhaft wie zuvor.

Gehen wir noch einen Schritt weiter, über die – gelinde gesagt – gewagte Spekulation der Bereicherung der Fregeschen Lehre um Quasi-Funktionen hinaus. Was wäre, wenn es Quasi-Quasi-Funktionen gäbe: solche, die Unvollständiges nicht nur als Wert, sondern auch als Argument haben? Wir ließen damit auch Gebilde der Form *QQ(G( )) = F(ξ)* als Sätze zu.

Könnten wir dann nicht statt des eben Erwogenen annehmen, der unvollständige Sinn von „ξ ist ein Pferd" sei *das Argument* irgendeiner Quasi-Quasi-Funktion, die den Sinn von Prädikatoren auf Begriffe abbildet? Unsere Frage, in informaler Kurzschrift, ist jetzt also nicht, wie die ???-Stelle des Quasi-Funktors in

Sinn-von-„ξ ist ein Pferd"-Sein (???) = der Begriff Pferd

ausgefüllt werden könnte, um zu einer wahren Gleichung zu gelangen. Vielmehr soll es um die Frage gehen, was zu diesem Zwecke in die ¿¿¿-Stelle des Quasi-Quasi-Funktors von

¿¿¿ (der Sinn von „ξ ist ein Pferd") = der Begriff Pferd

eingesetzt werden könnte. Selbst wenn wir einmal so tun, als ließen sich Quasi-Quasi-Funktionen zur Fregeschen Lehre hinzunehmen, so bliebe dennoch die ontologische Frage, welcher Sphäre dieses ¿¿¿ angehören könnte, das den Prädikator-Sinn auf den Begriff abbildet. Gewiss weder dem Reich der sprachlichen Bedeutungen noch dem Reich der Gedanken und auch nicht dem der Gedanken-in-einer-Zerlegung. Aber welchem Bereich sonst? In Freges Ontologie scheint für dergleichen kein Platz zu sein.[20]

---

all den ihm zugeordneten Gedanken-in-einer-Zerlegung, und in welcher Beziehung stehen letztere zueinander?.

20 Wenn in an Frege angelehnten formalen Semantiken unserer Tage das Wort „Funktion" verwendet wird, dann bezeichnet es Mengen (von geordneten Paaren). Also Entitäten, die Frege zu den Gegenständen rechnet. Gemäß diesem (unfregeschen) Verständnis dieses Worts liegt keinerlei prinzipielle Schwierigkeit darin, allerlei, das in Freges Augen unvollständig ist, in ‚funktionalen'

10 Freges Paradox – und andere Schwierigkeiten mit seiner Begriffslehre — 215

Hier noch ein melancholisch stimmender Nachgedanke. Auch die Annahme, in Hinblick auf Eigennamen sei die Bestimmung des Bezugsobjekts durch den Sinn des sprachlichen Ausdrucks unproblematisch, wird durch das gerade Ausgeführte fragwürdig. Denn die grundsätzliche Schwierigkeit hinsichtlich des Sinns von Prädikatoren (wie diese einen Begriff bestimmen könnten) betrifft letztlich auch den Sinn von Eigennamen. Denn der soll ja identisch sein mit dem einer Kennzeichnung, und in Kennzeichnungen ist zumindest ein Prädikator enthalten. (In „das berühmteste Pferd Alexanders" steckt unter anderem „ξ ist ein Pferd" und „ξ ist berühmt"; mithin umfasst der Sinn von „Bukephalos", falls identisch mit dem dieses deskriptiven Eigennamens, den Sinn dieser beiden Prädikatoren.) Jede Schwierigkeit, recht zu verstehen, wie der Sinn eines Prädikators ‚seinen' Begriff bestimmen möchte, schlummert also auch in der von Frege nahegelegten Konzeption dessen, wie der Sinn eines Eigennamens ‚seinen' Gegenstand bestimmt.

Ich habe nun ein paar Überlegungen dazu angestellt, wie es zugehen könnte, dass – wie Frege sagt – die Bestandteile des Gedankens in eigentümlicher Weise auf Gegenstand und Begriff hinweisen (NL, 274). Sie haben uns eher auf verwirrende Fragen geführt als zu irgendeiner verheißungsvollen Lösungsidee.

So wenig erhellend wie die Rede von einem Hinweisen ist auch die vorsichtigere Ausdrucksweise, deren Frege sich gelegentlich bedient: dass der Zerlegung des Gedankens etwas im Bereich der Bedeutungen „entspreche". Das ist fast nichtssagend. Wohl aber ist die Bemerkung aufschlussreich, die er einer so formulierten Auskunft in einem Brief an Russell aus dem Jahre 1902 gleich hinzusetzt: dass er, Frege, dies – diese „Entsprechung" – „eine logische Urtatsache" nennen möchte (WB, 224). Das klingt so, als entziehe sich diese einer gehaltvollen Beschreibung, erst recht einer Erklärung.

Zum Abschluss dieses Abschnitts sei eine weitere Unklarheit in Freges Begriffslehre erwähnt. Oft spricht er von Unvollständigkeit (alias Ungesättigtheit, alias Ergänzungsbedürftigkeit) und Prädikativität so, als seien sie ein und dasselbe. Hinsichtlich der Prädikatoren und der Begriffe ist klar, was mit Unvollständigkeit gemeint ist, und leidlich deutlich, inwiefern diese sich zugleich als Prädikativität betrachten lässt: also als eine für das Etwas-von-etwas-Aussagen konstitutive Eigenschaft. Prädikatoren als prädikativ zu bezeichnen, ist zumindest insofern passend, als sie diejenigen sprachlichen Vehikel sind, mit denen das eigentlich Aussagende bezeichnet

---

Zusammenhang zu bringen mit anderen Entitäten, die für Frege ebenfalls etwas Unvollständiges sind. – Mein Eindruck ist, dass die Unterschiedlichkeit des Sinns, den das Wort „Funktion" beim Inspirator Frege einerseits und in heutigen Semantiken andererseits hat, oft nicht beachtet wird. Eine Ausnahme findet sich bei Heim/Kratzer (1998, 4 und 12).

wird. Und dieses ‚eigentlich Aussagende' sind Begriffe. In jeder Fusion mit einem Gegenstand ist der Begriff das, was von dem betreffenden Gegenstand ausgesagt wird (oder: das, worunter er subsumiert wird). So weit, so gut.

Nun spricht Frege aber auch dem Sinn von Prädikatoren (den sogenannten ungesättigten Gedankenteilen) Prädikativität zu. Ja, er sagt, das Wort „prädikativ" scheine „besser auf den Sinn als die Bedeutung zu passen" (ASB, 129). Doch wovon könnte der ungesättigte Teil eines Gedankens-in-Zerlegung eine Aussage machen? Und was könnte da ausgesagt werden?

Zwei Möglichkeiten kommen hier in Betracht. Sagt der Sinn von „ξ ist ein Pferd" vielleicht etwas von dem *Sinn* von „Bukephalos" aus? Man wüsste nicht, was. Was könnte ein Sinn von einem andern aussagen, so dass das Ergebnis dieser Prädikation etwas ist, das genau dann wahr ist, wenn Bukephalos ein Pferd ist? Und selbst wenn man dies ungerührt als eine weitere der (noch) offenen Fragen der Fregeschen Begriffslehre hinnähme, so bliebe doch die Konsequenz, dass in dieser Lehre eine unausgesprochene These der doppelten Prädikation verborgen ist. Zu dem Satz „Bukephalos ist ein Pferd" gehörten dann zwei Prädikationen: eine in der Sphäre der Bedeutungen (Subsumtion eines Gegenstands unter einen Begriff) und irgendeine andere, noch zu erhellende in der Sphäre des Sinns.

Oder sagt der Sinn von „ξ ist ein Pferd" womöglich etwas von Bukephalos aus, von diesem Tier selbst? Dann doch wohl etwas anderes als das, was durch die Zuschreibung des Pferd-Begriffs von ihm ausgesagt wird. Es müsste eine andere Aussage über Bukephalos sein als die, dass er ein Pferd ist. Aber welche? Und wiederum hätten wir die Unerfreulichkeit doppelter Prädikation.

Eine noch grundsätzlichere Schwierigkeit käme hinzu. Jede derartige Prädikation müsste eine fusionale Einheit sein, in der ein gewöhnlicher konkreter Gegenstand, wie Bukephalos, und etwas aus der Sphäre der abstrakten Sinne – wie der Sinn von „ξ ist ein Pferd" – zu einem logischen Ganzen verschmelzen. Eine ontologisch gemischte Entität dieser Art (ein raumzeitlich konkretes Pferd fusioniert mit dem Sinn eines Worts) wäre jedoch nichts, was Frege als einen Gedanken gelten ließe. In Briefen an Russell aus dem Jahre 1903 (WB, 240 und 245) spricht er dies sehr deutlich aus.[21]

Kurz, es fällt schwer zu sehen, wie der in Freges Begriffslehre zentrale Terminus „prädikativ" überhaupt Anwendung im Bereich des Gedanklichen finden

---

21 Wenn Frege in *Über Begriff und Gegenstand* (BG, 173) sagt, man könne in dem Gedanken, dass es mindestens eine Quadratwurzel aus 4 gibt, „auch eine Aussage von der Zahl 4 finden", ist das kein Hinweis darauf, dass er zumindest an dieser einen Stelle die Auffassung vertreten habe, die Zahl 4 selbst könnte in dem Gedanken enthalten sein. – Aus dem Textzusammenhang geht hervor, was er meinte, und zwar: dass dieser Gedanke auch so zerlegt werden kann, dass er von dem Satz „Die Zahl 4 hat die Eigenschaft, dass es etwas gibt, dessen Quadrat sie ist" ausgedrückt wird.

kann. Mithin ist die von ihm nahegelegte Idee, die Prädikativität von Begriffen stamme letztlich aus dem Bereich des Sinns, eher dunkel als erhellend.

Das Bisherige war eine Skizze der Fregeschen Begriffslehre, in der ich auch auf einige ihrer Schwierigkeiten hingewiesen habe. Diese mag man als Lücken und Undeutlichkeiten einer (bisher) nicht zu Ende ausgearbeiteten philosophischen Konzeption hinnehmen. Der zuversichtliche Fregeaner mag sie für beseitigbar halten. Zudem sind es ja Dinge, die eher Freges Hintergrund-Ontologie samt deren Dichotomie von Unvollständigem und Vervollständigendem betreffen als das, was er an Innovativem und Fruchtbarem zur heutigen Logik und Semantik beigetragen hat.

Betrifft alles bisher nachfragend Bemäkelte vielleicht nur ein paar Kleinigkeiten, die ein wenig irritieren? So mag der brave Fregeaner denken. Er mag zugestehen, dass es in der Tat Details in seinen Darstellungen gibt, die auf Anhieb unklar und schlimmerenfalls sogar unstimmig wirken. In dem, worauf es ‚in der Sache eigentlich ankommt', seien sie aber nur am Rande störend. Eher lästig als erschütternd.

Anders steht es mit dem eingangs erwähnten Problem, um das es nun gehen wird. Es ist von anderem Kaliber als alles bisher Betrachtete: keine Lücke oder Undeutlichkeit seiner Lehre, sondern eine Konsequenz, die sich unabweisbar aus ihr ergibt. Allerdings eine, die schlicht und ergreifend widersinnig zu sein scheint.

10.5 Woraus das Paradox entsteht und wie Frege mit ihm umgeht

Zu Freges Lehre über Begriff und Gegenstand gehören, wie wir gesehen haben, die folgenden drei Thesen. Die erste betrifft die rein sprachbezogene Frage, woran Eigennamen zu erkennen sind. Gemäß einer „Festsetzung" Freges ist der bestimmte Artikel im Singular dafür ein „Kennzeichen" (BG, 195):

(1)   Jeder Ausdruck der Form „der/die/das F" ist ein Eigenname.

Die zweite These ist eine semantische, oder semantico-ontologische:

(2)   Wenn ein Eigenname etwas bezeichnet, bezeichnet er einen Gegenstand.

Die dritte ist rein ontologischer Art:

(3)   Kein Gegenstand ist ein Begriff.

Aus ihnen zusammengenommen scheint sich zu ergeben, dass ein Satz wie

(0) Der Begriff Pferd ist ein Begriff.

nicht wahr sein kann. Genau diese Konsequenz zieht Frege in *Über Begriff und Gegenstand*, wenn er sich zum ersten Mal mit dem sogenannten Paradox auseinandersetzt: der Ausdruck „der Begriff Pferd" bezeichne einen Gegenstand; Satz (0) sei daher falsch, weil kein Gegenstand ein Begriff ist. Die Frage, was für ein Gegenstand durch diesen Ausdruck bezeichnet werde, beantwortet er in dieser Arbeit nicht, auch nicht an anderer Stelle. Er spricht unbestimmt davon, solche Gegenstände, die einen Begriff „vertreten", seien „von ganz besonderer Art" (BG, 197, 201).

Verständlich, dass Frege selbst damit nicht recht glücklich ist. Einen anscheinend evidentermaßen wahren Satz wie (0) als falsch deklarieren, heißt ja, in einen überaus sauren Apfel beißen. Darüber hinaus drückt dieser Satz – so verstanden, wie in dieser ‚Lösung' vorgesehen – nicht einmal das aus, was in ihm geschrieben steht oder geschrieben zu stehen scheint. Denn es würde mit ihm ja gar keine Aussage über einen Begriff gemacht, sondern eine über einen Gegenstand, der diesen Begriff vertritt.

Freges eingangs erwähnter Vorschlag zum neuartigen Verständnis von Quantoren involvierte einen überraschenden Stufenaufstieg: dass nämlich Wörter wie „alles" oder „nichts", entgegen dem Anschein, Begriffe *zweiter* Stufe bezeichnen. Das gehört heute zur Standardauffassung (falls es in der Philosophie so etwas gibt), die schon in Logik-Einführungskursen gelehrt wird. Mit der nun zur Auflösung des Paradoxes offerierten Idee wird ein überraschender Stufenabstieg vorgeschlagen: der Begriff Begriff sei, entgegen dem Anschein, einer der *ersten* Stufe – also einer, unter den Begriffe gar nicht fallen können. Mithin wäre die Falschheit von Satz (0) kein Paradox, sondern eine weitere überraschende Einsicht.

Jedoch fragt sich: Wie könnte uns diese Rettungsidee einsichtig werden, wo doch die These von der Erststufigkeit des Begriffs Begriff nicht weniger rätselhaft ist als die paradoxale These selbst? Denn

Kein Begriff fällt unter den Begriff Begriff.

ist nichts weiter als eine Generalisierung von

Der Begriff Pferd ist kein Begriff.

Mithin wirkt diese Rettungsidee nicht weniger widersinnig als das, was mit ihr vor dem Vorwurf der Widersinnigkeit gerettet werden soll.

Frege scheint das bald selbst so gesehen haben. Werden, so sagt er später, Sätze mit einem Eigennamen des Typs „der Begriff ( )" ganz wörtlich genommen, dann werde der Gedanke, der mit einem solchen Satz ausgedrückt werden soll, „verfehlt, indem ein Gegenstand genannt wird, wo ein Begriff gemeint ist" (BG, 204). Begründet sei diese Misslichkeit darin, dass die „Natur unserer Sprache" (BG, 205) ungeeignet ist, beim Reden über Begriffe deren Wesen (ihrer Unvollständigkeit oder Ungesättigtheit) gerecht zu werden: „Wenn ich von einem Begriffe reden will, zwingt mir die Sprache mit kaum entrinnbarer Gewalt einen unpassenden Ausdruck auf, wodurch der Gedanke verdunkelt – fast könnte ich sagen – verfälscht wird." (ASB, 130).[22]

In einer unveröffentlichten Arbeit, die er offenbar etwa zur selben Zeit verfasst hat wie *Über Begriff und Gegenstand*, deutet Frege – höchst beiläufig – einen andern Lösungsansatz an. Und zwar lasse sich Satz (0) so paraphrasieren, dass er in dieser Reformulierung als wahr anerkannt werden könne (ASB, 133). Diesem zweiten Ansatz zufolge ist

(0) Der Begriff Pferd ist ein Begriff

zu paraphrasieren als

(P) Was „ξ ist ein Pferd" bezeichnet, ist ein Begriff.

Der Witz dieser Paraphrase ist, dass in dem neuen grammatischen Subjekt-Ausdruck

was „ξ ist ein Pferd" bezeichnet

kein bestimmter Artikel vorkommt. Er hat auch sonst keinerlei syntaktisches Kennzeichen eines Eigennamens an sich. Ja, dieser neue Subjekt-Ausdruck kann „allenfalls", wie Frege schreibt, als Prädikator verwendet werden (ASB, 133). Zum Beispiel in einem Satz wie

Bukephalos ist, was „ξ ist ein Pferd" bezeichnet.

---

[22] Auch an anderen Stellen kommt dies in vielerlei Formulierungen zum Ausdruck: „sprachliche Härte" (BG, 196), „Zwangslage der Sprache" (BG, 197; GG I, 8, Fn. 1), „Abweichung vom Gewöhnlichen" (BG, 197), „eigenartiges Hindernis [bei der Verständigung mit dem Leser]" (BG, 204), „Schwierigkeit" (BG, 205), „Unangemessenheit des sprachlichen Ausdrucks" (BG, 205), „großes Hindernis für den sachgemäßen Ausdruck und die Verständigung", „ungenauer Ausdruck" (WB, 151, 224).

Im paraphrasierenden Satz (P) wird eine Aussage über den Pferd-Begriff gemacht, allerdings ohne ihn explizit und in der Manier eines Eigennamens als Begriff zu bezeichnen. Der Bezug auf den Begriff ist nur mittelbar. Ein Umweg wird eingeschlagen: Es wird über sprachliche Zeichen geredet und was sie bezeichnen. Dadurch ist der Subjekt-Ausdruck in (P) syntaktisch nun so beschaffen, dass die beiden Festsetzungen (1) und (2), mit deren Hilfe das Paradox hergeleitet wurde, gar nicht ins Spiel kommen.

Gegen diese Lösungsidee liegt der Einwand nahe, der Subjekt-Ausdruck der Paraphrase, selbst wenn er auch als Prädikator verwendet werden kann, fungiere in (P) eben doch als Eigenname. Ist nicht das „Was" am Anfang von

(P) Was „ξ ist ein Pferd" bezeichnet, ist ein Begriff

ein abgekürztes „*Das, was*", und somit ein Eigenname? Wenn dem so wäre, würde das Paradox mit (P) nicht vermieden, sondern nur durch einen sprachlichen Trick verschleiert. – Wie auch immer. Diese hier als zweite aufgeführte Lösungsidee hat Frege nur in einer unveröffentlichten Arbeit und in zwei Briefen angedeutet; er hat sie nie en detail ausgeführt und kam in späteren Arbeiten nicht mehr auf sie zurück.[23]

Beide Ideen (die der Postulierung von begriffsvertretenden Gegenständen und die der Ausflucht in die Metasprache) hat Frege offenbar binnen weniger Monate des Jahres 1891 entwickelt; bald darauf waren ihm beide nicht mehr des Erwähnens wert. Aber welche erschien ihm selbst, damals 1891, am Ende als die aussichtsreichere? Es lässt sich leider nicht einmal etwas Sicheres dazu sagen, in welcher zeitlichen Reihenfolge er die beiden Texte – seine unveröffentlicht gebliebenen *Ausführungen über Sinn und Bedeutung* oder seine 1892 erschienene Ar-

---

23 Wohl aber lässt er sie in zwei Briefen an Russell im Jahre 1902 noch einmal anklingen (WB, 217f. und 224). Der erste enthält die Skizze eines technischen Lösungsvorschlags (WB, 218), der in dem Beitrag von Elias Zimmermann zu diesem Band erörtert wird. – Angesichts dessen, was Frege in diesen Briefen schreibt, ließe sich das mit (0) eigentlich Gemeinte – unter Verzicht auf das Reden über Begriffe – so ausdrücken:

„ξ ist ein Pferd" ist ein Prädikator.

Eine Ausarbeitung und Verteidigung dieser zweiten Lösungsidee findet sich bei Dummett (1981, 212–217). Nach dessen Diagnose ist der Fregesche Terminus „Begriff" nur dem Anschein nach ein echter Prädikator („ξ ist ein Begriff"). Jedoch lasse sich das, was Frege über diese Pseudo-Entitäten namens Begriff sagen möchte, logisch einwandfrei ausdrücken, ohne diesen Prädikator zu verwenden.

beit *Über Begriff und Gegenstand* – in ihre Endform gebracht hat. Die bisher gründlichste Untersuchung dieser Datierungsfrage (siehe Kienzler 2009, 360 f.) legt allerdings nahe, dass er – in der Hoffnung auf Lösung – zunächst auf die metasprachliche Lösungsidee setzte und dann erst auf die mit den begriffsvertretenden Gegenständen.

Freges Bemerkungen in den darauffolgenden 20 Jahren haben den resignativen Tenor: begriffsvergegenständlichendes Reden, wie in (0), ergebe zwar „eigentlich einen *Widerspruch* [...] oder vielleicht besser noch einen *Unsinn*" (NL, 192, Herv. AK), solcherlei Reden sei jedoch oft geradezu unvermeidbar. Weshalb man sich derlei Ausdrucksweisen, der Not gehorchend, durchgehen lassen möge. Denn „es kommt nur darauf an, zu wissen, dass man es tut, und wie es zugeht" (WB, 218). – Doch was genau hieße es denn: zu *wissen*, wie es zugeht? *Was genau* wüsste einer, der das weiß?

Dass mit seiner Begriffslehre etwas grundsätzlich im Argen sei, dass eines der drei oben genannten, paradox-auslösenden Postulate modifiziert oder gar aufgegeben werden sollte, für diese Idee findet sich in allem, was uns von Frege überliefert ist, nicht der geringste Hinweis. In einer Arbeit aus dem Jahre 1903 schließt er eine kurze Schilderung des Problems mit der trockenen Bemerkung ab: „Aber dies ist nur sprachlich" (KS, 270, Fn. 5).

Die Frage bleibt, ob die Unmöglichkeit sinnvoller Rede über Begriffe wirklich eine unabweisbare Konsequenz der Fregeschen Lehre ist. In diesem Beitrag bin ich ausschließlich der Frage nachgegangen, was dazu bei Frege selbst zu finden ist.[24]

Literatur

Dummett, Michael (1981): Frege: Philosophy of Language, 2. Aufl., London.
Heim, Irene / Kratzer, Angelika, (1998): Semantics in Generative Grammar, Blackwell Textbooks in Linguistics 13, Oxford.

---

[24] Dieses Paradox wird bis heute diskutiert, auch unter dem quasi-exegetischen Gesichtspunkt: Wie ließe es sich vermeiden, ohne Freges Begriffslehre völlig über den Haufen zu werfen? Elias Zimmermann erörtert in diesem Buch einige besonders markante Versuche, zu einer gegenüber Frege wohlmeinenden Lösung, oder ‚Auflösung', des Paradoxes zu gelangen. – Dank an Gerrit Kloss und Wolfgang Spohn, die mich auf allerlei Undeutlichkeiten in der vorletzten Fassung des Texts aufmerksam gemacht haben.

Kemmerling, Andreas (2004): Freges Begriffslehre, ohne ihr angebliches Paradox. In: Semantik und Ontologie. Beiträge zur philosophischen Forschung, hg. v. M. Siebel. Frankfurt am Main, 39–62.
Kienzler, Wolfgang (2009): Begriff und Gegenstand – Eine historische und systematische Studie zur Entwicklung von Gottlob Freges Denken, Frankfurt am Main.
Künne, Wolfgang (2010): Die Philosophische Logik Gottlob Freges, Frankfurt am Main.

Elias Zimmermann
11 Worüber man nicht sprechen kann – Das Frege-Paradox als Herausforderung für Freges Begriffslehre

Kaum eine Äußerung Freges hat eine derart umfangreiche und bis heute andauernde Debatte ausgelöst wie das sogenannte *Frege-Paradox*. Zunächst auf Freges berüchtigte und durchaus paradox anmutende Aussage bezogen, der Begriff *Pferd* sei kein Begriff, wird mit diesem Terminus heute zumeist eine tiefer liegende Irritation bezeichnet, die sich im Zusammenhang mit Freges Begriffslehre einzustellen pflegt: Nimmt man Freges diesbezügliche Auffassungen ernst, so scheint sich die zwangsläufige Konsequenz zu ergeben, dass man im Einklang mit seiner Konzeption von Bedeutung über einen zentralen Bestandteil dieser Konzeption, nämlich Begriffe, nicht sprechen kann. Wer eine Aussage über derartige Entitäten tätigen will, scheint, gemessen an Freges eigenen semantischen Kategorien, etwas Unsinniges zu versuchen. Dies ist umso misslicher, als Frege selbst bei der Erläuterung seiner Auffassungen unentwegt auf derartige Aussagen angewiesen ist.

Die Aufsätze zu dieser Thematik sind mittlerweile Legion. Einige Autoren haben eine Revision zentraler Annahmen Freges vorgeschlagen, um der eben geschilderten Misslichkeit aus dem Weg zu gehen.[1] Die Frage, wie eine solche Umgestaltung aussehen könnte und welche Anforderungen sie erfüllen sollte, soll nicht im Zentrum dieses Beitrags stehen. Vielmehr wollen wir der Frage nachgehen, welche Möglichkeiten uns Frege in seinen Schriften selbst an die Hand gibt, um mit der oben geschilderten Problematik umzugehen und inwieweit eine wirklich ernstzunehmende Schwierigkeit vorliegt. Wir werden dabei sehen, dass sich aus Freges einschlägigen Äußerungen verschiedene mögliche Lösungsansätze ergeben, die von der Literatur in unterschiedlicher Weise rezipiert wurden. Dabei wird sich ein differenziertes Bild hinsichtlich der Frage ergeben, inwieweit Freges eigene theoretische Aussagen sich innerhalb der von ihm gezogenen Grenzen sinnvoller Rede bewegen.

---

[1] Um nur einen solchen Vorschlag zu nennen: Wright (1999) plädiert dafür, die ontologische Unterscheidung zwischen Begriffen und Gegenständen aufzugeben und nur letztere ontologisch anzuerkennen. Stattdessen möchte er zwei verschiedene Arten des Bedeutens unterscheiden, die er als *reference* und *ascription* bezeichnet. Während Begriffe (neben Gegenständen) auch von Eigennamen auf die erste Art bedeutet werden könnten, könnten sie auf die zweite Art nur von Prädikaten bedeutet werden. Beides ist mit Freges Ansichten unvereinbar.

11.1 Das Frege-Paradox im engeren Sinne

Wie bereits angedeutet, bezieht sich der Ausdruck „Frege-Paradox" zunächst auf eine Aussage Freges in seinem Aufsatz *Über Begriff und Gegenstand*, in welchem er die Auffassung, dass ein Begriff niemals ein Gegenstand sein könne, gegen eine Attacke von Benno Kerry verteidigt. Wir wollen hier auf eine ausführliche Darstellung von Freges Begriffslehre verzichten und stattdessen auf den Beitrag von Andreas Kemmerling in diesem Band verweisen. An dieser Stelle seien nur einige wesentliche Punkte rekapituliert: Begriffe und Gegenstände sind für Frege grundsätzlich verschiedene Entitäten, die von syntaktischen Objekten unterschiedlicher Kategorie bezeichnet werden. Im Falle der Gegenstände sind dies *Eigennamen*, im Falle von Begriffen *Begriffswörter* (die wir im Folgenden mit dem moderneren Terminus *Prädikat* bezeichnen wollen). Das Vorliegen eines Eigennamens ist dabei für Frege unter anderem durch den bestimmten Artikel, das Vorliegen eines Prädikats durch den unbestimmten Artikel gekennzeichnet. Diese Annahmen will Kerry nun zu einem Widerspruch führen. Er argumentiert, dass Begriffe durchaus Gegenstände sein könnten, was an Beispielen wie

(1) Der Begriff *Pferd* ist ein leicht gewinnbarer Begriff.

deutlich werde, wo ein Begriff durch einen Eigennamen („der Begriff Pferd") bezeichnet wird und somit gemäß Freges eigener Doktrin ein Gegenstand sein muss. Die Abwehr dieser Attacke ist für Frege umso wichtiger, als es sich hier um einen Grundpfeiler seiner Auffassung handelt.

Freges Reaktion ist in einem gewissen Sinne erstaunlich. Er stimmt mit Kerry darin überein, dass „der Begriff Pferd" ein Eigenname ist und daher einen Gegenstand bezeichnet. Aber dieser Gegenstand, so Frege, ist nicht der Begriff, über den wir sprechen, sondern *vertritt* diesen lediglich. Wenn wir über Begriffe sprechen, nutzen wir demnach „Gegenstände ganz besonderer Art" (BG, 201), welche die eigentlichen Begriffe auf der Ebene der Bedeutung vertreten. Der Grund hierfür sei das „Bedürfnis, etwas von einem Begriffe auszusagen und dies auch in die gewöhnliche Form für solche Aussagen zu kleiden, daß nämlich die Aussage Inhalt des grammatischen Prädikats wird." Als Bedeutung des Subjekts würde man folgerichtig den Begriff erwarten. „[A]ber dieser", schreibt Frege, „kann wegen seiner prädikativen Natur nicht ohne weiteres so erscheinen, sondern muß erst in einen Gegenstand verwandelt werden, oder, genauer gesprochen, er muß durch einen Gegenstand vertreten werden, den wir mittels der vorgesetzten Worte ‚der Begriff' bezeichnen" (BG, 197). Freges Auffassungen verdichten sich in der schwer verdaulichen Feststellung:

(2)   Der Begriff *Pferd* ist kein Begriff. (BG, 196)

In ihr haben wir das Frege-Paradox im engeren Sinne vor uns (welches im Englischen auch unter der Bezeichnung *concept horse paradox* bekannt ist).

Eine genauere Lektüre von Freges Argument zeigt allerdings, dass es sich bei (2) weniger um ein Paradox als vielmehr um eine bloße Schwierigkeit der Formulierung handelt. Gemäß Freges Analyse bezeichnet ein Eigenname wie „der Begriff Pferd" einen Gegenstand, der den entsprechenden Begriff vertritt, während ein Prädikat wie „ξ ist ein leicht gewinnbarer Begriff" für einen Begriff erster Stufe steht, welcher auf einen Gegenstand genau dann zutrifft, wenn dieser einen leicht gewinnbaren Begriff vertritt. Dies wird auch an Freges Behandlung weiterer Beispiele in BG deutlich, wie etwa „Der Begriff Mensch ist nicht leer" und

(3)   Der Begriff *Quadratwurzel aus 4* ist erfüllt.

Beide Aussagen scheint Frege als wahr anzusehen. Dabei bezeichnet für ihn „ξ ist nicht leer" bzw. „ξ ist erfüllt" einen Begriff erster Stufe, der auf einen Vertretergegenstand genau dann zutrifft, wenn unter den vertretenen Begriff mindestens ein Gegenstand fällt. (Mögliche Interpretationen solcher Vertretergegenstände, etwa als Begriffsumfänge, werden wir weiter unten diskutieren.) Bleiben wir bei dieser Analyse, dann sollte ein Prädikat wie „ξ ist ein Begriff" für einen Begriff stehen, welcher auf einen Gegenstand genau dann zutrifft, wenn dieser einen Begriff vertritt. Das würde aber bedeuten, dass nach Freges Auffassung der Satz „Der Begriff Pferd ist ein Begriff" wahr und der Satz „Der Begriff Pferd ist kein Begriff" falsch wäre. Frege hätte also konsistenterweise sagen müssen:

(2´)   Der Begriff *Pferd* ist ein Begriff.

Hierauf weisen bereits Hugly (1973) und Parsons (1986) hin. Parsons (1986, 454) erklärt diese anscheinende Inkonsistenz in Freges Argumentation damit, dass Freges Rede im Subjekt formal (d. h. an der tatsächlichen Bedeutung orientiert) und im Prädikat informell (d. h. an der intendierten Bedeutung orientiert) sei. Eine andere Erklärung mag darin gesehen werden, dass Frege das Wort „Begriff" in seinem Satz auf zwei verschiedene Weisen verwendet. Einmal so, wie es Kerry in Aussagen wie (1) benutzt, und einmal so, wie er es selbst in seinen Schriften gebraucht. In jedem Fall scheint die paradoxale Anmutung von (2) weniger der Sache als der Formulierung geschuldet.

Die Kontroverse zwischen Frege und Kerry verweist allerdings auf ein grundlegendes Problem der fregeschen Konzeption von Begriffen: Wenn wir mit Eigennamen nur auf Gegenstände Bezug nehmen können, in Sätzen aber stets nur

Eigennamen die Aufgabe des Subjekts erfüllen, wie können wir dann überhaupt etwas über höherstufige semantische Entitäten wie Begriffe aussagen? Auf diese Frage versucht Frege in seinem Aufsatz eine Antwort zu geben. Er war sich dabei des Irritationspotentials seiner Auffassung sehr wohl bewusst. Würden Aussagen wie (1) oder (3) ganz wörtlich genommen, dann werde, so Frege, der Gedanke, der mit ihnen ausgedrückt werden soll, „verfehlt, indem ein Gegenstand genannt wird, wo ein Begriff gemeint ist" (BG, 204). In dem etwa zur selben Zeit entstandenen unveröffentlichten Aufsatz *Ausführungen über Sinn und Bedeutung* wird er noch deutlicher: „Wenn ich", so schreibt er dort, „von einem Begriffe reden will, zwingt mir die Sprache mit kaum entrinnbarer Gewalt einen unpassenden Ausdruck auf, wodurch der Gedanke verdunkelt – fast könnte ich sagen verfälscht – wird." (ASB, 130) An einer anderen Stelle schlägt er vor, auf Ausdrücke wie „die Bedeutung des Begriffswortes A" ganz zu verzichten und stattdessen einen Ausdruck wie „was das Begriffswort A bedeutet" zu verwenden. Da letzterer auch prädikativ gebraucht werden könne, würde er die prädikative Natur des Begriffs nicht verleugnen (ASB, 133).[2] Um die mit dem Frege-Paradox verbundene Problematik besser zu verstehen, müssen wir uns zunächst auf eine formalere Ebene begeben – eine Ebene, die gerade Frege für die Sprachphilosophie in besonderem Maße fruchtbar gemacht und deren Bedeutung er vielfach betont hat. Dabei wird deutlich werden, dass das Problem auf einer formalen Konstruktionsschwierigkeit beruht, welche eng mit Freges zentralen semantischen und ontologischen Annahmen verbunden ist. Dies wird es uns ermöglichen, die von Frege und späteren Autoren vorgeschlagenen Lösungsansätze genauer zu verstehen und auf ihre Brauchbarkeit zu prüfen.

11.2 Die Begriffsschrift

Frege war deutlich bewusst, welche Fallen die natürliche Sprache bereithält, wenn man sie logisch analysieren will, und wie oft die grammatische Oberfläche einer sinnvollen semantischen Strukturierung entgegensteht. „Ist es doch nicht eine der geringsten Aufgaben des Logikers", so schreibt er, „auf die Fallstricke hinzuweisen, die von der Sprache dem Denkenden gelegt werden". Denn die Sprachen

---

[2] Dieser Vorschlag wurde später von Dummett (1973, 211ff.) aufgegriffen, erscheint aber nicht unproblematisch, da hier derselbe Ausdruck je nach seiner Position im Satz sowohl einen Eigennamen als auch einen Begriff bezeichnen können soll, was Freges Auffassungen fundamental widerspricht. Frege kam auf diesen nur beiläufig gemachten Vorschlag nie wieder zurück.

seien in logischen Fragen unzuverlässig (KS, 370). Die Zusammensetzung der Wörter entspreche dem Bau der Begriffe nur unvollständig (NL, 13).

Um sich von diesen Unwägbarkeiten der natürlichen Sprache zu befreien, hat Frege die Begriffsschrift, „eine Formelsprache des reinen Denkens", ersonnen, auf die er auch in seiner Sprachphilosophie an zentralen Stellen immer wieder Bezug nimmt. Frege entwickelt sie in seinem gleichnamigen Werk und verwendet sie umfangreich in seiner Grundlagenschrift *Grundgesetze der Arithmetik*, in welcher er auch noch zahlreiche Ergänzungen und Modifikationen vornimmt. Eine implizite Annahme Freges ist dabei, dass sich jede Aussage begriffsschriftlich darstellen lassen sollte, sofern alle ihre Bestandteile eine Bedeutung und damit der in ihr ausgedrückte Gedanke einen Wahrheitswert haben. Der Inhalt solle hierbei genauer als durch die Wortsprache wiedergegeben werden (NL, 13). Dies betrifft nicht zuletzt die Aussagen der Philosophie. In Antizipation eines berühmt gewordenen Diktums Wittgensteins schreibt Frege im Vorwort zur *Begriffsschrift*: „Wenn es eine Aufgabe der Philosophie ist, die Herrschaft des Wortes über den menschlichen Geist zu brechen, indem sie die Täuschungen aufdeckt, die durch den Sprachgebrauch über die Beziehungen der Begriffe oft fast unvermeidlich entstehen [...], so wird meine Begriffsschrift, für diese Zwecke weiter ausgebildet, den Philosophen ein brauchbares Werkzeug werden können." (BS, VI)

Wir wollen uns hier auf die Wiedergabe einiger Grundideen der *Begriffsschrift* beschränken.[3] In Freges Formalismus werden Funktionen immer durch syntaktische Objekte mit Leerstellen, die sogenannten Funktionsnamen, bezeichnet, welche wir im Folgenden durch Großbuchstaben F, G, H, ... andeuten werden, Gegenstände hingegen durch syntaktische Objekte ohne Leerstellen, die Eigennamen, für die wir im Folgenden die Kleinbuchstaben a, b, c, ... verwenden wollen. Eine erststufige Funktion wird dabei durch einen Funktionsnamen der Gestalt $F(\xi)$[4] bezeichnet, wobei ξ eine Leerstelle markiert, die durch einen Eigennamen ausgefüllt werden muss, damit eine gesättigte syntaktische Entität in Form eines komplexen Eigennamens entsteht. So wird etwa ein erststufiger Begriff – als eine Funktion, die Gegenständen Wahrheitswerte zuweist – durch einen Funktionsnamen bezeichnet, welcher den Eigennamen eines Wahrheitswerts, d. h. einen Satz, ergibt, wenn wir

---

3 Für eine umfassende Darstellung der *Begriffsschrift* und des korrespondierenden logischen Kalküls, welcher den Grundstein der modernen Prädikatenlogik gelegt hat, siehe Kutschera 1989. Wir verwenden hier eine modernisierte, an die standardisierte Prädikatenlogik angelehnte Notation.
4 Um die Lesbarkeit zu erhöhen, machen wir von der üblichen Konvention Gebrauch, mit $F(\xi)$ etwas unpräzise sowohl eine Funktion als auch einen Funktionsnamen zu bezeichnen. Durch den Kontext sollte stets klar sein, was jeweils gemeint ist. Wir werden von der entsprechenden Konvention auch bei allen anderen Typen formaler Ausdrücke Gebrauch machen.

für ζ einen Eigennamen einsetzen. Einen solchen Funktionsnamen nennen wir im Folgenden Prädikat.

Ohne weiteren Zusatz ist mit „erststufiger Funktion" immer eine einstellige Funktion erster Stufe gemeint. Natürlich gibt es auch mehrstellige Funktionen bei Frege. Eine zweistellige (erststufige) Funktion, deren Werte Wahrheitswerte sind, nennt Frege eine *Beziehung* – wir werden im Folgenden die modernere Bezeichnung *Relation* verwenden. Für die Logik von besonderer Bedeutung sind die logischen Junktoren $\neg \xi$ (Negation) und $\xi \rightarrow \zeta$ (Implikation), die Frege als Begriff bzw. Relation erster Stufe konzipiert. So liefert uns etwa die Negation das Falsche, wenn wir als Argument das Wahre nehmen und das Wahre für jedes andere Argument. Die Implikation liefert das Falsche, wenn wir als ξ-Argument das Wahre und als ζ-Argument irgendeinen Gegenstand nehmen, der nicht das Wahre ist, und ansonsten das Wahre. Die restlichen Junktoren $\xi \wedge \zeta$ (Konjunktion), $\xi \vee \zeta$ (Disjunktion) und $\xi \leftrightarrow \zeta$ (Äquivalenz) lassen sich auf die übliche Weise durch Negation und Äquivalenz definieren.

Wie bereits angedeutet, kennt Freges Semantik nicht nur erststufige Funktionen und Begriffe. Vielmehr gibt es Funktionen (und damit Begriffe) beliebig hoher Stufe und sogar gemischtstufige Funktionen. Von besonderer Bedeutung sind bei Frege die zweistufigen Funktionen, insbesondere die zweistufigen Begriffe, welche erststufigen Funktionen Wahrheitswerte zuordnen. Die Bezeichnung einer zweistufigen Funktion hat dabei die syntaktische Gestalt $Fx \, \Phi(x)$, wobei Φ die Stelle bezeichnet, in die ein Funktionsname erster Stufe einzusetzen ist, und x eine sogenannte gebundene Variable, welche die Leerstelle dieses Begriffs „ausfüllt". Auf diese Weise entsteht ein gesättigter Ausdruck, d. h. ein Eigenname, wenn wir Φ durch einen erststufigen Funktionsnamen ersetzen – obwohl wir damit einen ungesättigten Ausdruck in einen anderen ungesättigten Ausdruck einsetzen!

Die wohl wichtigsten Beispiele zweistufiger Begriffe bei Frege sind die von ihm in die Logik eingeführten Quantoren. Der Allquantor $\forall x \, \Phi(x)$ ergibt dabei für einen Begriff $P(\xi)$ als Argument das Wahre genau dann, wenn $P(\xi)$ auf alle Gegenstände zutrifft. Mithilfe der Negation erhält man aus dem Allquantor den Existenzquantor $\exists x \, \Phi(x)$, der für einen Begriff als Argument das Wahre genau dann ergibt, wenn dieser auf mindestens einen Gegenstand zutrifft. Daneben kommen auch gemischtstufige Funktionen vor. Diese sind mehrstellig. Eine solche Funktion kann zum Beispiel die Form $Fx(\Phi(x), \xi)$ haben, wobei in die erste Stelle ein Funktionsname erster Stufe einzusetzen ist und in die zweite ein Eigenname. Ein Beispiel wäre der mathematische Ableitungsoperator, welcher einer geeigneten mathematischen Funktion $F(\xi)$ und einer gegebenen Zahl t, an welcher $F(\xi)$ differenzierbar ist, die Ableitung von $F(\xi)$ bei t zuweist.

11.3 Aussagen über Begriffe

Wir wollen nun versuchen, das dem Frege-Paradox zugrundeliegende Problem etwas formaler zu fassen. Folgt man der grammatikalischen Struktur, so liegt es nahe, Aussagen wie (1) oder (3) so zu analysieren, dass ein Begriff erster Stufe von einem Gegenstand ausgesagt wird. Diese Sätze hätten demzufolge die logische Form P(a), wobei P(ξ) ein erststufiger Begriff und a ein Gegenstand ist und P(a) den (wahren) Gedanken ausdrücken soll, dass a ein leicht gewinnbarer bzw. nicht leerer Begriff ist. Dies stellt uns allerdings vor ein Problem: Setzen wir in P(ξ) nämlich den Namen irgendeines Gegenstandes ein, so sollte sich gemäß der intendierten Bedeutung von P(ξ) ein falscher Satz ergeben. Setzen wir aber ein Prädikat erster Stufe ein, so kann sich kein wahrer Satz ergeben. Vielmehr ist das Ergebnis gar kein Satz, sondern ein ungesättigter syntaktischer Ausdruck.[5] Ein solcher Ausdruck kann aber keinen Gedanken ausdrücken, denn für Frege kann ein solcher nur als Sinn eines Satzes auftreten. Wir scheinen somit keine adäquate formale Entsprechung für derartige Aussagen zu haben.

Denken wir von diesem Befund aus weiter, so müssen wir uns fragen, wie wir überhaupt irgendetwas über Begriffe aussagen können, ohne in eine ähnliche Schwierigkeit zu geraten. Denn natürlichsprachliche Aussagen über solche Entitäten (wie sie Frege selbst an vielen Stellen tätigt) sehen oberflächlich in den allermeisten Fällen genauso aus wie die eben diskutierten Beispiele – ein Begriff erster Stufe scheint von einem Gegenstand ausgesagt zu werden. Damit befinden wir uns aber in derselben misslichen Lage. Ein formaler Ausdruck dessen, was wir sagen wollen, scheint unmöglich.

Dies ist die formale Seite des Frege-Paradoxons. Dass die oberflächliche Struktur der Sprache uns hier Probleme bereitet, war Frege mehr als bewusst. Einige in diese Richtung zielende Bemerkungen haben wir oben schon angeführt. Bereits in *Über Begriff und Gegenstand* spricht er von „unvermeidbarer sprachlicher Härte" (BG, 196) und von einer „Zwangslage", in welcher die Sprache sich hier befinde (BG, 197). Der Ausdruck verfehle den Gedanken, „indem ein Gegenstand genannt wird, wo ein Begriff gemeint ist" (BG, 204). Letzteres sei in der „Natur unserer Sprache begründet" (BG, 205). Eine sehr genaue Schilderung der eben skizzierten Problematik findet sich auch in einem unveröffentlichten Aufsatz Freges über Schönflies' *Paradoxien der Mengenlehre*, in welcher Frege von einer „Ungenauigkeit" spricht, zu der uns die Sprache nötige und die uns den Einblick in das Wesen der Sache verbaue. „Die Sprache", so schreibt er, „stempelt so

---

[5] Streng genommen darf man nach den in den *Grundgesetzen* festgelegten Regeln auch gar kein erststufiges Prädikat direkt in ein erststufiges Prädikat einsetzen (GG I §§ 26–30).

einen Begriff zu einem Gegenstande, indem sie seine Bezeichnung nur als Eigennamen in ihr grammatisches Bauwerk einzufügen weiß." Damit fordere sie einen „Widerspruch, da kein Eigenname einen Begriff bezeichnen kann, oder vielleicht besser noch einen Unsinn" (NL, 192).

11.4 Sprachlosigkeit?

Die geschilderten Schwierigkeiten wurden von einigen Autoren zum Anlass genommen, die Möglichkeit eines Sprechens über Begriffe im Einklang mit Freges semantischen Annahmen schlechthin zu bestreiten. Begriffe, Funktionen sowie Eigenschaften von und Relationen zwischen ihnen werden samt und sonders in den Bereich des Unausdrückbaren oder Übersprachlichen verwiesen. Die Ähnlichkeit mit der Auffassung, die Wittgenstein am Ende des *Tractatus* präsentiert, ist unübersehbar. Die Kernidee ist die folgende: Nachdem wir auf der Basis gewisser philosophischer (insbesondere logischer, semantischer und ontologischer) Grundannahmen ein Verfahren entwickelt haben, um den Sinn von Sätzen der gewöhnlichen Sprache in einer formalen Sprache präzise auszudrücken, bemerken wir, dass sich die Grundannahmen (oder zumindest einige von ihnen) selbst nicht in dieser Weise ausdrücken lassen. Wird nun mit der formalen Sprache der Anspruch verbunden, dass sich in ihr jede sinnvolle und wahrheitswertfähige Aussage zum Ausdruck bringen lasse, so müssen wir im Nachhinein eingestehen, dass unsere Grundannahmen diesen Test nicht bestehen und daher strenggenommen Unsinn sind. Bestenfalls lässt sich ihnen eine Art didaktischer Wert zubilligen: als Demonstrationsobjekt beim Erlernen des richtigen Übersetzens von gewöhnlicher in formale Sprache.

In Bezug auf Frege wurde ein solcher Ansatz prominent von Geach vertreten. In seinem einschlägigen Aufsatz von 1976 schreibt er: „Frege already held, and his philosophy would oblige him to hold, that there are logical category-distinctions which will clearly show themselves in a well-constructed formalized language, but which cannot properly be asserted in language; the sentences in which we seek to convey them in the vernacular are logically improper and admit of no translation into well-formed formulas of symbolic logic" (Geach 1976, 55). Dabei bezieht sich Geach vor allem auf Aussagen, welche Unterschiede logischer Typen involvieren, also etwa die Nicht-Identität von Entitäten unterschiedlicher Stufe zum Gegenstand haben. Ein Beispiel für eine solche Aussage wäre etwa der Satz

(4)   Der Begriff *Quadratwurzel aus 4* ist nicht identisch mit der Zahl 2.

Der Grund, dass solche Aussagen in Freges Formalismus nicht ausdrückbar sind, liegt für Geach in der Tatsache, dass es die Begriffsschrift nicht erlaubt, ein Prädikat in die Leerstelle eines Prädikats gleicher Stufe einzusetzen, ohne dass das Ergebnis ungesättigt und damit kein Satz wäre. Er stellt also auf jene grundlegende Beobachtung ab, die wir im vorangehenden Abschnitt bereits als dasjenige Phänomen identifiziert haben, welches dem Frege-Paradox und den mit ihm verbundenen Problemen insgesamt zugrunde liegt.

Wie wir gesehen haben, ist jene Beobachtung allerdings nicht auf Aussagen des obigen Typs beschränkt; sie trifft vielmehr auf alle naiven Versuche zu, etwas von Begriffen auszusagen. Geach scheint daher darauf festgelegt, jedwede Aussagen über solche Entitäten für nicht formalisierbar zu halten. Ob Geach das tatsächlich vertreten hat, ist fraglich.[6] Eine solche Position wäre sicherlich die radikalste, die man in Bezug auf das Frege-Paradox einnehmen kann, und sie wird sich, wie wir sehen werden, als nicht haltbar erweisen. Sie läuft letztlich darauf hinaus, dass gar keine sinnvolle Rede über Begriffe und Funktionen möglich ist. Das führt dann zwangsläufig dazu, dass einem beträchtlichen Teil der fregeschen Theorie eine Bedeutung im eigentlichen Sinne abgesprochen werden muss. Insbesondere betrifft dies alle Passagen, in denen Frege selbst über den Unterschied zwischen Begriff und Gegenstand, die prädikative Natur des Begriffs, die Ungesättigtheit von Begriffswörtern und ähnliches spricht – und damit den eigentlichen Kern der fregeschen Theorie.

Freilich muss festgehalten werden, dass man derartigen Aussagen deswegen keineswegs jede Berechtigung absprechen muss. Auch Geach hält die von ihm entsprechend eingeschätzten Aussagen, obzwar für unkonstruierbar, weder für überflüssig noch nutzlos. Ihr Nutzen besteht für ihn darin, dass mit ihrer Hilfe ein Beherrschen der formalisierten Sprache erreicht werden kann (Geach 1976, 55). Ihnen kommt also eine didaktische Funktion beim Erlernen der formalen Sprache zu. Auch dies erinnert stark an Wittgensteins berüchtigte Wendung am Ende des *Tractatus*, wonach man die Leiter wegwerfen müsse, nachdem man auf ihr hochgestiegen sei. Mit der Leiter sind dabei bekanntlich Wittgensteins eigene Sätze gemeint, die derjenige als unsinnig erkennt, welcher verstanden hat, was ihre Aufgabe ist.[7] Freilich sieht sich eine derart radikale Position allen Schwierigkeiten gegenüber, denen die Sagen-Zeigen-Dichotomie allgemein ausgesetzt ist. Neben methodologischen Bedenken wurde gegen eine solche Unterscheidung häufig der Einwand erhoben, dass derjenige, der seine eigene Theorie für unsinnig erklärt, eine Form von

---

6 Zweifel daran legt etwa die Lektüre von Anscombe / Geach (1961) nahe, wo eine deutlich differenziertere Position eingenommen wird.
7 Für eine Diskussion des Einflusses von Frege auf Wittgenstein siehe etwa Proops 2013.

pragmatischem Widerspruch produziere: Wenn wir nicht darüber sprechen können, wie sprachliche Ausdrücke funktionieren, so können wir auch nicht darüber sprechen, was sinnvoll und was unsinnig ist. Die Aussage, gewisse Einsichten in die Natur der Sprache entzögen sich einem sprachlichen Ausdruck, untergrabe sich damit gewissermaßen selbst.

Wir wollen auf diese Argumente hier nicht weiter eingehen und sie getrost der umfangreichen Debatte über die Sagen-Zeigen-Dichotomie überlassen. In Bezug auf das Frege-Paradox wird sich eine derartige Auffassung jedenfalls als unnötig radikal und unfregesch erweisen. Wie wir sehen werden, lässt sich ein beträchtlicher Teil der Aussagen über Begriffe in Freges Formalismus rekonstruieren. Allerdings wird sich auch herausstellen, dass Geach hinsichtlich solcher Aussagen, die logisch kategoriale Unterscheidungen beinhalten, durchaus einige Argumente auf seiner Seite hat. Wir werden also zu einer differenzierten Betrachtung kommen müssen.

11.5 Vertreter-Gegenstände

Zunächst wollen wir uns aber mit Freges eigener Lösung in *Über Begriff und Gegenstand*, dem Locus classicus des Frege-Paradoxes, beschäftigen, die wir weiter oben schon skizziert haben. Freges Vorschlag bestand darin, eine Aussage wie (1) so zu analysieren, dass ein Begriff erster Stufe von einem Gegenstand ausgesagt wird. Ersterer wird durch das Prädikat „ξ ist ein leicht gewinnbarer Begriff", letzterer durch den Eigennamen „der Begriff Pferd" bezeichnet. Um eine Übersetzung in die Begriffsschrift möglichst einfach zu gestalten, wollen wir im Folgenden anstatt des Satzes (1) den Satz (3), Freges drittes Beispiel in *Begriff und Gegenstand*, betrachten. Wollen wir Freges Strategie anwenden, um einen solchen Satz zu analysieren, d. h. in der Begriffsschrift darzustellen, müssen wir einen Gegenstand finden, welcher den Begriff „Quadratwurzel aus 4" vertritt sowie einen Begriff, welcher auf einen solchen Gegenstand genau dann zutrifft, wenn der von ihm vertretene Begriff erfüllt ist, d. h. mindestens ein Gegenstand unter ihn fällt.

Als Kandidat für Ersteres bietet sich ein Gegenstand an, dem in der fregeschen Semantik ohnehin eine bedeutende Rolle zukommt: der *Begriffsumfang*, d. h. die Klasse aller Gegenstände, die unter einen Begriff fallen.[8] Der Umfang des Begriffs „Quadratwurzel aus 4" enthält also die Zahlen 2 und −2. Um auf den Umfang eines Begriffs zugreifen zu können, führt Frege eine Funktion zweiter Stufe ein, die er mit $\dot{\varepsilon}\Phi(\varepsilon)$ bezeichnet. Der Spiritus lenis funktioniert dabei ähnlich wie die Quanto-

---

8 Formal führt Frege den Begriffsumfang in den *Grundgesetzen* etwas anders ein, nämlich als Wertverlauf eines Begriffs (GG I, § 3). Dies ist aber zu der hier gegebenen Definition äquivalent.

renzeichen, das ε fungiert als gebundene Variable. Setzen wir einen Begriff P(ξ) erster Stufe ein, etwa $\xi^2 = 4$, so erhalten wir dessen Umfang $\dot{\varepsilon}P(\varepsilon)$, in diesem Fall $\dot{\varepsilon}(\varepsilon^2 = 4)$. Unter Benutzung der Elementrelation $\xi \in \zeta$ (die Frege formal in § 34 des ersten Bandes der *Grundgesetze* definiert) und des Existenzquantors lässt sich nun auch das gesuchte Prädikat leicht angeben: es nimmt die Gestalt $\exists x\, x \in \xi$ an. Damit ergibt sich als Formalisierung von (3) der Satz $\exists x\, x \in \dot{\varepsilon}(\varepsilon^2 = 4)$. Man beachte, dass hierbei in der Tat ein Eigenname, nämlich $\dot{\varepsilon}(\varepsilon^2 = 4)$, in ein Prädikat erster Stufe eingesetzt und damit ein Begriff erster Stufe von einem Gegenstand ausgesagt wird. Wir haben somit (3) in einer Weise analysiert, die Freges Vorstellung sehr nahe zu kommen scheint.

Freilich lässt sich dieses Schema auch auf andere Aussagen über Begriffe anwenden. So ließe sich etwa die Aussage, dass zwei Begriffe P(ξ) und Q(ζ) zusammenfallen, d. h. für alle Argumente denselben Wert haben, durch $\dot{\varepsilon}P(\varepsilon) = \dot{\alpha}\,Q(\alpha)$ formalisieren. Von dieser Möglichkeit macht Frege in den *Grundgesetzen* tatsächlich vielfach Gebrauch. Auch ein Prädikat wie „ξ ist ein Begriff" lässt sich nun leicht in die Begriffsschrift übersetzen, etwa als $\exists \Phi\, \xi = \dot{\alpha}\Phi(\alpha)$. Ein Satz wie

(2′)   Der Begriff „Quadratwurzel aus 4" ist ein Begriff.

würde dann in der formalen Übersetzung zu $\exists \Phi\, \dot{\varepsilon}(\varepsilon^2 = 4) = \dot{\alpha}\Phi(\alpha)$. Die Nicht-Identität von Begriffen und Gegenständen scheinen wir mithilfe der üblichen Identitätsrelation ebenfalls ausdrücken zu können. Ein Satz wie (4) würde demgemäß formal durch den Ausdruck $\neg\, \dot{\varepsilon}(\varepsilon^2 = 4) = 2$ wiedergegeben werden.

Insgesamt scheint also mit dem Rückgriff auf Begriffsumfänge und Werteverläufe eine befriedigende Explikation des Ansatzes der Vertretergegenstände möglich. Interessanterweise hat sich Frege selbst nie explizit zu der Frage geäußert, welche Gegenstände als Begriffsvertreter infrage kommen. Obwohl Begriffsumfänge, die einen kanonischen Platz in seiner Ontologie einnehmen, als eine naheliegende Wahl für solche Gegenstände erscheinen, begnügt er sich lediglich mit der etwas kryptischen Feststellung, es handele sich dabei um „Gegenstände ganz besonderer Art" (BG, 201). Und obwohl er in den *Grundgesetzen* selbst eine allgemeine Methode einführt, wie man Aussagen über Begriffe in Aussagen über Wertverläufe übersetzen kann (GG I, §§ 34–37), die im Wesentlichen der eben erläuterten Methode entspricht, deuten seine Ausführungen in *Über Begriff und Gegenstand* nicht in die Richtung, dass er Vertretergegenstände mit Begriffsumfängen identifizieren wollte. Über den Grund für diese Zurückhaltung kann nur spekuliert werden.[9]

---

9 Für eine umfassende Diskussion der Zulässigkeit einer Identifizierung von Freges Vertretergegenständen mit Begriffsumfängen siehe Schirn (1990) und Ruffino (2000), welche entgegengesetzte

Ein Problem des Vertreteransatzes wird allerdings deutlich, wenn wir Aussagen betrachten, die den Unterschied von Begriffen und Vertretergegenständen selbst thematisieren, wie etwa

(4´) Der Begriff *Quadratwurzel aus 4* ist nicht identisch mit seinem Umfang.

Frege würde dieser Aussage unzweifelhaft zustimmen. Verwenden wir hier dieselbe Strategie, mit der wir (4) analysiert haben, so ergibt sich als Übersetzung die Kontradiktion $\neg(\dot{\varepsilon}(\varepsilon^2 = 4) = \dot{\alpha}(\alpha^2 = 4))$. Es ist aber auch nicht ersichtlich, wie wir eine solche Aussage sonst analysieren sollten. Da der Begriff in der logischen Analyse stets als Vertretergegenstand erscheint, scheinen wir keine Möglichkeit zu haben, einen Unterschied zu diesem formal auszudrücken. Diese Misslichkeit tritt auch unabhängig davon auf, welche Gegenstände wir als Vertretergegenstände verwenden. Obwohl wir also mit dem Vertreter-Ansatz einige Aussagen über Begriffe gut formalisieren können, scheint der Ansatz zu versagen, wenn wir über Vertretergegenstände selbst sprechen wollen. Liebesman (2015, 536) weist hierauf als generelles Problem von Ansätzen hin, die über Begriffe mithilfe von vertretenden Gegenständen sprechen wollen.

Darüber hinaus begegnet der Ansatz einem weiteren schwerwiegenden Einwand. Wie Parsons (1986) anmerkt, führt die Annahme einer eineindeutigen Korrespondenz zwischen der Klasse der Begriffe und einer Klasse von Vertretergegenständen zu einer Antinomie. Für Umfänge als Vertretergegenstände wird eine solche Korrespondenz gerade durch das Gesetz V in den *Grundgesetzen* postuliert. Es besagt, dass zwei Begriffe erster Stufe genau dann zusammenfallen, d. h. auf dieselben Gegenstände zutreffen, wenn die entsprechenden Begriffsumfänge übereinstimmen. Wie Russell als Erster festgestellt hat, lässt sich daraus eine Antinomie ableiten, die letztlich Freges logizistisches Programm zum Einsturz gebracht hat. Dazu betrachtet man den *Russellbegriff*, welcher auf einen Gegenstand genau dann zutrifft, wenn dieser ein Begriffsumfang ist und der entsprechende Begriff auf den Gegenstand nicht zutrifft. Aufgrund des Grundgesetzes V ist dieser Begriff wohldefiniert. Fragen wir uns nun, ob der Russellbegriff auf seinen eigenen Umfang zutrifft, so erhalten wir eine Antinomie. Ist dies nämlich der Fall, dann können wir leicht ableiten, dass der Russellbegriff auf seinen Umfang nicht zutreffen kann. Ist das Gegenteil der Fall, so können wir hingegen ableiten, dass der Russellbegriff auf seinen Umfang zutreffen muss. Wir erhalten also in jedem Fall einen Widerspruch, was uns zu dem Schluss

---

Positionen in dieser Frage einnehmen. Rheinwald (1997) schlägt stattdessen eine Identifizierung des Vertretergegenstandes eines Begriffs mit dem Sinn des entsprechenden Prädikats vor. Den Sinn eines Prädikats als Gegenstand anzusehen, scheint aber mit Freges Auffassungen schwerlich vereinbar.

zwingt, dass es eine solche Korrespondenz zwischen Begriffen und Begriffsumfängen nicht geben kann. In seinem als Reaktion auf Russells Entdeckung verfassten Nachwort zum zweiten Band der *Grundgesetze* gibt Frege nicht nur eine formale Ableitung dieser Antinomie, sondern beweist sogar, dass es keine Funktion zweiter Stufe geben kann, welche die Begriffe erster Stufe eineindeutig auf eine Klasse von Gegenständen abbildet (GG II, 256 ff.), wie es der Ansatz der Vertretergegenstände vorsehen würde. Das Konzept der Vertretergegenstände lässt sich also in Freges System nicht konsistent durchführen.

Aufgrund des Grundgesetzes V ist Freges System natürlich ohnehin von einer derartigen Antinomie betroffen. In dieser Hinsicht muss Freges Begriffslehre also so oder so einer Modifikation unterzogen werden, wenn man sie weiter ernst nehmen will. Der klassische – von Russell beschrittene – Ansatz ist eine typentheoretische Stratifikation der fregeschen Ontologie, die im Wesentlichen darauf hinausläuft, dass semantische Entitäten höheren Typs nur aus semantischen Entitäten niedrigeren Typs aufgebaut sein können, wodurch Antinomien der obigen Form vermieden werden. Modernere Ansätze zu diesem Problemkreis finden sich heute zumeist unter dem Stichwort *Neo-Logizismus* wieder und zeigen insgesamt, dass eine Vermeidung der Russell-Antinomie unter Bewahrung anderer zentrale Prinzipien des fregeschen Programms möglich ist.

Zusammenfassend erscheint Freges Vorschlag in *Begriff und Gegenstand* unter Verwendung von Begriffsumfängen also nur gangbar um den Preis einer umfassenden Umgestaltung der fregeschen Ontologie – die jedoch ohnehin in der ein oder anderen Form vorgenommen werden muss, wenn man Freges Lehre vor Russells Antinomie bewahren möchte. Auch dann müsste natürlich der Ansatz der Vertretergegenstände in dem jeweiligen Rahmen erst ausbuchstabiert werden. Wie wir allerdings sehen werden, ist ein Konstrukt wie das der Vertretergegenstände in den meisten Fällen gar nicht nötig, um in der Begriffsschrift über Begriffe zu sprechen.

11.6 Höherstufige Prädikate

Wie wir bereits gesehen haben, besteht das Problem beim Frege-Paradox auf formaler Seite darin, dass wir ein Prädikat erster Stufe nicht in ein Prädikat erster Stufe einsetzen können, ohne dass in dem entstehenden Ausdruck eine Leerstelle verbliebe und dieser somit ungesättigt wäre. Auf diese Weise kann also der Gedanke, den wir mit einer Aussage wie (3) verbinden, nicht ausgedrückt werden, denn ein Gedanke ist für Frege der Sinn eines Satzes. Der Vertreter-Ansatz möchte dieses Problem lösen, indem er dem Begriff einen vertretenden Gegenstand zuweist, dessen Eigennamen dann problemlos in ein Prädikat erster Stufe eingesetzt werden kann. Wir haben gesehen, dass die Durchführung dieses Ansatzes ernsthafte Probleme mit sich bringt. Insbesondere führt sie uns ohne zusätzliche Modifikation von Freges Annahmen in eine Antinomie.

Eine ganz andere (und für Frege eigentlich sehr viel näher liegende) Strategie besteht darin, die Eigenschaft, die wir von einem Begriff aussagen wollen, durch einen höherstufigen Begriff zu formalisieren. Wollen wir etwas von einem erststufigen Begriff aussagen, so müssen wir das demgemäß durch einen zweitstufigen Begriff tun. In dessen Ausdruck können wir unser Prädikat problemlos einsetzen, da die zweitstufigen Prädikate ja gerade so konstruiert sind, dass sie die Leerstelle ihrer Argumente durch eine gebundene Variable ausfüllen. Betrachten wir hierzu wieder die Eigenschaft eines Begriffs, erfüllt zu sein. Suchen wir ein höherstufiges Prädikat, das diese Eigenschaft ausdrückt, so bietet sich ganz selbstverständlich der Existenzquantor an. Als Formalisierung des Gedankens, dass der Begriff *Quadratwurzel aus 4* erfüllt sei, erhielten wir dann einfach den Satz $\exists x: x^2 = 4$.

Diese Strategie lässt sich selbstverständlich auch auf andere Eigenschaften von oder Relationen zwischen Begriffen anwenden. So könnte etwa die Fallen-unter-Relation durch $\Phi(\xi)$ dargestellt werden, wobei ξ die Argumentstelle eines Eigennamens und Φ die Argumentstelle eines Funktionsnamens (erster Stufe) bezeichnet. Die Relation der Unterordnung von Begriffen ließe sich dagegen durch

$$\forall x \, \Phi(x) \to \Psi(x)$$

formalisieren, wobei Φ und Ψ Leerstellen für Funktionsnamen erster Stufe bezeichnen. Tatsächlich schlägt Frege bereits in den *Grundgesetzen* genau diese Konstruktionen vor, um die entsprechenden Eigenschaften von Begriffen formal auszudrücken (GG I, § 22). Das Phänomen, dass Ausdrücke mit Leerstellen in andere ungesättigte Ausdrücke eingesetzt werden und dennoch ein gesättigter Ausdruck entsteht, ist für Frege eine der natürlichsten Erscheinungen. Alle Begriffe zweiter Stufe, insbesondere die von ihm in den logischen Symbolismus eingeführten Quantoren, haben genau diese Eigenschaft. In diesem Lichte scheinen wir nun auch eine sehr natürliche Möglichkeit gefunden zu haben, einen Satz wie (2′) in der Begriffsschrift auszudrücken. Was wir dazu benötigen, ist ein Begriff zweiter Stufe, der jedem Begriff erster Stufe das Wahre zuordnet, wie etwa $\forall x \, \Phi(x) \lor \neg \, \Phi(x)$. Als Formalisierung von (2′) würden wir demgemäß den Satz $\forall x \, (x^2 = 4) \lor \neg \, (x^2 = 4)$ erhalten.

Es stellt sich die Frage, wieso Frege diese Strategie in BG nicht unmittelbar eingeschlagen hat, und stattdessen den mühsamen Umweg über Vertreter-Gegenstände gehen wollte. Nun, wie sich herausstellt, hat Frege mindestens in einer späteren Phase einen solchen Ansatz auch für Aussagen wie (2′) in Betracht gezogen. In seiner Antwort auf einen Brief von Russell aus dem Jahr 1902, in welchem dieser ihn auf das Frege-Paradox hinweist, schreibt Frege: „Wir befinden uns hier durch die

Natur der Sprache in eine Zwangslage versetzt, die uns zu ungenauen Aussagen nöthigt. [...] Der Begriff der Function muss ja ein Begriff zweiter Stufe sein, während er in der Sprache immer als ein Begriff erster Stufe erscheint." Und weiter: „Man kann in der Begriffsschrift einen genauen Ausdruck festsetzen für das, was man meint, wenn man etwas eine Function (erster Stufe mit einem Argumente) nennt; etwa ‚$\dot{\varepsilon}\varphi(\varepsilon)$'. Danach würde ‚$\dot{\varepsilon}(\varepsilon \cdot 3 + 4)$' das genau ausdrücken, was man mit dem Satze ‚$\xi \cdot 3 + 4$ ist eine Function' ungenau ausdrückt." (WB, 218) Frege schlägt hier also genau das (für Funktionen) vor, was wir oben (für Begriffe) skizziert haben: Die Eigenschaft, eine Funktion erster Stufe zu sein, wird durch einen zweistufigen Begriff formalisiert. Beim Einsetzen einer konkreten Funktion erster Stufe in ‚$\dot{\varepsilon}\varphi(\varepsilon)$' entsteht dann ein gesättigter Ausdruck, etwa ‚$\dot{\varepsilon}(\varepsilon \cdot 3 + 4)$'. Man beachte, dass Frege in seinem Beispiel den Spiritus asper anstatt des Spiritus lenis verwendet, um deutlich zu machen, dass mit $\dot{\varepsilon}(\varepsilon \cdot 3 + 4)$ nicht ein Wertverlauf gemeint ist. Frege geht zwar nicht weiter darauf ein, wie der zweistufige Funktionsausdruck $\dot{\varepsilon}\varphi(\varepsilon)$ konkret gewonnen werden könnte. Im Falle von Begriffen haben wir eine naheliegende Möglichkeit aber eben kennengelernt.

Dass Frege diesen Ansatz in *Über Begriff und Gegenstand* nicht stärker gemacht hat, mag darin begründet liegen, dass er bei seiner logischen Analyse an der oberflächlichen Struktur von Sätzen wie (3) festhalten, also nicht nur den ausgedrückten Gedanken wiedergeben, sondern auch die logische Form der Aussage erhalten wollte. Hierzu passt jedenfalls sein Hinweis, dass die Aussagen „Es gibt mindestens eine Quadratwurzel aus 4" und „Der Begriff Quadratwurzel aus 4 ist erfüllt" denselben Gedanken ausdrückten, aber als Aussagen unterschieden werden müssten (BG, 199). „Die Sprache", so schreibt er, „hat Mittel, bald diesen, bald jenen Teil des Gedankens als Subjekt erscheinen zu lassen. [...] Danach darf es nicht wundernehmen, daß derselbe Satz aufgefaßt werden kann als eine Aussage von einem Begriffe und auch als Aussage von einem Gegenstande, wenn nur beachtet wird, dass diese Aussagen verschieden sind." (BG, 199 f.) Dies legt nahe, dass für Frege die in diesem und im letzten Abschnitt diskutierten Analysen von (3) gleichwertig sind in dem Sinne, dass sie denselben Gedanken ausdrücken, dabei aber verschiedenen Zerlegungen dieses Gedankens korrespondieren. Nur die Analyse mittels Vertretergegenständen würde demnach die in (3) vorliegende Zerlegung des Gedankens wiedergeben.[10]

Zusammenfassend lässt sich festhalten, dass der Rekurs auf zweistufige Begriffe uns eine Möglichkeit an die Hand gibt, einen großen Teil von Aussagen über

---

10 Zur multiplen Zerlegbarkeit von Gedanken bei Frege siehe etwa Kemmerling (1990).

erststufige Begriffe in der Begriffsschrift zu formalisieren, ohne uns mit den Schwierigkeiten herumschlagen zu müssen, die der Vertreter-Ansatz mit sich bringt. Wie sich im folgenden Abschnitt allerdings zeigen wird, sind wir auch mit diesem Ansatz nicht in der Lage, jeden Typ von Aussagen über Begriffe zu formalisieren.

11.7 Unausdrückbarkeit logisch kategorialer Unterschiede

Es dürfte nun die radikale Position widerlegt sein, wonach die mit dem Frege-Paradox verbundenen Probleme uns zu dem Schluss zwingen, dass im Einklang mit Freges Ansichten über Bedeutung über Entitäten wie Begriffe nicht gesprochen werden kann. Ein Typus von Aussagen über Begriffe entzieht sich einer solchen Formalisierung allerdings, wie Hugly (1973) gezeigt hat; und zwar solche Aussagen, die den Unterschied von Entitäten verschiedener Stufe zum Gegenstand haben und die schon Geach als Kronzeugen für die Unausdrückbarkeit von Aussagen über Begriffe anführt.

Betrachten wir dafür noch einmal das Beispiel (4). Wollten wir versuchen, einen solchen Satz mithilfe des eben diskutierten Ansatzes zu formalisieren, so benötigten wir dafür eine Relation, welche die Nicht-Identität von Begriffen und Gegenständen ausdrückt, d. h. dann falsch ist, wenn links das Prädikat $\xi^2 = 4$ (oder irgendein Prädikat) und rechts der Eigenname 2 (oder irgendein Eigenname) eingesetzt wird. Identität ist aber eine symmetrische Relation und genauso sollte es Nicht-Identität sein. Wir würden darum gerne auch links den Eigennamen und rechts das Prädikat einsetzen können. Dies aber ist unmöglich: Wollen wir unsere erste Forderung erfüllen, so müssen wir die Relation als ungleichstufige Relation konzipieren, in deren erste Argumentstelle Funktionsnamen erster Stufe und in deren zweite Argumentstelle Eigennamen eingesetzt werden können. Um dies in Freges Formalismus zu erreichen, muss aber die erste Argumentstelle eine gebundene Variable mit sich führen, welche die Leerstelle des eingesetzten Prädikats binden kann, während die zweite Stelle eine solche nicht haben darf. Damit wird es aber unmöglich, die Einsetzungen zu vertauschen, da insgesamt ein syntaktisch nicht wohlgeformter Ausdruck entstehen würde. Eine adäquate Formalisierung für derartige Relationen erscheint daher in der Begriffsschrift unmöglich.

Tatsächlich entsteht ein verwandtes Problem schon bei der Formalisierung von Aussagen wie (2′). Zwar können wir wie oben diskutiert auf ein zweistufiges Prädikat wie $\forall x\, \Phi(x) \vee \neg\, \Phi(x)$ zurückgreifen, um die Eigenschaft eines Begriffs auszudrücken, ein Begriff zu sein. Allerdings wird man bei genauer Betrachtung von dieser Lösung enttäuscht: Zwar wird obiger Ausdruck für jedes eingesetzte

Prädikat erster Stufe ein wahrer Satz, wie wir es erwarten würden. Was wir aber eigentlich gerne hätten, wäre ein Ausdruck, welcher wahr wird, wann immer wir ein erststufiges (und vielleicht sogar ein höherstufiges) Prädikat einsetzen und falsch, wann immer wir dies mit einem Eigennamen tun. Dies aber erfüllt unser Prädikat keineswegs – einen Eigennamen können wir hier gar nicht einsetzen, der entstehende Ausdruck wäre bedeutungslos! In gewissem Sinne dreht sich unser Problem also um: Wir finden zwar einen Ausdruck, in den wir ohne Probleme Prädikate erster Stufe einsetzen könne, allerdings nur um den Preis, dass wir dann keine Eigennamen mehr einsetzen können. Obzwar wir also die Eigenschaft, ein Begriff zu sein, in einem gewissen Sinne formalisieren können, gelingt uns dies nur in einer leidlich trivialen Form.

Derartige Überlegungen bringen Hugly zu dem Schluss, dass wir nur einem Teil der Rede über Begriffe und Funktionen Sinn verleihen können. So etwas wie die „Nicht-Identität von Begriffen und Gegenständen" könne hingegen nur „gesehen, aber nicht ausgesagt werden" (Hugly 1973, 234). Während wir für Sätze wie (3) mit dem Rekurs auf höherstufige Begriffe eine gute Formalisierung zur Hand haben, scheint Geach mit seiner Unausdrückbarkeitsthese recht zu behalten, wenn es um Aussagen wie (4) geht. Hier scheint Frege tatsächlich nur ein Manöver wittgensteinschen Typs zu verbleiben, und – wie er es in der Tat oft getan hat – darauf hinzuweisen, dass es logische Eigenschaften der Sprache gibt, über die sich in einem logisch strengen Sinne nicht sprechen lässt. Hier bleibt nur noch die Möglichkeit, „Winke zu geben" (BG, 195) und auf das „wohlwollende Entgegenkommen des Lesers" (BG, 204) zu hoffen.

Literatur

Anscombe, Elisabeth / Geach, Peter (1961): Three philosophers, Oxford.
Dummett, Michael (1973): Frege. Philosophy of Language. 2. Aufl. 1981, London.
Geach, Peter (1976): Saying and Showing in Frege and Wittgenstein. In: Acta Philosophica Fennica 28, 54–70.
Hugly, Philip (1973): Ineffability in Frege's Logic. In: Philosophical Studies 24, 227–244.
Kemmerling, Andreas (1990): Gedanken und ihre Teile. In: Grazer philosophische Studien 37, 1–30.
Kutschera, Franz von (1989): Gottlob Frege. Eine Einführung in sein Werk, Berlin / New York.
Liebesman, David (2015): Predication as Ascription. In: Mind 124, 517–569.
Parsons, Terence (1986): Why Frege should not have said ‚The Concept Horse is not a Concept'. In: History of Philosophy Quarterly 3, 449–465.
Proops, Ian (2013): What is Frege's ‚Concept Horse Problem'?. In: Wittgenstein's Tractactus: History and Interpretation, hg. v. Michael Potter and Peter Sullivan, Oxford, 76–96.

Rheinwald, Rosemarie (1997): Paradoxien und die Vergegenständlichung von Begriffen. Zu Freges Unterscheidung zwischen Begriff und Gegenstand. In: Erkenntnis 47, 7–35.

Ruffino, Marco (2000): Extensions as representative Objects in Frege's Logic. In: Erkenntnis 52, 239–252.

Schirn, Matthias (1990): Frege's Objects of a quite special kind. In: Erkenntnis 32, 27–60.

Wright, Crispin (1999): Why Frege did not Deserve his Granum Salis: A Note on the Paradox of ‚The Concept Horse' and the Ascription of Bedeutungen to Predicates. In: Grazer Philosophische Studien 55, 239–263.

Todor Polimenov

12 Begriffe und Gegenstände in der Logik: Semantische und ontologische Unterscheidungen

12.1 Einleitung: Eine logische Unterscheidung

Die Unterscheidung zwischen Begriff und Gegenstand betrifft nach Freges eigenem Bekunden einen „Unterschied von der höchsten Wichtigkeit" (BG, 204). Man würde vielleicht mit der Behauptung nicht zu weit gehen, dass die durchgreifende Erneuerung der Logik, die Frege auf den Weg gebracht hat, letztlich darauf fußt (vgl. dazu ausführlich Kienzler 2009). Auf jeden Fall hat Frege damit grundlegende Fehldeutungen aus der Logik ausgeräumt, die deren Geschichte vor ihm beinahe ausnahmslos kennzeichnen.[1]

Wenn man mit Freges Schriften noch nicht vertraut ist, stellt sich zunächst die Frage, mit welcher Art von Unterscheidung man es hier zu tun hat; allerdings fällt selbst Frege-Kennern eine Verortung manchmal schwer, denn hier scheinen mehrere Aspekte mitzuwirken. Handelt es sich dabei um zwei Grundarten von Entitäten, also um eine ontologische Unterscheidung (vgl. z. B. Kutschera 1989, 69)? Oder um Termini, mit denen man die Funktionsweise von sprachlichen Ausdrücken erläutert, indem man ihnen verschiedene Typen von Bedeutung zuordnet, also um eine quasi-semantische Unterscheidung? Oder lässt sich dahinter eine erkenntnistheoretische Unterscheidung vermuten? Treten die Termini „Begriff" und „Gegenstand" doch an prominenter Stelle in Kants Erkenntnistheorie (in deren Tradition manche Interpreten Frege zu sehen geneigt sind) mit der These auf, jeder *Gegenstand* stelle eine Synthese von *Anschauung* (Sinnlichkeit, Wahrnehmung) und *Begriff* (Verstand, Denken) dar, so dass der „Begriff" das Gedankliche an jedem „Gegenstand" ausmacht, wodurch das jeweils sinnlich gegebene Material zu einer Einheit gebracht wird.

Frege selbst weist vielerorts darauf hin, dass für ihn die Unterscheidung von Begriff und Gegenstand eine *logische* ist. So in *Begriff und Gegenstand* (1892), wo er etwa beim Wort „Begriff" einen „rein logischen Gebrauch" festgelegt wissen will (BG, 192), und etwas später im Fall des Begriffs ausdrücklich von etwas Logisch-

---

[1] Vgl. Geach 1968, der zwar von der Unterscheidung zwischen „etwas (von etwas) aussagen" und „etwas benennen" ausgeht; diese aber hängt, wie wir noch sehen werden, sehr eng mit Freges Unterscheidung von Begriff und Gegenstand zusammen.

Einfachem spricht (BG, 193). Ähnlich heißt es in *Funktion und Begriff* (1891) in Bezug auf dasjenige, was Frege „Gegenstand" nennt, dass hier keine eigentliche Definition möglich sei, weil wir es bei der Kategorie „Gegenstand" mit etwas zu tun hätten, was wegen seiner Einfachheit keine „logische Zerlegung" zulasse (FB, 18). Ein Gegenstand muss also – so dürften wir daraus schließen – ebenfalls etwas Logisch-Einfaches sein. Und was ist nun unter „logisch" zu verstehen? Jedenfalls, so Frege, etwas, was es mit dem Schließen zu tun hat (vgl. NL, 3, 190).[2]

12.2 Freges drei Prinzipien in den *Grundlagen*

In aller Schärfe tritt die Unterscheidung von Begriff und Gegenstand zum ersten Mal in der Einleitung zu den *Grundlagen* auf. Dort ist sie zu einem, und zwar dem dritten von drei Prinzipien erhoben, an denen sich Frege in seiner Untersuchung über den Zahlbegriff orientiert haben will, und die man beim Lesen dementsprechend ebenfalls im Auge behalten sollte (GL, X). Das erste Prinzip fordert eine scharfe Trennung des Psychologischen von „dem Logischen", d. h. des Subjektiven von „dem Objektiven". Es spricht ein bleibendes Thema in Freges Schriften an, nämlich die Kritik an der, aus der subjektorientierten Grundeinstellung der neuzeitlichen Philosophie resultierenden, Psychologisierung der Logik.[3] Das zweite Prinzip stellt die später in der analytischen Philosophie unter dem Titel „Kontextprinzip" berühmt gewordene Einsicht dar, nach der der Satzbedeutung eine charakteristische Priorität gegenüber den Bedeutungen der Satzteile (der Wörter) insofern zukommt, als diese in der Regel nur innerhalb (des „Kontextes") eines Satzes Verwendung finden. Die Äußerung von Sätzen bildet nämlich die kleinste sprachlich vermittelbare – und hier insbesondere: darstellungsfähige und daher mehr oder weniger kontextunabhängige – Verständigungseinheit: Erst Sätze treten – wenn sie Gedanken ausdrücken – sprachlich als Wahrheitsträger auf.

---

[2] In seinen späten *Logischen Untersuchungen* beginnt Frege die Erklärung der Logik mit dem Hinweis, dass es der Logik um Wahrheit und die Gesetze des Wahrseins geht (woraus die Gesetze des Schließens folgen), und er erklärt den „Gedanken" als den Entitätstyp, bei dem Wahrsein in Frage kommen kann (GED, 60). Begriff und Gegenstand machen nach Frege nun aber eben dasjenige aus, von dem die Wahrheit (oder Falschheit) eines einfachen Gedankens abhängt. Daher besteht eine enge Verbindung zwischen der Frage nach dem Wesen von Begriff und Gegenstand und der Frage nach dem Wesen der Logik. Zur Diskussion über Freges Begriff der Logik vgl. Rohr 2020.

[3] Im Entwurf zu BG spricht Frege davon, dass Kerry „nur einer weitverbreiteten Zeitkrankheit verfallen" sei, und verweist darauf, dass „schon der Sensualismus Lockes und der Idealismus Berkeleys, und so vieles, was sich daran geknüpft hat, unmöglich gewesen" wäre, wenn man Logisches und Psychologisches „genügend unterschieden hätte" (NL, 114 f.).

Frege macht im anschließenden Text darauf aufmerksam, dass das zweite Prinzip vor dem Hintergrund des ersten zu verstehen ist (vgl. auch Carl 1982). Demgemäß darf man insbesondere nach der „Bedeutung" der Zahlwörter – und die Frage nach dem logischen Status ihrer Verwendung weist der Untersuchung Freges in den *Grundlagen* die Richtung – nicht in deren „Vereinzelung" fragen. Denn wenn man dies tut, läuft man Gefahr, sich gezwungen zu sehen, diese Bedeutung mit gewissen inneren Bildern (mit psychischen Vorstellungen, also mit etwas Subjektivem) zu identifizieren. Dagegen sollte man die Zahlwörter daraufhin untersuchen, welche Rolle sie im „Satzzusammenhang" spielen, welchen Beitrag sie also zum Ausdruck des entsprechenden Satzsinns leisten. Auf eine ähnliche Weise ist, so dürften wir wohl annehmen, auch das dritte Prinzip vor dem Hintergrund des zweiten Prinzips zu betrachten (und insofern auch vor dem des ersten).

Dementsprechend sind Begriff und Gegenstand nach dem ersten Prinzip – wenn sie denn zur Logik gehören – keine Vorstellungen, keine Gebilde eines individuellen Bewusstseins. Es soll deshalb insbesondere im Fall der Begriffe gezeigt werden, dass es sich dabei um keine vom Denken erzeugten Vorstellungen handelt (vgl. ausführlich GL, § 47), während diese Subjektunabhängigkeit beim Gegenstand die natürliche Ansicht ist – entgegen Kants Grundannahme, nach der kein Gegenstand der Erkenntnis ein „Ding an sich" sein kann. Frege grenzt sich allerdings noch in einer weiteren Hinsicht gegenüber dem Kantischen Gegenstandsbegriff ab. Er macht nämlich geltend, dass ein Gegenstand keinesfalls sinnlich wahrnehmbar zu sein braucht (FB, 3). Beispiele hierfür sind die abstrakten Gegenstände wie eben die Zahlen (die Eins, die Zwei usw.) oder etwa die Begriffsumfänge (die Menge der Menschen, die Menge der Philosophen usw.). Man kann z. B. von der Eins mit Wahrheit sagen, sie weise die Eigenschaft auf, *mit sich selbst multipliziert sich selbst zu ergeben*. Was aber ist nun dasjenige, was diese Eigenschaft trägt? Wir schreiben sie nach Frege nicht der Ziffer oder dem Zahlwort zu, mit deren Hilfe wir in einer Gleichung oder Aussage auf die Eins Bezug nehmen (denn bei Ziffern und Zahlwörtern handelt es sich um bloße Zeichen, die andere Arten von Eigenschaften, nämlich phonetische, graphische u. ä. besitzen), sondern der Zahl selbst, etwa der Eins. Es ist eine Eigenschaft, durch die sich *die Eins* z. B. von *der Zwei* unterscheidet (und nicht das Schriftgebilde „1" von dem Schriftgebilde „2").

Was das zweite Prinzip angeht, erläutert Frege in der Tat, was er unter „Begriff" und „Gegenstand" versteht, dadurch, dass er von der Verwendungsweise von (wahrheitswertfähigen) Sätzen ausgeht und nach deren Wahrheitsbedingungen fragt bzw. nach den jeweiligen Beiträgen, die die verschiedenen Arten von Satzteilen (Bezeichnungen von „Gegenständen", Bezeichnungen von „Begriffen") für die Festlegung dieser Wahrheitsbedingungen leisten. Hiermit kommt auch das zweite Prinzip zum Tragen.

12.3 Subjekt und Prädikat

Vor dem Hintergrund des zweiten Prinzips überrascht es nicht, dass Freges explizite Erklärung von „Begriff" und „Gegenstand" in den *Grundlagen* lautet:

(E) „Begriff ist für mich ein mögliches Prädikat eines singulären beurteilbaren Inhalts, Gegenstand ein mögliches Subjekt eines solchen." (GL, 77, Anm.)

Beurteilbarer Inhalt ist der einzige „semantische Wert", den Frege in BS für wahrheitswertfähige Sätze kennt. Später beginnt er in der Semantik eines Satzes – im Rekurs auf die bei den Satzteilen vorgenommene Unterscheidung von Sinn und Bedeutung – zwei Elemente oder Aspekte auseinanderzuhalten: Erstens den von einem Satz ausgedrückten *Gedanken* (als den Satzsinn) und zweitens den Umstand, dass ein Satz wahr oder dass er falsch ist; dies nennt Frege den *Wahrheitswert*, den der betreffende Satz (als die Satzbedeutung) hat. Statt „eines singulären beurteilbaren Inhalts" scheint es also in der späteren, explizit an die Sprache angelehnten Terminologie angemessener zu sein, „eines Satzes, der einen singulären Gedanken ausdrückt (sei dieser nun wahr oder falsch)" (vgl. NL, 203 f.) oder, kurz, „eines singulären Satzes" zu sagen. Jedenfalls kommt es beim Adjektiv „singulär" darauf an, dass es in (E) um einen Satzinhalt geht, in dem keine Verallgemeinerung vorkommt (und der auch sonst insofern nicht komplex ist, als sein Ausdruck nicht aus den Ausdrücken für weitere beurteilbare Inhalte zusammengesetzt ist), sondern den Fall einer elementaren Prädikation darstellt.[4]

Frege spricht in (E) auch von „Subjekt" und „Prädikat", und zwar so, dass der Eindruck entsteht, dass er dabei nicht klar zwischen Zeichen und Bezeichnetem, sprachlichem Ausdruck und ausgedrücktem Inhalt, unterscheidet. Das liegt auf der einen Seite sicherlich an der Doppeldeutigkeit der Wörter „Subjekt" und „Prädikat", die sowohl eine grammatische als auch eine logische Verwendung haben. Insbesondere die psychologistisch ausgerichtete Logik der Neuzeit, die die sprachliche Vermittlung des Denkens ohnehin für unwesentlich hält, lässt es darüber hinaus weitgehend unklar, ob man beim Subjekt und Prädikat mit Sprachlichem („Subjektausdruck" und „Prädikatausdruck" als Satzteilen) oder mit Gedanklichem („Subjektbegriff" und „Prädikatbegriff" als Vorstellungen, die die Materie

---

[4] Frege verweist später nicht mehr ausdrücklich auf die „singulären Urteile", denn dies lässt die Begriffe zweiter Stufe unberücksichtigt. Dennoch ist der Bezug darauf insofern berechtigt, als „die logische Grundbeziehung", so eine von Freges richtungsweisenden Einsichten, „die des Fallens eines Gegenstandes unter einen Begriff [ist]: auf sie lassen sich alle Beziehungen zwischen Begriffen zurückführen" (ASB, 128). Eben deshalb betrachtet Frege zunächst elementare Prädikationen und führt erst auf dieser Grundlage die komplexeren Fälle mit Begriffen zweiter Stufe ein.

eines Urteils bilden) zu tun hat oder ggf. mit gewissen ontischen Korrelaten von Sprachlichem oder Gedanklichem wie Individuen und Universalien (Eigenschaften, Arten, Gattungen). Auf der anderen Seite ist Frege selbst in den *Grundlagen* noch nicht zu derjenigen semantischen Präzision gelangt, mit der er ab 1891 arbeitet, und die in der ganzen vorherigen Logikgeschichte ihresgleichen sucht (bezeichnend für diese Vorstufe ist vor allem die Art und Weise, wie Frege in der BS den Funktionsbegriff einführt).[5]

Frege greift in *Begriff und Gegenstand* präzisierend auf (E) zurück und nachdem er zuerst schreibt: „Der Begriff ist prädikativ", fügt er eine Anmerkung an: „Er ist nämlich Bedeutung eines grammatischen Prädikats" (BG, 193). Dazu erläutert er:

(E*) „Wir können kurz sagen, indem wir ‚Prädikat' und ‚Subjekt' im sprachlichen Sinne verstehen: Begriff ist Bedeutung eines Prädikates, Gegenstand ist, was nie die ganze Bedeutung eines Prädikates, wohl aber Bedeutung eines Subjekts sein kann." (BG, 198)

Frege präzisiert die in (E) vertretene Position durch (E*) also dahingehend, dass er jetzt die Termini „Subjekt" und „Prädikat" im explizit grammatischen Sinne verwendet und dabei die semantische Kategorie der *Bedeutung* (in seinem technischen Sinn) ins Spiel bringt.[6] Frege sagt nun auch, dass in einem Satz, der das Fallen von etwas unter einen Begriff zum Ausdruck bringt, das grammatische Prädikat eben diesen Begriff *bedeute*, wie es in den singulären Sätzen „dieses Blatt grünt" und „dieses Blatt ist grün" der Fall ist (BG, 194).

---

5 Vgl. hierzu den Beitrag von Rohr in diesem Band.
6 Trotz dieser semantischen Wendung spricht einiges dafür, dass Frege in (E) das Wort „Subjekt" nicht im grammatischen, sondern eher im ontologischen Sinn gebraucht. In einigen früheren Schriften versteht er unter „Subjekt" (eines Urteils) nämlich direkt das *Einzelding*, von dem (in einem singulären Urteil) etwas ausgesagt wird (NL, 18; vgl. auch WB, 164, wo es „Einzelnes" heißt). Hierbei wird allerdings – neben dem Hinweis auf das „Einzelding" – auch auf die Prädikationsstruktur des *Etwas-von-etwas-Ausgesagtwerdens* Bezug genommen (vgl. auch NL, 67). Im Entwurf zu BG geht Frege an der zu (E*) parallelen Stelle ebenfalls von der Unterscheidung zwischen demjenigen, *was* ausgesagt werden kann, und demjenigen, *von dem* etwas ausgesagt werden kann, aus:
(E**) „Begriff ist, was ausgesagt werden kann. Gegenstand ist, was nicht ausgesagt werden kann, von dem aber etwas ausgesagt werden kann" (NL, 109). Dass Frege in BG auf diesen Bezugspunkt verzichtet, liegt wahrscheinlich daran, dass mit Begriffen zweiter Stufe etwas auch von einem *Begriff* ausgesagt werden kann, ohne dass dieser dadurch zu einem Gegenstand wird. Dieser Fall ist von den Über- und Unterordnungen von Begriffen zu unterscheiden, die in generellen Urteilen formuliert werden (und die die Untersuchungen der traditionellen Logik beinahe erschöpfen – es ist bezeichnend, dass Frege die in der Tradition übliche Rede von einem „Subjektbegriff" aus logischer Sicht für von Grund auf irreführend hält; vgl. NL, 18, 99, mehr dazu weiter unten).

Beim Gegenstand scheint in (E*) die Berufung auf das grammatische Subjekt gegenüber (E) etwas zurückgetreten zu sein. Der Grund hierfür ist wohl der, dass im Fall des generellen Satzes („alle S sind P" in universeller Form; „einige S sind P" in partikulärer Form), wie wir noch sehen werden, die Analogie zwischen grammatischem und logischem Subjekt an ihre Grenzen stößt. Vielleicht deshalb stellt Frege gelegentlich dem Wort „grammatisches Subjekt", das sich auf ein bestimmtes Element auf der syntaktischen Satzoberfläche bezieht, nicht das Wort „logisches Subjekt" auf der Ebene der semantischen Satzteilfunktionen gegenüber – wie er es mit der Unterscheidung zwischen „grammatischem" und „logischem" Prädikat zu tun scheint –, sondern eher die Rede von „Eigenname im logischen Sinn" (vgl. NL, 100 f.).[7]

12.4 Zwei logische Aufgaben: Benennen und Aussagen

An (E) bzw. (E*) ist wichtig, dass Frege darin erklärt, was er mit dem Wortpaar „Begriff" und „Gegenstand" meint, indem er im Grunde genommen auf zwei verschiedene semantische Relationen rekurriert, die in einer elementaren Prädikation zur Anwendung kommen (vgl. auch [E**] in Anm. 6). Es handelt sich dabei erstens um die Relation des „Etwas-Benennens" („X benennt Y") und zweitens die Relation des „Etwas-(von-etwas-)Aussagens" („X sagt Y [von Z] aus"). Um eine (elementare) Prädikation zu vollziehen, muss man nämlich einen (singulären) Satz bilden, der aus mindestens zwei Ausdrücken verschiedenen Typs besteht: mit dem einen ist erst einmal dasjenige zu *benennen*[8], von dem dann mit dem anderen etwas *auszusagen* ist. Nehmen wir das Beispiel:

---

[7] Zuweilen spricht Frege von „sachlichem Subjekt" (z. B. GL, 68 und die Psychologismuskritik im Vorwort zu GG). Damit meint er dasjenige, *von dem* oder *worüber* etwas ausgesagt wird. Eben in diesem ontologischen Sinne scheint er auch die Wortverbindung „logisches Subjekt" an den zwei Stellen zu gebrauchen, die mir als einzige bekannt sind, wo diese Wortverbindung in seinen Schriften vorkommt (BG, 198; NL, 245, vgl. auch Frege 1914, 482).

[8] Zum Gebrauch des Wortes „benennen" bei Frege vgl. GL, 60 und SB, 26. Dieser fällt mit Freges Gebrauch von „bezeichnen" weitgehend zusammen. Wenn es um die Verwendung von singulären Termini geht, setzt Frege „bezeichnen" auch mit „bedeuten" gleich (vgl. SB, 31 und auch Holenstein 1983; Frege nennt die singulären Termini „Eigennamen", die Eigennamen im engeren Sinn „eigentliche Eigennamen" und die Kennzeichnungen „zusammengesetzte Eigennamen"; vgl. SB, 27, 40 ff.). Daher sind bei ihm die Wendungen „X bezeichnet einen Gegenstand" und „X bedeutet einen Gegenstand", wo „X" ein singulärer Terminus ist, synonym. Allerdings ist dabei insofern Vorsicht geboten, weil in Freges Sprachgebrauch „bedeuten" auch im Fall des generellen Terminus (des „Begriffsworts") Anwendung findet: was das Begriffswort „X" bedeutet, ist ein Be-

(1) Der Himmel ist blau.

Die Worte „der Himmel", die das grammatische Subjekt von (1) bilden, dienen dazu, zuerst ein bestimmtes Ding zu benennen oder zu identifizieren (d. h. darauf mit dem Ziel Bezug zu nehmen, es aus der Menge aller Dinge als dasjenige herauszugreifen, von dem dann die Aussage, dass es blau ist, gemacht werden kann); während die Worte „ist blau", aus denen sich das grammatische Prädikat von (1) zusammensetzt, die sich daran anschließende Funktion erfüllen, das durch den Subjektausdruck benannte Ding als *blau* zu beschreiben oder zu klassifizieren (d. h. ihm die von „blau" zum Ausdruck gebrachte Eigenschaft zuzuschreiben).

Das grammatische Subjekt von (1), der Ausdruck „der Himmel", bezeichnet nun laut Frege einen *Gegenstand*. Dasjenige, was dadurch bezeichnet oder benannt wird, der Himmel selbst, *ist* also ein Gegenstand. Und was das grammatische Prädikat „ist blau" bedeutet, ist, wie Frege erläutert, ein Begriff. Dass der Himmel unter diesen Begriff, nämlich den Begriff *blau*, fällt, wird durch die Äußerung von (1) behauptet. Wir sehen hier: Wer das versteht, was (1) sagt, versteht zweierlei: erstens, dass es dabei um das Fallen eines Gegenstandes unter einen Begriff geht und, zweitens, um welchen Gegenstand und um welchen Begriff es sich jeweils handelt. Das erste Verstehen beruht auf einer Kenntnis der (logischen) Verwendungsweise von „der Himmel" und der (logischen) Verwendungsweise von „ist blau" in (1), während das zweite Verstehen auf ein Erfassen der (lexikalischen) Bedeutungen der besonderen Worte „Himmel" und „blau" hinausläuft. Wer also (1) versteht, weiß in gewissem Sinne schon, was es für etwas heißt, ein Gegenstand zu sein, und was es für etwas heißt, ein Begriff zu sein.

Wir erfahren somit, was – in Freges Terminologie – „Gegenstand" und was „Begriff" ist, indem wir schauen, wie das Benennen und das Aussagen (bei der Verwendung eines singulären Satzes) vor sich gehen; indem wir – mit anderen Worten – uns darauf besinnen, was es mit der Bezugnahmefunktion durch einen bezeichnenden Ausdruck und mit der Klassifizierungsfunktion durch einen prädikativen Ausdruck auf sich hat.[9] Man beachte allerdings, dass Frege in (E) von „mög-

---

griff. Wenn es also gerade darauf ankommt, sich den Unterschied von Gegenstand und Begriff vor Augen zu führen, ist die semantische Relation des „Bedeutens" kein geeigneter Orientierungspunkt, da Gegenstände und Begriffe gleichermaßen „bedeutet" werden können.

9 Man könnte jetzt sagen: durch die Relationen „ξ benennt etwas" und „φ sagt etwas aus" („φ prädiziert etwas") lassen sich die verschiedenen Fälle des Bedeutens „ξ bedeutet einen Gegenstand" und „φ bedeutet einen Begriff" (vgl. Anm. 8) erläutern (wobei für „ξ" nur ein *Eigenname* (in Freges Terminologie) und für „φ" nur ein *prädikativer* Satzteil eingesetzt werden darf). Dabei ist zunächst von Freges weitergehender These abzusehen, dass Sätze als Bezeichnungen von „Wahrheitswerten" – einer ganz besonderen Art von „Gegenständen" – ebenfalls als „Eigennamen" aufzufassen seien.

lichem" Subjekt bzw. „möglichem" Prädikat und in (E*) von einem Gegenstand als von etwas spricht, was „Bedeutung eines Subjekts sein kann". Die modalen Worte, die hier vorkommen, deuten einmal mehr darauf hin, dass Gegenstand und Begriff etwas Objektives sind, das als Bedeutung eines sprachlichen Subjekts bzw. Prädikats zwar auftreten *kann*, an sich aber diese Sprachgebundenheit nicht braucht. Für Frege ist die Ontologie nicht von der Sprache abhängig, sondern die Sprache sollte der Ontologie folgen.

12.5 Was heißt „prädikativ"?

Es ist zunächst erstaunlich, dass Frege im Explikans von (E) bzw. (E*) ausgerechnet die Termini „Subjekt" und „Prädikat" verwendet, vor allem angesichts der Tatsache, dass er sie schon früh aus der Logik verbannen wollte (BS, VII, 2 ff.; vgl. auch ASB, 130; NL, 153 ff.; VOR, 15). Auch Benno Kerry, dessen Auseinandersetzung mit Frege diesem den Anlass zum Verfassen von *Begriff und Gegenstand* gibt, drückt an einer Stelle seine Verwunderung darüber aus, dass Frege so hervorgehoben von „Subjekt" und „Prädikat" und insbesondere von „prädikativ" spricht: „Dass Frege den Unterschied zwischen Begriff und Gegenstand auf denjenigen zwischen Subjekt und Prädikat zurückzuführen sucht, ist umso auffallender, als er in seiner Begriffsschrift (vgl. S. VII und S. 3 f.) der richtigen Meinung Ausdruck verleiht: es sei einem Urteile nicht wesentlich, in Subjekt und Prädikat zu zerfallen." (Kerry 1887, 273, Anm. 2) Bei näherem Hinsehen wird allerdings deutlich, dass Frege hier von den schon erwähnten semantischen Funktionen des Benennens und Aussagens ausgeht, die durch gewisse sprachliche Ausdrücke in einem Satz ausgeübt werden, und die im Fall des singulären Satzes im Wesentlichen mit der grammatischen Unterscheidung von Subjekt und Prädikat übereinstimmen. Es ist bezeichnend, dass Frege der in (E) gegebenen Erklärung ausdrücklich nur das im *singulären* Satz vorliegende Subjekt/Prädikat-Verhältnis zu Grunde legt. Und in einem Brief an Husserl von 1906 lässt er – nachdem er noch einmal die Aufgabe der Termini „Subjekt" und „Prädikat" fordert – immerhin die Möglichkeit zu, sie beizubehalten, aber nur wenn man ihre Anwendung auf die Beschreibung von singulären Sätzen (mit einem monadischen Prädikat) einschränke (WB, 103). Das sind diejenigen Sätze, die logisch so analysierbar sind, dass sie behaupten, dass genau *ein* gegebener Gegenstand unter einen Begriff fällt. Da jedoch die Rede von „Subjekt" und „Prädikat" in der Tradition *auch* bei der Beschreibung von generellen Sätzen Anwendung findet – was zwar grammatisch berechtigt sein mag, nicht aber logisch, weil es bei einem generellen Satz nämlich nicht um ein Aussagen im genuinen Sinn geht (man sieht dies daran, dass darin kein Benennen eines bestimmten Gegenstands vorgenommen wird), sondern um ein Verallgemeinern –, sollte man damit in der Logik nach Frege besser ganz aufhören (vgl. ebd.). Die Rede von „Subjekt" und „Prädikat" führt in ihrer traditionell-logischen Prägung schon deswegen zu logischen Verwirrungen, weil dadurch die grundverschiedenen Relationen des Fallens eines Gegenstands unter einen Begriff (Subsumtion) und der Unterordnung eines Begriffs unter einen anderen Begriff (Subordination) vermengt werden, was auch weitere Unklarheiten nach sich zieht, etwa über Identitätssätze, mehrstellige Prädikate, multiple Quantifikation usw., deren logische Klärung wir ja Frege verdanken.

12.6 Zur Entwicklung der Unterscheidung bei Frege: Ein frühes Kriterium für Begriffe

Schon vor den *Grundlagen* und zwar ganz unabhängig von der dort entwickelten Theorie der Begriffe zweiter Stufe, die eine scharfe Trennung der Fälle erfordert, in denen etwas 1) von einem *Gegenstand* oder aber 2) von einem *Begriff* ausgesagt wird, verfügte Frege über die Unterscheidung von Begriff und Gegenstand. In der unveröffentlicht gebliebenen Abhandlung *Booles rechnende Logik und die Begriffsschrift* (1880/81) tritt sie in seinem Hinweis darauf auf, dass zwischen einem Satz, an dessen Subjektstelle die Bezeichnung für ein *Einzelding* vorkommt, und einem Satz, an dessen Subjektstelle die Bezeichnung für einen *Begriff* vorkommt, ein wesentlicher logischer Unterschied besteht bzw. dass es sich dabei nicht, wie in der traditionellen Logik angenommen, um eine bloße inhaltliche Angelegenheit handelt (vgl. NL, 19 f.). Während durch das grammatische Prädikat im ersten Fall in der Tat etwas von dem Einzelding ausgesagt wird, für das das grammatische Subjekt steht, wird im zweiten Fall nicht etwas von dem Begriff ausgesagt, für den der an der Subjektstelle (neben bestimmenden Ausdrücken wie „alle", „einige" u. ä.) vorkommende generelle Terminus steht, ähnlich wie eine Aussage von einem Begriff z. B. unter Verwendung von Begriffen zweiter Stufe gemacht werden kann; sondern durch das grammatische Prädikat wird vielmehr verallgemeinernd etwas von allen oder einigen der *Einzeldinge* ausgesagt, die unter diesen Begriff fallen. Zwar spricht Frege hier von den Entitäten, die er später allgemeiner[10] „Gegenstände" nennt, mit Hilfe der Wörter „Einzelding", „Einzelnes" und „Ding", aber die

---

10 Man denke daran, dass Frege später zu den Gegenständen auch Entitäten wie Wahrheitswerte, Begriffsumfänge und Zahlen rechnet. Doch das Paradigma für Gegenstände geben die raumzeitlichen Einzeldinge (und die Personen) ab, da sie primär dasjenige sind, von dem (als dem Referenten des benennenden Subjektausdrucks eines logisch einfachen Satzes) etwas (durch das Prädikat dieses Satzes) ausgesagt wird.

Trennung zwischen den verschiedenen logischen Relationen, in die typischerweise Gegenstände und Begriffe eingehen und die insbesondere deshalb auseinandergehalten werden sollen, weil sie in der natürlichen Sprache in derselben grammatischen Form zum Ausdruck kommen können, ist bereits vorhanden. Es handelt sich dabei – wie es 1882 im Vortrag *Über den Zweck der Begriffsschrift* heißt – um die Relation des *Fallens eines Einzelnen unter einen Begriff* und die Relation der *Unterordnung eines Begriffs unter einen Begriff* (vgl. ZBS, 3).

In *Booles rechnende Logik und die Begriffsschrift* formuliert Frege erstmals ein klares Kriterium für die Unterscheidung von Begriff und Einzelding:

(K) „Bei einem Begriff sind immer die Fragen möglich, ob etwas und was etwa unter ihn falle, Fragen, die beim Einzeldinge sinnlos sind." (NL, 20)

In den *Grundlagen* greift Frege fast wörtlich auf (K) zurück. Es ist bemerkenswert, dass dort an die Stelle von „Einzelding" in der beinahe wortwörtlichen Wiedergabe von (K) „Eigennamen" tritt (GL, 64). Das scheint ein weiteres Zeichen dafür zu sein, dass Frege sich bei der Einführung der Unterscheidung von Begriff und Gegenstand an der verschiedenen Funktionsweise gewisser Ausdruckstypen orientiert und im Fall des Gegenstandes an der Funktionsweise von Eigennamen (bzw. singulären Termini im heutigen Sinn; zu den singulären Termini vgl. Tugendhat/Wolf 1983, Kap. 9). Allerdings sei erwähnt, dass er hier von (K) in einem Kontext Gebrauch macht, in dem es ihm gerade darum geht, den Unterschied zwischen *Begriffswörtern* und *Eigennamen* vorzuführen. In diesem Zusammenhang kommt er auch auf ein bleibendes Thema seiner logischen Unterscheidungen zu sprechen, von dem ebenfalls an derjenigen Stelle, an der (K) formuliert wird, die Rede ist, und zwar darauf, dass ein Begriff, unter den nur ein einziger Gegenstand fällt, von diesem Gegenstand scharf zu unterscheiden ist, so etwa der Begriff *Begleiter der Erde* vom Mond.

Das lässt sich anhand zweier Beispiele erläutern. Wenn man etwa den Satz:

(2)   Der Mond ist kleiner als die Erde

als Behauptung äußert, so sagt man etwas über einen Gegenstand, den Mond, aus und man will damit nicht sagen, dass ein Begriff kleiner als die Erde sei (noch dass die Relation *kleiner als* auf den *Begriff* des Mondes in Bezug auf den *Begriff* der Erde zutreffe, d. h. dass diese Relation zwischen zwei Begriffen bestehe), denn ein Begriff als eine abstrakte Entität kann unmöglich die (relationale) Eigenschaft *kleiner als die Erde zu sein* besitzen, die nur konkreten Gegenständen zukommen oder fehlen kann (oder zu etwas anderem in der Relation *kleiner als* stehen, sei dies nun auch ein Begriff). Umgekehrt gilt auch: wenn man die Behauptung:

(3) Es gibt genau einen Gegenstand, der ein (natürlicher) Begleiter der Erde ist

aufstellt, so schreibt man hier dem Begriff *Begleiter der Erde* – und nicht einem Himmelskörper – die Eigenschaft zu, dass unter ihn genau ein Gegenstand fällt. Mit Frege können wir in diesem Fall sagen: mit (3) trifft man die Feststellung, dass dem Begriff *Begleiter der Erde* die Zahl 1 zukomme. Und mit der Zahl 1 kommt offensichtlich etwas ins Spiel, das sich genau so wenig wie jede andere Zahl sinnvoll von einem Gegenstand aussagen lässt, also auch nicht vom Mond als einem bestimmten Himmelskörper. Der logische Unterschied zwischen (2) und (3) zeigt sich auch auf der syntaktischen Ebene, wo „der Mond" in (2) ein Eigenname und „ein Begleiter der Erde" in (3) ein Begriffswort, d. h. ein (seinem Wesen nach) prädikativer Ausdruck, ist.[11]

Die beiden Teile von (K) kommen mehr oder weniger explizit auch noch beim reifen Frege vor. So klingt der Teil über den Begriff in ASB, 135 an. Und der Teil über das Einzelding findet im Entwurf zu BG eine Entsprechung in der Bemerkung: „einen Gegenstand kann man überhaupt nicht von etwas aussagen" (NL, 100). Es ist klar, dass wenn sich ein Gegenstand grundsätzlich nicht prädizieren lässt, es auch sinnlos wäre zu fragen, ob etwas unter ihn falle. Denn etwas würde nur dann unter einen Gegenstand „fallen", wenn er von diesem Etwas mit Wahrheit *aussagbar* wäre.[12]

---

11 In der natürlichen Sprache gibt es allerdings Ausnahmen von der Regel, dass das Vorkommen des bestimmten Artikels im Singular ein Anzeichen dafür ist, dass ein Eigenname im logischen Sinn vorliegt, und das Vorkommen des unbestimmten Artikels ein Anzeichen für die Bildung eines Begriffsausdrucks (vgl. Freges Beispiele in BG).
12 Man kann die Genese der Unterscheidung sogar bis in die *Begriffsschrift* (1879) zurückverfolgen. Dort spricht Frege in § 9 von einer „Täuschung", zu der die natürliche Sprache Anlass gibt und die darin besteht, die grammatischen Subjekte der Sätze (Z_1) „die Zahl 20 ist als Summe von vier Quadratzahlen darstellbar" und (Z_2) „jede positive ganze Zahl ist als Summe von vier Quadratzahlen darstellbar" gleichermaßen als *logische* Subjektausdrücke auffassen zu wollen, wobei der Unterschied nur darin läge, dass sich der Ausdruck „die Zahl 20" auf eine bestimmte Zahl bezieht, wohingegen der Ausdruck „jede positive ganze Zahl" eine bestimmte Zahlart benennt. Doch während „die Zahl 20" in der Tat etwas bezeichnet, von *dem* in (Z_1) die Eigenschaft *als Summe von vier Quadratzahlen darstellbar zu sein* ausgesagt wird, ist es nicht die Zahlart als Art, sondern es sind die dazu gehörenden Zahlindividuen, die in (Z_2) als Träger dieser Eigenschaft allen in Frage kommen können. Anderseits ist in (Z_2) offensichtlich von keinem bestimmten Zahlindividuum die Rede. Darum enthält (Z_2) logisch in erster Linie eine Verallgemeinerung, nämlich eine Verallgemeinerung über die Individuen, die die Eigenschaft *eine positive ganze Zahl zu sein* aufweisen. Wenn ein traditioneller Logiker hier erwidern würde: das zeige doch nur, dass das sachliche Subjekt in (Z_2) eben der Begriff *positive ganze Zahl* ist, von dem in (Z_2) die Eigenschaft ausgesagt wird, dass alle unter ihn fallenden Gegenstände die Eigenschaft aufweisen, *eine positive ganze Zahl zu sein*, so kann man dem getrost mit der in Freges Sinne gemachten

12.7 Generelle und singuläre Sätze: Ihre Angleichung durch Aristoteles

Mit seiner These, dass die generellen Sätze – d. h. sämtliche Sätze, die in der traditionellen Schlusstheorie behandelt werden (nämlich als Instanzen der Satzschemata SaP, SeP, SiP und SoP), – nur grammatisch einfache Subjekt/Prädikat-Sätze sind, logisch aber gerade keine einfachen Sätze darstellen, die behaupten, dass eine durch das grammatische Prädikat bedeutete Eigenschaft einem durch das grammatische Subjekt bezeichneten Eigenschaftsträger zukommt oder nicht zukommt, stellt sich Frege quer zur gesamten logischen Tradition, bereitet aber eben dadurch das Terrain für die Entstehung der modernen Logik vor. Man sieht das nach Freges Analyse insbesondere daran, dass Sätze der Form SaP, SeP, SiP und SoP eigentlich keine logischen Subjekte enthalten, nämlich keine Ausdrücke, die einen bestimmten Träger der durch die Satzprädikate zum Ausdruck gebrachten Eigenschaft benennen (vgl. Anm. 12). Vereinzelt gab es zwar auch früher Betrachtungen, die in die Richtung von Freges Auffassung wiesen, wie etwa die bereits von Leibniz (1704, 4. Buch, Kap. XI, § 14) getroffene Feststellung, dass der kategorische Satz „jedes S ist ein P" und der hypothetische Satz „wenn etwas ein S ist, so ist es ein P" sinngleich seien (und dieser zweite Satz ist weder grammatisch einfach, noch kommt darin der Terminus „S" an einer grammatischen Subjektstelle vor). Aber die Einsicht in die Grundverschiedenheit der Relationen des Fallens eines Gegenstandes unter einen Begriff und der Unterordnung eines Begriffs unter einen anderen Begriff sucht man vor Frege vergebens (und damit auch die strenge logische Unterscheidung zwischen Gegenstand und Begriff).

Die Angleichung bzw. Vermengung beider Relationsfälle geht auf Aristoteles zurück. In Kapitel 5 seiner frühen kurzen Logikschrift *De interpretatione* teilt Aristoteles die assertorische Rede (λόγος ἀποφαντικός) in einfache und zusammengesetzte ein. Die „einfache Behauptung" (ἁπλῆ ἀπόφανσις) ist „diejenige, die etwas etwas anderem zu- oder abspricht" (τὶ κατὰ τινὸς ἢ τὶ ἀπὸ τινός) (Aristoteles, De Interpretatione 17ᵃ20–21).[13] Sie ist also „eine stimmliche Äußerung, die als Zeichen

---

Bemerkung zustimmen: ja, zugegeben, nur sind die zwei Eigenschaften logisch grundverschieden, die man wie folgt von X aussagt: „X hat die Eigenschaft, dass alle unter X fallenden Gegenstände die Eigenschaft, Y zu sein, haben" und „X hat die Eigenschaft, Y zu sein". Darum sind auch die logischen Prädikate von (Z_1) und (Z_2) grundverschieden und für die Eigenschaft, die die sieben Wörter „ist als Summe von vier Quadratzahlen darstellbar" zuschreiben, ist nur das vom grammatischen Subjekt von (Z_1) Bezeichnete der Träger.

13 Aristoteles wird wie üblich nach der Bekker-Ausgabe zitiert, deren Paginierung in allen neueren Text-Editionen und Übersetzungen mitgeführt wird. Den angeführten Passagen ist die Übersetzung von Weidemann 2015 zu Grunde gelegt.

dafür, ob etwas (etwas anderem) zukommt oder nicht zukommt, etwas bedeutet" (Aristoteles, De Interpretatione 17ª23). Die zusammengesetzte sei hingegen als eine bloße Aneinanderreihung solcher einfachen Behauptungen aufzufassen.

Abgesehen von der Tatsache, dass Aristoteles die Möglichkeit von „junktorenlogisch" zusammengesetzten Behauptungssätzen übersieht, ist es hier von Belang, wie er den einfachen Behauptungssatz, den einfachen apophantischen Logos, definiert, und zwar als einen Satz, in dem etwas von etwas ausgesagt wird. Am Anfang des 7. Kapitels fährt er mit der weiteren Unterscheidung fort: „Von den Dingen sind die einen allgemeine, die anderen hingegen einzelne [...] und notwendigerweise ist es auch teils etwas Allgemeines, teils etwas Einzelnes, wovon man behauptet, dass ihm etwas zukommt oder dass es ihm nicht zukommt" (Aristoteles, De Interpretatione 17ª38–17ᵇ3). Die Dinge (τὰ πράγματα) zerfallen also in Individuen und Universalien. Dementsprechend kann nach Aristoteles dasjenige, von dem man etwas in einem *einfachen* Behauptungssatz aussagt bzw. auf das man mit dessen *Subjektausdruck* Bezug nimmt, entweder ein Individuum oder ein Universale sein. Dabei definiert Aristoteles, was er unter etwas Allgemeinem und was er unter etwas Einzelnem verstehen will, folgendermaßen: „als allgemein [καθόλου] bezeichne ich das, was seiner Natur nach dazu geeignet ist, von mehrerem ausgesagt zu werden [κατηγορεῖσθαι], als einzeln hingegen das, was hierzu nicht geeignet ist" (Aristoteles, De Interpretatione 17ª39–17ᵇ1). Diese Definition erinnert auffällig an (K), insbesondere dadurch, dass auch hier von der Prädikation ausgegangen wird (nur dass Frege von „fallen unter" spricht; doch es ist klar, dass ein Gegenstand Γ genau dann unter einen Begriff Φ fällt, wenn Φ sich von Γ (mit Wahrheit) aussagen lässt).[14] In diesem Sinn hat das Allgemeine (τὸ καθόλου), von dem Aristoteles hier spricht, mit Freges Begriff des Begriffs sicherlich einiges zu tun. Als Beispiel für etwas Allgemeines gibt Aristoteles „Mensch" (bzw. das durch diesen generellen Terminus Bezeichnete) an, während sein Beispiel für etwas Einzelnes „Kallias" (bzw. das durch diesen Eigennamen Bezeichnete) ist.

Bei einer Behauptung über etwas Allgemeines unterscheidet Aristoteles ferner, ob das Allgemeine dabei „in allgemeiner Weise" genommen wird oder eben nicht. Ein Satz, in dem das Allgemeine, von dem etwas ausgesagt wird, in allgemeiner Weise genommen ist, ist:

(4)   Jeder Mensch ist weiß.

---

14 Für Frege beschreiben übrigens die zwei Sätze „der Gegenstand Γ fällt unter den Begriff (des) Φ" und „der Gegenstand Γ hat die Eigenschaft Φ (zu sein)", wobei im ersten von einem *Begriff*, während im zweiten von einer *Eigenschaft* die Rede ist, ein und denselben Sachverhalt (BG, 201 f.; vgl. auch die Formulierungen im Entwurf zu BG in NL, 121 f.).

Ein Satz, in dem das Allgemeine, von dem die Rede ist, in nicht-allgemeiner Weise genommen ist, ist:

(5) Ein Mensch ist weiß

(oder „irgendein Mensch ist weiß"). Ein Beispiel, in dem nicht von etwas Allgemeinem die Rede ist, ist der Satz:

(6) Sokrates ist weiß.

Mit der Unterscheidung zwischen (4), (5) und (6) hat man die traditionelle Einteilung der Urteile der Quantität nach, nämlich (gemäß der quantitativen Bestimmung des jeweiligen Subjektausdrucks) in universale, partikuläre und singuläre.

Nun sind für Aristoteles (4), (5) und (6) allesamt einfache Behauptungssätze, also Sätze, in denen etwas von etwas ausgesagt wird. Genau an diesem Punkt setzt Frege ein und will mit seiner Unterscheidung zwischen dem Fallen eines Gegenstands unter einen Begriff und der Unterordnung eines Begriffs unter einen anderen Begriff terminologisch festhalten, dass es sich dabei um *zwei* grundverschiedene logische Relationen handelt.[15] Der Unterschied liegt nicht eigentlich – wie die aristotelische Darstellung vermuten lässt – darin, dass der zugrunde gelegte Eigenschaftsträger im einen Fall ein Individuum ist, während es sich dabei im anderen Fall um ein Universale zu handeln scheint. Dass diese Sichtweise irregeleitet ist, weist Frege (in BG, 198) eindrucksvoll durch die Frage nach der Verneinung nach. Der entscheidende Punkt ist vielmehr, dass Sätze des Typs (4) und (6) eine ganz verschiedene Art von Wahrheitsbedingung haben und dadurch auch ganz verschiedene Implikationsverhältnisse schaffen.

---

15 Die Unterscheidung zwischen (4) und (5) kann hier insofern außer Acht gelassen werden, als die primäre aristotelische Unterscheidung nur die Art des durch den Subjektausdruck Bezeichneten betrifft. Die sekundäre Unterscheidung, ob im Fall eines Universale dieses als Ganzes oder nur partiell gemeint ist, kann dadurch mit einbezogen werden, dass wir die universellen und partikulären Sätze, wie auch in der Tradition üblich, als „generelle Sätze" zusammenfassen und den singulären Sätzen gegenüberstellen. Das findet auch aus Freges Sicht darin seine Rechtfertigung, dass sich das in (5) behauptete Verhältnis durch Ausdrücke für die Unterordnung von Begriffen und zwei Verneinungen darstellen bzw. definieren lässt. Wenn wir nämlich als einen Ausdruck für die Unterordnungsrelation zwischen dem Begriff des Menschen und dem Begriff des Weißen den (mit (4) sinngleichen) Satz nehmen: „wenn etwas ein Mensch ist, so ist es weiß", und dabei sowohl den ganzen Satz als auch das Prädikat „ist weiß" verneinen, erhalten wir den Satz „es ist nicht (allgemein) der Fall, dass, wenn etwas ein Mensch ist, es nicht weiß ist", der mit (5) bzw. mit „es gibt einen weißen Menschen" sinngleich ist.

Um festzustellen, ob (6) wahr ist, muss man zuerst gemäß den Identifikationskriterien, die den Sinn des Eigennamens „Sokrates" ausmachen, das Individuum herausfinden, auf das sich der Eigenname „Sokrates" bezieht, und dann dieses daraufhin untersuchen, ob es die Eigenschaft(en) aufweist, die ein Gegenstand gemäß der Definition des Begriffsworts „weiß" haben muss, um als „weiß" charakterisiert werden zu dürfen. Bei (4) steht es ganz anders. Einerseits werden darin keine bestimmten Individuen durch Namen angegeben, die man identifizieren und daraufhin untersuchen könnte, ob ihnen die Eigenschaft *weiß zu sein* zukommt oder nicht. Andererseits hat es auch wenig Sinn, das Universale, das durch das grammatische Subjekt von (4) in irgendeinem Sinn als Eigenschaftsträger bezeichnet zu werden scheint, als Individuum zu behandeln und zu unterstellen, dass es in (4) ähnlich wie Sokrates in (6) als Träger der durch das grammatische Prädikat bezeichnete Eigenschaft in Frage kommt, denn abgesehen davon, dass es hierdurch seinen Status eines Universale verlöre, ist es wenig sinnvoll, es hinsichtlich dessen untersuchen zu wollen, ob es selbst die Eigenschaft *weiß zu sein* trägt oder nicht.

Ein Ausweg daraus scheint sich durch die Annahme zu bieten, dass dasjenige, für das das Begriffswort „weiß" in (4) steht – anders als dasjenige, für das dasselbe Begriffswort in (6) steht –, nicht als eine *Eigenschaft* anzusehen ist, die gewissen Individuen (Gegenständen) zukommt, sondern als ein *Merkmal*, das einen Teil des „Inhalts" von gewissen Universalien (bzw. Begriffen) ausmacht. Diese Sichtweise wäre aber nur dann sinnvoll, wenn wir es bei (4) mit einer analytischen Wahrheit, also mit einem definitorisch wahren Satz, zu tun hätten. Denn nur in diesem besonderen Fall würde eine Untersuchung oder Analyse des Universale an sich, auf das sich das grammatische Subjekt zu beziehen scheint, eine Auskunft darüber geben, ob in ihm das fragliche Merkmal als einer seiner Züge enthalten ist. Dass dies in (4) nicht der Fall ist, liegt auf der Hand. Eine Feststellung der Wahrheit oder Falschheit von (4) geht nämlich nicht ohne eine Untersuchung der Individuen, die das Universale *Mensch* (die Artform des Menschen) und zugleich womöglich das Universale *Weiß* (die Qualität der Weiße) exemplifizieren, d. h. derjenigen Gegenstände, die unter den Begriff des Menschen und zugleich womöglich unter den Begriff des Weißen fallen. Denn nur einzelne Gegenstände können doch weiß sein.

Satz (4) stellt eine Verallgemeinerung dar. Es geht in (4) genauso wie in (6) um Gegenstände, doch geschieht dies so, dass sie nicht einzeln benannt, sondern – wie Frege sagt – nur *unbestimmt angedeutet* werden. In (4) wird nämlich eine universelle Generalisierung über die Elemente eines Gegenstandsbereichs aufgestellt, was darauf hinausläuft, über Gegenstände unter der Begrenzung des betreffenden Bereichs zu verallgemeinern: jeder Gegenstand, der ein Mensch ist, weist die Eigenschaft *weiß zu sein* auf. Das heißt, (4) behauptet: welchen Gegenstand wir auch immer nehmen, für ihn wird gelten: erfüllt er die Bedingung, ein Mensch zu sein, dann werden wir von ihm mit Wahrheit aussagen können, dass er weiß ist. Wenn wir also der Reihe nach z. B. Sokrates, Platon und Aristoteles nehmen, so muss von jedem von ihnen gemäß (4) gelten, dass, *wenn* er ein Mensch ist, er auch weiß ist. (4) verweist also auf Sätze über *bestimmte* Gegenstände zurück wie „wenn Sokrates ein Mensch ist, so ist Sokrates weiß", „wenn Platon ein Mensch ist, so ist Platon weiß", „wenn Aristoteles ein Mensch ist, so ist Aristoteles weiß" usw. (vgl. Tugendhat / Wolf 1983, § 6.2). Das sind Sätze der Form: „wenn N. N. ein Mensch ist, so ist N. N. weiß", in denen für „N. N." je ein singulärer Terminus steht. Sollte jeder dieser Sätze nun wahr sein, wird auch (4) wahr sein. Erweist sich einer davon als falsch, so wird dies auch als Widerlegungsgrund für (4) gelten (und die Verneinung davon rechtfertigen). Dies ist die Wahrheitsbedingung von (4).

Der Wahrheitswert von (4) hängt also in bestimmter Weise von den Wahrheitswerten einer Menge von Sätzen über bestimmte Gegenstände ab, wobei (4) die Art festlegt, wie diese Sätze gebildet werden sollen. Zu Satz (6) gibt es keine solche Menge weiterer Sätze, von deren Wahrheit oder Falschheit sein Wahrheitswert abhinge. (6) ist schlicht wahr, wenn Sokrates wirklich eine weiße[16] Farbe hat (also unter den Begriff des Weißen fällt), wenn nicht, ist er falsch. Dies ist die Wahrheitsbedingung von (6). Das Wahr- oder Falschsein von (4) entscheidet sich zwar auch durch die Frage, ob gewisse Gegenstände unter den Begriff des Weißen fallen (nämlich diejenigen, die unter den Begriff des Menschen fallen), nur geschieht dies nicht, wie bei (6), durch einen direkten „Vergleich" mit der Wirklichkeit.

Paul Lorenzen bringt es auf den Punkt, indem er bemerkt: „In der aristotelischen Logik wird unsere Aussage: ‚alle Raben sind Lebewesen' als eine logische Beziehung zwischen den Begriffen Rabe und Lebewesen aufgefasst. So merkwürdig es klingt, ist es erst in der modernen Logik – und hier vor allem dank der Untersuchungen von Frege in seiner Begriffsschrift von 1879 – deutlich geworden, dass eine solche Aussage mit Hilfe von logischen Partikeln aus Grundaussagen zusammengesetzt ist" (Lorenzen 1965, 37). Die „Grundaussagen", die hier angesprochen werden, sind eben diejenigen Sätze, die das Fallen eines bestimmten Gegenstands (ggf. eines geordneten n-Tupels von bestimmten Gegenständen) unter *einen* (ggf. mehrstelligen) Begriff behaupten. Die logische Komplexität der generellen Sätze – ihre „Zusammengesetztheit" aus singulären Sätzen – ergibt sich aus dem Umstand, dass ein genereller Satz, wie gesagt, in seiner Wahrheitsbedingung auf singuläre Sätze zurückverweist. Diese sind jedoch nicht als echte Teile des generellen Satzes aufzufassen. Sie lassen sich mit ihm aber insofern als „gegeben" ansehen, als er sie

---

16 Das Wort „λευκός" aus dem Beispiel des Aristoteles bedeutet neben „weiß" auch „blass", also eine (Haut)Farbe, die nach dem antiken Schönheitsideal Menschen aristokratischer Abstammung hatten, da sie eben keine Feldarbeit unter der Sonne zu verrichten hatten und ihre Haut daher nicht notgedrungen dunkel war.

in bestimmter Weise rein formal – also nicht materiell, nicht auf der Grundlage der Bedeutung der in ihm vorkommenden inhaltlichen Worte wie „Mensch" und „weiß" – impliziert. Dies erfolgt dadurch, dass ein genereller Satz auf die eine oder andere Weise einen Ausdruck für eine Verallgemeinerung (eine „Allgemeinheitsbezeichnung") enthält.

12.8 Allgemeinheit: Übergänge zum Besonderen und zum Einzelnen

Es spricht einiges dafür, dass Freges Auffassung der generellen Sätze Ideen zu Grunde liegen, die in der Notation der Arithmetik realisiert sind und die dort dadurch zur Anwendung kommen, dass *Buchstaben* auf eine Weise zum Ausdruck der Allgemeinheit dienen, die es erlaubt, mit ihrer Hilfe Gesetze zu formulieren, die allgemein im Bereich der Zahlen gelten und somit Verallgemeinerungen über Zahlindividuen darstellen.[17] Zu diesem Zweck werden Buchstaben wie „a", „b", „c", ... als Variablen – d. h. als Zeichen, die insofern eine „veränderliche" Bedeutung haben, als sie verschiedene Werte annehmen können – verwendet, welche Zahlen nur unbestimmt vertreten. Die Verwendung von Buchstaben als Variablen baut ihrerseits auf der Verwendung der Ziffern „1", „2", „3", ... als Konstanten auf, d. h. als Zeichen, die in dem Sinn eine feste Bedeutung haben, dass sie jeweils eine ganz bestimmte Zahl bezeichnen. Zwar bedient sich bereits Aristoteles in seiner Syllogistik der Buchstaben, doch er verwendet sie ausschließlich als Variablen für *generelle Termini*. Dadurch gelangt er dann zwar zu einer gewissen Formalisierung von Sätzen, er ist aber nicht in der Lage, die Struktur des gewöhnlichen Verallgemeinerns über Gegenstände darzustellen. Vielmehr wird diese Struktur durch seine Schlusslehre sogar eher verdeckt, indem darin die Unterschiede der Implikationsbeziehungen zwischen generellen und singulären Sätzen unter den Tisch fallen. Erst in der arithmetischen Notation wird von Buchstaben als Variablen für *singuläre Termini* ein Gebrauch gemacht, der auf eine logisch durchsichtige Weise Verallgemeinerungen über Individuen ermöglicht. Betrachten wir z. B. die Sätze:

(7) $(a + b) \cdot c = a \cdot c + b \cdot c$

---

[17] Für Frege war die Verwendung von Buchstaben zum Ausdruck der Allgemeinheit ein so wichtiger Zug der arithmetischen Notation, dass er ihre Aufnahme in seine logische Notation an prominenter Stelle, nämlich im Untertitel der *Begriffsschrift*, als eine „der arithmetischen nachgebildeten Formelsprache", hervorhob (vgl. die Erläuterung in BS, IV, 1).

und

(8) $$(1+2) \cdot 3 = 1 \cdot 3 + 2 \cdot 3.$$

Während (7) ein Gesetz ausdrückt, das *allgemein* für Zahlen gilt, ist in (8) von drei bestimmten Zahlen, nämlich von der Eins, der Zwei und der Drei, die Rede. Während (7) also eine universelle Behauptung aufstellt, handelt es sich bei (8) um den Ausdruck einer singulären Behauptung. Logisch gesehen, stellt (8) eine Identitätsaussage dar, die behauptet, die durch den komplexen singulären Terminus „(1 + 2) · 3" bezeichnete Zahl sei dieselbe wie die durch den komplexen singulären Terminus „1 · 3 + 2 · 3" bezeichnete. Im Gegensatz dazu bezeichnen die Ausdrücke „(a + b) · c" und „a · c + b · c" für sich genommen nichts, weil die in ihnen vorkommenden Buchstaben „a", „b", „c" für sich genommen nichts bezeichnen. Erst innerhalb von (7), wo mit dem Gleichheitszeichen der Ausdruck einer Funktion ins Spiel kommt, deren Werte Wahrheitswerte sind, dienen diese Buchstaben dazu, Allgemeinheit auszudrücken, d. h. der Gleichung Allgemeinheit zu verleihen, indem mit ihrer Hilfe in der Symbolik der Arithmetik die folgende universelle Generalisierung dargestellt wird: welche drei Zahlen wir auch immer nehmen, das Produkt aus der Summe der ersten beiden Zahlen und aus der dritten Zahl wird der Summe aus dem Produkt der ersten und der dritten und aus dem Produkt der zweiten und der dritten Zahl gleich sein.

Es ist dabei wichtig, dass man am Typ der Zeichen, die in (7) und (8) vorkommen, ablesen kann, dass (8) ein besonderer Fall von (7) ist, bzw. dass (8) – als eine Spezialisierung von (7) – von (7) logisch impliziert wird. (8) geht nämlich dadurch aus (7) hervor, dass man die unbestimmt andeutenden Buchstaben, die in (7) in Verbindung mit dem Gleichheitszeichen zum Ausdruck der Allgemeinheit dienen, durch Namen für bestimmte Zahlindividuen ersetzt, dafür also gewissermaßen „singuläre Termini" auf dem Bereich der Zahlen einsetzt. Umgekehrt kann man auch sagen, dass man von (8) zu einer Generalisierung wie (7) gelangt, indem man eine oder zwei oder alle drei in (8) vorkommenden Ziffern durch andere Zahlzeichen ersetzbar denkt und die Stellen, die im Hinblick auf diese Ersetzbarkeit variabel erscheinen, mit Buchstaben besetzt, die dann anzeigen, dass, welche Zahlzeichen auch immer für sie eingesetzt werden, sich daraus der Ausdruck einer wahren Gleichung – der Art von (8) – ergeben wird. Der soeben geschilderte Ausgang von Behauptungen über bestimmte Zahlen und die *darauf* angewendete Ersetzungsmethode sind der Grund dafür, dass man sagen kann, die Verwendung von Buchstaben als Zahlenvariablen (die zum Ausdruck der Allgemeinheit dienen sollen) beruhe auf der Verwendung von Zahlzeichen als Individuenkonstanten (die für bestimmte Zahlen stehen).

Allerdings baut (7) als universelle Generalisierung insbesondere auf einer Vereinbarung für die Verwendung der Buchstaben „a", „b" und „c" auf, die festlegt, dass es sich dabei eben um Zeichen handelt, die zum Ausdruck einer Verallgemeinerung gebraucht werden. Um diese Vereinbarung oder Regel explizit zu machen, kann man einen Hinweis darauf in (7) mit hinzunehmen und den Satz:

(7*) Welches auch die Zahlen a, b und c seien, $(a + b) \cdot c = a \cdot c + b \cdot c$

bilden (dafür kann man sich auch anderer Ausdrucksweisen bedienen wie etwa „für alle Zahlen a, b und c gilt, dass ..."). Für den wortsprachlichen „Vorspann" in (7*) kann man nun eine eigene Notation einführen,[18] die die „Bindung" der Variablen ausdrückt:

(7**) $\qquad\qquad\forall_x \forall_y \forall_z [(x+y) \cdot z = x \cdot z + y \cdot z]$.

Wichtig bei (7**) ist, dass dies genau die Art und Weise ausdrückt, wie nach Frege das *Verhältnis* zwischen generellen Sätzen und ihren besonderen Fällen, nämlich den entsprechenden (Mengen von) singulären Sätzen, in Zeichen zu veranschaulichen ist. Generelle Sätze sind nämlich nicht unabhängig vom Sprechen über Gegenstände. In ihnen ist immer – bedeutungsmäßig oder, wenn man so will, „wahrheitsbedingungsmäßig" – ein Rückverweis auf singuläre Sätze mitgegeben. Dies wird in der logischen Notation im Anschluss an Frege durch die Verwendung von Buchstaben explizit gemacht, welche Gegenstände nur unbestimmt andeuten – und aufgrund dessen dann auch dadurch, dass darin Zeichen für Begriffe ausschließlich prädikativ vorkommen.

Im Nachlassstück *Logische Allgemeinheit*, das der vierte Teil der *Logischen Untersuchungen* hätte werden sollen, vergleicht Frege (NL, 279 f.) die wortsprachlichen Sätze:

(ϑ_1) Alle Menschen sind sterblich,
(ϑ_2) Jeder Mensch ist sterblich

und

(ϑ_3) Wenn etwas ein Mensch ist, ist es sterblich

miteinander und bemerkt, dass die Ausdrucksweise von (ϑ_3), wo die Allgemeinheit durch die unbestimmt andeutenden Pronomina „etwas" und „es" ausgedrückt

---

[18] Freges „Höhlungszeichen", das in Verbindung mit Frakturbuchstaben als begriffsschriftliches Gegenstück zu diesem Vorspann fungiert, wird hier durch den Allquantor „$\forall$" wiedergegeben, wobei die in der Arithmetik zum Ausdruck der Allgemeinheit dienenden Buchstaben durch die in der modernen Logik üblichen Individuenvariablen „x", „y", „z" ersetzt werden.

wird, logisch denjenigen von (ϑ_1) und (ϑ_2), in denen dies durch die Worte „alle" und „jeder" geschieht, vorzuziehen sei, weil im Ausgang von (ϑ_3) der Übergang zu besonderen Fällen – d. h. der *Schluss* vom Allgemeinen auf das Besondere – unmittelbar vollzogen werden könne, und zwar dadurch, dass „die unbestimmt andeutenden Satzteile durch bestimmt bezeichnende" ersetzt würden. So kann man aus (ϑ_3) z. B. den Satz:

(N) Wenn Napoleon ein Mensch ist, ist Napoleon sterblich

ableiten.[19] Natürlich folgt (N) „inhaltlich" auch aus (ϑ_1) oder (ϑ_2), die mit (ϑ_3) sinngleich sind. Aber dies lässt sich nicht durch eine einfache syntaktische Transformation ausdrücken.

12.9 Eigennamen als Teile von komplexen Begriffsausdrücken

Die *grammatisch einfachen* Sätze (ϑ_1) und (ϑ_2) sind in der traditionellen Logik – in Ermangelung einer scharfen Unterscheidung zwischen grammatisch-syntaktischer und logisch-semantischer Form – irreführend als *logisch einfach* aufgefasst worden, d. h. als Sätze, die „der Relation nach" bloß ein Verhältnis zwischen Subjekt und Prädikat, zwischen Zugrundegelegtem und vom Zugrundegelegten Ausgesagtem, aufweisen. Wir haben jedoch gesehen, dass aus (ϑ_2) – zumindest über (ϑ_3) – etwas über z. B. Napoleon folgt. Keine derartige Folgerung kann aus dem singulären Satz:

(S) Sokrates ist sterblich

gezogen werden. In (S) wird das Prädikat „ist sterblich" auf denjenigen Gegenstand angewendet, der durch den Eigennamen „Sokrates" benannt wird. In (ϑ_2), wo dasselbe Prädikat vorkommt, wird nichts benannt. Das grammatische Subjekt „jeder Mensch" fungiert nicht als ein benennender Ausdruck. Und das Begriffswort „Mensch", das davon den inhaltlichen Teil bildet, weist hierbei seiner se-

---

19 Im Anschluss an diese Stelle fährt Frege (NL, 280) folgendermaßen fort: „Wegen dieser Möglichkeit des Überganges vom Allgemeinen zum Besondern sind Ausdrücke der Allgemeinheit mit unbestimmt andeutenden Satzteilen allein für uns brauchbar; aber wenn wir auf ,etwas' und ,es' beschränkt wären, könnten wir nur ganz einfache Fälle behandeln. Es liegt nun nahe, die Weise der Arithmetik anzunehmen, indem wir als unbestimmt andeutende Satzteile Buchstaben wählen: ,Wenn *a* ein Mensch ist, ist *a* sterblich'."

mantischen Rolle gemäß eine Art von impliziter „Prädikativität" auf, die man explizit macht, wenn man „jeder Mensch" umformuliert z. B. als „jedes, was ein Mensch ist", wo bereits das Wort „Mensch" den inhaltlichen Teil des prädikativen Ausdrucks „ein Mensch ist" bildet. Ein grundlegender Unterschied zwischen (ϑ_2) und (S) ist es also, dass (S) einen benennenden Ausdruck enthält, d. h. einen Ausdruck, der für einen *Gegenstand* steht, während das in (ϑ_2) nicht der Fall ist.

Ein benennender Ausdruck braucht aber nicht unbedingt die Position des grammatischen Subjekts einzunehmen. Ein solcher kann z. B. auch im Satzprädikat – als ein Teil davon – enthalten sein, so wie etwa der Ausdruck „die Venus" in:

(8)   Der Abendstern ist die Venus

oder der Eigenname „Schweden" in:

(9)   Stockholm ist die Hauptstadt von Schweden.

Vergleichen wir (8) mit:

(10)   Der Abendstern ist ein Planet.

Hier tritt nach dem „ist" kein benennender, sondern ein klassifizierender Ausdruck auf, und wir können feststellen, dass (8) und (10) formal – d. h. aufgrund des bloßen Umstands, dass die Kopula im ersten Fall um einen benennenden bzw. identifizierenden Ausdruck, im zweiten um einen klassifizierenden Ausdruck ergänzt wird – ein durchaus verschiedenes inferentielles Potential aufweisen. Während sich z. B. aus Satz (8) und

(11)   Der Morgenstern ist die Venus,

der genauso wie (8) den prädikativen Ausdruck „ist die Venus" enthält,

(12)   Der Abendstern ist der Morgenstern

ableiten lässt, folgt aus Satz (10) und

(13)   Der Mars ist ein Planet,

der genauso wie (10) den prädikativen Ausdruck „ist ein Planet" enthält, keineswegs

(14)   Der Abendstern ist der Mars,

obwohl (14) auf dieselbe Weise aus den Subjektausdrücken von (10) und (13) gebildet wird wie (12) aus denjenigen von (8) und (11). Man sieht also, dass es ein wesentlicher logischer Unterschied ist, ob die Kopula – wie in (8) – um einen „Gegenstandsnamen" oder – wie in (10) – um ein „Begriffswort"[20] ergänzt wird.

Satz (9) lässt uns eine weitere von Freges neuen Thesen erkennen. Sie lautet, dass aus logischer Sicht ein Satz wie (9) nicht an die grammatische Subjekt/Prädikat-Deutung gebunden zu bleiben braucht, der zufolge etwa in (9) über Stockholm als dem Referenten des grammatischen Subjekts ausgesagt wird, dass ihm die Eigenschaft *die Hauptstadt von Schweden zu sein* zukommt, die dann als der Inhalt des grammatischen Prädikats anzusehen ist. Vielmehr ist (9) – logisch durchaus gleichberechtigt– *auch* als eine Aussage über Schweden *analysierbar*. Denkt man nämlich in (9) den Eigennamen „Schweden" durch andere benennende Ausdrücke (etwa durch andere Staatsnamen) ersetzbar, so erhält man als einen konstanten Teil das Satzfragment „Stockholm ist die Hauptstadt von ...", das als ein Ausdruck der Eigenschaft *etwas zu sein, dessen Hauptstadt Stockholm ist* aufgefasst werden kann. Denn vervollständigt man es zu einem Satz, z. B. durch den Namen „Norwegen", bekommt man etwas Falsches, ergänzt man es durch „Schweden", bekommt man etwas Wahres. Es lässt sich also sagen, dass Schweden unter den Begriff, der durch den konstanten Teil „Stockholm ist die Hauptstadt von ..." bedeutet wird, fällt, nicht aber Norwegen. Dann aber kann man (9) genauso gut in „Schweden" als logisches Subjekt und „Stockholm ist die Hauptstadt von ..." als logisches Prädikat (als Ausdruck des Begriffs *etwas, dessen Hauptstadt Stockholm ist*) zerlegen, wie in „Stockholm" als logisches Subjekt und „... ist die Hauptstand von Schweden" als logisches Prädikat. Was als logisches Subjekt und was als logisches Prädikat auftritt, wird in diesem Fall durch eine Analyse entschieden, die nicht der grammatischen Subjekt/Prädikat-Unterscheidung folgen muss, sondern sich vor allem an der Frage zu orientieren hat, was wovon ausgesagt wird; und dabei spielt die Unterscheidung von Begriff und Gegenstand – bzw. von einem etwas-aussagenden und einem etwas-benennenden Ausdruck – eine grundlegende Rolle. Sowohl „Stockholm" als auch „Schweden" bedeuten *Gegenstände*, und sowohl „... ist die Hauptstand von Schweden" als auch „Stockholm ist die Hauptstadt von ..." bedeuten *Begriffe*. Für die Wahrheit von (9) ist es nur von Bedeutung, ob der in Frage kommende Gegenstand unter den in Frage kommenden Begriff fällt. Ob dabei die Bezeichnung des Gegenstands an der grammatischen Subjektstelle vorkommt, erachtet Frege als rhetorisches Beiwerk. Man sieht das auch daran, dass (9) denselben Gedanken ausdrückt wie

---

20 Da es sich beim Begriffswort „Planet" um ein Substantiv handelt, das einen „Sortalbegriff" bedeutet, verlangt die deutsche Grammatik zudem die Verwendung eines unbestimmten Artikels.

(9*) Schweden ist dasjenige (Land), dessen Hauptstadt Stockholm ist.

Wenn dem so ist und wenn, wie Frege denkt, der Gedanke – und nicht der Satz[21] – der eigentliche Wahrheitsträger ist, dann ist es für das Schließen aus *dieser* Wahrheit irrelevant, ob in deren Ausdruck der Eigenname „Schweden" an der grammatischen Subjektstelle vorkommt – wie in (9*) – oder nicht – wie in (9). Für die *Wahrheit* des Gedankens, den (9) und (9*) ausdrücken, ist es natürlich nicht irrelevant, welches die Gegenstände sind, auf die man hier sprachlich Bezug nimmt, wobei eine notwendige Bedingung für die Möglichkeit der Bezugnahme darin liegt, *dass* man in (9) und (9*) benennende Ausdrücke verwendet. Und für den *Gedanken* selbst ist außerdem nicht irrelevant, *wie* man auf diese Gegenstände Bezug nimmt. Denn man kann auf Stockholm auch mit der Kennzeichnung „die größte Stadt Skandinaviens" Bezug nehmen, die aber auf eine andere Weise auf Stockholm hinführt (vgl. WB, 234) bzw. einen anderen Sinn hat als der Eigenname „Stockholm"; so dass ihre Einsetzung für „Stockholm" in (9) oder (9*) den Satzsinn – den ausgedrückten Gedanken – ändert (und dasselbe tritt natürlich auch bei der Ersetzung von „Schweden" durch einen sinnverschiedenen, wenn auch referenzgleichen singulären Terminus wie etwa „das größte Land Skandinaviens" ein).

Bei einem Satz, in dem mehrere Ausdrücke benennend verwendet werden, sind also verschiedene logische Analysen in „logisches Subjekt" („Gegenstandsausdruck") und „logisches Prädikat" („Begriffsausdruck") möglich. Da in (9) *prima facie* zwei benennende Ausdrücke vorkommen, nämlich die Eigennamen „Stockholm" und „Schweden", sind mindestens die zwei erwähnten Analysen möglich. Diese lassen sich allerdings dadurch in einer dritten Analyse zusammenfassen, dass man beide mit Eigennamen ausgefüllten Stellen zugleich als veränderlich auffasst (also unbesetzt denkt), und dadurch als konstanten Satzteil den zweifach ergänzungsbedürftigen Ausdruck „... ist die Hauptstadt von ..." erhält. Diese Zerlegungsweise kann man nun um den Gesichtspunkt erweitern, dass man nicht mehr nur das als Prädikat betrachtet, was durch ein einziges logisches Subjekt zu einem Satz ergänzt wird, sondern auch das, was einer mehrfachen Ergänzung bedarf, um einen wahrheitswertfähigen Ausdruck hervorzubringen. Solche mehrfach ergänzungsbedürftigen Satzteile können dann „mehrstellige Prädikate" genannt und als Bezeichnungen von Relationen aufgefasst werden (Frege nennt sie zwar nicht so, aber diese Auffassung geht auf ihn zurück; vgl. bereits BS, § 9 f.). Dann haben wir in (8) – bei *dieser* Analyse – das zweistellige Prädikat „... ist die Hauptstadt von ..." und die zwei logischen Subjekte „Stockholm" und „Schweden". Die Analogie zum traditionellen Prädikatbe-

---

21 (9) und (9*) sind ja sprachlich verschiedene Sätze.

griff ergibt sich nun daraus, dass man auch in diesem Fall davon reden kann, dass etwas von etwas ausgesagt (prädiziert) wird: In (8) ist dies nämlich die *Relation*, die zwischen einem Staatsgebilde und der Stadt, die den Sitz seiner zentralen Institutionen beherbergt, besteht, die von den *Gegenständen* Stockholm und Schweden ausgesagt wird. Da es jedoch nicht beliebig ist, welcher Gegenstand welche Position in der Relation einnimmt (ob nämlich behauptet wird, dass Stockholm die Hauptstadt von Schweden sei, oder Schweden die Hauptstadt von Stockholm), spricht man hier genauer von einem geordneten Paar von Gegenständen. In (9) wird also, wenn man es so analysiert, unsere Relation von dem geordneten Paar ⟨Stockholm, Schweden⟩ prädiziert. Und unter den zweistelligen Begriff, den der Relationsausdruck „ist die Hauptstadt von" bedeutet, fallen weiter z. B. die geordneten Paare ⟨Oslo, Norwegen⟩, ⟨Kopenhagen, Dänemark⟩ usw. Sollte bei der Analyse eines Satzes der Ausdruck einer Relation zwischen drei, vier usw. Gegenständen herauskommen, spricht man entsprechend von einem geordneten Tripel, Quadrupel usw. von Gegenständen.

Bei genauerem Hinsehen merkt man jedoch, dass auch die Wortverbindung „die Hauptstadt von Schweden", von dem der Eigenname „Schweden" nur ein Teil ist, selbst ein benennender Ausdruck ist. Sie bezieht sich als Kennzeichnung auf denselben Gegenstand, auf den sich das Wort „Schweden" als Eigenname bezieht. (9) kann also *auch* als eine Identitätsaussage analysiert werden, in der zwei singuläre Termini das als Identitätsausdruck verstandene „ist" flankieren. Das „ist" hat hier – wie bei dieser Analyse klar wird – den Sinn von „ist dasselbe wie", „ist nichts anderes als" und kann daher durch das Gleichheitszeichen wiedergegeben werden: „Stockholm = die Hauptstadt von Schweden". Freges Ersetzungsmethode lässt sich nun auch auf die Kennzeichnung „die Hauptstadt von Schweden" anwenden. Dadurch zerfällt sie in den Funktor „die Hauptstadt von …", der diejenige Funktion bedeutet, die Staaten als Argumente auf deren Hauptstädte als Funktionswerte abbildet, und den Eigennamen „Schweden", der somit als ein Argumentausdruck aufzufassen ist.

12.10 Die Durchsichtigkeit der sprachlichen und der logischen Formen

Betrachten wir schließlich noch die Sätze:

(15)   Sokrates war ein Lehrer von Platon

und

(16) Platon war ein Schüler von Sokrates.

Nach der traditionellen Betrachtungsweise handelt es sich bei (15) und (16) um zwei Sätze, in denen sowohl verschiedene Subjektausdrücke – „Sokrates" in (15) und „Platon" in (16) – als auch verschiedene Prädikate – „ist ein Lehrer von Platon" in (15) und „ist ein Schüler von Sokrates" in (16) – vorkommen. Diese Analyse ist in bestimmten Hinsichten berechtigt, aber nicht in der Lage, die Implikationsbeziehungen zwischen (15) und (16), die ja schon intuitiv einleuchten, zu explizieren. Das sieht man besonders deutlich, wenn man (15) und (16) gemäß dieser Analyse formalisiert: „F(a)" und „G(b)" in der Sprache der modernen Logik oder „S_1 ist ein P_1" und „S_2 ist ein P_2" in derjenigen der traditionellen. Doch weder „F(a)" hat logisch etwas mit „G(b)" zu tun, noch „S_1 ist ein P_1" mit „S_2 ist ein P_2". Die traditionelle Analyse verbleibt also ausgerechnet dann auf der grammatischen Oberfläche, wenn es darum geht, die Folgerungsbeziehungen zu untersuchen, in die (15) und (16) eintreten können. Denn sie trägt keinerlei Rechnung dafür, dass mit (15) und (16) *dasselbe* gesagt wird und hierbei *über dasselbe* gesprochen wird oder – mit anderen Worten –, dass damit derselbe *Gedanke* ausgedrückt (und als wahr hingestellt) wird und hierbei auf dieselben *Gegenstände* Bezug genommen wird.

Anstatt die grammatischen Strukturelemente des Satzes als logische Bausteine anzusehen, aus denen eine Behauptung zusammenzufügen ist, geht Frege vom ganzen Satz als der kleinsten sprachlichen Einheit aus, die eigenständig in einem Schlusszusammenhang eine Rolle spielt. Bereits das Kontextprinzip deutete an, dass erst ein ganzer Satz und nicht schon ein Satzteil – sofern dieser nicht selbst schon ein wahrheitswertfähiger Satz ist – als Ausdruck eines Gedankens, d. h. eines als wahr oder falsch beurteilbaren Inhalts und somit, wenn dieser *wahr* ist, eines Erkenntnisinhalts (NL, 286) auftreten kann. Frege gewinnt die Gedankenteile und damit die Einteilung in Begriffe und Gegenstände durch eine Zerlegung des in Frage kommenden Gedankens[22], wobei die Begriffe und Gegenstände nicht selbst schon Gedankenteile sind, sondern durch solche Zerlegungen erst „gegeben" oder „bestimmt" werden.[23] Das kann allerdings nur anhand der Analyse eines Satzes geschehen, der den betreffenden Gedanken ausdrückt. Denn wir haben nach Frege keinen anderen Zugang zu einem Gedanken als durch einen Satz (NL, 288).[24] Bei der Zerlegung ist dann natürlich der Satzbau ausschlag-

---

22 Vgl. dazu den Beitrag von Ricketts in diesem Band.
23 Zur Frage nach den Gedankenteilen bzw. den Teilen des Satzsinns vgl. Polimenov 2013; zur Frage danach, wie der Sinn eines Ausdrucks dessen Referenz festlegt vgl. Künne 2010, Kap. 1, § 2.2.
24 Das Fassen eines Gedankens fällt für Frege mit dem *Verstehen* eines (diesen Gedanken ausdrückenden) Satzes zusammen (vgl. NL, 250, 279).

gebend (GGF, 36),²⁵ aber eben nicht die grammatische Unterscheidung zwischen Subjekt und Prädikat. Es kann beim Ausdruck eines Gedankens, wie dargelegt, je nach Analyse und nach Satztyp bald dies, bald das als logisches Subjekt oder Prädikat aufgefasst werden.²⁶

Für die Behandlung von (15) und (16) bedeutet dies: Wenn wir darin übereinkommen können, dass (15) und (16) dasselbe sagen bzw. denselben Gedanken ausdrücken, dann folgt daraus, dass die traditionelle Analyse damit falsch liegt, dass sie annimmt, dass in (15) und (16) verschiedene *logische* Subjekte und Prädikate vorliegen; denn aufgrund der anerkannten Gedankengleichheit²⁷ von (15) und (16) muss als ausgemacht gelten, dass (15) und (16) sich (i) auf dieselben Gegenstände beziehen und (ii) von diesen dasselbe aussagen müssen, wenn sie denselben „Sachverhalt" darstellen sollen. Es müssten in (15) und (16) also entweder dieselben oder zumindest sinngleiche *logische* Subjekte und Prädikate Anwendung gefunden haben. Am nächsten liegt es daher, unabhängig von der jeweiligen Wortstellung erst einmal alle benennenden Ausdrücke als logische Subjekte zum Tragen kommen zu lassen, denn es liegt auf der Hand, dass in beiden Sätzen, wenn auch an verschiedenen Stellen, genau dieselben Eigennamen vorkommen, und dass infolgedessen letztendlich auch von denselben Gegenständen die Rede ist. In (15) wird also nicht nur über Sokrates, sondern auch über Platon gesprochen, und in (16) nicht nur über Platon, sondern auch über Sokrates. Die traditionelle Logik verdeckt dies jedoch durch ihr Festhalten an der grammatischen Subjekt/Prädikat-Unterscheidung.

Um kenntlich zu machen, dass die benennenden Ausdrücke in (15) und (16) dieselben sind, sollte man beide Sätze daher so formalisieren, dass man sie in je zwei singuläre Termini (Gegenstandsausdrücke) und ein zweistelliges Prädikat (Relationsausdruck) zerlegt und dafür entsprechende Buchstaben wählt: „R(a,b)" und „Q(b,a)", wobei „a" für „Sokrates", „b" für „Platon", „R(…, …)" für „… war ein Lehrer von …" und „Q(…, …)" für „… war ein Schüler von …" steht. Bei „R(a,b)" und

---

25 Vgl. auch FB, 7: „In dem Ausdruck erkennen wir die Funktion dadurch, daß wir ihn zerlegt denken; und eine solche mögliche Zerlegung wird durch seine Bildung nahe gelegt."
26 Frege selbst betrachtete seine Methode, vom ganzen Satz als „Urteilsausdruck" und nicht vom grammatischen Subjekt und Prädikat als „Begriffsausdrücken" auszugehen, als entscheidend für die Herausbildung des Unterschieds zwischen seiner logischen Theorie und der in der Tradition entwickelten Logik, einschließlich der Algebra der Logik (ZBS, 5; NL, 273).
27 Frege erörtert in seinen Argumenten öfter Kriterien für Gedankengleichheit (auf die aus Platzgründen hier nicht eingegangen werden kann), vgl. FB, 13 f.; SB, 32; NL, 213; WB, 128, 234 ff., 240; GED, 65 (vgl. dazu auch Polimenov 2013, 22). Eine besondere Stellung nimmt ein Kriterium ein, das Frege deshalb als objektiv erachtet, weil es nicht auf kognitive Einstellungen verweist, sondern als Basis die Folgerungen aus sinngleichen Sätzen nimmt (vgl. WB, 105 f., aber auch bereits BS, 2 f.).

„Q(b,a)" sieht man schon an den Zeichen, dass hierin von denselben Gegenständen die Rede ist, allerdings noch nicht, dass dasselbe von ihnen ausgesagt wird. Damit ist zumindest Teil (i) der Aufgabe, im Hinblick auf ihre logischen Strukturen die Gedankengleichheit von (15) und (16) durchsichtig zu machen, gelöst, denn in den symbolischen Übersetzungen „R(a,b)" und „Q(b,a)" kommen ja dieselben Subjekte zur Anwendung, obwohl sie dabei zwei verschiedene zweistellige Prädikate ergänzen. Dies mag genügen, um auch am Beispiel eines Satzes, mit dem keine Identitätsaussage gemacht wird, Freges Abkehr von der Orientierung an der grammatischen Subjekt/Prädikat-Unterscheidung zu erläutern.

Was (ii) angeht – nämlich nicht nur zu erklären, wie in (15) und (16) auf dieselben Gegenstände Bezug genommen wird, sondern auch wie von ihnen dasselbe ausgesagt wird –, so ist hier im Unterschied zu (i), wo eine formale Erklärungsstrategie möglich ist, eher eine inhaltliche Analyse geboten. Denn in (15) und (16) bzw. in „R(a,b)" und „Q(b,a)" kommen ja nicht dieselben Prädikate vor, wie darin dieselben singulären Termini vorkommen. Hier muss man also auf den Inhalt bzw. die Definitionen der Begriffswörter „Lehrer" und „Schüler" zurückgreifen. Man sieht dann: Es handelt sich dabei um Ausdrücke von konversen Relationen, denn es gilt notwendig: $\forall_x \forall_y [R(x,y) \leftrightarrow Q(y,x)]$. Daher lassen sich bei Vertauschen der Positionen der singulären Termini die zwei Prädikate „R(..., ...)" und „Q(..., ...)" für einander einsetzen, ohne dass dadurch die Beschreibung eines neuen Sachverhalts entstünde.

12.11 Ausblick: Formale Begriffe

Von besonderer Bedeutung für die weitere Erörterung der Begriffe *Begriff* und *Gegenstand* ist die These des frühen Wittgenstein, dass es sich dabei um „formale Begriffe" handelt (vgl. LPA, 4.126–4.12721). Im Unterschied zu den gewöhnlichen Begriffen wie *Stein, Baum, Mensch, Haus* usw., die wir verwenden, um Realien in der Welt zu beschreiben, sind die formalen Begriffe, zu denen auch *Tatsache, Sachverhalt, Relation, Eigenschaft, Komplex, Funktion, Zahl* u. a. zählen, solche, die man in der Logik – ohne sich freilich darüber im Klaren gewesen zu sein, dass sie keine genuin weltbezogenen Begriffe sind – verwendet hat, um die logischen Strukturen in der Sprache zu beschreiben, die diese erst befähigen, die Welt zu repräsentieren. Im Unterschied zu Begriffen wie *Satz, Prädikat, Name, Kennzeichnung, Zahlwort*, bei denen der Sprachbezug explizit ist, merkt man bei den formalen Begriffen nämlich nicht auf den ersten Blick, dass man damit eben nicht wie gewöhnlich über die Welt spricht, sondern sich reflektierend auf dieses

Sprechen über die Welt und letztlich auf den formalen Rahmen, in dem die sprachliche Repräsentation der Welt vor sich geht, bezieht.

Literatur

Aristoteles (De Interpretatione): Hermeneutik / Peri hermeneias. Griechisch – deutsch, hg., übers. u. erläutert v. Weidemann, Hermann, Berlin / Boston 2015.
Carl, Wolfgang (1982): Sinn und Bedeutung. Studien zu Frege und Wittgenstein, Königstein/Ts.
Frege, Gottlob (1914): Logik in der Mathematik. Nach der Mitschrift von Rudolf Carnap. Unter Mitwirkung von v. Bülow, Christopher und Parakenings, Brigitte, hg. v. Gabriel, Gottfried. In: Tolksdorf, Stefan / Tetens, Holm (Hg.), In Sprachspiele verstrickt – oder: Wie man der Fliege den Ausweg zeigt, Berlin / New York 2010, 467–491.
Geach, Peter, T. (1968): History of the corruptions of logic. In: ders.: Logic Matters, Berkeley, Los Angeles 1972, 44–61.
Holenstein, Elmar (1983): Die Bedeutung von Bedeutung bei Frege. Ein philologischer Essay. In: Conceptus XVII (No. 40–41), 65–74.
Kerry, Benno (1887): Über Anschauung und ihre psychische Verarbeitung. Vierter Artikel. In: Vierteljahrsschrift für wissenschaftliche Philosophie 11, 249–307.
Kienzler, Wolfgang (2009): Begriff und Gegenstand. Eine historische und systematische Studie zur Entwicklung von Gottlob Freges Denken, Frankfurt am Main.
Künne, Wolfgang (2010): Die Philosophische Logik Gottlob Freges. Ein Kommentar mit den Texten des Vorworts zu *Grundgesetze der Arithmetik* und der *Logischen Untersuchungen I–IV*, Frankfurt am Main.
Kutschera, Franz v. (1989): Gottlob Frege. Eine Einführung in sein Werk, Berlin, New York.
Leibniz, Gottfried W. (1704): Neue Abhandlungen über den menschlichen Verstand. Französisch und deutsch, hg. v. Engelhardt, Wolf v. / Holz, Hans H., Frankfurt am Main 1961.
Lorenzen, Paul (1965): Methodisches Denken. In: ders., Methodisches Denken, Frankfurt am Main, 24–59.
Polimenov, Todor (2013): Teile des Sinns und Teile der Bedeutung. In: Wismarer Frege-Reihe 02/2013, 11–31.
Rohr, Tabea (2020): Freges Begriff der Logik, Paderborn.
Tugendhat, Ernst / Wolf, Ursula (1983): Logische-semantische Propädeutik, Stuttgart.

Christoph Demmerling
13 Zeichen und Bezeichnetes – die konsequente Verwendung von Anführungszeichen und die Begründung der Semantik

Im alltäglichen Leben finden Anführungszeichen kaum Beachtung. In der Schule und im Studium hat man gelernt sie in der Schriftsprache vor allem im Zusammenhang mit Zitaten zu verwenden, wenn man die Worte eines anderen, seien sie von diesem geschrieben oder gesprochen worden, auf direkte Weise anführt. Anführungszeichen kennzeichnen wörtliche Zitate und in wissenschaftlichen Arbeiten müssen sie verwendet werden, wenn direkt zitiert wird. Anführungszeichen werden aber nicht nur im Kontext von Zitaten verwendet und sie dienen nicht nur der Anführung im engeren Sinne. Gebraucht werden die Zeichen auch zur Anführung von Buch- oder Aufsatztiteln. Sie können verwendet werden, um einen Ausdruck oder eine Gruppe von Wörtern hervorzuheben, auf die man sich in besonderer Weise beziehen möchte. Ihre Verwendung ist zudem möglich, wenn man sich vom Gebrauch eines Ausdrucks distanzieren oder ihn abweichend von üblichen Verwendungen beispielsweise uneigentlich, nicht-wörtlich oder metaphorisch gebrauchen möchte. In diesem Fall verwendet man die Anführungszeichen modalisierend.

In den unterschiedlichen Schriftsprachen werden traditionell unterschiedliche Zeichen zur Anführung verwendet. Im Deutschen mustergültig sind die runden Varianten, die an einem Ende einen Auslaufpunkt oder Tropfen besitzen, wobei das öffnende Zeichen unten, das schließende Zeichen oben steht. Im Deutschen (eine Ausnahme stellt das Schweizerdeutsch dar, wo man die französische Variante verwendet) hat das öffnende Zeichen die Form einer Doppelneun und das schließende die Form einer Doppelsechs: 99–66. Im Englischen können einfache (in England) oder doppelte Anführungszeichen (im amerikanischen Englisch) verwendet werden, allerdings verläuft die Rundung in entgegengesetzter Richtung wie im Deutschen (öffnende Doppelsechs und schließende Doppelneun: 66–99) und öffnendes wie auch schließendes Zeichen sind jeweils oben zu setzen. Statt der runden Varianten sind auch gerade oder abgeschrägte Vertikalstriche möglich. Im Französischen werden doppelte Winkelklammern verwendet, die nach ihrem Erfinder „Guillemets" genannt werden und die mit einem Leerzeichen gebraucht werden. Um es vor Augen zu führen: „Hund", 'dog' bzw. "dog" und « chien ». Werden die „kleinen Willis" im Deutschen verwendet, was im Schriftsatz wegen des ruhigeren Schriftbildes häufig favorisiert wird, zeigen sie nach innen (»Hund«) und nicht wie im Französischen nach außen. Außerdem werden sie im Deutschen ohne Leerzeichen verwendet. Die Benutzung von Schreibmaschinen und Computern hat zu einem überaus liberalen Umgang mit den Notationsvarianten für Anführungszeichen geführt. Schreibmaschinen bieten zu wenig Möglichkeiten, Textverarbeitungsprogramme zu viele. Statt der runden Varianten ist bei Schreibmaschinen nur ein Vertikalstrich möglich und häufig werden auch im Deutschen die öffnenden Zeichen oben gesetzt, was eine Folge der limitierten Möglichkeiten war. Verstärkt wird die ursprünglich durch Schreibmaschinen bedingte Uneinheitlichkeit mittlerweile auch durch die Ausbreitung eines globalen Englisch. Was die Guillemets betrifft, so werden an der Stelle echter Guillemets immer wieder auch die Zeichen für „größer als" (>) oder „kleiner als" (<) in gedoppelter Form verwendet. Aus typographischer Sicht handelt es sich bei diesen nicht mit dem traditionellen Gebrauch konformen Schreibweisen um Missstände. Im Unterschied zur Schreibmaschine bieten moderne Textverarbeitungsprogramme alle Möglichkeiten der Gestaltung, diese bleiben allerdings oft ungenutzt bzw. werden nach Belieben verwendet, da ein entsprechendes typographisches Wissen fehlt. In der mündlichen Kommunikation findet sich zum Setzen von Anführungszeichen gelegentlich eine Geste, die allerdings nur lokal begrenzt verbreitet ist. Mit angewinkelten Armen werden die Hände erhoben, Zeige- und Mittelfinger zusammengelegt, ausgestreckt, zweimal angewinkelt und wieder nach oben gestreckt.

Typographie ist das eine, Semantik ist etwas anderes. Mit Hilfe von Anführungszeichen wird einerseits zitiert bzw. angeführt (was auch ohne Zitat möglich ist) und andererseits modalisiert. Bei allen Unterschieden, die zwischen den verschiedenen Verwendungen von Anführungszeichen bestehen, scheint eine Gemeinsamkeit darin zu liegen, dass Ausdrücke *ohne* Anführungszeichen ohne Einschränkungen und Vorbehalte in ihrer üblichen Bedeutung gebraucht werden, während Ausdrücke in Anführungszeichen zunächst einmal lediglich erwähnt oder auf sonst eine Weise andersartig verwendet werden. Wenn ich sage „Die Katze hat eine Maus gefangen", verwende ich die Ausdrücke, um mich auf die Tatsache zu beziehen, dass die Katze eine Maus gefangen hat. Wenn ich sage „Das Wort ‚Katze' hat fünf Buchstaben", erwähne ich das Wort „Katze". Ich beziehe mich dann nicht auf Katzen oder eine Katze, sondern auf das Wort. Durch die Verwendung von Anführungszeichen ändert sich der Bezug eines Ausdrucks als Zeichen. Man bezieht sich nicht mehr auf das, was das Zeichen normalerweise bezeichnet, nicht mehr auf das Bezeichnete, die Katze, sondern auf das Zeichen „Katze". In Anführungszeichen gesetzt bezeichnet ein Zeichen sich selbst. In der Zeichentheorie und Logik spricht man seit Carnap von autonymer Bezugnahme

(Carnap 1934, 109).[1] Anführungszeichen sorgen für autonyme Bezugnahme. Dies ist nicht ihre einzige Funktion, aber eine in der Philosophie weit verbreitete. Damit sind wir bei Frege.

Frege war wohl der erste Philosoph, der deutlich und konsequent zwischen Zeichen und Bezeichnetem unterschied, vor allem dort, wo der Unterschied zwischen Zeichen und Bezeichnetem aufgrund der Unanschaulichkeit oder Nicht-Sinnlichkeit des Bezeichneten – wie im Fall der Zahlen – schwer zu fassen ist und gelegentlich die Neigung besteht, Zeichen und Bezeichnetes zu verwechseln. Zu diesem Zweck verwendet er häufig Anführungszeichen. Explizite Bemerkungen zu den Anführungszeichen gibt es bei Frege allerdings nur wenige. Seine These lässt sich knapp zusammenfassen: Ausdrücke in Anführungszeichen sind Bilder sprachlicher Ausdrücke. Man verwendet diese Bilder, Frege spricht von „Wortbildern", um die Ausdrücke anzuführen. Das Bild bedeutet den sprachlichen Ausdruck selbst, aber nicht dasjenige, was der sprachliche Ausdruck (normalerweise) bedeutet. Auch wenn Frege keine umfassende Theorie der Anführungszeichen erarbeitet hat und in der Literatur zu Frege strittig bleibt, wie seine Konzeption im Detail zu verstehen ist, lassen sich Grundzüge seiner philosophischen Position doch anhand seiner eigenen Verwendung von Anführungszeichen sowie auch seiner diesbezüglichen Bemerkungen rekonstruieren.[2] Letztlich unbeabsichtigt hat er mit seinen auf Zeichen bezogenen Unterscheidungen zur Formulierung der Gründungsakten der analytischen Sprachphilosophie und philosophischen Semantik beigetragen.[3] Frege ging es primär darum, die Arithmetik auf der Grundlage der Logik zu verstehen und nicht um Beiträge zur philosophischen Semantik. Die sprachphilosophischen Einsichten Freges sind Ergebnisse seiner Bemühungen, sich über Zahlen und die Bedeutung von Zahlzeichen und Zahlaussagen Klarheit zu verschaffen. In diesem Problemkontext entwickelt er zunächst seine Idee der Zerlegung von Urteilen in Argumente und Funktionen, seine Unterscheidung von Begriff und Gegenstand, spezifischer sein Verständnis von Begriffen als Funktionen und schließlich die Unterscheidung von Sinn und Bedeutung.

Im ersten Teil dieses Beitrags beschäftige ich mich mit dem Zeichenbegriff Freges (13.1), bevor ich mich auf dieser Grundlage seinen Überlegungen zu und seinem Gebrauch von Anführungszeichen zuwende (13.2). Welche philosophische Relevanz

---

1 Ursprünglich steht das Substantiv „Autonym" im Gegensatz zum „Pseudonym" für die Verwendung des eigenen Namens.
2 Eine ausführlichere Diskussion zu Anführungszeichen bei Frege findet sich bei Parsons 1982. Vgl. auch Harth 2002, 46 ff.; Held 2005, 395 ff.; Künne 2010, 282 ff.; siehe auch den Beitrag von Künne in diesem Band.
3 Eine in diesem Kontext beinahe schon klassische, mitnichten unstrittige Interpretation liefert Dummett 1973. Eine knappe Darstellung der Sprachphilosophie Freges findet sich bei Künne 1996.

eine scheinbare Nebensache wie die Verwendung von Anführungszeichen besitzt, diskutiert in aller Kürze der letzte Teil des Aufsatzes (13.3).

13.1 Zeichen und Bezeichnetes

Auch wenn es als eine Selbstverständlichkeit angesehen werden kann, zwischen Zeichen und Bezeichnetem zu unterscheiden und die Unterscheidung heute zum grundlegenden Instrumentarium von Logik und Sprachphilosophie, Linguistik und Zeichentheorie gehört, musste Frege vieles dafür tun, seinen Zeitgenossen diese Unterscheidung nahe zu bringen und verständlich zu machen. Sie beschäftigt ihn immer wieder und die Motive dafür nennt er sehr klar im Vorwort zum ersten Band der *Grundgesetze der Arithmetik* (1893). Eines der Haupthindernisse für die mangelnde Rezeption seiner Arbeiten und einen Grund für das Unverständnis, auf das seine Überlegungen stießen, sah Frege darin, dass nicht genau genug und nicht immer und überall zwischen Zeichen und Bezeichnetem unterschieden wird, insbesondere dort nicht, wo sich die Zeichen auf etwas beziehen, was nicht mit den Sinnen wahrnehmbar ist. Frege denkt in erster Linie an die Zahlen und er schreibt: „Ungünstig für mein Buch ist auch die weit verbreitete Neigung, nur das Sinnliche als vorhanden anzuerkennen. Was nicht mit den Sinnen wahrnehmbar ist, versucht man zu leugnen oder doch zu übersehen. Nun sind die Gegenstände der Arithmetik, die Zahlen unsinnlicher Art; wie findet man sich damit ab? Sehr einfach! man erklärt die Zahlzeichen für die Zahlen. In den Zeichen hat man dann etwas Sichtbares, und das ist ja doch die Hauptsache. Freilich haben die Zeichen ganz andere Eigenschaften als die Zahlen selbst; aber was thut's? Man dichtet ihnen die gewünschten Eigenschaften durch sogenannte Definitionen einfach an" (GG I, XIII).

Um der Verwechslung zwischen einem Zahlzeichen und der von diesem Zeichen bezeichneten Zahl vorzubeugen, muss Frege zunächst klären, was Zeichen sind und worin die Funktion von Zeichen besteht. Die Auseinandersetzung mit diesem Thema ist seinem Bemühen geschuldet, mit seinem Projekt einer Begründung der Arithmetik in der Logik voranzukommen.

Vergleichsweise ausführliche Bemerkungen Freges zu Zeichen finden sich in einem einige Jahre nach der *Begriffsschrift* (1879) und ein Jahrzehnt vor seinen grundlegenden semantischen Untersuchungen veröffentlichten Text mit dem Titel *Über die wissenschaftliche Berechtigung einer Begriffsschrift* (1882). Die ersten Seiten dieses Textes sind einer expliziten Auseinandersetzung mit dem Zeichenbegriff gewidmet und sie enthalten Überlegungen, die sich so in der *Begriffsschrift* nicht finden. In der *Begriffsschrift* wird zwar auch über Zeichen nachgedacht und es werden verschiedene Formen von Zeichen unterschieden, schon die Überschrift zum § 1 spricht im Inhaltsverzeichnis von „Buchstaben und anderen Zeichen" (BS, XV). Die Überlegungen fallen allerdings recht knapp aus und betreffen eine Unterscheidung innerhalb der Zeichen, nicht aber den Begriff der Zeichen selbst. Im Laufe seines Denkweges wird eine Klärung des Zeichenbegriffs für Frege jedoch immer wichtiger.[4] Die Fähigkeit Zeichen zu gebrauchen, stellt für ihn die maßgebliche Differenz zwischen Menschen und Tieren dar. Während Tiere lediglich Sinneseindrücke haben, die ihre Vorstellungen mehr oder weniger bestimmen und nur durch Orts- bzw. Blickwechsel verändert werden können, verwenden Menschen mit den Zeichen sinnliche Gegenstände, die es ihnen erlauben, sich auch das Nichtsinnliche gegenwärtig zu machen. Zeichen erlauben es uns „Schritt für Schritt in die innere Welt unserer Vorstellungen" einzudringen, „indem wir das Sinnliche dazu benutzen, um uns von seinem Zwange zu befreien. Die Zeichen sind für das Denken von ähnlicher Bedeutung wie für die Schiffahrt die Erfindung, den Wind zu gebrauchen, um gegen den Wind zu segeln" (WBB, 49). Sie sind sinnliche Gegenstände, welche die „Welt des Unsinnlichen erschließen" (vgl. WBB, 50). Zeichen sind Frege zufolge eine wesentliche Voraussetzung für das begriffliche Denken. Wenn mit Zeichen nicht einfach einzelne Dinge bezeichnet werden, sondern jene sich auf das verschiedenen Dingen Gemeinsame beziehen, dann bezeichnen die Zeichen einen Begriff.[5] Begriffe, so Frege, sind unanschaulich und bedürfen eines anschaulichen Vertreters, sie bedürfen des Zeichens, um erscheinen zu können.

Nachdem er auf die Wichtigkeit von Zeichen für das menschliche Leben, insbesondere für das begriffliche Denken hingewiesen hat, macht Frege auf die Notwendigkeit aufmerksam, Zeichen so eindeutig wie möglich zu gebrauchen. Die Alltagssprache kranke daran, die Verwendung eines Zeichens zur Bezeichnung von Unterschiedlichem zuzulassen. Frege denkt dabei nicht an einfache Fälle von Synonymie, die sich aufgrund von Kontextbedingungen in der Regel einfach auflösen und eindeutig machen lassen. Gemeinhin bereitet es kaum Schwierigkeiten zu verstehen, dass das Zeichen „Schloss" in den Sätzen „Ich kann keinen Schlüssel finden, der zu diesem Schloss passt" und „Malerisch ist das Schloss an einem Berghang gelegen" jeweils etwas anderes bedeutet. Frege denkt an weniger offenkundige Fälle wie diejenigen, in denen ein Zeichen wie „Pferd" für ein Einzelwesen, für eine Art und zur Bezeichnung eines Begriffs genutzt werden. Insbesondere geht es ihm um

---

[4] Held skizziert die Entwicklung von Freges Zeichenbegriff. Frege habe zunächst von Zeichen im Allgemeinen gesprochen und „alle sprachlichen Gebilde, die zum Zusammenbauen von Sätzen verwendet werden können" im Auge gehabt (Held 2005, 28). Mehr und mehr sei es zu Differenzierungen verschiedener Zeichen gekommen und Überlegungen u. a. zu Eigennamen, Sätzen und Prädikaten entwickelt worden.

[5] Zu Freges radikaler Neufassung der Konzeption des Begriffs vgl. die Beiträge von Kienzler und Rohr in diesem Band.

den Unterschied, der zwischen der Verwendung eines Zeichens für etwas Einzelnes, einen Gegenstand, und seiner Verwendung zur Bezeichnung eines Begriffs besteht (vgl. WBB, 50).[6] Auch wenn seine Theorie des Begriffs in diesem frühen Text noch nicht vollständig ausgearbeitet ist, ist für Frege seine neue Konzeption des Unterschieds von Begriff und Gegenstand zentral.

Schließlich beschäftigt sich Frege mit dem Unterschied zwischen gesprochenen und geschriebenen Zeichen sowie den Vorzügen bzw. Nachteilen beider Formen. Eine erste Charakterisierung weist lediglich die Dauer als einen Unterschied zwischen gesprochenen und geschriebenen Zeichen aus und Frege erläutert die Vorzüge gesprochener und geschriebener Zeichen zunächst recht ausgewogen, erkennt dann aber doch dem Schriftzeichen eine Überlegenheit, insbesondere für seine eigenen Zwecke, zu. Das gesprochene Wort besitzt auf den ersten Blick den Vorteil, eine innigere Beziehung zum Gemütsleben zu haben, schmiegt sich aber auch zu sehr an die „leiblichen und seelischen Bedingungen der Vernunft" an (WBB, 52). Das geschriebene Zeichen ist hingegen bestimmter, besitzt eine „größere Dauer und Unveränderlichkeit" und birgt daher die Möglichkeit „das Bezeichnete schärfer auszuprägen" (WBB, 53). Deshalb ist die Schrift geeignet, Vieldeutigkeit abzustellen und die logischen und semantischen Beziehungen zwischen den Zeichen explizit zur Darstellung zu bringen. Während die übliche geschriebene Sprache (die weitgehend die gesprochene Sprache wiedergibt) vieles lediglich andeutet, vor allem Aspekte, die die logischen Verhältnisse betrifft, kann eine rein begriffliche Notation, die nicht von der gesprochenen Sprache ausgeht, ganz neue Stufen der Präzision erreichen. Die *Begriffsschrift* führt durch Ausnutzung „der zweifach ausgedehnten Schreibfläche" (WBB, 53) zur Ausbildung eines Zeichensystems, Frege spricht von einem „Ganzen von Zeichen", „dessen strenger logischer Form der Inhalt nicht entschlüpfen kann" (WBB, 52). Zeichen sind, so lassen sich die Ausführungen von Frege verallgemeinern, materielle, sinnlich wahrnehmbare Gestalten, die möglichst eindeutig verwendet werden sollten und sie sind Träger von Inhalten, die auch nicht-sinnlicher Art sein können. Auch später wird Frege die Zeichen als einzelne, physikalisch greifbare Vorkommnisse deuten. Der spätere Frege spricht von der Sprache als einer „Brücke vom Sinnlichen zum Unsinnlichen" (NL, 279).

---

6 In dem betreffenden Aufsatz werden Anführungszeichen allerdings nur in einer einzigen Passage verwendet (vgl. WBB, 50), dort leider nicht sehr konsequent. „Pferd kann endlich einen Begriff bedeuten" sollte es eigentlich nicht heißen. Typographisch werden in dem in Fraktur gesetzten Text unten und oben jeweils zwei parallele Striche verwendet. In GG II verwendet Frege drei verschiedene Arten von Anführungszeichen: doppelte Anführungszeichen bei Wörtern und Sätzen, einfache Anführungszeichen bei Begriffsschriftformeln und französische Anführungszeichen (ohne Leerzeichen) bei Gleichungen, mathematischen Symbolen und einzelnen Buchstaben.

Wie lassen sich die Inhalte von Zeichen genauer charakterisieren? Ganz allgemein versteht Frege unter dem Inhalt eines Zeichens das, was das Zeichen bezeichnet, worauf es sich bezieht oder wovon es handelt. Die Art von Zeichen anhand derer dieser Gedanke plausibel gemacht und immer wieder diskutiert wird, sind zunächst die Zeichen, die Frege „Namen" bzw. „Eigennamen" nennt. Frege verwendet diese Ausdrücke in einem sehr weiten Sinne: Namen sind sprachliche Ausdrücke, die für Gegenstände stehen, die Gegenstände bezeichnen und der Inhalt eines Namens ist der Gegenstand, auf den sich der Name bezieht. Der Ausdruck „Gegenstand" wird ebenfalls in einem sehr weiten Sinne verwendet. Gegenstand ist alles, worauf sich ein Name beziehen kann, gemeint sind also mitnichten nur materielle Objekte, die sich sinnlich wahrnehmen lassen. Im Gegenteil: Frege hält es für einen schweren Fehler, die Möglichkeit nichtsinnlicher Gegenstände auszuschließen, wie er insbesondere mit Blick auf die Zahlen immer wieder deutlich zu machen versucht. Materielle Gegenstände, abstrakte Gegenstände, Zahlen, Personen, Städte, Institutionen, Ideen gehören zu den Gegenständen im Sinne Freges. „Gegenstand ist alles, was nicht Funktion ist, dessen Ausdruck also keine leere Stelle mit sich führt", so erläutert Frege den Begriff des Gegenstandes (FB, 18). Das Zeichen für einen Gegenstand (der Name) darf nicht mit dem Bezeichneten (dem Gegenstand als Träger des Namens) verwechselt werden. Freges Überlegungen beanspruchen auch für andere Arten von Zeichen wie Sätze und Prädikate Geltung, auch diese haben einen Inhalt und bezeichnen in einem bestimmten Sinne Gegenstände. Doch bleiben wir für den Augenblick bei den Namen bzw. Eigennamen.

Mit der undifferenzierten Rede vom Inhalt eines Zeichens gerät Frege in Schwierigkeiten.[7] Es gelingt ihm auf dieser Grundlage nicht, den Inhalt von Identitätsaussagen wie a = a oder a = b und deren Unterschied auf zufriedenstellende Weise zu rekonstruieren. Dieses Problem führt ihn dazu, hinsichtlich der Inhalte von Zeichen zu differenzieren.[8] Die Identität lässt sich als eine Beziehung zwischen Gegenständen oder als eine Beziehung zwischen Namen für Gegenstände verstehen. In der *Begriffsschrift* hatte Frege Identität als eine Beziehung zwischen Namen bzw. Zeichen verstanden, wovon er nun abrücken möchte. Aber auch die Alternative zur Deutung der Identität als einer Beziehung zwischen Gegenständen hilft nicht weiter. Wenn die Identität als Beziehung zwischen Gegenständen gedacht wird, müssen die durch die Namen „a" und „b" bezeichneten Gegenstände identisch sein. Dann aber, so Frege „schiene a = b von a = a nicht verschieden sein zu können" (SB, 26). Beide Aussagen wären in diesem Fall identisch und das Urteil a = b hätte keinen epistemischen Wert

---
7 Zu den allgemeinen Problemen der Rede von den Inhalten von Zeichen vgl. Held 2005, 76 ff.
8 Vgl. zu Freges terminologischen Umarbeitungen bezogen auf den Begriff des Inhalts auch die Übersicht bei Kienzler 2009, 301.

und wäre nicht als ein Urteil aufzufassen, welches im Unterschied zu a = a unsere Erkenntnis erweitert und informativ ist. Verstehen wir die Identität als eine Beziehung zwischen Zeichen, enthält der Satz a = b die Auskunft, dass die Zeichen „a" und „b" denselben Gegenstand bezeichnen. In diesem Fall wäre die Beziehung der Identität nur „eine vermittelte durch die Verknüpfung jedes der beiden Zeichen mit demselben Bezeichneten. Diese aber ist willkürlich. [...] Damit würde dann ein Satz a = b nicht mehr die Sache selbst, sondern nur noch unsere Bezeichnungsweise betreffen; wir würden keine eigentliche Erkenntnis darin ausdrücken. Das wollen wir aber doch gerade in vielen Fällen" (SB, 26).

Frege gelangt zu der Überzeugung, dass es bei der Verwendung von Namen nicht nur um dasjenige gehen kann, was die Namen bezeichnen und worauf sie sich beziehen. Neben der bloßen Bezeichnung eines Gegenstandes muss ein Name noch etwas anderes enthalten. Frege kommt darauf, dass sich die Identität als Beziehung zwischen Zeichen verstehen lässt, sofern man das Zeichen nicht nur als etwas betrachtet, das für einen Gegenstand steht. Man muss zudem die Art und Weise in Betracht ziehen, in der die Zeichen etwas bezeichnen. Es gilt die Perspektive zu berücksichtigen, in der ein Zeichen einen Gegenstand präsentiert. Soll sich der Erkenntniswert der Sätze a = a und a = b voneinander unterscheiden, kann eine „Verschiedenheit [...] nur dadurch zustande kommen, daß der Unterschied des Zeichens einem Unterschiede in der Art des Gegebenseins des Bezeichneten entspricht" (SB, 26). Frege greift nun auf eine in *Funktion und Begriff* (1891) von ihm eingeführte Unterscheidung zurück und nennt dasjenige, worauf sich ein Name bezieht, die *Bedeutung* des Namens; dasjenige, was die Art des Gegebenseins betrifft, nennt er den *Sinn* eines Namens.[9] Wir können sagen, dass „3 + 4" und „5 + 2" die Zahl 7 bedeuten, diese aber auf eine unterschiedliche Weise geben und daher einen unterschiedlichen Sinn haben. In einer Gleichung wie „3 + 4 = 5 + 2" ist davon auszugehen, dass die „Bedeutung der rechtsstehenden Zeichenverbindung dieselbe sei wie die der linksstehenden" (FB, 3). Die Zeichen sind unterschiedlich, das Bezeichnete jedoch nicht. „Die Verschiedenheit der Bezeichnung kann allein nicht hinreichen, eine Verschiedenheit des Bezeichneten zu begründen" (FB, 3). Die verschiedenen Zeichen (auch: Ausdrücke) entsprechen einer Sache (das ist die Bedeutung), aber sie entsprechen verschiedenen Auffassungen und Seiten von der Sache, das ist ihr Sinn (vgl. FB, 14).

Im Zusammenhang mit der Frage nach einem angemessenen Verständnis mathematischer Gleichungen und einer angemessenen Deutung von Identitätsaussagen

---

9 Zu Freges Unterscheidung von Sinn und Bedeutung bezogen auf Eigennamen sowie zu deren Rezeption vgl. die Beiträge von Schmidt und Textor (beide in diesem Band); eine kleinteilige Diskussion zur Unterscheidung findet sich bei Künne 2010, 198 ff. Die Rolle der Unterscheidung für Freges Denken insgesamt untersucht Carl 1994.

ist Frege dazu gekommen, zwischen einem Zeichen, der Bedeutung eines Zeichens und dem Sinn eines Zeichens zu unterscheiden. Um den Inhalt eines Zeichens zu charakterisieren, hatte sich die zweigliedrige Unterscheidung von Zeichen und Bezeichnetem als zu einfach erwiesen. Freges dreigliedrige Unterscheidung wurde für die (Neu-)Begründung einer philosophischen Semantik, mithin die analytische Sprachphilosophie im Allgemeinen außerordentlich folgenreich.

In der Alltagssprache werden die Ausdrücke „Bedeutung" und „Sinn" häufig synonym verwendet. Freges Unterscheidung stellt eine terminologische Maßnahme dar, die gemessen am üblichen Sprachgebrauch überaus künstlich ist. Der Sache nach ist die Unterscheidung jedoch gerechtfertigt, auch wenn man sich über die Festlegung der Bedeutung der Ausdrücke „Sinn" und „Bedeutung" streiten kann.[10] Frege möchte Klarheit schaffen und er greift zu einem zwar sperrigen, aber nachvollziehbarem Mittel. Er führt die Ausdrücke „Sinn" und „Bedeutung" ein, um den Zeichencharakter von Zeichen erklären zu können. Namen bezeichnen ihre Bedeutung, das ist der Gegenstand, auf den sie sich beziehen und sie drücken einen Sinn aus, indem sie den Gegenstand in einer bestimmten Perspektive präsentieren, ihn auf eine bestimmte Weise geben. Eigennamen beziehen sich nicht einfach nur auf Gegenstände, sondern sie beziehen sich von einem Standort aus oder in einer Perspektive auf einen Gegenstand. Man gelangt aus einer bestimmten Richtung, auf einem bestimmten Weg zu einem Gegenstand. Freges Verwendung des Ausdrucks „Sinn" ist durchaus konsequent, sofern der Ausdruck ursprünglich auch „Richtung" bedeuten konnte, was sich auch gegenwärtig noch in der Rede vom „Uhrzeigersinn" erhalten hat.[11] Der bloße Bezug auf einen Gegenstand ist davon zu unterscheiden, wie man sich auf den Gegenstand bezieht.

---

10 Die Probleme der Festlegung der Ausdrücke zeigen sich in auch insbesondere in der englischen Übersetzungspraxis; Künne 2010, 202 spricht gar von einer „Übersetzer-Agonie" und konstatiert: „Das vorläufige Ende des Ringens der Übersetzer um die englische Wiedergabe von ‚Bedeutung' [sic] ist Resignation" (203). Tugendhats Vorschlag, „Bedeutung" mit „significance" zu übersetzen, einem Ausdruck, der sowohl Aspekte von „meaning" wie auch von „importance" erfasst, scheint mir aus unterschiedlichen Gründen nach wie vor vielversprechend (Tugendhat 1992, 231). Bedeutung ist nicht nur ein semantischer Begriff. Nicht nur Zeichen haben Bedeutung. Bedeutung hat – freilich in einem anderen Sinne, der aber mit zu bedenken ist – alles dasjenige, was von Wichtigkeit, was von Belang ist. Im Fall des Zeichengebrauchs ist das von Belang und wichtig, worüber geredet wird, und im Fall von Behauptungssätzen ist es deren Wahrheit. Künne plädiert für „signification" (204), wodurch der Hinweis auf die „importance" freilich wieder verschluckt wird.
11 Vgl. dazu Künne 2010, 200 und Gabriel / Schlotter 2017, 143, die überdies auf die erkenntnistheoretische Dimension des Sinnbegriffs hinweisen und an „die Leibniztradition des erkenntnistheoretischen Perspektivismus" (142) erinnern.

Bevor ich auf die Frage zu sprechen komme, wie sich Sinn und Bedeutung eines Zeichens zueinander verhalten, ist zu fragen, ob Sinn und Bedeutung bei allen von Frege näher betrachteten Zeichen voneinander zu unterscheiden sind. Frege spricht nicht über alle Zeichen und er entwickelt seine Unterscheidung in allererster Linie auf Eigennamen bezogen. Jedoch diskutiert er die Unterscheidung auch mit Blick auf Sätze (vgl. SB, 32 ff.) und Prädikate bzw. Begriffsworte (ASB). Aufschlussreich ist in diesem Zusammenhang ebenfalls ein in einem Brief von Frege an Husserl skizziertes Schema, in dem Sinn und Bedeutung von Sätzen, Eigennamen und Begriffsworten aufeinander bezogen werden (vgl. WB, 96).

Auch Sätze werden von Frege als Zeichen aufgefasst. Im Unterschied zu Eigennamen sind Sätze, Freges Ausführungen beziehen sich auf Aussagesätze bzw. Behauptungen, zusammengesetzte Zeichen, die im einfachen Fall einen Eigennamen und einen Ausdruck für ein Prädikat enthalten. Behauptungssätze drücken Frege zufolge Gedanken aus. Er fragt sich, ob es sich bei dem Gedanken, den ein Satz ausdrückt, um die Bedeutung oder den Sinn des zusammengesetzten Zeichens handelt. Wäre der durch einen Satz ausgedrückte Gedanke dessen Bedeutung, dann dürfte sich ein Gedanke nicht ändern, wenn in dem betreffenden Satz ein Eigenname durch einen anderen, gleichbedeutenden Eigennamen ersetzt wird. Führt man einen Ersetzungstest durch, wird deutlich, dass es zu einer solchen Änderung kommt. Um eines der berühmtesten Beispiele Freges aufzugreifen: Die Sätze „Der Morgenstern ist ein von der Sonne beleuchteter Körper" und „Der Abendstern ist ein von der Sonne beleuchteter Körper" drücken unterschiedliche Gedanken aus, obwohl sich die Ausdrücke „Morgenstern" und „Abendstern" auf denselben Gegenstand beziehen. Infolgedessen kann es sich bei dem Gedanken, den ein Satz ausdrückt, nicht um dessen Bedeutung handeln. Der durch einen Satz ausgedrückte Gedanke muss vielmehr als dessen Sinn angesehen werden. Ein weiteres Argument für diese Auffassung gewinnt Frege, indem er sich mit Sätzen auseinandersetzt, in denen Eigennamen vorkommen, die keine Bedeutung haben, da es keinen Träger gibt, auf den sich die Namen beziehen. So hat der Name „Odysseus" Frege zufolge keine Bedeutung, was ihn zu dem Schluss führt, dass auch Sätze, in denen solche Namen vorkommen, keine Bedeutung haben. Der Satz „Odysseus wurde tief schlafend in Ithaka ans Land gesetzt" hat keine Bedeutung, drückt aber einen Gedanken aus, was nicht der Fall sein könnte, wenn der Gedanke die Bedeutung des Satzes wäre. Wenn nicht der durch einen Satz ausgedrückte Gedanke dessen Bedeutung ist, stellt sich die Frage, was als Bedeutung eines Satzes angesehen werden sollte?

Frege entwickelt eine weitreichende, ebenso so neu- wie fremdartige These. Wenn wir eine Behauptung äußern oder hören, geht es uns immer auch darum, ob der betreffende Satz wahr oder falsch ist. Frege schreibt: „Das Streben nach Wahrheit also ist es, was uns überall vom Sinn zur Bedeutung vorzudringen treibt" (SB, 33). Da wir uns für die Wahrheit von Sätzen interessieren – sie ist dasjenige, was von Belang ist – interessieren wir uns für deren Bedeutung. Sätze, so Freges These, bedeuten Wahrheitswerte. Wahrheitswerte gibt es nur zwei und die Bedeutung von Sätzen ist immer dieselbe: Je nachdem, ob der Satz wahr oder falsch ist, ist sie entweder das Wahre oder Falsche. In einem bestimmten Sinn deutet Frege auch die Sätze als Namen, es sind Namen, die sich auf die Gegenstände des Wahren oder Falschen beziehen. Diese These besteht den Ersetzungstest. Ersetzen wir gleichbedeutende Ausdrücke füreinander, ändert sich der Wahrheitswert eines Satzes nicht. Freges These vom Wahrheitswert als Satzbedeutung ist gewöhnungsbedürftig, aber sie erlaubt es, verschiedene Arten von Zeichen einheitlich aufzufassen. Es darf als eines der maßgeblichen Ziele von Frege gelten, eine einheitliche Deutung für alle sprachlichen Verhältnisse und das von ihnen Bezeichnete zu finden. Nicht nur bei Namen, sondern auch im Fall von Sätzen ist die Rede von deren Inhalt zu modifizieren und zweigleisig aufzufassen. Im Vorwort zum ersten Band der *Grundgesetze* formuliert Frege dies explizit: „Den Inhalt [von Behauptungssätzen – CD] nannte ich beurtheilbaren Inhalt. Dieser ist mir nun zerfallen in das, was ich Gedanken, und das, was ich Wahrheitswerth nenne. Das ist die Folge der Unterscheidung von Sinn und Bedeutung eines Zeichens. In diesem Falle ist der Sinn des Satzes der Gedanke und seine Bedeutung der Wahrheitswerth" (GG I, X).

Bevor ich mich im nächsten Abschnitt Freges Ausführungen zu Anführungszeichen zuwende und auch auf seine in diesem Zusammenhang relevanten Analysen zu Nebensätzen eingehe, um seine Überlegungen zur Funktion von Zeichen zu vervollständigen, bleiben zwei weitere wichtige Fragen zu beantworten: Wie müssen Prädikate aufgefasst werden? Wie verhalten sich Sinn und Bedeutung von Zeichen zueinander?

Prädikate stellen vor besondere Schwierigkeiten, was damit zusammenhängt, dass Frege die Bedeutung eines Prädikates oder Begriffswortes als Begriff auffasst. Der Begriff, so formuliert er unmissverständlich, ist „Bedeutung des grammatischen Prädikats" (BG, 193, Anm. 1). Anders als im Fall von Eigennamen und Sätzen können Bedeutungen im Fall von Prädikaten keine Gegenstände sein, wenn es Begriffe sein sollen. Beinahe nichts ist für Frege wichtiger als die durchgängige und saubere Unterscheidung zwischen Begriff und Gegenstand. Gegenstand, so hatte Frege gesagt, ist alles, was nicht Funktion ist und keine leere Stelle enthält, Begriffe aber sind ihm zufolge Funktionen, können also keine Gegenstände sein (vgl. FB, 18).

In einem nachgelassenen Fragment beschäftigt sich Frege eingehender mit der Frage nach der Bedeutung von Begriffswörtern (Prädikaten). Statt der naheliegenden Auffassung, dass die Bedeutung eines Begriffswortes der *Begriffsumfang*, also die Menge der Gegenstände ist, die unter einen Begriff fallen, verteidigt er die These, dass die Bedeutung eines Begriffswortes der Begriff selbst ist. Den Begriffsumfang als Bedeutung von Begriffswörtern anzusehen, liegt deshalb nahe, da diese Auffassung das Testverfahren besteht, welches Frege zur Erläuterung seiner Unterscheidung bereits im Zusammenhang mit anderen Ausdrücken angewandt hatte. Begriffe gleichen Umfangs können in Sätzen füreinander ersetzt werden, ohne dass sich die Bedeutung der Sätze ändern würde (vgl. ASB, 128). Seine Begriffstheorie verbietet es ihm allerdings diesen Schritt zu gehen, da Begriffsumfänge Gegenstände sind. Wer Begriffsumfänge als Bedeutungen von Begriffswörtern ansetzt, der verfehlt die prädikative Natur des Begriffs (vgl. BG, 193). Daher scheiden sie als Kandidaten für die Bedeutung von Begriffswörtern aus. Es bleiben lediglich die Begriffe selbst. Frege räumt allerdings ein, dass die Annahme, Begriffsumfänge seien die Bedeutungen von Begriffswörtern naheliegt, wofür er irreführende sprachliche Ausdrucksweisen verantwortlich macht. Als Beispiel führt er die Wendung „der Begriff gleichseitiges Dreieck" an (vgl. ASB, 130). Anders als die sprachliche Formulierung nahelegt, bezieht sich der Ausdruck aber nicht auf einen Begriff, er kann nämlich nicht als Prädikat verwendet werden. Vielmehr bezieht sich der angeführte Ausdruck auf einen Gegenstand. Freges Überlegungen sind konsequent, auch wenn sie erst einmal zu schwer nachvollziehbaren, jedoch im Rahmen seiner Unterscheidungen triftigen Formulierungen führen wie „der Begriff Pferd ist kein Begriff", eine Formulierung, der von Frege selbst eine „sprachliche Härte" attestiert wird (BG, 196 f.).[12]

Der Sinn von Begriffswörtern ist dasjenige, was der durch sie bezeichnete Begriff zum Inhalt hat. Begriffswörter stehen zwar für etwas, aber sie sind keine Namen für Gegenstände; sie haben eine Bedeutung, bezeichnen diese Bedeutung aber nicht. Ein Begriffswort bezeichnet einen Gegenstand nur indirekt vermittelt durch den Begriff, den das Begriffswort bezeichnet, und unter den der Gegenstand fällt (vgl. dazu auch Held 2005, u. a. 116). Ausdrücke der Art „der Begriff gleichseitiges Dreieck" oder „der Begriff Pferd" könnte man letztlich auch als eine durch unsere Sprache nahegelegte Redensart interpretieren, die etwas über Begriffswörter unter dem Gesichtspunkt ihres Gebrauchs als Zeichen sagt. Bedeutungen von Begriffswörtern wären dann nicht als Entitäten aufzufassen, die es *neben* ihrem Gebrauch (auch noch) gibt, sondern ihre Bedeutung müsste als die durch den Gebrauch konstituierte Eigenschaft bedeutungsvoll zu sein angesehen werden.[13] Wie immer man Freges Überlegungen im Einzelnen interpretiert, von zentraler Relevanz ist es, die Unterschiede zwischen Begriffswörtern, Begriffen und Gegenständen im Auge zu behalten und Begriffswörter nicht als Namen aufzufassen, die Gegenstände bezeichnen, da dies ihrer prädikativen Natur widerspricht.

Nachdem Freges Überlegungen zu Sinn und Bedeutung bei Eigennamen, Sätzen und Prädikaten skizziert worden sind, um sein Verständnis des Inhalts von Zeichen

---

12 Die Literatur zum Frege-Paradox ist beinahe unüberschaubar; eine verlässliche Orientierung bieten die Beiträge von Kemmerling und Zimmermann in diesem Band.
13 So die Interpretation von Schneider 1992, 172 ff., 216 ff.; ob damit die Ansichten Freges getroffen sind, bleibt strittig. Vgl. Kienzler 2010, 322 f.

sowie des Verhältnisses von Zeichen und Bezeichnetem auszuloten, bleibt noch die Frage, wie sich Sinn und Bedeutung der Zeichen zueinander verhalten. Frege zufolge ist es der Sinn eines Zeichens, der zur Bedeutung führt, es ist der Sinn eines Zeichens, der die Bedeutung festlegt. Sinngleiche Zeichen sind auch bedeutungsgleich, während bedeutungsgleiche Zeichen einen unterschiedlichen Sinn haben können. Der Sinn eines Ausdrucks legt seine Bedeutung fest, während die Bedeutung eines Ausdrucks nicht festlegt, welchen Sinn er hat (vgl. Künne 2010, 202). Sätze beziehen sich vermöge ihres Sinns, den durch sie ausgedrückten Gedanken, auf ihre Bedeutungen (auf Wahrheitswerte), sie lassen sich als Namen auffassen, die Gegenstände (das Wahre, das Falsche) benennen. Eigennamen beziehen sich vermöge ihres Sinnes auf ihre Bedeutungen, die von ihnen bezeichneten Gegenstände. Prädikate bzw. Begriffswörter beziehen sich ebenfalls auf Gegenstände. Allerdings sind die Gegenstände nicht als Bedeutungen der Begriffswörter aufzufassen, vielmehr beziehen sich die Begriffswörter vermöge ihres Sinns und ihrer Bedeutung, einem Begriff, auf Gegenstände. Eigennamen und Begriffswörter beziehen sich also – dies ist letztlich der entscheidende Aspekt – in unterschiedlicher Art auf Gegenstände.[14]

13.2 Anführungszeichen

Sämtliche Zeichen müssen also für Frege eine Bedeutung haben. Durch Verwendung von Anführungszeichen ändert sich jedoch die Bedeutung von Zeichen. Anführungszeichen lassen sich als ein Mittel gebrauchen, um über Zeichen zu sprechen, statt sich auf das Bezeichnete zu beziehen. So betrachtet hängt die Verwendung von Anführungszeichen eng mit der Beachtung des Unterschieds zwischen Zeichen und Bezeichnetem zusammen. In der Einleitung zu den *Grundgesetzen der Arithmetik* macht Frege dies auf unmissverständliche Weise klar: „Man wird sich vielleicht über den häufigen Gebrauch des Anführungszeichens wundern; ich unterscheide damit die Fälle, wo ich vom Zeichen selbst spreche, von denen, wo ich von seiner Bedeutung spreche. So pedantisch dies auch erscheinen mag, ich halte es doch für nothwendig. Es ist merkwürdig, wie eine ungenaue Rede- oder Schreibweise, die ursprünglich vielleicht nur aus Bequemlichkeit und der Kürze halber, aber mit vollem Bewusstsein ihrer Ungenauigkeit gebraucht wurde, zuletzt das Denken verwirren kann, nachdem jenes Bewusstsein geschwunden ist. Hat man es doch fertig gebracht, die Zahlzeichen für die Zahlen, den Namen für das Benannte, das blosse Hilfsmittel für den eigentlichen Gegenstand der Arithmetik zu halten. Solche Erfah-

---

[14] Vgl. dazu auch die ausführlichen Kommentare zu Freges Schema in einem Brief an Husserl bei Held 2005, 113 ff. und 336 ff.

rungen lehren, wie nothwendig es ist, an die Genauigkeit der Rede- und Schreibweise die höchsten Anforderungen zu stellen" (GG I, 4).

Der Gebrauch von Anführungszeichen beugt der Verwechslung von Zeichen und Bezeichnetem vor. So ist die Bedeutung eines in Anführungszeichen stehenden Eigennamens nicht der Gegenstand, auf den sich der Name bezieht, vielmehr bedeutet ein in Anführungszeichen gesetzter Name sich selbst, sofern die Anführungszeichen markieren, dass man sich auf das Zeichen und nicht auf das vermöge des Zeichens Bezeichnete bezieht. Beispiele wie „‚Katze' hat fünf Buchstaben" machen das deutlich, denn es ist ja das Wort, nicht das Tier, welches fünf Buchstaben enthält. Mit Blick auf Eigennamen sieht der Sachverhalt vergleichsweise einfach aus, ein wenig komplizierter wird es, wenn man auch andere Arten von Zeichen wie Sätze sowie Freges Unterscheidung zwischen dem Sinn und der Bedeutung von Zeichen berücksichtigt. Es mag dienlich sein, die Problematik im Anschluss an ein längeres Zitat zu erläutern: „Wenn man in der gewöhnlichen Weise Worte gebraucht, so ist das, wovon man sprechen will, deren Bedeutung. Es kann aber auch vorkommen, daß man von den Worten selbst oder von ihrem Sinne reden will. Jenes geschieht z. B., wenn man die Worte eines anderen in gerader Rede anführt. Die eigenen Worte bedeuten dann zunächst die Worte des anderen, und erst diese haben die gewöhnliche Bedeutung. Wir haben dann Zeichen von Zeichen. In der Schrift schließt man in diesem Falle die Wortbilder in Anführungszeichen ein. Es darf also ein in Anführungszeichen stehendes Wortbild nicht in der gewöhnlichen Bedeutung genommen werden" (SB, 28).

Ich will diese Passage einmal näher betrachten. Im letzten Satz spricht Frege von einem „Wortbild". Das sollte aufhorchen lassen. Man könnte die Verwendung des Ausdrucks „Wortbild" im Sinne der These verstehen, dass die Schriftsprache insgesamt ein Bild der gesprochenen Sprache darstellt (vgl. Künne 2010, 285). Aber warum spricht Frege von einem in Anführungszeichen stehenden Wortbild? Vielleicht deswegen, weil man dabei die Worte selbst nimmt, sie aber nicht zu einem Mitteilungszweck verwendet, sondern sie einfach nur „wie ein Bild" vorzeigt. Man könnte ihn auch im Sinne der Auffassung verstehen, dass ein in Anführungszeichen gesetzter Ausdruck als (starres) Bild eines Ausdrucks (im Unterschied zu einem lebendig verwendeten Ausdruck) angesehen werden kann. Das Bild eines Ausdrucks bezieht sich auf den Ausdruck und nicht auf dasjenige, was der Ausdruck bezeichnet. Wenn Frege von einem Bild spricht, scheint er einer recht einfachen Auffassung von Bildern zu folgen. Einem in Anführungszeichen gesetzten Zeichen sieht man an, was es bezeichnet, nämlich das Zeichen. Das gilt für Zeichen, die ohne Anführungszeichen verwendet werden, nicht. Ihnen sieht man nicht an, worauf sie sich beziehen. Zwischen einem Zeichen und demjenigen, was es bedeutet, besteht keine wie auch immer im Einzelnen geartete Ähnlichkeitsrelation. Nun ist die Relation der Ähnlichkeit nicht unbedingt als notwendige oder hinreichende Bedingung für Bildlichkeit anzusehen.[15] Wie auch immer: Frege tritt nicht als Bildtheoretiker auf und in einem bestimmten Sinne lässt sich die Bezugnahme der Anführung als bildhaft ansehen und Ähnlichkeit spielt eine Rolle.[16] Die Zeichenfolgen „Katze" und Katze sind grob betrachtet einander ähnlich. Genau genommen sind beide Zeichenfolgen jedoch nicht ähnlich, da die erste zwei Zeichen mehr enthält, nämlich die Anführungszeichen; so könnte man versuchen, diese Verschiedenheit zu beschreiben. Oder man könnte sagen, dass beide Zeichenfolgen identisch sind, dass wir nämlich zweimal dieselbe Zeichenfolge haben, nur einmal in Anführungszeichen eingeschlossen „Katze" ist eben nicht das Bild einer Katze, insofern liegt keine Abbildung vor. „Katze" lässt sich aber als Bild des entsprechenden deutschen sprachlichen Zeichens (sofern es ohne Anführungszeichen verwendet wird) verstehen. Das Wortbild ist dann das Wort als ein Bild aufgefasst und wird als ein Ding angesehen und nicht als Träger eines semantischen Gehalts. Es spricht nichts dagegen zu sagen, dass der Bezug eines in Anführungszeichen gesetzten Zeichens sowohl bildhaft wie auch sprachlich ist. Es handelt sich bei einem Zeichen in Anführungszeichen um das Bild eines sprachlichen Ausdrucks. Freges Rede von einem „Wortbild" kann als Versuch angesehen werden, diesen Umstand zu akzentuieren.

In dem oben zitierten Abschnitt unterscheidet Frege drei Fälle der Handhabung eines Wortes bzw. Zeichens: Man kann das Zeichen gebrauchen und spricht dann von der Bedeutung des Zeichens, über dasjenige also, worauf sich das Zeichen bezieht. Das nennt Frege auch die gewöhnliche Bedeutung eines Zeichens. Dann kann man über das Zeichen selbst sprechen wollen und genau dies geschieht mit Hilfe von Anführung bzw. durch Verwendung von Anführungszeichen. Im Fall der Anführung bezieht man sich auf ein Zeichen, die Bedeutung des angeführten Zeichens ist das Zeichen. Frege macht dies am Beispiel der angeführten Worte eines anderen klar. Die angeführten Worte bedeuten zunächst einmal die Worte des anderen. Das ist zwar für den Fall der Anführung der Worte eines anderen richtig, gilt aber wörtlich verstanden nicht für die Anführung im Allgemeinen. Man tut dem Text Freges keinen Zwang an, wenn man ihn so versteht, dass, sofern die angeführten Worte die Worte des anderen bedeuten, die angeführten Zeichen sich selbst bedeuten. Und dies gilt da, wo nicht Worte eines anderen angeführt werden, aber auch da, wo die Worte eines anderen angeführt werden. Die Anführung der Worte eines anderen ist ja im Grunde nur ein Spezialfall der Anführung. Anführen lassen sich auch eigene Worte (wie „Ich habe doch gestern gesagt: ‚Wir treffen uns am Haupteingang um 15 Uhr', oder hast Du das nicht gehört?") oder Sätze, die niemals von jemandem geäußert worden sind (wie „Noch nie hat jemand gesagt:

---

15 Zu Problemen einer Ähnlichkeitstheorie des Bildes vgl. Goodman 1968, Kapitel 1.
16 Vgl. dazu unabhängig von Frege Harth 2002, 11 f.

‚Frege kann nur mit Hilfe von Hegel richtig verstanden werden', und es wird auch wahrscheinlich nicht dazu kommen, dass jemand dies ernsthaft sagt").

Bedeutungsveränderungen oder -verschiebungen kommen nicht nur durch die Verwendung von Anführungszeichen und das direkte Zitieren zustande. Sie kommen auch zustande, wenn man Zeichen in der indirekten (Frege: ungeraden) Rede verwendet, wofür Frege die Wendung „der Sinn des Ausdrucks ‚A'" verwendet (vgl. SB, 28). Frege betont, dass nur mit Hilfe der Kategorie des Sinnes die indirekte Rede verständlich gemacht werden kann. Auch in diesem Fall hat der Ausdruck „A" nicht seine gewöhnliche Bedeutung, anders als im Fall der Anführung bedeutet er aber auch nicht sich selbst, vielmehr bedeutet der Ausdruck in diesen Fällen das, was gewöhnlich sein Sinn ist (vgl. SB, 28). Von der gewöhnlichen Bedeutung wird die ungerade Bedeutung unterschieden, vom gewöhnlichen Sinn der ungerade Sinn. Die ungerade Bedeutung eines Wortes oder Satzes ist sein gewöhnlicher Sinn. Mit Hilfe der Unterscheidung von „gewöhnlich" und „ungerade" kann Frege auch mit „dass" eingeleitete Nebensätze analysieren. In solchen Sätzen finden zwar Anführungszeichen keine Verwendung, aber mit ihnen wird indirekt angeführt: „Michael hat gesagt, dass Frege der größte Philosoph aller Zeiten ist." Der mit dem Wort „dass" eingeleitete Nebensatz bedeutet einen Gedanken und keinen Wahrheitswert. Behauptet wird der gesamte Satz, der dann wahr ist, wenn Michael gesagt hat, dass Frege der größte Philosoph ist. Für die Wahrheit des Satzes spielt die Beantwortung der Frage, ob Frege der größte Philosoph ist, der Inhalt des Nebensatzes, gar keine Rolle. Die Bedeutung des Teilsatzes ist im Kontext der Anführung kein Wahrheitswert, sondern das, was üblicherweise sein Sinn ist, nämlich der Gedanke, dass Frege der größte Philosoph ist.

Fassen wir zusammen: Mit Hilfe von Anführungszeichen wird direkt zitiert (Frege spricht von „gerader Rede") und es werden Zeichen von Zeichen gebildet, die Bedeutung des Zitats bzw. des zitierenden Zeichens ist das zitierte Zeichen. In direkter Rede und mit Anführungszeichen versehene Zeichen beziehen sich auf sich selbst. Mit Hilfe indirekten Zitierens (Frege spricht von „ungerader Rede") werden Zeichen gebildet, die nicht ihre gewöhnliche Bedeutung haben, sondern die bedeuten, was im Normalfall der Sinn des betreffenden Zeichens ist. Indirekt zitierte Zeichen bedeuten den Zeichensinn (vgl. dazu auch Held 2005, 395).

Frege kann nun ganz klar unterscheiden zwischen Fällen, in denen über das Bezeichnete gesprochen wird und solchen, in denen über das Zeichen bzw. über dessen Sinn gesprochen wird. Mit seinen Unterscheidungen hat sich Frege ein Instrumentarium geschaffen, welches ihm eine einheitliche Deutung mathematischer und natürlich-sprachlicher Zeichen erlaubt. Sein Versuch, die Arithmetik in der Logik zu fundieren, hat ihn dazu gebracht, einen Zeichenbegriff zu entwickeln, der maßgeblich für die philosophische Semantik wurde bis hin zur Diskussion über eine Wahrheitsbedingungensemantik oder Theorien der Bedeutung, wie sie in der zweiten Hälfte des 20. Jahrhunderts geführt worden sind.

Bevor ich mich der Frage zuwende, zu welchen philosophischen Überlegungen Freges Verwendung von Anführungszeichen Anlass geben, will ich drei ein wenig subtilere Fragen benennen, die sich bezüglich der Anführung bzw. der Anführungszeichen bei Frege stellen. Eine ausführliche Diskussion dieser Fragen, würde allerdings den Umfang des Aufsatzes sprengen.

(1) Freges Theorie des direkten Zitats als Zeichen eines Zeichens hatte ich im Anschluss an eine gängige Redeweise als autonym charakterisiert: Der Ausdruck in Anführungszeichen bedeutet sich selbst (vgl. Harth 2002, 47; vgl. auch Church 1956, 61f.). Künne bezweifelt, dass Frege diese Konzeption durchhält und verweist in diesem Zusammenhang auf zwei Stellen (Künne 2010, 283f.). In einem Briefentwurf an Jourdain schreibt Frege: „Wenn ich etwas schriftlich von einem geschriebenen Zeichen aussagen will, schliesse ich es in Anführungszeichen ein und das so entstandene zusammengesetzte Zeichen ist dann Name eines Zeichens" (WB, 133). Künne nennt die in diesem Passus skizzierte Konzeption der Anführung „allonym" und bezieht sich damit auf den Umstand, dass ein Ausdruck zur Bezeichnung eines *anderen* Ausdrucks verwendet wird.[17] Allonym ist Freges Konzeption, da er meint, dass die Anführungszeichen gemeinsam mit dem zwischen ihnen stehenden Ausdruck als bezeichnender Ausdruck verstanden werden. In diesem Fall gibt es eine Differenz zwischen dem bezeichneten und dem bezeichnenden Zeichen. Der Unterschied bezieht sich auf die Anführungszeichen als Bestandteil des bezeichnenden Ausdrucks, die dem bezeichneten Ausdruck fehlen. Im Rückgriff auf eine andere Stelle bescheinigt Künne Frege allerdings eine Oszillation zwischen der Allonymie- und der Autonymie-Auffassung. Frege macht auf das Erfordernis aufmerksam, dass er eine Darlegungssprache benötigt, um sich auf Sätze einer Hilfssprache als Gegenstände beziehen zu können. So lässt sich das Deutsche als Darstellungssprache für eine „begriffsschriftlich reglementierte [...] Version des Deutschen" als Hilfssprache verstehen. Frege führt dazu aus: „Deshalb muss ich sie [die Sätze der Hilfssprache – CD] in meiner Darlegungssprache bezeichnen können, ebenso wie in einer astronomischen Abhandlung die Planeten durch ihre Eigennamen ‚Venus', ‚Mars' bezeichnet werden. *Als solche Eigennamen der Sätze der Hilfssprache benutze ich diese selbst, jedoch in Anführungszeichen eingeschlossen*" (NL, 280 f.).

---

[17] Zur Terminologie vgl. Anm. 1. Das Autonym ist ursprünglich im Gegensatz zum Pseudonym der eigene Name; Künne 2010 (283, Anm. 209) knüpft an den Ausdruck „Allonym" als Sonderfall des Pseudonyms an: man versteckt sich nicht hinter irgendeinem Namen, sondern hinter dem Namen einer mehr oder weniger bekannten Person.

In diesem Passus klingt der Autonymie-Gedanke an, dass nur der Ausdruck zwischen den Anführungszeichen eine bezeichnende Funktion hat und die Anführungszeichen nicht dazu gehören, sondern diese Funktion lediglich markieren. Frege spricht davon, dass er die Sätze *selbst* als Namen benutzt, und dass die Anführungszeichen nicht zur Bedeutung des Ausdrucks beitragen. Anführungszeichen sind in diesem Sinne für Frege rein pragmatisch motivierte Zeichen, die keine „Bedeutung" haben. Daher können Anführungszeichen auch nicht in reinen Begriffsschrift-Entwicklungen vorkommen, denn darin sind grundsätzlich nur Zeichen zugelassen, deren Bedeutung vorher definiert wurde. Man kann ihn also mit Fug und Recht als Autonymie-Theoretiker verstehen.

(2) Im Zusammenhang mit der Anführungskonzeption wird eine Diskussion der Frage nötig, worüber Frege spricht, wenn er über Zeichen spricht. Spricht er über Zeichen oder über deren Vorkommnisse? Wenn man sagt, dass im Fall der Anführung der bezeichnende Satz sich selbst bezeichnet, droht ein Missverständnis. In einem bestimmten Sinne – auf der Ebene der Vorkommnisse – handelt es sich bei dem bezeichnenden und dem bezeichneten Satz nicht um „dieselben" Sätze. Frege redet in der Regel von Zeichen, nicht von deren Vorkommnissen. Von der Unterscheidung zwischen Zeichentyp und Zeichenvorkommnis bzw. *type* und *token* macht er keinen Gebrauch, zumal diese terminologisch erst von Peirce zu Beginn des 20. Jahrhunderts eingeführt wird.[18] Trotzdem stellt sich die Frage, worüber Frege der Sache nach spricht. Im Rahmen der Rede über Zeichenvorkommnisse wäre beispielsweise eine Gleichung wie „a = a" falsch, da sich die beiden Vorkommnisse von „a" voneinander unterscheiden. Sie stehen zwar nicht auf einem anderen Blatt, aber auf dieser Seite an anderer Stelle, sind mithin also nicht identisch. Als Aussage über Typen ist „a = a" freilich unproblematisch. Es gibt einige Indizien dafür, dass Frege in der Regel über Zeichen als Individuen spricht und dies im Laufe seiner Denkentwicklung immer strenger handhabt.[19] Zwei numerisch verschiedene Zeichen, die gleich aussehen, werden nicht als dasselbe Zeichen angesehen. Mögen sich die Zeichen auch noch so ähnlich sein, sie werden mindestens an verschiedenen Orten und zu verschiedenen Zeiten erzeugt. Zeichen, so lässt sich die These Freges radikal formulieren, gibt es nur als Individuen. Für die Unterscheidung von Typen und Vorkommnissen sah er keinen Anlass. Als Individuen verstandene Zeichen sind keine Vorkommnisse, dies könnten sie nur sein, wenn es auch Typen gäbe. Der Verständigung tut dies keinen Abbruch, da es letztlich auf

---

[18] Ich unterscheide im Folgenden nur Typen und Vorkommnisse, ohne über eine mögliche Differenzierung von *types*, *tokens* und *occurrences* nachzudenken; vgl. dazu Wetzel 2018.
[19] Vgl. Held 2005, 30 ff., der die betreffende Auffassung Freges eingehend diskutiert und dem ich hier folge.

die Bedeutung bzw. den Sinn der Zeichen ankommt. Freges Überlegungen zu den Zeichen als Individuen lassen sich in einem Sinne als durch und durch pragmatisch interpretieren, insofern es konkrete Gebräuche sind, durch welche dieser oder jener Sinn bzw. Gedanke ausgedrückt wird. Das machen auch Freges Überlegungen zu Sätzen deutlich, in denen Indikatoren wie „ich" vorkommen (vgl. Gabriel / Schlotter 2017, 139; Held 2005, 33ff.). Was die Anführung betrifft, so wurde „im Geiste" Freges vorgeschlagen, doppelte Anführungszeichen zur Benennung eines individuellen Zeichens zu verwenden („a" benennt ein individuelles Zeichen), einfache Anführungszeichen hingegen dann zu gebrauchen, wenn nicht das individuelle Zeichen, sondern eine Gestalt vergleichbarer Art gemeint ist: ‚a' benennt irgendein Zeichen, welches die Form von a hat oder dieser nahekommt (vgl. Held 2005, 35).

Unabhängig davon lässt sich sagen, dass es im Rahmen von Freges Ideen zur Anführung nicht darum geht, dass sich Zeichenvorkommnisse als Zeichenvorkommnisse selbst bezeichnen. Es ist leicht zu sehen, dass dies nicht durchführbar wäre, denn wir können den Satz bilden: „Dieser Absatz beginnt mit den Zeichen ‚Unabhängig davon'". Die beiden im vorigen Satz zitierten Wörter sind ja keineswegs dieselben Wortvorkommnisse, wie die zwei Wörter, auf die sie sich beziehen.

Dadurch, dass Frege darauf besteht, dass es auf die Bedeutung, nicht auf die Zeichen ankommt, wird er dazu geführt, die Zeichen als einzelne Vorkommnisse zu deuten, welche durch die Absicht der Person, welche die Zeichen verwendet, dasselbe bedeuten sollen. Dadurch wird die Identität der Zeichen, also gerade die Möglichkeit, dasselbe Zeichen wiederholt vorkommen zu lassen, in Frage gestellt. Folgt man Frege, gilt Wittgensteins trivial erscheinende, aber grundsätzliche Bemerkung gerade nicht: „A' ist dasselbe Zeichen wie ‚A'" (LPA, 3.203).

(3) Es bleibt die Frage, welche Art von Zeichen die Anführungszeichen sind und wie man sich ihre Funktion im Detail vorzustellen hat. Ein Ausdruck in Anführungszeichen bedeutet sich selbst, die Verwendung von Anführungszeichen führt dazu, dass ein Zeichen seine Bedeutung verändert. Sind Anführungszeichen selbst bedeutungsvoll und – falls ja – worin besteht ihre Bedeutung bzw. ihr Sinn?[20] Harth unterscheidet zwischen einer Identitäts- und einer Funktionskonzeption der Anführungszeichen. Gemäß der Identitätskonzeption sind Anführungszeichen keine Eigennamen, sie haben keine Bedeutung und keinen Sinn, sie zeigen an, dass die Bedeutung eines Zeichens zwischen Anführungszeichen nicht seine gewöhnliche ist, sondern dass das Zeichen sich selbst bezeichnet. Im Rahmen der Funktionskonzeption werden Anführungszeichen als Funktionszeichen betrachtet. Als Argument wird der Ausdruck zwischen den Anführungszeichen verwendet und als Wert erhält man die Bedeutung des Anführungskomplexes, den Ausdruck zwi-

---

20 Zur Diskussion dieser Fragen Harth 2002, 47ff., der an Parsons 1982 anschließt.

schen den Anführungszeichen. Es ist unschwer zu sehen, dass es sich bei der Funktion der Anführungszeichen um eine Identitätsfunktion handelt, Argumente werden auf sich selbst abgebildet. Harth macht geltend, dass die Funktionskonzeption die Identitätskonzeption voraussetzt und Frege als Autonymie-Theoretiker verstanden werden muss. Anführungszeichen stellen einen Kontext dar, der den Selbstbezug des in die Zeichen eingeschlossenen Ausdrucks anzeigt.[21] Wenn die Anführungszeichen eine Funktion bezeichnen würden, dann müsste Frege eine Funktion definieren, die etwa durch „( )" zu bezeichnen wäre; und bei dieser müssten wir das Funktionszeichen scharf von der bezeichneten Funktion, und diese wiederum von den Argumenten und den Funktionswerten dieser Funktion unterscheiden. Frege wendet seine funktionale Auffassung (auf die er auch sämtliche Operationen zurückführt) ausdrücklich nicht auf logisch-kategoriale Verhältnisse an: Das Verhältnis von Sinn zu Bedeutung, das von einem Satz zur Wahrheit, bzw. die Funktionsweise von „wahr", und auch die Arbeitsweise von Anführungszeichen behandelt Frege eher pragmatisch und erläuternd. Anführungszeichen bezeichnen für Frege, anders als etwa der Inhaltsstrich, keine Funktion.

13.3 Philosophische Konsequenzen

Innerhalb der analytischen Philosophie gibt es eine verzweigte Diskussion über die Anführung, Bezüge zu Frege finden sich aber nur gelegentlich.[22] Historisch ist der Gebrauch von Anführungszeichen zwar alt, aber im Deutschen scheint sich eine systematische Verwendung als Mittel des Zitierens in direkter Rede erst um die Mitte des 19. Jahrhunderts herum durchzusetzen (vgl. Harth 2002, 29). Das kann sich Frege zunutze machen, um eine für sein Programm einer Begründung der Arithmetik in der Logik von Missverständnissen gereinigte Sprache zu schaffen, die nebenbei auch Licht auf Semantik natürlicher Sprachen wirft. Freilich macht der vergleichsweise spät einsetzende systematische Gebrauch von Anführungszeichen als Mittel des Zitierens einmal mehr deutlich, dass man sie letztlich gar nicht benötigt. Alles, was man mit Anführungszeichen machen kann, kann man auch ohne sie machen. Dass man sie nicht unbedingt braucht, heißt aber nicht, dass ihre Verwendung nicht von Vorteil ist.

---

21 Meine Überlegungen und Formulierungen folgen Harth 2002, 47.
22 Um nur einige Beiträge zu nennen: Bennett 1988, Cappelen / Lepore 1997, Davidson 1979, Goldstein 1984, McDowell 1980, Sellars 1950. Frege-Bezüge finden sich bei Davidson, McDowell, Goldstein.

Ist mit der konsequenten Verwendung von Anführungszeichen für die Philosophie etwas gewonnen? Sie stellen ein einfaches Mittel dar, um auf systematische Weise zwischen der Rede über Gegenstände oder Sachverhalte im weitesten Sinne und der Rede über Zeichen zu unterscheiden. Sie schieben einen Riegel vor die Verwechslung von Zeichen und Bezeichnetem. Im Prinzip ist dieser Zweck auch mit anderen Maßnahmen erreichbar (typographische Auszeichnungen wie Kursivschrift, Einrückungen, Kapitälchen, um nur einige Möglichkeiten zu nennen), aber die Anführung lässt sich besonders effizient verwenden und sie lässt sich auch klar von anderen Arten der Auszeichnung (wie beispielsweise der Hervorhebung eines Ausdrucks) trennen. In diesem Sinne lässt sich die systematische Verwendbarkeit von Anführungszeichen als ein wichtiger Schritt zur Entwicklung einer philosophischen Theorie des Zeichens bzw. der philosophischen Semantik verstehen, obgleich die Möglichkeit der Anführung mittels Anführungszeichen keine im engeren Sinne notwendige Bedingung für die Entwicklung einer Semantik darstellt. Aber sie macht die Sache deutlich leichter.

Durch den Gebrauch von Anführungszeichen versucht Frege eine Reihe von Schwierigkeiten zu bewältigen, die sich im Rahmen seiner neuen Sicht auf Mathematik, Logik und Sprache stellen. Das gesamte Bild lässt sich in etwa wie folgt skizzieren: Gegen eine formalistische Auffassung der Arithmetik, welche diese als ein Spiel mit Zahlzeichen gemäß Regeln ansieht, unterscheidet Frege strikt zwischen Zeichen und Bezeichnetem. Dabei helfen ihm die Anführungszeichen. Auf der Grundlage der Unterscheidung von Zeichen und Bezeichnetem muss er später zwischen dem Sinn und der Bedeutung von Zeichen unterscheiden, andernfalls könnte er den Sinn von Gleichungen nicht erklären. Schließlich wird er so auch dazu gebracht, strikt zwischen Begriffen und Gegenständen zu unterscheiden und die Zahlen als Gegenstände aufzufassen. Nicht nur die Zahlen, sondern alles, was nicht Begriff bzw. Funktion ist, was seinerseits als Argument einer Funktion verwendet werden kann, wird von Frege als Gegenstand aufgefasst. Die Anführungszeichen sind ein Mittel, eine Sicht auf Mathematik, Logik und natürliche Sprache zu entwickeln und zu präzisieren, die einheitlich ist und es erlaubt, alle Gedanken – mathematische, logische, empirische Urteile – in der Form f(a) auszudrücken und jedes Urteil als eines anzusehen, in dem ein Gegenstand, welcher Art dieser im Einzelnen auch immer sein mag, unter einen Begriff fällt. Der Begriff des Gegenstandes wird nun in einem sehr ausgedehnten Sinne verwendet und erstreckt sich weit über den Bereich des Anschaulichen hinaus.

Wenn man den Anführungszeichen eine zentrale Rolle im Rahmen von Freges Sicht auf Zeichen und Sprache, Mathematik und Logik zubilligt, dann ist ihre Funktion im Zusammenhang mit dem Problem einer sprachbedingten Vergegenständlichung des nicht im engeren Sinne Gegenständlichen zu bedenken. Mit Hilfe der Unterscheidung von Zeichen und Bezeichnetem und Anführungszeichen lassen sich Zeichen als sinnliche Träger von Inhalten begreifen, die auch nicht-sinnlich sein können. So lässt sich Sprache als eine sinnliche Brücke zum Nichtsinnlichen auffassen, ohne darum das Nichtsinnliche immer nach dem Muster des Sinnlichen denken zu müssen. Aber wie es zu denken ist, ist eine immer wieder aufs Neue schwierige Frage. Der Gebrauch von Anführungszeichen fördert Vergegenständlichung, da Zeichen ja etwas von ihnen Unterschiedenes bezeichnen. Frege scheint freilich gesehen zu haben, dass man die Vergegenständlichung nicht zu weit treiben sollte, zumal er Begriffe strikt von Gegenständen unterscheidet.

Frege ist sich darüber im Klaren, dass die Sprache unsere Gedanken in eine Richtung laufen lässt. Wo über Gegenstände geredet wird, müssen doch Gegenstände sein. Mustergültige Gegenstände werden in der Anschauung gegeben, die aber für Frege keine große Rolle spielt. Der durch die Sprache nahegelegte Lauf unserer Gedanken muss nicht immer in die richtige Richtung gehen. Unter anderem die Anführungszeichen sind es, die Frege vielfältige Differenzierungsmöglichkeiten eröffnen und die es ihm erlauben, sich an den Grenzen der Sprache zu bewegen, um „die Herrschaft des Wortes über den menschlichen Geist zu brechen" (BS XII f.). Auch wenn Frege allenfalls ein Sprachphilosoph *avant la lettre* ist, so wurde er mit Recht zu einem Klassiker der Sprachphilosophie. Dass es die Sprache ist, die den Geist bewegt, ist eine Einsicht, die er mit vielen ausgemachten Sprachphilosophen teilt. Freilich hat ihn dies nicht davon abhalten können, immer wieder auch Richtungswechsel gegen einen „natürlichen" Lauf der Sprache vorzunehmen. Davon, dass die Grenzen der Sprache die Grenzen der Welt sind, kann bei Frege jedenfalls keine Rede sein.

Aber gerade für die Philosophie der Mathematik führt Freges Konzeption jedoch zu problematischen Konsequenzen, auf die zuerst Wittgenstein hingewiesen hat. Frege deutet Zahlwörter wie „die Eins" oder „4", „5", „6", „7" als Eigennamen von Gegenständen, weil er zwischen den Zeichen und ihren Bedeutungen unterscheidet. Als mögliche Bedeutungen kommen für ihn nur die von Gegenständen und die von Funktionen bzw. Begriffen in Frage. Da Zahlzeichen keine Leerstelle aufweisen, fühlt sich Frege gezwungen, von Gegenstandsnamen zu sprechen. Das Gleichheitszeichen in gewöhnlichen Gleichungen wie „5 + 7 = 8 + 4" deutet Frege als Namen einer zweistelligen Funktionen der Form ( ) = ( ). Solche Funktionen nehmen nur dann den Wert des Wahren an, wenn links und rechts jeweils ein Zeichen derselben Bedeutung steht. Im vorliegenden Fall sind die Zeichen „8 + 4" und „7 + 5" zwei Namen für denselben Gegenstand. Die mathematische Erkenntnis besteht somit nach Frege darin, dass wir einsehen, dass sowohl „7 + 5" als auch „8 + 4" die Zahl 12 bezeichnen (hier darf die Ziffer „12" nicht in Anführungszeichen eingeschlossen werden, da der Gegenstand bezeichnet werden soll). Nach Wittgenstein vollzieht sich die mathematische Erkenntnis jedoch konsequenterweise auf derselben Ebene der Zeichen, die nach definitorischen Regeln füreinander ersetzt werden können.

Im vorliegenden Fall könnte man die Zeichen auch so einrichten, dass sich beispielsweise ergibt:

$$(1+1+1+1+1+1+1+1) + (1+1+1+1+1) = (1+1+1+1+1+1+1+1+1)$$
$$+ (1+1+1+1)$$

Wittgensteins Pointe liegt nun darin, dass wir innerhalb der Mathematik keinerlei Anlass haben, zwischen Zeichen mit und ohne Anführungszeichen zu unterscheiden, und auch keine Notwendigkeit besteht, zwischen dem Sinn und der Bedeutung dieser Zeichen zu differenzieren. Er setzt Freges konsequent funktionaler eine operationale Konzeption der Mathematik entgegen. (Von dieser Differenz nicht betroffen ist der Gebrauch von Anführungszeichen ausschließlich bei der erläuternden Einführung der Zeichen, aber nicht in ihrem praktischen Gebrauch.) Es kommt lediglich darauf an, die Zeichen nach den für sie eingeführten Regeln umzuformen; eine gegenständliche Bedeutung dieser Zeichen, die über die Festlegung der Regeln hinausgeht, erweist sich als überflüssig. In Wittgensteins Worten: „Denn, ohne uns um einen Sinn und eine Bedeutung zu kümmern, bilden wir den logischen [das gilt aber auch für den mathematischen – CD] Satz nach bloßen Zeichenregeln" (LPA, 6.126).

Freges Überlegungen zu den Zeichen im Allgemeinen und den Anführungszeichen im Besonderen haben für die Betrachtung von Sprachen und der Bedeutung sprachlicher Ausdrücke grundlegende Klärungen geboten, für die Betrachtung der Mathematik haben sie ihn dagegen eher auf einen zweifelhaften Weg geführt.

Literatur

Bennett, Jonathan (1988): Quotation. In: Nous 22, 399–418.
Cappelen, Herman / Lepore, Ernie, (1997): Varieties of Quotation. In: Mind 106, 429–450.
Carl, Wolfgang (1994): Frege's Theory of Sense and Reference. Its Origins and Scope, Cambridge.
Carnap, Rudolf (1934): Logische Syntax der Sprache, Wien/New York, 2. Auflage 1968.
Church, Alonzo (1956): Introduction to Mathematical Logic, Princeton, 10. Auflage 1996.
Davidson, Donald (1979): Zitieren. In: ders., Wahrheit und Interpretation, Frankfurt am Main 1990, 123–140.
Dummett, Michael (1973): Frege. Philosophy of Language, London.
Gabriel, Gottfried / Schlotter, Sven, (2017): Frege und die kontinentalen Ursprünge der analytischen Philosophie, Münster.
Goldstein, Laurence (1984): Quotation of Types and other Types of Quotation. In: Analysis 44, 1–5.
Goodman, Nelson (1968): Sprachen der Kunst. Entwurf einer Symboltheorie, Frankfurt am Main 1997.
Harth, Manfred (2002): Anführung. Ein nicht-sprachliches Mittel der Sprache, Paderborn.
Held, Carsten (2005): Frege und das Grundproblem der Semantik, Paderborn.

Kienzler, Wolfgang (2009): Begriff und Gegenstand. Eine historische und systematische Studie zur Entwicklung von Freges Denken, Frankfurt am Main.

Künne, Wolfgang (1996): Gottlob Frege (1848–1925). In: Borsche, Tilman (Hg.), Klassiker der Sprachphilosophie. Von Platon bis Noam Chomsky, München, 325–345.

Künne Wolfgang (2010): Die Philosophische Logik Gottlob Freges. Ein Kommentar, Frankfurt am Main.

McDowell, John (1980): Quotation and Saying That. In: Platts, Mark (Hg.), Reference, Truth, and Reality, London / New York, 206–237.

Parsons, Terence (1982): What Do Quotation Marks Name? Frege's Theories of Quotations and That-Clauses. In: Philosophical Studies 42, 315–328.

Schneider, Hans Julius (1992): Phantasie und Kalkül. Über die Polarität von Handlung und Struktur in der Sprache, Frankfurt am Main.

Sellars, Wilfrid (1950): Quotation Marks, Sentences, and Propositions. In: Philosophy and Phenomenological Research 10, 515–525.

Tugendhat, Ernst (1992): Die Bedeutung des Ausdrucks ›Bedeutung‹ bei Frege. In: ders.: Philosophische Aufsätze, Frankfurt am Main, 230–250.

Wetzel, Linda (2018): Types and Tokens. In: *The Stanford Encyclopedia of Philosophy* (Fall 2018 Edition), Edward N. Zalta (ed.), URL = https://plato.stanford.edu/archives/fall2018/entries/types-tokens/ (zuletzt abgerufen: 30.08.2021).

Auswahlbibliographie

Schriften Freges

Hinweis

Eine vollständige Bibliographie der Schriften Freges sowie der wichtigsten Schriften über Frege findet sich in Gabriel (2020, 187–196). Eine vollständige Bibliographie der Schriften Freges sowie der Übersetzungen ins Englische bietet Zalta (2022). Die drei für diesen Band zentralen Aufsätze wurden von Frege jeweils nur einmal veröffentlicht, die Manuskripte sind nicht erhalten, nur zu BG gibt es eine Vorstufe (NL, 96–127). Die Nachdrucke in Patzig (1962), Textor (2002) und in *Kleine Schriften* modernisieren die Rechtschreibung, korrigieren offensichtliche Druckfehler und schlagen kleinere Verbesserungen vor (etwa SB, 48, 50). Die neueren Ausgaben von Voigt (2019, nur SB) und Rami (2021) geben die originale Rechtschreibung wieder. *Funktion und Begriff* liegt auch in einem fotomechanischen Nachdruck (1999) vor.

Originalausgaben der Schriften Freges

- (1873): Über eine geometrische Darstellung der imaginären Gebilde in der Ebene, Jena. Nachgedruckt in KS.
- (1874): Rechnungsmethoden, die sich auf eine Erweiterung des Größenbegriffs gründen, Jena. Nachgedruckt in KS.
- (1879): Begriffsschrift, eine der arithmetischen nachgebildete Formelsprache des reinen Denkens, Halle. [=BS] Nachgedruckt in Angelelli (1964).
- (1879): Anwendungen der Begriffsschrift. In: Jenaische Zeitschrift für Naturwissenschaften 13, Suppl. II, 29–33. Nachgedruckt in Angelelli (1964).
- (1882): Über die wissenschaftliche Berechtigung einer Begriffsschrift. In: Zeitschrift für Philosophie und philosophische Kritik 81, 48–56. [=WBB] Nachgedruckt in Angelelli (1964).
- (1883): Über den Zweck der Begriffsschrift. In: Jenaische Zeitschrift für Naturwissenschaften 16, Suppl., 1–10. [=ZBS] Nachgedruckt in Angelelli (1964).
- (1884): Die Grundlagen der Arithmetik. Eine logisch mathematische Untersuchung über den Begriff der Zahl, Breslau. [=GL] Nachdruck Hildesheim 1961 [u. ö.].
- (1886): Über formale Theorien der Arithmetik. In: Jenaische Zeitschrift für Naturwissenschaften 19, Suppl., 94–104. Nachgedruckt in KS.
- (1891): Function und Begriff, Jena. Nachgedruckt in Kienzler (1999) und KS.
- (1891): Über das Trägheitsgesetz. In: Zeitschrift für Philosophie und philosophische Kritik 97, 145–161. Nachgedruckt in KS.
- (1892): Über Sinn und Bedeutung. In: Zeitschrift für Philosophie und philosophische Kritik 100, 25–50. [=SB] Nachgedruckt in KS.

- (1892): Über Begriff und Gegenstand. In: Vierteljahrsschrift für wissenschaftliche Philosophie 16, 192–295. [=BG] Nachgedruckt in KS.
- (1893): Grundgesetze der Arithmetik. Begriffsschriftlich abgeleitet, 1. Band, Jena. [=GG I] Nachdruck Hildesheim 1962 [u. ö.]. [Nachdruck 1998 mit Corrigenda von Christian Thiel.]
- (1895): Kritische Beleuchtung einiger Punkte in E. Schröders Vorlesungen über die Algebra der Logik. In: Archiv für systematische Philosophie 1, 433–456. Nachgedruckt in KS.
- (1897): Über die Begriffsschrift des Herrn Peano und meine eigene. In: Berichte über die Verhandlungen der Königlich Sächsischen Gesellschaft der Wissenschaften zu Leipzig. Mathematisch-Physische Klasse 47, 361–378. Nachgedruckt in KS.
- (1899): Über die Zahlen des Herrn H. Schubert, Jena. Nachgedruckt in Kienzler (1999) und KS.
- (1903): Grundgesetze der Arithmetik. Begriffsschriftlich abgeleitet, 2. Band, Jena. [=GG II] Nachdruck Hildesheim 1962 [u. ö.]. [Nachdruck 1998 mit Corrigenda von Christian Thiel.]
- (1904): Was ist eine Funktion? In: Festschrift Ludwig Boltzmann, Leipzig, 656–666. [=WIF] Nachgedruckt in KS.
- (1918): Der Gedanke. Eine logische Untersuchung. In: Beiträge zur Philosophie des deutschen Idealismus 1, 58–77. [GED] Nachgedruckt in KS.
- (1919): Die Verneinung. Eine logische Untersuchung. In: Beiträge Zur Philosophie des deutschen Idealismus 1 (3/4), 143–157. [=VER] Nachgedruckt in KS.
- (1923): Logische Untersuchungen. Dritter Teil: Gedankengefüge. In: Beiträge zur Philosophie des deutschen Idealismus. 3, 36–51. [=GGF] Nachgedruckt in KS.

Editionen der Hauptwerke

Begriffsschrift

- (2018): Begriffsschrift, eine der arithmetischen nachgebildete Formelsprache des reinen Denkens, hg. u. kom. v. Matthias Wille, Berlin/Heidelberg. [Unkorrigierter fotomechanischer Nachdruck mit textkritischen Erläuterungen]

Die Grundlagen der Arithmetik

- (1986): Die Grundlagen der Arithmetik. Eine logisch mathematische Untersuchung über den Begriff der Zahl, Centenarausgabe mit ergänz. Texten kritisch hg. v. Christian Thiel, Hamburg.
- (1987): Die Grundlagen der Arithmetik. Eine logisch mathematische Untersuchung über den Begriff der Zahl, hg. u. mit einem Nachwort vers. v. Joachim Schulte, Stuttgart. [Leseausgabe]

Über Sinn und Bedeutung

- (2019): Über Sinn und Bedeutung, hg. v. Uwe Voigt, Ditzingen. [Buchstaben- und zeichengenauer Nachdruck, mit Erläuterungen und Nachwort.]

Grundgesetze der Arithmetik

– (2009): Grundgesetze der Arithmetik. Begriffsschriftlich abgeleitet, in moderne Formelnotation transkribiert und mit einem ausführlichen Sachregister versehen v. Thomas Müller, Bernhard Schröder und Rainer Stuhlmann-Laeisz. Band I und II, Paderborn.

Sammelbände und Editionen aus dem Nachlass

Angelelli, Ignacio (1964): Begriffsschrift und andere Aufsätze, Hildesheim / Darmstadt.
Angelelli, Ignacio (1967): Kleine Schriften, Hildesheim und Darmstadt, 2. A. 1990. [=KS]
Gabriel, Gottfried / Hermes, Hans / Kambartel, Friedrich / Thiel, Christian / Veraart, Albert (1976): Wissenschaftlicher Briefwechsel, Hamburg. [=WB]
Gabriel, Gottfried / Kienzler, Wolfgang (1994): Politisches Tagebuch. In: Deutsche Zeitschrift für Philosophie 42, 1067–1098.
Gabriel, Gottfried (1996): Vorlesungen über Begriffsschrift. In: History and Philosophy of Logic 17, 1–48. [=VOR]
Gabriel, Gottfried (2020): Gottlob Frege. Schriften zur Logik und Sprachphilosophie. Aus dem Nachlass, 1. A. 1971.
Hermes, Hans / Kambartel, Friedrich / Kaulbach, Friedrich (1969): Nachgelassene Schriften, Hamburg, erw. A. 1983. [=NL]
Kienzler, Wolfgang (1999): Zwei Schriften zur Arithmetik [= Nachdruck von Funktion und Begriff und Über die Zahlen des Herrn H. Schubert], Hildesheim.
Patzig, Günther (1962): Funktion, Begriff, Bedeutung, Göttingen, 7. A. 1994.
Patzig, Günther (1966): Logische Untersuchungen, Göttingen, 4. A. 1993.
Rami, Dolf (2021): Ausgewählte Schriften zur Philosophie der Logik und der Sprache, Göttingen.
Textor, Mark (2002): Funktion – Begriff – Bedeutung, Göttingen, [Neuausgabe von Patzig (1962)].

Sekundärliteratur

Zum Gesamtwerk

Handbuchartikel

Dummett, Michael (1967): Frege, Gottlob. In: Edwards, Paul (Hg.), The Encyclopedia of Philosophy, Band 3, New York, 225–237.
Künne, Wolfgang (1996): Gottlob Frege (1848–1925). In: Borsche, Tilman (Hg.): Klassiker der Sprachphilosophie. Von Platon bis Noam Chomsky, München, 325–345.
Sullivan, Peter M. (2004): Frege's Logic. In: Gabbay, Dov M. / Woods, John / Kanamori, Akihiro (Hgg.): Handbook of the History of Logic, Bd. 3, Amsterdam/Boston, 659–750.
Zalta, Edward N. (2022): Gottlob Frege. In: Zalta / Nodelman, Uri (Hgg.): The Stanford Encyclopedia of Philosophy (Fall 2022 Edition), URL = https://plato.stanford.edu/archives/fall2022/entries/frege/.

Monographien und Aufsatzsammlungen

Angelelli, Ignacio (1967): Studies on Gottlob Frege and Traditional Philosophy, Dordrecht.
Baker, Gordon / Hacker, Peter M. S. (1984): Logical Excavations, Oxford.
Bell, David (1979): Frege's Theory of Judgment, Oxford.
Blanchette, Patricia (2012): Frege's Conception of Logic, Oxford.
Burge, Tyler (2005): Truth, Thought, Reason. Essays on Frege, Oxford.
Burgess, John P. (2005): Fixing Frege, Princeton / Oxford.
Currie, Gregory (1982): Frege, an Introduction to His Philosophy, Totowa NJ.
Dummett, Michael (1973): Frege. Philosophy of Language, London.
Dummett, Michael (1981): The Interpretation of Frege's Philosophy, London.
Dummett, Michael (1991): Frege. Philosophy of Mathematics, London.
Dummett, Michael (1991): Frege and Other Philosophers, Oxford.
Gabriel, Gottfried / Schlotter, Sven (2017): Frege und die kontinentalen Ursprünge der analytischen Philosophie, Münster.
Garavaso, Pieranna / Vassalo, Nicla (2014): Frege on Thinking and its Epistemic Significance, Lanham / Boulder / New York / London.
Greimann, Dirk (2003): Freges Konzeption der Wahrheit, Hildesheim / Zürich / New York.
Held, Carsten (2005): Frege und das Grundproblem der Semantik, Paderborn.
Heck, Richard G. (2012): Reading Frege's Grundgesetze, Oxford.
Heck, Richard G. (2011): Frege's Theorem, Oxford.
Horty, John (2007): Frege on Definitions. A Case Study of Semantic Content, Oxford.
Kanterian, Edward (2012): Frege. A Guide for the Perplexed, London / New York.
Kenny, Anthony (1995): Frege. An Introduction to the Founder of Modern Analytic Philosophy, London.
Kienzler, Wolfgang (2009): Begriff und Gegenstand. Eine historische und systematische Studie zur Entwicklung von Gottlob Freges Denken, Frankfurt am Main.
Kreiser, Lothar (2001): Gottlob Frege. Leben – Werk – Zeit, Hamburg.
Künne, Wolfgang (2010): Die Philosophische Logik Gottlob Freges, Frankfurt am Main.
Kutschera, Franz von (1989): Gottlob Frege: Eine Einführung in sein Werk, Berlin / New York.
Landini, Gregory (2012): Frege's Notations. What They Are and How They Mean, Basingstoke.
Lotter, Dorothea (2004): Logik und Vernunft. Freges Rationalismus im Kontext seiner Zeit, Freiburg / München.
Macbeth, Danielle (2005): Frege's Logic, Cambridge MA.
Mayer, Verena (1996): Gottlob Frege, München.
Mendelsohn, Richard L. (2005): The Philosophy of Gottlob Frege, Cambridge.
Mras, Gabriele (2001): Wahrheit, Gedanke, Subjekt. Ein Essay zu Frege, Wien.
Noonan, Harold W. (2001): Frege. A Critical Introduction, Oxford.
Pardey, Ulrich (2004): Freges Kritik an der Korrespondenztheorie der Wahrheit. Eine Verteidigung gegen die Einwände von Dummett, Künne, Soames und Stuhlmann-Laeisz, Paderborn.
Rami, Dolf (2018): Existenz und Anzahl. Eine kritische Untersuchung von Freges Konzeption der Existenz, Paderborn.
Resnik, Michael D. (1989): Frege and the Philosophy of Mathematics, Ithaca NY [u. a.].
Rohr, Tabea (2020): Freges Begriff der Logik, Paderborn.
Rosado Haddock, Guillermo E. (2006): A Critical Introduction to the Philosophy of Gottlob Frege, Aldershot / Burlington.

Salmon, Nathan (1986): Frege's Puzzle, Cambridge MA.
Shi, Weijun (2021): Thoughts, Logic, and Metalogic. An Investigation into Frege's Philosophy, Heidelberg.
Sluga, Hans Dietrich (1980): Gottlob Frege: The Arguments of the Philosophers, London.
Stepanians, Markus S. (2001): Gottlob Frege zur Einführung, Hamburg.
Stuhlmann-Laeisz, Rainer (1995): Gottlob Freges „Logische Untersuchungen", Darmstadt.
Stuhlmann-Laeisz, Rainer (2020): Gottlob Freges „Grundgesetze der Arithmetik", Leiden.
Thiel, Christian (2022): Fregeana. Zwölf Studien über Freges Logik, herausgegeben von Volker Peckhaus, Paderborn.
Travis, Charles (2021): Frege. The Pure Business of Being True, Oxford.
Weiner, Joan (1990): Frege in Perspective, Ithaca NY.
Weiner, Joan Carol (1999): Frege, Oxford.
Weiner, Joan (2004): Frege Explained. From Arithmetic to Analytic Philosophy, Chicago / La Salle, IL.
Weiner, Joan (2020): Taking Frege at His Word, Oxford.
Wille, Matthias (2016): ‚Largely unknown'. Gottlob Frege und der posthume Ruhm, Münster.
Wille, Matthias (2020): ‚alles in den Wind geschrieben', Gottlob Frege wider den Zeitgeist, Paderborn.
Wright, Crispin (1983): Frege's Conception of Numbers as Objects, Aberdeen.

Sammelbände

Beaney, Michael / Reck, Erich H. (Hgg.) (2005): Gottlob Frege. Critical Assessments of Leading Philosophers, 4 Bände, London / New York.
Bengtsson, Gisela / Säätelä, Simo / Pichler, Alois (Hgg.) (2018): New Essays on Frege. Between Science and Literature (= Nordic Wittgenstein Studies, Bd. 3), Cham, 2018.
Benis-Sinaceur, Hourya / Panza, Marco / Sandu, Gabriel (Hgg.): Functions and Generality of Logic. Reflections on Dedekind's and Freges's Logicism. Cham, 2015.
Demopoulos, William (Hg.) (1995): Frege's Philosophy of Mathematics, Cambridge MA.
Gabriel, Gottfried / Dathe, Uwe (Hgg.) (2000): Gottlob Frege. Werk und Wirkung, Paderborn.
Gabriel, Gottfried / Kienzler, Wolfgang (Hgg.) (1997): Frege in Jena. Beiträge zur Spurensicherung, Würzburg.
Greimann, Dirk (Hg.) (2003): Das Wahre und das Falsche. Studien zu Freges Auffassung von Wahrheit, Hildesheim.
Haaparanta, Leila / Hintikka, Jaakko (Hgg.) (1986): Frege Synthesized. Essays on the Philosophical and Foundational Work of Gottlob Frege, Dordrecht.
Hill, Claire Ortiz / Rosado Haddock, Guillermo E. (Hgg.) (2000): Husserl or Frege? Meaning, Objectivity, and Mathematics, Chicago.
Max, Ingolf / Stelzner, Werner (Hgg.) (1995): Logik und Mathematik. Frege-Kolloquium Jena 1993, Berlin / New York.
Newen, Albert / Nortmann, Ulrich / Stuhlmann-Laeisz, Rainer (Hgg.) (2001): Building on Frege. New Essays on Sense, Content, and Concept, Stanford.
Potter, Michael / Ricketts, Thomas (Hgg.) (2010): The Cambridge Companion to Frege, Cambridge.
Reck, Erich H. (Hg.) (2002): From Frege to Wittgenstein. Perspectives on Early Analytic Philosophy, Oxford.
Reichardt, Bastian / Samans, Alexander (Hgg.) (2014): Freges Philosophie nach Frege, Münster.

Schirn, Matthias (Hg.) (1976): Studien Zu Frege / Studies on Frege. 3 Bände, Stuttgart - Bad Cannstadt.
Schirn, Matthias (Hg.) (1996): Frege. Importance and Legacy, Berlin [u. a.].
Schott, Dieter (Hg.) (2015): Frege. Freund(e) und Feind(e): Proceedings of the International Conference 2013, Berlin.
Schweinitz, Bolko (Hg.) (1979): Begriffsschrift. Jenaer Frege-Konferenz, 7–11. Mai 1979, Jena.
Sluga, Hans (Hg.) (1993): The Philosophy of Frege. A Four-Volume Collection of Scholarly Articles on All Aspects of Frege's Philosophy, New York / London.
Stelzner, Werner (Hg.): Philosophie und Logik. Frege-Kolloquien Jena 1989 und 1991, Berlin / New York.
Thiel, Christian (Hg.) (1975): Frege und die moderne Grundlagenforschung. Symposium, gehalten in Bad Homburg im Dezember 1973, Meisenheim am Glan.
Wechsung, Gerd (Hg.) (1984): Frege Conference 1984. Proceedings of the International Conference Held at Schwerin, GDR, September 10–14, 1984, Berlin.
Wille, Matthias (Hg.) (2019): Fregesche Variationen. Essays zu Ehren von Christian Thiel, Paderborn.
Wright, Crispin (Hg.) (1984): Frege. Tradition and Influence, Oxford.

Zu den einzelnen Aufsätzen

Funktion und Begriff/Begriffsschrift

Angelelli, Ignacio (1967): Wertverlauf. In: Studies on Gottlob Frege and Traditional Philosophy, Dordrecht, 205–223.
Beaney, Michael (2007): Frege's use of function-argument analysis and his introduction of truth-values as objects. In: Grazer Philosophische Studien 75 (1), 93–123.
Blanchette, Patricia A. (2012): Frege on Shared Belief and Total Functions. In: Journal of Philosophy 109 (1–2), 9–39.
Centrone, Stefania (2010): Functions in Frege, Bolzano and Husserl. In: History and Philosophy of Logic 31 (4), 315–336.
Hinst, Peter (1975): Hätte Frege ohne Wertverlaufsfunktion auskommen können? In: Thiel, Christian (Hg.): Frege und die moderne Grundlagenforschung, 33–51.
Hochberg, Herbert (1971): Frege on concepts as functions. A fundamental ambiguity. In: Theoria 37 (1), 21–32.
Kim, Dongwoo (2021): On Frege's Assimilation of Sentences with Names. In: Philosophical Quarterly 71 (2), 241–263.
Kim, Junyeol (2020): The horizontal in Frege's Begriffsschrift. In: Synthese 198 (12), 11625–11644.
Thiel, Christian (1975): Zur Inkonsistenz der Fregeschen Mengenlehre. In: ders.: Frege und die moderne Grundlagenforschung, 134–159.
Thiel, Christian (1995): Nicht aufs Gerathewohl und aus Neuerungssucht. Die Begriffsschrift 1879 und 1893. In: Max, Ingolf / Stelzner, Werner (Hgg.): Logik und Mathematik. Frege-Kolloquium Jena 1993, Berlin / New York, 20–37. Nachgedruckt in Thiel (2022).
Truyen, Frederik (1993): Did Frege really have a logicist conception of functionality? In: Stelzner, Werner (Hg.): Philosophie und Logik. Frege-Kolloquien 1989 und 1991, 97–107.

Über Sinn und Bedeutung

Handbuchartikel

Felka, Katharina / Schnieder, Benjamin (2015): Über Sinn und Bedeutung. In: Kompa, Nikola (Hg.): Handbuch Sprachphilosophie, Stuttgart, 175–186.

Monographien und Sammelbände

Beaney, Michael (1996): Frege. Making Sense, London.
Carl, Wolfgang (1982): Sinn und Bedeutung. Studien zu Frege und Wittgenstein, Meisenheim am Glan.
Carl, Wolfgang (1994): Frege's Theory of Sense and Reference. Its Origin and Scope, Cambridge.
Horty, John (2007): Frege on Definitions. A Case Study of Semantic Content, Oxford [u. a.].
Klement, Kevin C. (2002): Frege and the Logic of Sense and Reference, New York [u. a.].
Kotatko, Petr / Biro, John (Hgg.) (1995): Frege. Sense and Reference one Hundred Years later, Dordrecht.
Sluga, Hans D. (Hg.) (1993): Sense and Reference in Frege's Philosophy, New York.
Textor, Mark (2010): Routledge Philosophy Guidebook to Frege on Sense and Reference, London [u. a.].
Thiel, Christian (1965): Sinn und Bedeutung in der Logik Gottlob Freges, Meisenheim am Glan.

Aufsätze

Almog, Joseph (2008): Frege puzzles? In: Journal of Philosophical Logic 37 (6), 549–574.
Anduschus, M. (1997): Variations of Sinn. In: Anduschus, Martin / Newen, Albert / Künne, Wolfgang (Hgg.): Direct Reference, Indexicality, and Propositional Attitudes, Stanford, 277–292.
Aschenbrenner, Karl (1968): Implications of Frege's philosophy of language for literature. In: British Journal of Aesthetics 8 (4), 319–334.
Bar-Elli, Gilead (2001): Sense and Objectivity in Frege's Logic. In: Albert Newen (Hg.): Building on Frege, Stanford, 91–111.
Bell, David (1984): Reference and sense. An epitome. In: Philosophical Quarterly 34 (136), 369–372.
Bengtsson, Gisela (2018): Frege on Dichtung and Elucidation. In: Bengtsson, Gisela / Säätelä, Simo / Pichler, Alois (Hgg.): New Essays on Frege. 101–119.
Bertolet, Rod (2006): Modes of Presentation and Modes of Determination in Frege. In: Journal of Philosophical Research 31, 233–238.
Beyer, Christian (2017): Husserl and Frege on Sense. In: Stefania Centrone (Hg.): Essays on Husserl's Logic and Philosophy of Mathematics, Dordrecht, 197–227.
Béziau, Jean-Yves (1999): Was Frege Wrong when Identifying Reference with Truth-Value? In: Sorites 11, 15–23.
Boisvert, Daniel R. / Lubbers, Christopher M. (2003): Frege's Commitment to an Infinite Hierarchy of Senses. In: Philosophical Papers 32 (1), 31–64.

Burge, Tyler (1979): Frege and the Hierarchy, Synthese 40 (2), 265–281. Nachgedruckt in: ders. (2005): Truth, Thought, Reason. Essays on Frege, Oxford, 167–210.

Burge, Tyler (1990): Frege on Sense and Linguistic Meaning. In: David Bell / Neil Cooper (Hgg.): The Analytic Tradition, Oxford, 30–60. Nachgedruckt in: ders. (2005): Truth, Thought, Reason, Oxford, 242–270.

Chakraborty, Sanjit (2011): The Diversity of Sense. An Appreciation of Frege's Theory of Sense. In: Indian Journal of Analytic Philosophy 4 (2), 79–96.

Dagys, Jonas (2020): Frege's Bedeutung. In: Problemos 97, 123–31.

Dummett, Michael (1978): Frege's Distinction between Sense and Reference. In: ders.: Truth and other Enigmas, London, 116–145.

Ezcurdia, Maite (2003): Introducing sense. In: Manuscrito 26 (2), 279–312.

Freitag, Wolfgang (2014): Frege über ‚leider' und ‚gottlob'. In: Bastian Reichardt / Alexander, Samans (Hgg.): Freges Philosophie nach Frege, 161–174.

Gabriel, Gottfried (1984): Fregean connection. *Bedeutung*, value and truth-value. In: Philosophical Quarterly 34 (136), 372–376.

Grassia, Massimo (2005): Frege's Criteria of Synonymy. In: The Harvard Review of Philosophy 13 (1), 25–49.

Green, Karen (1992): Logical renovations. Restoring Frege's functions. In: Pacific Philosophical Quarterly 73 (4), 315–334.

Green, Karen (2019): Indicating a Translation for 'Bedeutung'. In: History and Philosophy of Logic 41 (2), 114–127.

Hanzel, Igor (2006): Frege, the identity of Sinn and Carnap's intension. In: History and Philosophy of Logic 27 (3), 229–247.

Harnish, Robert M. (2003): Frege and the Logic of Sense and Reference. In: Review of Metaphysics 56 (4), 886–887.

Jones, E. E. Constance (1910): Mr. Russell's objections to Frege's analysis of propositions. In: Mind 19, 379–386.

Koziolek, Nicholas (2016): Extensionality, Indirect Contexts and Frege's Hierarchy. In: Dialectica 70 (3), 431–462.

Kremer, Michael (2010): Sense and reference: the origins and development of the distinction. In: Ricketts, Thomas / Potter, Michael (Hgg.): The Cambridge Companion to Frege, 220–292.

Kripke, Saul A. (2008): Frege's Theory of Sense and Reference. Some Exegetical Notes. In: Theoria 74 (3), 181–218. Nachgedruckt in: ders. (2011): Philosophical Troubles, Collected Papers, Volume 1, Oxford [u. a.], 254–291.

Lepore, Ernie / Stone, Matthew, (2018): Slurs and Tone. In: Coliva, Annalisa / Leonardi, Paolo / Moruzzi, Sebastiano (Hgg.): Eva Picardi on Language, Analysis and History, Cham, 205–217.

Linsky, Bernard (1991): A note on the "carving up content" principle in Frege's theory of sense. In: Notre Dame Journal of Formal Logic 33 (1), 126–135.

Makin, Gideon (2010): Frege's Distinction Between Sense and Reference. In: Philosophy Compass 5 (2), 147–63.

Mares, Edwin D. (1993): Fictional Objects and Fregean Sinne. In: Stelzner, Werner (Hg.): Philosophie und Logik. Frege-Kolloquien 1989 und 1991, 65–72.

May, Robert (2006): The Invariance of Sense. In: Journal of Philosophy 103 (3), 111–144.

McLeod, Stephen K. (2017): Dummett and Frege on Sense and Selbständigkeit. In: British Journal for the History of Philosophy 25 (2), 309–331.

Milkov, Nikolay (2020): Aesthetic Gestures: Elements of a Philosophy of Art in Frege and Wittgenstein. In: Wuppuluri, Shyam / da Costa, Newton (Hgg.): Wittgensteinian (adj.). Looking at the World from the Viewpoint of Wittgenstein's Philosophy, Berlin, 506–18.

Mohanty, Jitendranath N. (1984): Sinn and Bedeutung, Studien zu Frege and Wittgenstein. In: Review of Metaphysics 38 (1), 116–117.

Munton, Jessie (2017): Frege, fiction and force. In: Synthese 194 (9), 3669–3692.

Peacocke, Christopher (2009): Frege's hierarchy. A puzzle. In: Almog, Joseph / Leonardi, Paolo (Hgg.): The Philosophy of David Kaplan. Oxford [u. a.], 159–186.

Pedriali, Walter B. (2017): Sense, Incomplete Understanding, and the Problem of Normative Guidance. In: Grazer Philosophische Studien 94 (1–2), 1–37.

Penco, Carlo (2003): Frege, sense and limited rationality. In: History of Modern Logic 9, 53–65.

Penco, Carlo (2003): Frege. Two theses, two senses. In: History and Philosophy of Logic 24 (2), 87–109.

Picardi, Eva (2006): Colouring, multiple propositions, and assertoric content. In: Grazer Philosophische Studien 72 (1), 49–71. Nachgedruckt in: Coliva, Annalisa (Hg.) (2020): The Selected Writings of Eva Picardi. From Wittgenstein to American Neo-Pragmatism, London / New York, 205–226.

Picardi, Eva (2007): On Sense, Tone and Accompanying Thoughts. In: Auxier, Randall E. / Hahn, Lewis E. (Hgg.): The Philosophy of Michael Dummett, Chicago [u. a.], 491–520.

Polimenov, Todor (2018): Semantic and Pragmatic Aspects of Frege's Approach to Fictional Discourse. In: Bengtsson, Gisela / Säätelä, Simo / Pichler, Alois (Hgg.), New Essays on Frege, 119–141.

Ricketts, Thomas G. (1986): Generality, Meaning, and Sense in Frege. In: Pacific Philosophical Quarterly 67 (3), 172–195.

Ruzsa, Imre (2010): Russell versus Frege. In: Croatian Journal of Philosophy 10 (1), 13–20.

Sander, Thorsten (2016): Freges Kriterien der Sinngleichheit. In: Archiv für Geschichte der Philosophie 98 (4), 95–432.

Sainsbury, R. Mark (1983): On a Fregean Argument for the Distinctness of Sense and Reference. In: Analysis 43 (1), 12–14.

Sander, Thorsten (2019): Two Misconstruals of Frege's Theory of Colouring. In: Philosophical Quarterly 69 (275), 374–392.

Sander, Thorsten (2021): Fregean Side-Thoughts. In: Australasian Journal of Philosophy 99 (3), 455–471.

Schellenberg, Susanna (2012): Sameness of Fregean sense. In: Synthese 189 (1), 163–175.

Schwerin, Alan (1988): An analysis of two accounts on the sense of singular terms. In: Dialectica 42 (3), 221–231.

Sengupta, Gautam (1983): On Identifying Reference with Truth-Value. In: Analysis 43 (2), 72–74.

Simchen, Ori (2018): The Hierarchy of Fregean Senses. In: Thought. A Journal of Philosophy 7 (4), 255–261.

Simons, Peter (1992): Why is there so little sense in Grundgesetze? In: Mind 101 (404), 753–766.

Skiba, Lukas (2015): On Indirect Sense and Reference. In: Theoria 81 (1), 48–81.

Strawson, Peter F. (1987): Concepts and properties or predication and copulation. In: Philosophical Quarterly 37 (149), 402–406.

Taschek, W. (2010): On sense and reference. A critical reception. In: Potter, Michael / Ricketts, Thomas (Hgg.): The Cambridge Companion to Frege, 293–341.

Textor, Mark (2016): Vacuous Names in Early Analytic Philosophy. Frege, Russell, and Moore. In: Philosophy Compass 11 (6), 316–326.

Tugendhat, Ernst (1970): The Meaning of 'Bedeutung' in Frege. In: Analysis 30 (6), 177–189.

Van Heijenoort, Jean (1977): Frege on sense identity. In: Journal of Philosophical Logic 6 (1), 103–108.
Van Heijenoort, Jean (1977): Sense in Frege. In: Journal of Philosophical Logic 6 (1), 93–102.
Welton, Donn (1987): Frege and Husserl on Sense. In: Journal of Philosophy 84 (10), 535–536.
Wiggins, David (1984): The sense and reference of predicates. A running repair to Frege's doctrine and a plea for the copula. In: Philosophical Quarterly 34 (136), 311–328.
Wiggins, David (1992): Meaning, Truth-Conditions, Proposition: Frege's Doctrine of Sense Retrieved, Resumed and Redeployed in the Light of Certain Recent Criticisms. In: Dialectica 46 (1), 61–90.
Zouhar, Marián (2010): Frege on Fiction. In: Kotatko, Petr / Pokorny, Martin / Sabates, Marcelo (Hg.): Fictionality-Possibility-Reality, Bratislava 103–119.

Über Begriff und Gegenstand

Burge, Tyler (1984): Frege on extensions of concepts, from 1884 to 1903. In: Philosophical Review 93 (1), 3–34. Nachgedruckt in: ders. (2005): Truth, Thought, Reason. Essays on Frege, Oxford.
Hale, Bob / Wright, Crispin (2012): Horse Sense. In: Journal of Philosophy 109 (1–2), 85–131.
Ivan, Mihail P. (2015): A Quasi-Fregean Solution to 'The Concept Horse' Paradox. In: Romanian Journal of Analytic Philosophy 9 (1), 7–22.
Jolley, Kelly D. (2015): Once Moore Unto the Breach! Frege and the Concept 'Horse' Paradox. In: Philosophical Topics 43 (1–2), 113–124.
Jones, Nicholas (2016): A Higher-Order Solution to the Problem of the Concept Horse. In: Ergo. An Open Access Journal of Philosophy 3, 132–166.
Kemmerling, Andreas (2004): Freges Begriffslehre, ohne ihr angebliches Paradox. In: Siebel, Mark / Textor, Mark (Hgg.): Semantik und Ontologie. Frankfurt am Main, 39–62.
Klev, Ansten (2018): The concept horse is a concept. In: Review of Symbolic Logic 11 (3), 547–572.
MacBride, Fraser (2011): Impure reference. A way around the concept horse paradox. In: Philosophical Perspectives 25 (1), 297–312.
Martin, Edwin (1971): Frege's Problems with 'the Concept Horse'. In: Critica 5 (15), 45–64.
Martin, Edwin (1974): A note on Frege's semantics. Philosophical Studies 25 (6), 441–443.
Parsons, Terence (1986): Why Frege Should Not Have Said "The Concept Horse is Not a Concept". In: History of Philosophy Quarterly 3 (4), 449–465.
Picardi, Eva (1994): Kerry und Frege über Begriff und Gegenstand. In: History and Philosophy of Logic 15 (1), 9–32.
Price, Michael (2016): Naming the concept horse. In: Philosophical Studies 173 (10), 2727–2743.
Proops, Ian (2013): What is Frege's "Concept horse Problem"? In: Potter, Michael / Sullivan, Peter (Hgg.): Wittgenstein's Tractatus. History and Interpretation, Oxford, 76–96.
Rheinwald, Rosemarie (1997): Paradoxien und die Vergegenständlichung von Begriffen – zu Freges Unterscheidung zwischen Begriff und Gegenstand. In: Erkenntnis 47 (1), 7–35.
Rouilhan, Philippe (2015): Putting Davidson's Semantics to Work to Solve Frege's Paradox on Concept and Object. In: Fujimoto, Kentaro / José Martínez Fernández / Galinon, Henri / Achourioti, Theodora (Hgg.): Unifying the Philosophy of Truth, Dordrecht, 119–142.
Ruffino, Marco (2000): Extensions as representative objects in Frege's logic. In: Erkenntnis 52 (2), 239–252.
Ruffino, Marco (2003): Why Frege would not be a neo-Fregean. In: Mind 112 (445), 51–78.
Russinoff, I. Susan (1992): Frege and Dummett on the problem with the concept horse. In: Noûs 26 (1), 63–78.

Schirn, Matthias (1990): Frege's objects of a quite special kind. In: Erkenntnis 32 (1), 27–60.
Sternfeld, Robert (1965): Note on "a paradox in Frege's semantics". In: Philosophical Studies 16 (1–2), 12–14.
Trueman, Robert (2015): The concept horse with no name. In: Philosophical Studies 172 (7), 1889–1906.
Wright, Crispin (1998): Why Frege did not Deserve his Granum Salis. A Note on the Paradox of "The Concept Horse" and the Ascription of Bedeutungen to Predicates. In: Grazer Philosophische Studien 55 (1), 239–263.

Hinweise zu den Autorinnen und Autoren

Christoph Demmerling, Professor für Philosophie mit dem Schwerpunkt Theoretische Philosophie an der Friedrich-Schiller-Universität Jena; *Veröffentlichungen u. a.*: Sprache und Verdinglichung. Wittgenstein, Adorno und das Projekt einer kritischen Theorie (1994), Grundprobleme der analytischen Sprachphilosophie. Von Frege zu Dummett (1998; gemeinsam mit Thomas Blume), Sinn, Bedeutung, Verstehen. Untersuchungen zu Sprachphilosophie und Hermeneutik (2002); Philosophie der Gefühle. Von Achtung bis Zorn (2007; gemeinsam mit Hilge Landweer). Mitherausgeber der Deutschen Zeitschrift für Philosophie.

Katharina Felka, Assistenzprofessorin für Theoretische Philosophie an der Universität Graz; *Veröffentlichungen u. a.*: Talking about Numbers. Easy Arguments for Mathematical Realism (2016), Number Words and Reference to Numbers (2014), On the Presuppositions of Number Sentences (2015) und weitere Aufsätze zur Philosophie der Mathematik und Sprachphilosophie.

Gottfried Gabriel, Professor i. R., ehemals Friedrich-Schiller-Universität Jena; *Veröffentlichungen u. a.*: Frege und die kontinentalen Ursprünge der analytischen Philosophie (2017; gemeinsam mit Sven Schlotter), Präzision und Prägnanz. Logische, rhetorische, ästhetische und literarische Erkenntnisformen (2019), Kant. Eine kurze Einführung in das Gesamtwerk (2022), Mitherausgeber von Freges Briefwechsel (1976), des politischen Tagebuchs (1994) und zweier Sammelbände zu Frege, Herausgeber von Carnaps Mitschriften von Freges Vorlesungen über Begriffsschrift (1996), Hauptherausgeber des Historischen Wörterbuchs der Philosophie, Band 11–13.

Andreas Kemmerling, Professor a. D., Universität Heidelberg; *Veröffentlichungen u. a.*: zu Themen der Philosophie des Geistes, Sprachphilosophie, Erkenntnistheorie und zur Theoretischen Philosophie der Frühen Neuzeit.

Wolfgang Kienzler, Privatdozent und wissenschaftlicher Mitarbeiter am Institut für Philosophie der Friedrich-Schiller-Universität Jena; *Veröffentlichungen u. a.*: Wittgensteins Wende zu seiner Spätphilosophie 1930–1932 (1997), (Hrsg. mit G. Gabriel) Frege in Jena. Beiträge zur Spurensicherung (1997), (Hrsg.) Gottlob Frege: Zwei Schriften zur Arithmetik. Function und Begriff/Ueber die Zahlen des Herrn H. Schubert (1999), Ludwig Wittgensteins Philosophische Untersuchungen (2007), Begriff und Gegenstand. Eine historische und systematische Studie zur Entwicklung von Gottlob Freges Denken (2009).

Wolfgang Künne, Prof. em. der Universität Hamburg; *Veröffentlichungen u. a.*: Abstrakte Gegenstände. Semantik und Ontologie (1983, 2. erweiterte Auflage 2007), Conceptions of Truth (2003), Versuche über Bolzano/Essays on Bolzano (2008), Die Philosophische Logik Gottlob Freges (2010), Epimenides und andere Lügner (2013), Bernard Bolzanos Erbauungsreden (2019), zahlreiche Aufsätze insbesondere zur analytischen Philosophie und ihrer Geschichte.

Todor Polimenov, Professor für Logik an der Universität Sofia; *Veröffentlichungen u. a.*: bulgarische Übersetzung und Herausgabe von Freges kleineren Schriften (2001; 2003; 2021), Substanzen, Universalien, Propositionen. Metaphysik und Sprachphilosophie (2013; in Bulgarisch), Wahrheit und Sinn. Kategorien der logischen Sprachanalyse (2018; in Bulgarisch), zahlreiche Aufsätze insbesondere zu Frege und zu Wittgenstein.

Thomas Ricketts, Professor für Philosophie an der Universität Pittsburgh; *Veröffentlichungen u. a.*: Aufsätze: Logic and Truth in Frege (1996), Frege's 1906 Foray into Metalogic (1997), Truth and Propositional Unity in Early Russell (2001), Wittgenstein Against Frege and Russell (2002); Urteil, Logik und Sprache: Frege als Brücke zur analytischen Tradition (2005); (Hrsg. mit M. Potter) The Cambridge Companion to Frege (2010).

Tabea Rohr, PostDoc am Laboratoire de Linguistique Formelle in Paris; *Veröffentlichungen u. a.*: Freges Begriff der Logik (2020), Handbuchartikel und Aufsätze zur Logik und Sprachphilosophie.

Andreas Schmidt, Professor für Philosophie mit dem Schwerpunkt Deutscher Idealismus an der Friedrich-Schiller-Universität Jena; *Veröffentlichungen u. a.*: Der Grund des Wissens. Zu Fichtes Wissenschaftslehren in den Versionen von 1794/95, 1804/II und 1812 (2004), René Descartes, Meditationen. Dreisprachige Parallelausgabe Latein – Französisch – Deutsch. (2004), Göttliche Gedanken. Zur Metaphysik der Erkenntnis bei Descartes, Malebranche, Spinoza und Leibniz (2009), zahlreiche Aufsätze zur Geschichte der Philosophie insbesondere des Deutschen Idealismus.

Mark Textor, Professor für Philosophie am King's College in London; *Veröffentlichungen u. a.*: Bolzanos Propositionalismus (1996), (Hrsg.) Über Sinn und Bedeutung von Eigennamen (2005), (Hrsg.) The Austrian Contribution to Analytic Philosophy (2006), Frege on Sense and Reference (2010), Brentano's Mind (2017), The Disappearance of the Soul and the Turn Against Metaphysics (2021), zahlreiche Aufsätze zu Themen der analytischen Philosophie und ihrer Geschichte.

Elias Zimmermann, wissenschaftlicher Mitarbeiter am Institut für Mathematik der Universität Leipzig; *Veröffentlichungen*: Aufsätze zur Mathematik.

Namensregister

Eigennamen von Personen und Lebewesen, die im Text (auch in Beispielsätzen und Zitaten) oder in den Anmerkungen vorkommen, sind aufgenommen, und zwar unabhängig davon, ob zu dem jeweiligen Namen eine namentragende Person faktisch nachweisbar ist. Nicht aufgenommen wurden in der Regel Namen von Briefempfängern, Namen, die nur Teil einer Kennzeichnung sind, sowie Namen, die nur in Literaturangaben und der Bibliographie erscheinen. In einigen Fällen wurden auch Kennzeichnungen aufgenommen, die den Eigennamen (im gewöhnlichen Sinn des Wortes „Eigenname") der entsprechenden Person nicht enthalten.

Ahab 60
Akin, Helen 14
Alexander der Große 70f., 179f., 202, 212
Anselm v. Canterbury 28
Aristoteles 21, 70f., 78–82, 110, 116, 138, 252–257
Augustus 121
Austin, John L. 10

Baal 112
Bacon, Francis 182
Bebel, August 5, 138
Berkeley, George 172, 242
Biermann, Otto 4, 173
Boole, George 2, 29, 91
Brion, Friederike 125
Brogaard, Berit 59, 63
Bukephalos 201–219
Burge, Tyler 98, 114, 122, 158

Caesar, Julius 21, 192f.
Campbell, John 151
Cantor, Georg 7, 119
Carl, Wolfgang 276
Carnap, Rudolf 2, 110, 157f., 181, 270
Church, Alonzo 3, 13, 127, 157f.
Cicero, Marcus Tullius 50, 52, 80

Davidson, Donald 118, 122, 163
Dedekind, Richard 32
De Pellegrin, Enzo 104
Descartes, René 28
Diamond, Cora 172

Diogenes Laertios 68
Dummett, Michael 3, 13, 86, 122, 138, 158–162, 220, 226, 271

Eliot, George 111–129
Ernesti, J.C.T. 141
Evans, Gareth 12, 71, 82f., 120, 162–167

Falckenberg, Richard 5f.
Fine, Kit 154
Fodor, Jerry 154
Frege, Alfred 132
Frege, Karl Alexander 119
Friedrich II. 128f.
Frisch, Max 118

Gabriel, Gottfried 74, 277
Galilei, Galileo 130
Geach, Peter 230–232, 238f., 241
Gödel, Kurt 80f.
Goethe, Johann Wolfgang 125
Goldfarb, Warren 92, 104
Grimm, Jakob und Wilhelm 139
Guyer, Paul 102

Hankel, Hermann 19
Harth, Manfred 283, 287f.
Heck, Richard G. Jr 93, 166
Hegel, Georg W.F. 284
Heidegger, Martin 200
Held, Carsten 273, 275, 281, 286
Higgins, Francis R. 50, 53

Hilbert, David 2
Hofweber, Thomas 45–65
Hugly, Philip 225, 238f.
Husserl, Edmund 2, 6–8, 59
Hylton, Peter 104

Jesus Christus 186, 196
Jona 81
Jones, E. E. Constance 157

Kafka, Franz 145
Kant, Immanuel 10, 144, 150, 241, 243
Kaplan, David 117
Kemmerling, Andreas 237
Kepler, Johann 119, 137f.
Kerry, Benno 5, 7, 13, 171–197, 224f., 242, 248
Khan, Sadiq 155
Kloss, Gerrit 221
Kolumbus, Christopher 10, 121, 127
Kopernikus, Nikolaus 118f., 123
Kremer, Michael 104
Kripke, Saul 79–82, 91, 114, 122, 152, 157, 166
Künne, Wolfgang 201f., 265, 271, 176f., 285
Kutschera, Franz von 227

Lane, Lois 71f.
Lauben, Gustav 73, 127
Lawrence, Richard 19
Leibniz, Gottfried W. 25, 72, 108, 252
Leverrier, Urbain 165
Levine, James 156
Liebesman, David 234
Locke, John 172, 242
Lorenzen, Paul 256

Makin, Gideon 156
Mauthner, Ernst 185
McDowell, John 161–167
Meinong, Alexius 137, 140
Melville, John 67
Mill, John Stuart 79
Moltmann, Friederike 53, 56, 59f.
Moses 162
Mozart, Wolfgang Amadeus 121

Napoleon Bonaparte 82, 124, 260
Nietzsche, Friedrich 185

Odysseus 11, 97f., 278

Paderewski, Ignacy J. 152, 164f.
Parmenides 68
Parsons, Terence 140f.
Patzig, Günther 3
Peano, Guiseppe 2
Peirce, Charles S. 286
Phidias 82
Platon 11, 114, 136, 192f., 256, 264–266
Preminger, Otto 51f., 56
Prior, Arthur N. 118, 120, 128
Pythagoras 68
Pythia 158

Quine, Willard V.O. 113, 119

Rami, Dolf 28
Rheinwald, Rosemarie 234
Romero, Maribel 53
Rotkäppchen 139f.
Rübe 82f.
Ruffino, Marco 103, 233
Rumfitt, Ian 132
Russell, Bertrand 1–3, 36, 70, 78f., 136–139, 155–159, 162, 196f., 206, 234–236

Sachse, Leo 75
Sainsbury, Richard 167f.
Schiffer, Stephen 118, 132, 154f.
Schirn, Matthias 233
Schlotter, Sven 277
Schmidt, Thomas 74
Schneider, Hans Julius 280
Scholz, Wilhelm 3
Schröder, Ernst 2, 5–8, 29, 70
Schwartzkopff, Robert 53, 59
Searle, John 79, 138, 144
Sokrates 10f., 21, 29, 78, 88, 119, 124, 162, 179, 196f., 254–256, 260, 264–266
Spohn, Wolfgang 221

Strawson, Peter 138
Sturgeon, Nicola 109–126
Sundholm, Göran 5
Superman 71f.

Taschek, William 151
Thiel, Christian 41
Thomae, Johannes 2, 19
Trendelenburg, Friedrich A. 149
Tugendhat, Ernst 277

Weiner, Joan 93
Whitehead, Alfred N. 1
Windelband, Wilhelm 174
Wittgenstein, Ludwig 2f., 79, 103, 150, 158, 178, 181, 192, 227, 230f., 267, 287, 290f.
Wright, Crispin 64f., 223

Sachregister

Hinweis: Sehr häufig vorkommende Ausdrücke wurden nicht aufgenommen.

Allgemeinheit 23–25, 36f., 90f., 257–260
Anführungszeichen 110–115, 269–290
Anschauung 8f., 241, 290
Argumentstelle 17–39, 177, 200, 236–238
Arithmetik 1f., 8f., 17f., 44, 65
Artikel, (un)bestimmter 28, 44, 76, 136, 171, 181–184, 192, 202, 217f., 224
Autonym, allonym 110, 270f., 285f.

Bedingungsstrich 22, 35
Begriffsgegenstand 176
Begriffsschrift 9, 17–41, 149f., 227–230
Begriffsumfang 30, 188, 232, 279f.
Begriffswort 6, 76–78, 201, 224–226, 262, 279f.
Begriff oder Funktion zweiter Stufe 28f., 37f., 135, 177, 189–193, 197, 217f., 228–236
Behauptung, Behauptungssatz 10, 33, 100, 135–138, 252–254, 278f.
Bestimmungsweise 152–154
Beurteilbarer Inhalt 5, 22, 34, 187, 205, 244
Buchstabengebrauch 20–40, 227, 257–260, 273

Determinativ 43–45, 59–65

Eins, Einheit 9, 173–175, 243, 298
Einzelding, Einzelnes 26, 203, 245, 249–253, 274
Erkenntnistheorie 27, 74, 241, 277
Erkenntniswert 67–75, 144–147, 151–164, 276
Existenz, es gibt 27, 137f., 186–193, 225

Färbung 74, 132, 141–147, 185, 206
Fiktion, fiktionaler Gegenstand 135–147
Fokuskonstruktion 48–53
Funktion zweiter Stufe, s. Begriff zweiter Stufe
Fürwahrhalten 126

Gegebenheitsweise 5, 69–75, 121, 127, 153f., 161f., 209–212, 276
Geometrie 8f.
Gerade Rede 109–115, 282–284
Gleichheit 6, 23, 26, 77, 188, 266
Gleichzahlig 9, 188f.

Gottesbeweis 10, 27f.

Höhlung, s. Quantor

Idealismus 74f., 172, 242
Indirekte Rede, s. ungerade Rede
Individualbegriff 174, 176, 179
Inhaltsstrich 22, 34, 203

Kennzeichnung 36, 70, 78f., 121, 136–138
Kontextprinzip 11, 86, 91, 98, 242, 265
Kopula 50f., 116, 179, 261f.

Leibnizprinzip, Substitutionsprinzip 25, 77, 85–95, 103, 108f., 114–125
Logische Grundbeziehung 244
Logisch einfach 26, 146, 176, 241f., 260
Logischer Gegenstand 9, 30
Logisches Grundphänomen 14
Logische Urtatsache 215
Logizismus 8, 18, 235
Lüge 136, 185

Merkmal 172, 194, 255

Objektiv, Objektivität 72–75, 119, 125, 141, 242, 266
Ontologie, ontologisch 203f., 210–217, 223, 235, 241–267

Primzahl 28f., 36, 100–102, 115–117, 128, 132, 196
Pseudosubjekt 200
Psychologismus, psychologisch 126, 161–163, 172–175, 242

Quantor, Höhlung 22, 36f., 78, 202, 228, 233–236, 259

Sagen und Zeigen 158f., 231f.
Scheineigenname 11, 140, 166
Scheingedanke, Scheinbehauptung 98, 140, 166
Sprechakt 10, 136–142

Subsumtion, Subordination 216, 249, 252, 254
Substitutionsprinzip s. Leibnizprinzip
Synonym 79f., 273

Traditionelle Logik 21, 29, 176–195, 252–267

Ungerade Rede, indirekte Rede 71f., 115–126, 140–147, 284
Urteilsstrich 10, 22, 90, 101

Vergegenständlichung 289f.
Verneinungsstrich 22, 35
Vertretergegenstände 186, 218–221, 224f., 232–235

Vorkommnis 57, 110–114, 286
Vorstellung 72–75, 141–147

Waagerechter 34, 39f., 95
Wähnen 130
Wahrheit, wahr 101, 130–132
Wahrheitswert 5, 30, 33f., 85–95, 279
Wertverlauf 5, 9, 30–36, 93, 232f., 237
Winke 26, 141–147, 176, 181, 239
Wortbild 109f., 271, 282f.

Zahlzeichen 20, 178, 258, 271f., 290
Zerfällung, Zerlegung 88, 91, 180, 184f., 190, 205–209, 237

www.ingramcontent.com/pod-product-compliance
Lightning Source LLC
Chambersburg PA
CBHW071812230426
43670CB00013B/2436